SOCIALE VERANDERING IN BENGKULU

Tekening omslag: W.I.M. Arons

VERHANDELINGEN

VAN HET KONINKLIJK INSTITUUT
VOOR TAAL-, LAND- EN VOLKENKUNDE

109

J.J.J.M. WUISMAN

SOCIALE VERANDERING IN BENGKULU

EEN CULTUUR-SOCIOLOGISCHE ANALYSE

1985
FORIS PUBLICATIONS
Dordrecht-Holland / Cinnaminson-U.S.A.

Published by:
Foris Publications Holland
P.O. Box 509
3300 AM Dordrecht, The Netherlands

Sole distributor for the U.S.A. and Canada:
Foris Publications U.S.A.
P.O. Box C-50
Cinnaminson N.J. 08077
U.S.A.

ISBN 90 6765 064 1

Printed in the Netherlands

INHOUD

VOORWOORD

Dit boek is het resultaat van het bijzondere voorrecht mij langdurig te hebben mogen wijden aan de bestudering van de Rejang en de Pekal, twee bevolkingsgroepen in de provincie Bengkulu op Sumatra in Indonesië. De studie van deze etnische groepen heeft mij in intensief contact gebracht met hetgeen de grondbeginselen van hun samenleving en cultuur voor individu en groep betekenen. Ik richt dan ook in de eerste plaats een woord van dank tot de talrijke informanten en respondenten, die op basis van goedgezindheid en in oprecht vertrouwen aan het onderzoek hebben meegewerkt. Voorts ben ik dank verschuldigd aan alle leden van het onderzoeksteam: Ny. Anwar Winarsih, Nn. Nurhayani, Nn. Maizarni, Sdr. Asraruddin, Sdr. Bahadil Wahim, Sdr. Yusuf Manan, Sdr. Mawardi Manan en 'last but not least' Bibik Siti Aminah en Sdr. Hidayat. Door hun inzet, toewijding en uitstekende samenwerking is het onderzoek op een zeer efficiënte wijze uitgevoerd en is het voor mij een buitengewoon leerzame ervaring geworden. Verder wil ik hier mijn respect en erkentelijkheid betuigen aan Prof.Dr.Ir. Sayogyo van de Pusat Studi Pembangunan (PSP) van het Institut Pertanian Bogor (IPB) te Bogor in Indonesië. Ik zou mijn ideeën omtrent de aard en betekenis van de onderzoeksproblematiek nooit met een zo grote mate van vrijheid hebben kunnen ontplooien als hij de volledige verantwoordelijkheid voor de opzet en uitvoering van het onderzoek niet aan mij zou hebben opgedragen. Een woord van dank komt ook toe aan Dr. C. op 't Land en het Directoraat-Generaal Internationale Samenwerking (DGIS) van het Ministerie van Buitenlandse Zaken te Den Haag. De positie, die voor het verrichten van het onderzoek werd gecreëerd, zou zonder hun visie, bemiddeling en steun niet tot stand zijn gebracht.

INLEIDING

1. De aanleiding tot de studie

De provincie Bengkulu op het eiland Sumatra in Indonesië staat bekend als geïsoleerd, dun bevolkt en achtergebleven in economische ontwikkeling. Verbetering van de infrastructuur, de landbouw en de sociaal-economische voorzieningen genieten hoge prioriteit. De geringe bevolkingsdichtheid, slechts 30 personen per km^2, wordt beschouwd als een van de belangrijkste belemmeringen voor een gunstige economische ontwikkeling van deze provincie. Met de vestiging van grote aantallen transmigrantengezinnen uit Java hoopt men hierin verandering te brengen. Er wordt gesproken van 100.000 nieuwe gezinnen, dat wil zeggen meer dan een half miljoen mensen, die nog voor het jaar 2000 op verschillende plaatsen verspreid over de gehele provincie Bengkulu zullen worden gevestigd. Dit staat vrijwel gelijk met de verdubbeling van de huidige bevolkingsaantallen.

Een van de vestigingsgebieden voor transmigranten uit Java ligt langs de kust in het district Noord-Bengkulu. Het strekt zich uit van de rivier Air Lais tot aan de Air Seblat en omvat het grootste deel van de subdistricten (kecamatan) Lais, Arga Makmur en Ketahun.

In 1977 telde het gebied tussen de Air Lais en de Air Seblat bijna 30.000 inwoners verdeeld over 80 dorpsgemeenschappen. De dorpsgemeenschappen zijn over het algemeen klein, geïsoleerd en verstoken van voorzieningen zoals wegen, markten, scholen, medische posten, landbouwvoorlichting en openbaar vervoer. De levensomstandigheden voor de bevolking zijn van plaats tot plaats verschillend. Het type landbouw, de bereikbaarheid en het voorzieningenpatroon van de dorpsgemeenschappen en de sociaal-culturele kenmerken van de betrokken bevolkingsgroepen spelen in dit verband een grote rol. Wat dit laatste betreft kunnen verschillende etnische groepen worden onderscheiden. De autochtone bevolking bestaat uit de Rejang en de Pekal. In een tiental oudere en meer recente transmigrantennederzettingen komen Javanen en Balinezen voor.

Men denkt in dit gebied van ruim 180.000 ha meer dan 10.000 nieuwe gezinnen te kunnen vestigen. Hierdoor ontstaan in het Air Lais-Seblat-gebied geheel nieuwe verhoudingen. Het betekent allereerst een toename van de bevolking met 50.000 tot 60.000 personen. Verder wordt er een reeks van nieuwe, verhoudingsgewijs zeer omvangrijke dorpsgemeenschappen ingericht. Tenslotte betekent het ook, dat het bestaande netwerk van wegverbindingen wordt uitgebreid en het aanbod van economische en andere voorzieningen drastisch wordt vergroot. De achterliggende gedachte is, dat de ontwikkeling van een aantal grote gemeenschappen uitgerust met een veelheid van voorzieningen op de omliggende gebieden een uitstralingseffect zal hebben en het levenspeil van alle betrokken partijen gunstig zal beïnvloeden. Bovendien wordt verwacht, dat de nieuwe bevolkingsgroep betere landbouwmethoden toepast en op de vanouds in het gebied woonachtige bevolkingsgroepen vernieuwend zal werken.

De voorstellingen omtrent de wijze waarop een dergelijke, omvangrijke onderneming kan worden ingepast in de structuur en ontwikkeling van het gebied en die ten aanzien van de aard van de veranderingen, die worden verondersteld en veroorzaakt, zijn nauwelijks uitgewerkt. In verband hiermee heeft het Directoraat-Generaal voor Transmigratie van het Departement van Arbeid, Transmigratie en Coöperatie (DEPNAKER-TRANSKOP) van de Republiek Indonesië samenwerking gezocht met het Directoraat-Generaal voor Internationale Samenwerking (DGIS) van het Ministerie van Buitenlandse Zaken van het Koninkrijk der Nederlanden ten einde voor deze streek een ontwikkelingsplan op te stellen en in dat verband een "pilot-project" voor te bereiden en uit te voeren. Dit project is bekend geworden onder de naam "Air Lais-Seblat Transmigration Area Development Project".

De Pusat Studi Pembaneman (PSP) van het Institut Pertanian Bogor (IPB) te Bogor, Indonesië, is verzocht in het kader van de voorbereidingen van dit project een onderzoek in te stellen naar de levensomstandigheden van de autochtone bevolkingsgroepen met inbegrip van de in dit gebied reeds gevestigde transmigranten. De auteur van deze studie is geheel verantwoordelijk geweest voor de voorbereiding, opzet, uitvoering en technische rapportage van dit sociaal-wetenschappelijke onderzoek. De genoemde werkzaamheden hebben plaatsgevonden in de periode van december 1976 tot september 1979.

2. *De doelstelling*

Uit de grote verscheidenheid van de onderzochte onderwerpen en de veelheid van het verzamelde materiaal is een keuze gemaakt. De voorkeur is uitgegaan naar een gedetailleerde analyse van de sociale veranderingen, die de Rejang en de Pekal in het kustgebied van Noord-Bengkulu hebben ondergaan tot aan de vooravond van de ten uitvoerlegging van de plannen in het Air Lais-Seblat-gebied grote aantallen Javaanse transmigranten te vestigen. Deze veranderingen hebben betrekking op zeer uiteenlopende aspecten: het nederzettingspatroon, de familie- en verwantschapsverhoudingen, de genealogische verbanden zoals clans en lineages, de sociaal-politieke organisatie van de dorpsgemeenschappen, de bestuurlijke verhoudingen, de voorstellingswereld en de religieuze beleving. Het specifieke doel van deze studie is te onderzoeken welke samenhang er bestaat tussen de veranderingen, die zich met betrekking tot de onderscheiden aspecten en elementen van de samenleving en cultuur van de betrokken etnische groepen voordoen. Maken deze veranderingen deel uit van een bepaald patroon? Is het mogelijk specifieke ontwikkelingsprocessen te onderscheiden?

Voor de bestudering van de samenhang tussen de sociale veranderingen zijn de voor de Rejang en de Pekal karakteristieke huwelijksvormen en de verwantschapsverhoudingen van bijzondere betekenis. Huwelijk en verwantschap gelden bij deze etnische groepen vanouds als zeer belangrijke principes van sociale organisatie. Veel aspecten van het maatschappelijke leven worden gezien als bepaald door of uitdrukking van specifieke huwelijksvormen en verwantschapsverhoudingen. Dit geldt evengoed voor allerlei verschuivingen en veranderingen, bijvoorbeeld die ten aanzien van het vestigings- en woonpatroon, de werkgelegenheid, bezitsverhoudingen, vormen van onderlinge samenwerking en burenhulp, de regeling van geschillen en dorpsrechtspraak, het dorpsbestuur, etc. De analyse en de verklaring van de verandering van de huwelijksvormen en de verwantschapsverhoudingen zijn derhalve uit de studie van de sociale verandering bij de Rejang en de Pekal in meer algemene zin niet weg te denken. Zij zijn een zeer essentieel onderdeel daarvan.

3. *De betekenis*

De ontwikkelingsinspanningen van de nationale overheid van de Republiek Indonesië met betrekking tot de provincie Bengkulu zijn onmiskenbaar door cultuur-politieke doelstellingen geïnspireerd. Zij beogen onder meer het gevoel van nationale eenheid te versterken en gestalte te geven aan de voorstelling van één volk met een specifiek Indonesische, culturele identiteit. De nationale grenzen markeren in dit verband een sociaal-culturele sfeer waarbinnen een vrij personenverkeer mogelijk moet zijn zonder onderscheid naar etnische affiniteit (kesukuan), godsdienst (agama) en ras (keturunan). De vestiging van grote aantallen mensen uit de dichtbevolkte eilanden Java, Bali, Madura en Lombok in andere delen van de Indonesische archipel geeft uitdrukking aan deze nationale eenheids- en gelijkheidsgedachte.

Een van de problemen bij de formulering van een cultuur-politiek is te komen tot een precisering van de aard en identiteit van de eigen cultuur. Veelal worden hierbij voorstellingen gehanteerd, die ten nauwste zijn verweven met de specifieke historische fase waarin een volk of een verzameling van volkeren zich bevindt en bovendien vertekend of gekleurd door de visie van de leidende groep of klasse. Elke cultuur-politiek vooronderstelt een diepgaand inzicht in en begrip van de maatschappelijke structuren waarin het eigen traditionele cultuurpatroon is geworteld.

Bij de Rejang en de Pekal zijn bepaalde elementaire maatschappelijke structuren en traditionele cultuurpatronen nog min of meer duidelijk herkenbaar. Uiteenlopende omstandigheden hebben hiertoe bijgedragen. Ten eerste, deze etnische groepen bewonen een gebied dat van oudsher relatief geïsoleerd is geweest. Tot aan de komst van de Europeanen was de westkust van Zuid-Sumatra moeilijk toegankelijk. De oost- en zuidkusten lagen relatief ver verwijderd. Ten tweede, de technologie en economie van deze etnische groepen zijn in de loop van de eeuwen niet in staat gebleken zichzelf te revolutioneren. Tot ver in de twintigste eeuw vormde de rijstbouw op basis van traditionele veldwisselbouwpraktijken het voornaamste middel van bestaan. Ten derde, de Rejang bleven tot het midden van de 19e eeuw vrijwel steeds gevrijwaard van directe politieke en culturele dominatie. Hierin onderscheidt de positie van de Rejang zich van menige bevolkingsgroep op het eiland Java. Daar zijn de traditionele culturele grondslagen door de eeuwen heen blootgesteld geweest aan allerlei vormen van directe inmenging, repressie en uitbuiting. De elementaire structuren zijn er slechts met grote moeite nog te herkennen. De min of meer duidelijke en identificeerbare elementen hebben veelal betrekking op configuraties, die in meer recente historische perioden en onder sterk gewijzigde sociaal-culturele verhoudingen zijn ontstaan.

De studie van de cultuur en samenleving van de Rejang en de Pekal is ruim 200 jaar oud. De eerste systematische beschrijving van hun gewoonten, instellingen en gebruiken is de "History of Sumatra" van Marsden uit 1783. Sindsdien is de kennis over deze etnische groepen verrijkt met talrijke aantekeningen, reisverslagen, memoires en meer of minder uitgebreide beschrijvingen van landstreken, districten en plaatsen. Verreweg het grootste deel hiervan is geschreven door Europeanen. Wat ten aanzien van deze bronnen vooral opvalt is, dat de onderlinge verschillen en tegenstrijdigheden veelal onopgemerkt en onopgelost zijn gebleven. Bovendien laten zij het verband tussen de uiteenlopende, sociaal-culturele verschijnselen veelal onverklaard. Zij bevatten voorts bepaalde misvattingen, die, enkele uitzonderingen daargelaten, door de opeenvolgende auteurs telkens weer worden herhaald en overgenomen. Tot deze uitzonderingen behoort onder andere Hazairin (1936). Op grond van zijn persoonlijke affiniteit met de Rejang onderkent hij bepaalde vertekeningen in de voorstelling van de werkelijkheid zoals die in de uiteenlopende Europese bronnen wordt gepresenteerd. Zijn studie van het adat-recht schiet niettemin op het punt van de verklaring tekort. De antropologische gegevens, die hij daarvoor nodig zou hebben gehad werden pas dertig jaar later door Jaspan (1964) aangedragen. Deze laatste auteur heeft op zijn beurt echter de betekenis van de opvattingen van Hazairin en diens kritiek op vroegere antropologische interpretaties niet voldoende onderkend.

Het is derhalve niet zo verwonderlijk, dat deze en andere Europese bronnen de moderne Indonesiërs lang niet altijd overtuigen ten aanzien van de aard en betekenis van de specifieke culturele identiteit van de verschillende etnische groepen in de Indonesische archipel. Deze studie is bedoeld om een analyse te maken van de sociale veranderingen die zich bij de Rejang en de Pekal hebben voorgedaan en op grond hiervan nieuwe theoretische gezichtspunten te ontwikkelen met betrekking tot de specifieke identiteit van het traditionele, sociaal-culturele patroon van deze etnische groepen. De gegevens hiervoor zijn zowel ontleend aan de beschikbare literatuur over de Rejang en de Pekal als het door onderzoek in het Air Lais-Seblat-gebied verzamelde materiaal. Hopelijk draagt de bestudering van de sociale veranderingen ten aanzien van de Rejang en de Pekal bij tot een beter inzicht in de grote verscheidenheid van culturele tradities die aan de moderne Indonesische samenleving ten grondslag liggen.

4. *De opzet en indeling*

Deze studie bestaat uit acht hoofdstukken en een slothoofdstuk. Het eerste hoofdstuk beschrijft de regionale context, te weten de provincie Bengkulu in Zuid-Sumatra en het onderzoeksgebied in het district Noord-Bengkulu. De geografische karakteristieken, de etnische verscheidenheid, de bestuursstructuur, de economische verhoudingen en het ontwikkelingsbeleid van de Indonesische overheid komen daarbij aan de orde. Het tweede hoofdstuk behandelt de probleemstelling van deze studie. Het begint met een omschrijving van de algemene probleemstelling van deze studie. Daarna volgt een overzicht van de voor deze studie belangrijkste tradities van wetenschappelijk onderzoek. Voorts wordt de probleemstelling nader gespecificeerd en uitgewerkt. Tot slot wordt de methode van analyse aangegeven.

De hoofdstukken drie tot en met acht behandelen elk een onderwerp, dat voor de analyse van de samenhang tussen de veranderingen binnen de samenleving en cultuur van de Rejang en de Pekal van bijzondere betekenis is. De hoofdstukken drie en vier hebben betrekking op huwelijk en verwantschap. Eerst worden de bij de Rejang en de Pekal bekende huwelijksvormen, het bruidsprijs- of jujur-huwelijk en het semendo-huwelijk zonder bruidsprijs behandeld. De aandacht richt zich hierbij in het bijzonder op de elementaire van sociale relaties waarin deze huwelijksvormen zijn ingebed. Daarna volgt een gedetailleerde beschrijving van het semendo-huwelijk zonder bruidsprijs, dat heden ten dage in het onderzoeksgebied algemeen gebruikelijk is.

In de hoofdstukken vijf en zes wordt een overzicht van de genealogische verbanden in het onderzoeksgebied gegeven. Hierbij wordt een onderscheid gemaakt tussen de clans, subclans en lineages aan de ene kant en de suku aan de andere kant. De clans, subclans en lineages zijn abstracte, omvangrijke, sociologische categorieën. Zij vertegenwoordigen de hoofdelementen van de clanstructuur van de Rejang. De suku zijn in principe kleine, zelfstandige, territoriaal gelokaliseerde segmenten van deze omvattende, genealogische verbanden. Zij vertonen onderling aanzienlijke verschillen. Behalve suku, die een specifieke verwantschapscategorie vertegenwoordigen, zijn er ook suku waarbij verwantschap slechts van nominale betekenis is of zelfs helemaal geen rol speelt. Deze verschillen houden verband met de veranderingsprocessen, die zich op dorpsniveau afspelen en in het proces van dorpsvorming tot uitdrukking komen.

In de hoofdstukken zeven en acht staat de dorpsgemeenschap centraal. Eerst wordt een beeld geschetst van de fysiek-ruimtelijke structuur van de nederzettingen in het onderzoeksgebied. Dan volgt een beschrijving van de maatschappelijk-culturele factoren, die ten aanzien van de ontwikkeling van het nederzettingspatroon een rol hebben gespeeld. Deze voert naar een gedetailleerde analyse van de rol en betekenis van de suku (en de configuraties waarvan zij deel uitmaken) voor het proces van dorpsvorming. Hoofdstuk 8 geeft een beschouwing over de sociaal-politieke structuur van de dorpsgemeenschap. Daarbij komen behalve de traditionele voorstellingen met betrekking tot de dorpsgemeenschap als een aparte, sociaal-culturele eenheid ook de rol en betekenis van de verschillende leiderschapsfuncties binnen de dorpsgemeenschap en de verhouding van de dorpsgemeenschap tot de hogere niveaus van overheidsbestuur aan de orde. De veranderingen met betrekking tot de traditionele sociale structuur van de Rejang en de Pekal zijn eveneens hierin weerspiegeld.

Hoofdstuk negen is als slotbeschouwing van deze studie een samenvattende synthese. Zij laat zien op welke wijze de in elk van de voorafgaande hoofdstukken opgemerkte veranderingen deel uitmaken van de meer omvattende ontwikkelingsprocessen waarbij de samenleving en cultuur van de Rejang en de Pekal als totaliteit ten nauwste betrokken zijn geraakt. In dit verband wordt bijzondere aandacht geschonken aan de samenhang tussen de verandering van de macrosociale verhoudingen waarin deze bevolkingsgroepen zijn opgenomen enerzijds en de betekenis van de culturele principes, die aan de ontwikkeling en uitkristallisering van hun specifieke samenlevingsvorm ten grondslag liggen anderzijds.

Aan deze studie is een tweetal bijlagen toegevoegd. De eerste bestaat uit de Nederlandse weergave van een aantal Indonesische teksten die in hoofdstuk vijf voorkomen. De tweede bijlage bevat een gedetailleerd overzicht van het onderzoek waaruit deze studie is voortgekomen. Elke fase die het onderzoek heeft doorlopen wordt uitvoerig toegelicht: de voorbereiding, de opzet, de uitvoering en de organisatie van het onderzoek, de uitwerking van de gegevens en het aanvullend onderzoek.

1
DE REGIONALE CONTEXT

1. De provincie Bengkulu

1.1. De ligging en begrenzing

De provincie Bengkulu ligt aan de zuidwestkust van Sumatra, het een na grootste eiland van de Indonesische archipel. Zij strekt zich uit van noordwest naar zuidoost over een lengte van 400 km met een breedte die varieert van 60 tot 80 km. In het oosten volgt de grens van de provincie de Bukit Barisan-bergketen en de provincies Jambi en Zuid-Sumatra. In het noorden grenst de provincie Bengkulu aan West-Sumatra. In het zuiden sluit zij aan bij de provincie Lampung. Tot de provincie Bengkulu behoren ook twee eilanden voor de kust in de Indische Oceaan, Rateiland of Pulau Tikus en Enggano (zie kaart 1).

1.2. De geografische gesteldheid

In geografisch opzicht kan de provincie Bengkulu in vier natuurlijke zones worden verdeeld. Langs de kust treft men een smalle strook laagland aan, onderbroken door uitgestrekte moerassen. Naar het binnenland toe rijst het terrein geleidelijk op tot heuvelachtig. In het meest oostelijke deel ligt een grillig berglandschap met hoogten variërend van 1.500 tot 2.500 m boven de zeespiegel. Dit berggebied bestaat voor een belangrijk deel uit een hoogvlakte.

De topografie van de kuststreken van de provincie Bengkulu is zeer sterk versneden en gefragmenteerd. Talloze riviertjes en stroompjes storten zich als het ware uit de bergen en doorsnijden het landschap in diepe beddingen in de richting van de kust. Zij veroorzaken veelvuldig overstromingen in de laaggelegen moerasgebieden vlak aan zee.

Het klimaat is tropisch en het landschap is bedekt met een uitbundige en dichte vegetatie van primair tropisch bos. In de bewoonde en de in cultuur gebrachte delen van de provincie komen uitgestrekte arealen secundair bos voor, soms afgewisseld met alang-alang-velden. De regenval is ongelijkmatig verdeeld. Langs de kust varieert de regenval van ongeveer 3.000 tot 4.000 mm per jaar. In het berggebied en de hoogvlakte van Rejang-Lebong bedraagt de hoeveelheid neerslag 5.000 tot 7.000 mm per jaar.

De totale oppervlakte van de provincie bedraagt ruim 20.000 km^2. De totale bevolking wordt geschat op ongeveer 700.000 inwoners (1979). De hoofdplaats Bengkulu en Curup zijn de enige urbane centra van betekenis. De gemiddelde bevolkingsdichtheid van de provincie bedraagt ongeveer 30 personen per km^2. Sommige delen van de provincie zijn echter nog bijna geheel onbevolkt.

1.3. De bestuursstructuur

Er zijn vijf bestuurlijke niveaus. Het eerste is de provincie (Daerah Tingkat I of propinsi), bestuurd door een gouverneur gevestigd in de hoofdplaats Bengkulu. Vervolgens de districten (Daerah Tingkat II of kabupaten) met aan het hoofd een districtshoofd (bupati). De provincie Bengkulu bestaat uit vier districten: Noord- en Zuid-Bengkulu, Rejang-

Lebong en de hoofdplaats (Kotamadya) Bengkulu. Op provinciaal en districtsniveau zijn alle overheidsinstanties en departementen vertegenwoordigd. Op beide niveaus komen ook volksvertegenwoordigingen voor; de Dewan Perwakilan Rakyat (DPR) op provinciaal niveau en de Dewan Perwakilan Rakyat Daerah (DPRD) in elk van de districten. Het derde bestuurlijke niveau is het subdistrict (kecamatan). Dit is het laagste niveau van officieel overheidsbestuur. Op dit niveau zijn ook een aantal overheidsinstanties vertegenwoordigd: de ministeries van landbouw, openbare werken, dorpsontwikkeling, openbare veiligheid en justitie. De vier districten zijn onderverdeeld in 25 subdistricten. De bevolking is georganiseerd in marga. Dit is een bestuurlijk-administratieve eenheid, die een aantal dorpsgemeenschappen (dusun) omvat. Het marga-bestuur ligt in handen van het marga-hoofd (pasirah), aangesteld op basis van directe vrije verkiezingen door de bevolking. Het marga-hoofd wordt bijgestaan door een adviserende raad, de Badan Musyawarah Marga (BMM). De leden hiervan zijn deels door de marga-bevolking gekozen, deels door het marga-hoofd benoemd. De voorzitter van deze raad wordt door het subdistrictshoofd (camat) aangesteld. Het marga-hoofd is geen overheidsambtenaar. De provincie Bengkulu telt 66 marga. Elke dorpsgemeenschap binnen een marga heeft een dorpshoofd (depati of baginde) en een assistent (pemangku). Zij dragen zorg voor de dorpsadministratie en behartigen de officiële aangelegenheden. Het dorpshoofd geldt voor de betrokken dorpsgemeenschap bovendien als het traditionele hoofd (kepala adat).

1.4. De etnische samenstelling

"De bevolking van Bengkulu bestaat uit een conglomeraat van verschillende van elders afkomstige bevolkingsgroepen" (Wellan 1932:119). In het uiterste zuiden van de provincie vormen de Lampongers het hoofdelement. In de meest noordelijke streken, Moko-Moko, stamt de bevolking af van de Minangkabau uit West-Sumatra. In het daartussen gelegen gebied bewonen de Pasemah het noordelijke deel van het district Zuid-Bengkulu. Hier worden ook de met de Pasemah verwante Serawai aangetroffen. De Rejang komen voor in het hoogland van Rejang-Lebong en langs de kust in het zuidelijke deel van het district Noord-Bengkulu. Tussen de Rejang in de kuststreek van Noord-Bengkulu en de bevolking van het subdistrict Moko-Moko komt nog een kleine etnische groep voor met de naam Pekal. De bevolking in en rond de hoofdplaats Bengkulu is zeer gemengd. In de ommelanden van de hoofdplaats wonen de Lembak. Zij zijn van Palembangse oorsprong (zie kaart 2).

Deze etnische verscheidenheid wordt doorsneden door verschillen in verwantschapssystemen. In de meest noordelijke en de meest zuidelijke delen van de provincie hebben van oudsher matrilineale verwantschapsstelsels bestaan. In de overige gebieden zijn vanouds patrilineale systemen voorgekomen.

1.4.1. De Rejang

De Rejang leiden hun afkomst af van zowel de Minangkabau uit West-Sumatra als van het vroegere Hindoe-Javaanse rijk Mojopahit. Deze etnische groep bestaat uit vier stammen of clans (bang mego, banggo), die vroeger een bondgenootschap vormden. De stamvaders van de Rejang worden Biku genoemd en zouden uit Mojopahit gezonden bestuurders zijn, die "orde in de chaos brachten" (Van Royen, 1932:337). Het sociale systeem van de Rejang is gegrondvest in patrilineale verwantschaps-

Kaart 1: De provincie Bengkulu

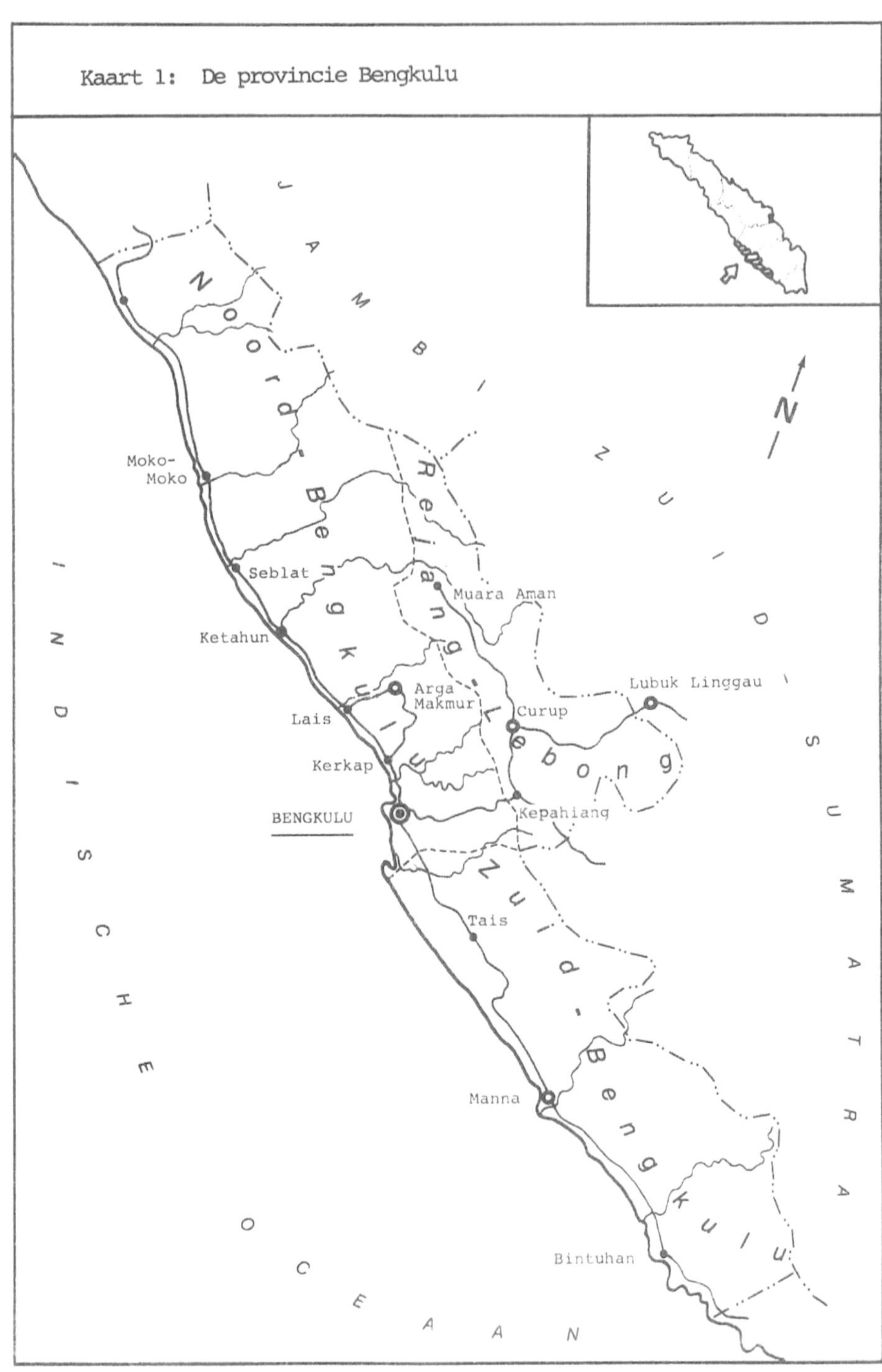

groepen waarbij het bruidsprijs- of jujur-huwelijk eeuwenlang een doorslaggevende rol heeft vervuld. In het hoogland van Rejang-Lebong vormen de dorpsgemeenschappen genealogische homogene eenheden evenals omvattende territoriale gemeenschappen (marga). Dit berggebied geldt voor de Rejang als het 'land van oorsprong' van waaruit zich in de loop van de tijd telkens weer groepen hebben afgesplitst en zich aan weerszijden van de Bukit Barisan-bergketen hebben gevestigd. Aan de oostzijde worden de Rejang aangetroffen in Ampat Lawang en Sindang. Ten westen van deze bergketen hebben zij zich gevestigd in het zuidelijke deel van het district Noord-Bengkulu in de subdistricten Lais, Kerkap, Pondok Kelapa en Talang IV en in een klein deel van het district Zuid-Bengkulu. De Rejang-bevolking, die naar de kuststreek is afgedaald wordt ook wel aangeduid als de Rejang Pesisir. Anders dan in de bergstreken en het hoogland van Rejang-Lebong hebben de dorpsgemeenschappen in de kuststreek steeds een hoge mate van zelfstandigheid weten te behouden. Genealogisch homogene territoriale gemeenschappen (marga), zoals die in Rejang-Lebong, komen er niet voor.

1.4.2. De Pekal

De Pekal zijn gevestigd in de kuststreek van het district Noord-Bengkulu tussen de Rejang Pesisir en de bevolking van het subdistrict Moko-Moko in de subdistricten Ketahun en Ipuh. Zij worden met de Rejang ten nauwste verwant geacht. Dit ondanks het feit, dat zij wat betreft taal en (waarschijnlijk ook) herkomst daarvan verschillen. In hun sociale structuur zijn vele invloeden van de Minangkabau te herkennen.

Zowel de Pekal als de Rejang Pesisir hebben eeuwenlang behoord tot de politieke invloedssfeer van een aantal vorstendommetjes langs de kust: Balai Buntar of Sungai Limau en Anak Sungai (Moko-Moko).

1.4.3. De Pasemah

Deze etnische groep komt op een aantal punten met de Rejang overeen. Ook zij hebben hun bakermat in de Bukit Barisan-bergketen en wel aan de bovenloop van de Sungai Lematang en de Sungai Pasemah. Van hieruit zijn zij op vergelijkbare wijze uitgezwermd naar zowel de oostelijke als de westelijke flank van dit gebergte. Met de Serawai, die worden beschouwd als de belangrijkste tak van de Pasemah, bewonen zij het grootste deel van het district Zuid-Bengkulu. De Pasemah bestaan uit zes stammen of clans (sumbai). Vier van de zes clans vormen tezamen de oudste kern. De overige twee nemen een min of meer onafhankelijke positie in en gelden als sumbai mardiko. Van oorsprong is het verwantschapsstelsel ook hier patrilineaal. De dorpen bestonden oorspronkelijk uitsluitend, later hoofdzakelijk, uit leden van dezelfde stam of clan. Tussen de dorpen van een en dezelfde stam kwamen min of meer zwakke federaties voor (Wellan 1932:117).

1.5. De urbane centra

De belangrijkste urbane centra van de provincie Bengkulu zijn de hoofdplaats Bengkulu en Curup. Het eerstgenoemde ligt vlak aan de kust, het laatstgenoemde in het hoogland van Rejang-Lebong.

De hoofdplaats Bengkulu kent vanouds een zeer gemengde bevolking. Zij bevat elementen van Javanen, Balinezen, Buginezen, West-Sumatranen, Lampongers, Chinezen, Arabieren en Indiërs. Sinds 1970 is het aantal inwoners van de hoofdplaats snel toegenomen. Het inwonertal bedroeg toen ongeveer 30.000 personen. Thans is dit aantal reeds uitge-

Kaart 2: De etnische verscheidenheid van de provincie Bengkulu

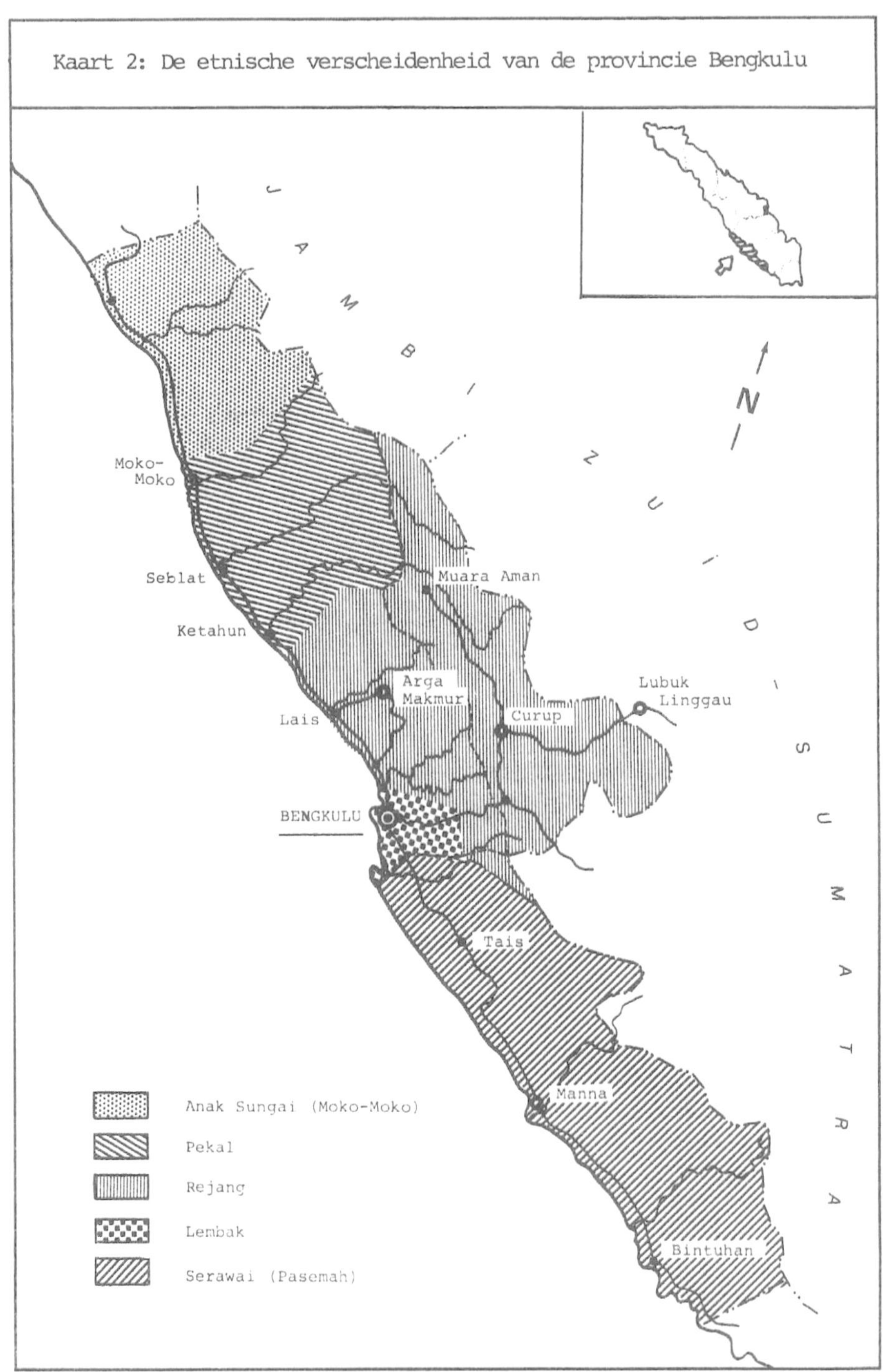

groeid tot meer dan 60.000. Deze ontwikkeling hangt ten nauwste samen met de veranderingen die de hoofdplaats heeft doorgemaakt. De verheffing van de Residentie (Keresidenan) Bengkulu tot een zelfstandige provincie (Daerah Tingkat I) in 1968 heeft tot gevolg gehad, dat het netwerk van publieke en administratieve diensten dienovereenkomstig is uitgebreid. De hoofdplaats is ook de vestigingsplaats van talrijke kantoren, bureaus en agenturen van allerlei transport-, handels-, constructie-, bosbouw- en mijnbouwondernemingen, die van hieruit in de verschillende delen van de provincie opereren. Grote aantallen ambtenaren, employés en anderen afkomstig uit alle delen van de Indonesische archipel hebben zich in de hoofdplaats Bengkulu gevestigd. Zij geldt voor de gehele provincie als het hoofdcentrum voor handel, bestuur, onderwijs, financiën en communicatie. Zij oefent als zodanig een grote aantrekkingskracht uit op vrijwel alle delen van de provincie en alle geledingen van de bevolking voor werkgelegenheid, handel en onderwijs.

Mede in verband hiermee vindt er een snelle aanpassing plaats van de tradities en gewoonten van de bevolking van de hoofdplaats Bengkulu aan een meer stedelijke levenswijze. Door de snelle uitbreiding van de economische en culturele relaties tussen de hoofdplaats en het platteland, de daerah, gaat er een uitstralingseffect van haar uit op de rest van deze provincie.

De plaats Curup is gelegen in het hoogland van Rejang-Lebong. Zij is een bestuurlijk centrum op districtsniveau. Vanwege haar ligging aan de verbindingsweg naar Palembang in Zuid-Sumatra vervult deze plaats een niet onbelangrijke handelsfunctie. De snelle en krachtige ontwikkeling die de hoofdplaats Bengkulu in de laatste tijd doormaakt dreigt hierin verandering te brengen. De aanwezigheid van moderne communicatiemogelijkheden en de ontwikkeling van een nieuw havencomplex nabij de hoofdplaats zijn hiervan de belangrijkste oorzaken.

1.6. Historisch overzicht

1.6.1. De culturele achtergronden

De sociaal-politieke verhoudingen, die de Europeanen bij hun komst aan het einde van de 16e eeuw in dit gebied aantroffen, hebben een eeuwenlange voorgeschiedenis, waarbij de opkomst en het verval van een aantal rijken en vorstendommen in het westelijke deel van de Indonesische archipel ten nauwste zijn betrokken. Het gaat hierbij in het bijzonder om Sriwijaya, Mojopahit, Pagarruyung (Minangkabau) en Banten.

Het eerste rijk, Sriwijaya, geldt als exponent van het Hindoe-tijdperk van Zuid-Sumatra. Deze fase begint in de eerste eeuwen na Christus bij een aantal Hindoe-rijken aan de oostkust van Sumatra: Kandali in Palembang, Malayu in Jambi en Tulangbawang in Lampung. Sriwijaya is de voortzetting van Kandali en wordt in de zevende eeuw voorgesteld als een "gehindoeïseerd Maleisch rijk, dat zijn politieke invloedssfeer uitstrekte over onder andere Malayu en andere rijkjes aan de oostkust van Sumatra, het schiereiland Malakka en de omgeving van deze landen" (Westenenk 1921:21). In de daaropvolgende twee eeuwen maakt dit rijk een grote bloeitijd door. Daarna treedt er een kentering in. In de tiende eeuw is Sriwijaya een onderhorigheid van Java. In het begin van de elfde eeuw oefenen gedurende een korte periode Indische vorsten hun invloed in dit gebied uit. In de twaalfde eeuw vindt er een algemene verbrokkeling van het staatkundige bestel plaats. De samenstellende delen van dit rijk, waaronder ook Malayu in Jambi, weten zich geleidelijk aan de heerschappij van Sriwijaya te onttrekken en komen tot zelfstandigheid (Westenenk 1921:26). Omtrent de toestand aan het einde van de 13e eeuw wordt vastgesteld, dat Sriwijaya als grote mogendheid heeft afgedaan. Tegelijkertijd was de macht van Malayu gegroeid. Het was op zijn beurt de Straat van Malakka gaan beheersen en zette de eertijds door Sriwijaya gespeelde rol voort (Wellan 1932:159).

Mojopahit wordt over het algemeen gezien als het hoogtepunt van de Hindoeïstische rijken op Java. Vanuit het politieke centrum Tumapel in Oost-Java heeft zich een nieuwe politieke invloedssfeer ontwikkeld, die grote delen van Oost-Sumatra, het oude Sriwijaya, met inbegrip van Malayu, de Riau-archipel, Kalimantan en de Molukken omvatte. Binnen dit verband kwamen nieuwe verhoudingen tot stand tussen Java en grote delen van Oost- en Zuid-Sumatra, die de staatkundige ontwikkelingen in de daaropvolgende eeuwen mede hebben bepaald. Dit geldt in het bijzonder voor de verhouding tussen Mojopahit en de bovenlanden van Jambi, het latere gebied van de Minangkabau. Als onderdeel van de expansie van Mojopahit werd tegen het einde van de 13e eeuw getracht deze gebieden te bezetten. Een hiertoe uitgeruste expeditie wordt geacht te zijn mislukt (Westenenk 1921:30-31). Niettemin betekende zij als zodanig het eerste contact tussen een vorst van Hindoeïstische afkomst en de Minangkabau. Belangrijker nog voor deze verhouding tot de Minangkabau is de rol van het rijk Malayu. De bestuurders van dit rijk waren afstammelingen van de vorsten van Sriwijaya. Lang voordat dit laatstgenoemde rijk uiteenviel bestonden er tussen Malayu en Java reeds culturele betrekkingen. Na de politieke verbrokkeling van Sriwijaya wisten de vorsten van Malayu met die van Mojopahit nauwe familiebetrekkingen aan te gaan en hun voormalige positie als zelfstandige vorsten in ere te herstellen. In het midden van de 14e eeuw kregen zij toegang tot de Minangkabau doordat deze hen tot hun vorst (raja) verhieven. Zo ontstond er een relatie tussen de Minangkabau en Mojopahit (Westenenk 1916b:250). De vorsten van Pagarruyung, die op de staatkundige verhoudingen in West-Sumatra en het gebied van Bengkulu grote invloed hebben uitgeoefend, zijn uit het vorstendom Malayu voortgekomen (Westenenk 1921:35).

Het einde van de 14e en het begin van de 15e eeuw betekenen voor Zuid-Sumatra een periode van ommekeer. Het oude Maleise rijk Sriwijaya wordt vanuit Java veroverd en naar Palembang verplaatst. Tot de val van Mojopahit (omstreeks 1528) bleef het een vazalstaat van dit rijk en stortte gelijktijdig in. In de loop van de 16e eeuw doet een nieuw politiek machtscentrum zijn invloed in Zuid-Sumatra gelden. Het betreft Banten, dat, na zich vrijgemaakt te hebben van het geïslamiseerde rijk Demak in Midden-Java (1568), geleidelijk de plaats van Mojopahit inneemt (Westenenk 1921:41). In de tweede helft van de 16e eeuw strekt de invloedssfeer van Banten langs de westkust van Sumatra zich uit tot aan de Bangkahulu-rivier, ter hoogte van de plaats waar nu de hoofdplaats Bengkulu is gelegen. De noordelijke streken van de provincie Bengkulu behoorden tot de invloedssfeer van de vorsten van Indrapura, verwanten van die van Pagarruyung in West-Sumatra (Helfrich 1923:317).

De betekenis van het Hindoe-tijdperk voor de beschavingsgeschiedenis van Zuid-Sumatra is tweeledig. In de eerste plaats heeft het hele gebied hierdoor een zekere mate van culturele identiteit gekregen, die tot uitdrukking komt in de aanduiding ervan als de Bumi Malayu (Westenenk 1921:24). In de tweede plaats is er in deze periode reeds sprake van een uitstroming van Javanen naar Sumatra. Vestigingen van Hindoe-Javaanse kolonies in het binnenland van Sumatra worden met name genoemd. De bekendste hiervan is Sekala Brak nabij het Ranau-meer. Zij wordt voorgesteld als het "Eden" van de bevolking van Sumatra's zuidpunt (Westenenk 1921:25). De instorting van Sriwijaya heeft de uitzwerming van Javanen naar Sumatra niet tot staan gebracht. In het midden van de 16e eeuw komt er in Zuid-Sumatra een grote Javaanse kolonie voor, die "haar invloed uitstrekte tot Pasemah en Rejang in de bovenlanden van Bengkulu" (Westenenk 1921:41). Bij deze stroom Javanen gaat het vooral om hoofden en adel, die zich niet aan de veranderingen op Java wilden aanpassen en weigerden de Islamitische godsdienst te aanvaarden. Hun aanvoerder, Gedang Suro, riepen zij in 1544 uit tot hun vorst. Zo ontstond er in Palembang een nieuw vorstenhuis, dat zich tot 1823 heeft weten te handhaven (Wellan 1932:161).

De opkomst van het Minangkabausche rijk is eveneens van grote betekenis geweest. Een aantal fundamentele principes van het gewoonterecht en de wetgeving, die tot op heden in het gebied van Bengkulu in allerlei adat-regelingen voorkomen, zijn aan de vorsten van Pagarruyung te danken (Westenenk 1921:38).

1.6.2. De komst, inmenging en val van de koloniale machten

Aan het einde van de 16e eeuw was het Hindoe-tijdperk voor Zuid-Sumatra zo goed als geheel afgesloten. De Islamitische godsdienst had zich reeds overal verspreid (Wellan 1932:160). De feitelijke macht langs vrijwel alle westelijke en zuidwestelijke kuststreken van Sumatra lag in handen van de vorsten van Pagarruyung, voor zover die macht of invloed niet moest worden gedeeld met Banten (Marsden 1783:334). In het gebied van Bengkulu werden de Minangkabausche vorstentelgen (anak raja) als vorsten erkend. Uit diezelfde eeuw wordt ook melding gemaakt van een korte overheersing van de Atjehers. In invloed strekte die zich uit tot Bengkulu of Silebar, iets ten zuiden van de hoofdplaats. De lokale overleveringen spreken van hevige gevechten tussen de Atjehers en de bevolking van Bengkulu, die een gevolg waren van de weigering van de laatsten om prinses Putri Gading Cempaka aan de eerstgenoemden uit te huwelijken. De Atjehers versloegen de anak raja, die zich daarna in het binnenland terugtrokken. Andere mededelingen hebben betrekking op de opkomende macht van de lokale stamhoofden en de aanhoudende onderlinge strijd tussen de verschillende Rejang-stammen. Deze onderlinge twisten werden beslecht door de komst van een Minangkabausche vorstentelg, die tot raja werd verheven met de titel Tuanku Bagindo Maharaja Sakti. Hij was de grondlegger van het vorstengeslacht van Balai Buntar, gevestigd aan de monding van de Sungai Limau. Zijn stam wordt Semitul genoemd. Een van zijn opvolgers, Depati Bangsa Raja, wordt beschouwd als degene die omstreeks 1615 de Engelsen heeft overgehaald zich in Bengkulu te vestigen op de Bukit Pinggir Laut aan de monding van de Bangkahulu-rivier.

De eerste Europeanen, die met de Rejang contact legden waren de Portugezen. Hun pogingen aan de kust een post te vestigen bleken vergeefs. Dan volgden de Hollanders die gedurende enige tijd op verschillende plaatsen langs de kust van Bengkulu peperhandel dreven (Wink 1926a:97). Tot het midden van de 17e eeuw bleef de invloed van de Hollanders beperkt tot het bezoeken van een aantal kustplaatsen. Hierbij werd scherpe concurrentie ondervonden van de zijde van de Engelsen. De betrokkenheid van de Hollanders werd directer nadat zij de Minangkabausche vorsten in hun strijd tegen de Atjehers hadden bijgestaan. In ruil hiervoor kregen zij het recht zich te vestigen langs de kust van Singkel tot Indrapura. In diezelfde tijd wisten de Engelsen hun positie in Bengkulu te versterken. Zij sloten in 1685 met de plaatselijke hoofden aldaar een verdrag, dat hun in staat stelde een handelspost te vestigen en een fort te bouwen. Aan het einde van de 17e eeuw breidden zij het aantal handelsposten langs de kust belangrijk uit, eerst in Manjuto en later in Pasar Seblat, Pasar Ketahun (1697) en Bantal (1700). Door de vestiging van de Engelsen in Bengkulu wisten de vorsten van Sungai Limau en het daarmee nauw verbonden Air Itam hun afhankelijkheidsrelatie tot Banten losser te maken en hun machtspositie te versterken. Zij verwierven de status van Pangeran en kregen het feitelijke bestuur in handen.

De betekenis van de handel van de Hollanders in het gebied van Bengkulu nam in de loop van de 17e eeuw snel af. Hun pogingen om een opstand van de bevolking van de hoofdplaats Bengkulu tegen de Engelsen in 1719 ten eigen bate uit te buiten mislukte. Daarna waren de Engelsen feitelijk heer en meester in het gebied van Bengkulu. Hun invloed op de politieke aangelegenheden van het gebied groeide ook. In het noorden van Bengkulu bewerkstelligden zij de vorming van het vorstendommetje Anak Sungai in het plaatsje Manjuto ten einde de invloed van de Hollanders in Indrapura te verminderen. Later werd de zetel van de raja van Anak Sungai naar Moko-Moko overgebracht. Tot aan het begin van de 19e eeuw bleef de positie van de Engelsen in dit deel van de westkust van Sumatra vrijwel onaangetast.

In het begin van de 19e eeuw traden belangrijke veranderingen op. Onrechtvaardige bestuursmaatregelen, afpersing, dwangarbeid en drastische represailles voerden tot openlijk verzet van de zijde van de bevolking tegen de Engelsen en de moord op Parr, Resident van Bengkulu, in 1807. Hierdoor werden de verhoudingen tot het Engelse bestuur ernstig verstoord. Enkele jaren later veroverden de Engelsen het eiland Java. Dit bracht Raffles naar Indonesië, eerst naar Java en later, in 1818, naar Bengkulu. Hij trof het gebied van Bengkulu in zeer slechte staat aan en stelde pogingen in het werk hierin verandering te brengen. Zijn verblijf was echter van korte duur. Ingevolge het 'Londensche Traktaat' van 1824 ging Bengkulu in Nederlandse handen over. Deze overname (1825) stelde het toenmalige Nederlandse bestuur voor grote problemen. De omvang van de peperhandel was reeds zover gedaald, dat de opbrengsten hieruit niet voldoende waren om op de bezetting geen verliezen te hoeven leiden. In navolging van het door Raffles ingevoerde liberale beleid ten aanzien van de pepercultuur werd deze ook door de 'Nederlandsch Indische Regeering' vrijgegeven. Dit beleid hield echter nog geen jaar stand, toen het getroffen werd door de algemene bezuinigingen in het kader waarvan onder meer rangverlagingen werden doorgevoerd, posthouders op buitenposten werden teruggeroepen en Bengkulu als zuidelijke afdeling bij West-Sumatra werd ingelijfd. Inspanningen om de toestand in Bengkulu te verbeteren kwamen pas na 1830 weer op gang. Het toenmalige bestuur oefende grote druk uit om allerlei ingrijpende plannen te verwezenlijken: de invoering van de gedwongen cultures, de onderwerping van de onafhankelijke binnenlanden aan het Nederlandse gezag, de aanleg van een verbindingsweg van de hoofdplaats Bengkulu naar Palembang en tenslotte de afschaffing van het inlandse regentenbestuur in Sungai Limau, Sungai Itam en Silebar. Al deze plannen riepen weerstand op van de zijde van de bevolking en leidden in sommige gevallen zelfs tot openlijk verzet. De pogingen om de pepercultuur door middel van het cultuurstelsel nieuw leven in te blazen bleven bij de verwachtingen achter. Met de koffiecultuur ging het niet veel beter. Aan het einde van de jaren veertig en het begin van de jaren vijftig van de vorige eeuw trad het verzet tegen de drukkende cultuurdwang steeds duidelijker naar voren. Van de vacatures, die kort na elkaar in de betrekkingen van Pangeran in de verschillende landschappen ontstonden, werd gebruik gemaakt om de macht van de respectievelijke opvolgers aanzienlijk te besnoeien (Raadshoven 1925:46-47). De wijze waarop het Nederlandse koloniale bestuur in deze aangelegenheid de regentenfamilies is tegemoet getreden wordt van grote invloed geacht op het feit, dat in 1833 de toenmalige assistent-resident Knoerle is vermoord. Het plan de onafhankelijke binnenlanden aan het Nederlandse gezag te onderwerpen hield verband met de regelmatige invallen in het kustgebied, die van hieruit werden beraamd. De Engelsen, die voorheen met dezelfde problemen kampten, hadden getracht hieraan met behulp van vriendschapsverdragen, tuchtigingen en overeenkomsten het hoofd te bieden. De eerste de beste poging van de Nederlanders om met geweld te bereiken hetgeen met overleg niet was gelukt, liep verkeerd af. Ook de losmaking van Bengkulu van West-Sumatra en de administratieve samenvoeging met Zuid-Sumatra haalden aanvankelijk niets uit. Dat gold ook voor een contract met de hoofden van Lebong ten einde elkaars gebied te ontzien en misdadigers en schuldenaren uit te leveren (1841). De voortdurende plunderingen en overvallen van de bergbewoners leidden in 1855 tot een eis tot voldoening aan de hoofden van Lebong voor de onophoudelijke schendingen van dit contract. Toen ondanks het afzien van de oplegging van een boete in de toestand geen verandering kwam, werd in 1859 besloten een militaire expeditie uit te rusten ten einde de binnenlanden, Lebong, Rejang, Ampat Lawang en Pasemah te onderwerpen. De bezetting van deze streken kwam in hetzelfde jaar tot stand. In 1860 werden Rejang en Lebong bij de residentie Zuid-Sumatra ingedeeld. Een deel van de Pasemah-streken, de Pasemah Hulu Manna, werden in 1866 bij Bengkulu ingelijfd en was de toestand van politieke overheersing van het 'Nederlandsch Indische Bestuur' over het hele gebied van Bengkulu een feit.

Na de vestiging van het Nederlandse bestuur over het gehele gebied van Bengkulu trad de fase van consolidatie in. In het begin van de jaren zestig werd de marga-organisatie ingevoerd. In het zuidelijke deel van Bengkulu kwam dit neer op een formalisering van de reeds bestaande toestand. Elders betekende dit de samenvoeging van dorpen tot territoriale gemeenschappen. Enkele marga tezamen vormden een onderafdeling, bestuurd door een controleur. Deze structuur bleef tot 1912 bestaan. Bovendien werd de adat gecodificeerd tot een handleiding voor het lokale gewoonterecht. Tussen 1860 en 1870 vond eveneens de opheffing plaats van de bestaande regentschappen. Het eerst in Sungai Limau (1861), vervolgens in Sungai Itam (1863), daarna in Silebar (1864) en tenslotte ook in Moko-Moko (1870). De overweging hierbij was, dat de regenten sedert 1833 geen feitelijke macht meer bezaten. Hun taken waren door het Europese bestuur overgenomen. Deze maatregelen gaven echter aanleiding tot de vorming van de Raden-partij, bestaande uit de zich ten achtergesteld voelende anak raja of vorstentelgen. Zij deden hun invloed gelden toen in 1872 het systeem van gedwongen cultures werd afgeschaft ten gunste van een stelsel van hoofdelijke belasting (1873). Zij grepen deze gelegenheid aan om in verzet te komen en zodoende het bestuur ertoe te dwingen het regentenbestuur in ere te herstellen. Andere groepen in de samenleving sloten zich hierbij aan. Hieronder bevonden zich ook personen die om politieke redenen naar Bengkulu waren verbannen. De politieke onrust mondde uit in de moord op assistent-resident Van Amstel en controleur Castens bij Pasar Bintunan in Noord-Bengkulu in 1873. Het verzet kon slechts met behulp van een militaire expeditie worden gebroken. De hierna volgende periode was betrekkelijk rustig. In 1878 werd de assistent-residentie tot een volwaardige residentie verheven.

De afschaffing van het cultuurstelsel leidde een periode in van steeds toenemende bemoeienis van de zijde van het koloniale bestuur. Dit hing voor een deel samen met de economische vooruitgang, die de residentie Bengkulu in de laatste decennia van de vorige eeuw doormaakte. De verbindingen met de verschillende delen van het gebied werden geleidelijk verbeterd en uitgebreid. Er vestigden zich mijnbouwmaatschappijen, die de goud- en zilverrijkdommen bij Muara Aman in Lebong en bij Ketahun in Noord-Bengkulu exploiteerden. In 1904 vond een belangrijke gebiedsuitbreiding plaats doordat de streken Rejang en Lebong van de residentie Zuid-Sumatra werden afgescheiden en opnieuw aan Bengkulu werden toegevoegd. In 1907 hadden in Rejang-Lebong de eerste kolonisatieproeven van Javanen plaats met de bedoeling de geïrrigeerde rijstbouw onder de Rejang meer ingang te doen vinden. Na de bemoedigende resultaten van de eerste pogingen werd het aantal vestigingen geleidelijk uitgebreid. Enkele daarvan liggen in de kuststreek van Noord-Bengkulu nabij Perbo en Aur Gading. In navolging van de ontwikkelingen op Java werd in 1912 de bestuursstructuur aangepast. Deze veranderingen maakten deel uit van een beleid gericht op de ontvoogding van het inlandse bestuur. Tussen de 'volkshoofden' en het Europese bestuur werd een nieuwe bestuursvorm ingevoerd, het 'Inlandsche districtenbestuur', bestaande uit een 'Districtshoofd' met enkele 'Onderdistrictshoofden' (Wellan 1932:174). Toen zich hierbij teleurstellende ontwikkelingen voordeden werd aan dit beleid een einde gemaakt. In de regelingen omtrent de modernisering van de 'Inlandsche rechtsgemeenschappen', neergelegd in de 'Inlandsche Gemeente Ordonnantie' van 1921 - in Bengkulu voor het eerst in 1923 geregeld en in 1931 gewijzigd - vormde de marga als territoriale gemeenschap opnieuw het uitgangspunt (Wellan 1932:180). Hoewel de invoering van een collegiaal bestuur in de vorm van een marga-raad hierbij uitdrukkelijk werd bepaald, kwam er in de praktijk weinig van terecht. De invloed en bemoeienis van het Europese bestuur met de marga ondergingen geen noemenswaardige veranderingen. Dat geldt trouwens ook voor de kloof tussen het koloniale bestuur enerzijds en de adat-rechtelijke sfeer van de marga en dorpsgemeenschap anderzijds. De plannen die tussen 1930 en 1935 zijn opgesteld om deze leemte op te vullen door de instelling van hogere 'inlandse rechtsgemeenschappen', als onderdeel van nieuw te vormen federatieve staatkundige verhoudingen binnen de Indonesische archipel, zijn nooit tot uitvoering gebracht. Tot aan de inval van de Japanners in 1942 bleven de bestuurlijk-administratieve verhoudingen vrijwel dezelfde.

Na een vrij lange periode van politieke rust gaf de Eerste Wereldoorlog aanleiding tot nieuwe politieke verwikkelingen. Zij plaatste nieuwe maatschappelijke krachten op de voorgrond en wakkerde de activiteiten van de al geruime tijd in opkomst zijnde Islamitische godsdienstbewegingen, met name die van de Sarekat Islam, fel aan. De instorting van het Turkse rijk bij de val van Constantinopel (1918) gaf in de hoofdplaats Bengkulu aanleiding tot relletjes. Deze werden weliswaar onderdrukt, maar vormden reeds de voorboden van de ingrijpende omwentelingen die rond het midden van deze eeuw hebben plaatsgevonden. Zij gaven uitdrukking aan de weerstand tegen de zich uitdijende invloed van het Nederlandse koloniale bestuur op het openbare leven en droegen bij tot de ontwikkeling van het streven naar nationale onafhankelijkheid, dat in de periode na 1920 zich steeds duidelijker manifesteerde. Na de Eerste

Wereldoorlog breidde de Sarekat Islam haar activiteiten uit over het gehele platteland van de residentie Bengkulu. Na 1930 komen daar de activiteiten bij van een aantal politieke leiders, waaronder ook Sukarno, die naar deze streek waren verbannen. Toch is tot de komst van de Japanners in 1942 geen sprake van een samenhangende onafhankelijkheidsbeweging.

De overname van het Nederlandse koloniale bestuur door de Japanners in 1942 betekende in vele opzichten een radicale breuk met het verleden. De militaire bezetting ging voor een groot deel ten koste van de economische ontwikkeling, die de bevolking van Bengkulu in de daaraan voorafgaande decennia had doorgemaakt. De bevolking maakte kennis met de vordering van allerlei goederen en bezittingen, dwangarbeid en fysieke bedreigingen. Daarnaast maakte zij door de invoering van een nieuw onderwijssysteem, de Japanse taal en een door militairen gevoerd bestuur kennis met geheel andere voorstellingen en verhoudingen. Velen zagen hierin een gelegenheid hun aspiraties met betrekking tot het streven naar onafhankelijkheid tot uitdrukking te brengen. In de hoofdplaats Bengkulu staken allerlei groepjes en bewegingen de kop op, die hiervoor actief gingen ijveren. Het herstel van het Nederlandse koloniale bestuur kon deze ontwikkelingen niet meer ongedaan maken. Echter, tot 1949 zijn hieruit geen ernstige botsingen voortgekomen.

1.6.3. De periode na de onafhankelijkheid

Met de overdracht van de souvereiniteit in 1949 kwam er een eind aan de directe inmenging van koloniale machten in de aangelegenheden van Indonesië. De jaren vlak voor en na deze gebeurtenis werden gekenmerkt door scherpe politieke tegenstellingen. Er heerste aanzienlijke verdeeldheid omtrent de manier waarop aan de onafhankelijkheid van Indonesië in staatkundig opzicht gestalte zou moeten worden gegeven. In Bengkulu ijverden verschillende afscheidingsbewegingen voor een grote mate van regionale autonomie en voerden ten behoeve van dit doel tussen 1948 en 1952 een gewapende strijd. Deze afscheidingsbewegingen waren echter te verdeeld om het tot een succesvol einde te kunnen brengen. Zij werden door het Indonesische leger (TNI) uit de stedelijke gebieden verdreven en gedwongen zich te verspreiden en in het achterland terug te trekken. Noord-Bengkulu was een van deze gebieden. De gevolgen hiervan voor de plaatselijke bevolking zijn zeer ingrijpend geweest. Zij werd gedwongen de in kleine groepjes opererende strijders te onderhouden. Rijst en vee werden hiertoe gevorderd. Anderzijds kreeg zij het te verduren van de zijde van het Indonesische leger indien er verdenkingen bestonden van samenwerking met deze afscheidingsbewegingen. Velen zagen zich in deze situatie genoodzaakt te vluchten naar veiliger oorden als Pasar Lais en Pasar Kerkap of de hoofdplaats Bengkulu. In 1952 werd tussen de afscheidingsbewegingen en het Indonesische leger een overeenkomst bereikt om de vijandelijkheden te staken. Hiermee keerde de rust nog niet geheel terug. In de jaren 1957 en 1958 laaide onder de dekmantel van de Pemerintah Revolusioner Republik Indonesia-beweging (PRRI) de strijd opnieuw op met dezelfde nadelige gevolgen voor de bevolking. De opstandelingen verbraken de verbindingen met de noordelijke delen van de provincie. Dit veroorzaakte grote schade aan de economie en handel. Bij deze conflicten speelden lokale tegenstellingen, gebaseerd op verschillen in politieke en religieuze opvattingen en etnische affiniteit, een niet onbelangrijke rol. Ook nu zagen velen zich gedwongen hun dorpen te verlaten. Een groot aantal daarvan besloot zelfs zich elders te vestigen, onder andere in het hoogland van Rejang-Lebong. De hierna volgende periode wordt gekenmerkt door een betrekkelijke politieke rust. Het duurde evenwel nog tot de jaren 1968 en 1969 voordat een krachtig beleid op gang kwam, gericht op de ontwikkeling van het hele gebied. De verheffing van de residentie (Keresidenan) Bengkulu tot een zelfstandige provincie in 1968 speelde hierbij een belangrijke rol. In die periode werd tevens begonnen met de uitvoering van vijfjarenontwikkelingsprogramma's (REPELITA). Het eerste hiervan richtte zich in het bijzonder op de ontwikkeling van de landbouw. In het daarop volgende vijfjarenontwikkelingsprogramma werden de verbetering van de infrastructuur en het sociaal-economische voorzieningenpatroon ter hand genomen. Behalve het wegennet werden in dit verband ook de communicatiemedia, de medische, onderwijskundige en andere soorten voorzieningen uitgebreid. Verder kwam in deze periode de uitvoering van transmigratieprogramma's op gang. Van de ontwikkeling van de Pulau Baai tot een moderne zeehaven verwacht men een grote bijdrage aan de verdere opbouw van deze provincie in de nabije toekomst.

2. Het onderzoeksgebied

2.1. Algemene karakteristieken

Het onderzoeksgebied ligt in het district Noord-Bengkulu. De grenzen vallen samen met het door de Transmigratie Dienst aangewezen vestigingsgebied voor transmigranten: de Air Lais in het zuiden en de Air Seblat in het noorden. Het gebied maakt deel uit van de westflank van de Bukit Barisan-bergketen. De lengte van het onderzoeksgebied bedraagt ongeveer 100 km en ligt tussen de 50 en 150 km ten noordwesten van de hoofdplaats Bengkulu (zie kaart 3). Het betrokken gebied bestaat uit een diluviaal en tertiair heuvelland, doorsneden door een groot aantal rivieren en riviertjes. De kusten en het vaak smalle strand zijn steil met uitzondering van die nabij enkele riviermondingen. Als gevolg van de voortdurende inwerking van de Indische Oceaan vindt er een gestadige afbrokkeling van het land plaats. Op plaatsen die op vrijwel gelijk niveau liggen met de zeespiegel komen moerassen voor. Sommige daarvan zijn zeer uitgestrekt. Het grootste deel van het gebied is bedekt met een dichte, primaire en secundaire bosvegetatie. Nabij Pasar Seblat komen ook enkele uitgestrekte alang-alang-velden voor.

De oppervlakte van het onderzoeksgebied wordt geschat op ongeveer 180.000 ha en wordt bewoond door bijna 30.000 inwoners (1977). De gemiddelde bevolkingsdichtheid bedraagt bijna 17 personen per km^2. In het onderzoeksgebied liggen 80 dorpsgemeenschappen. Zij liggen bijna allemaal langs of in de onmiddellijke nabijheid van de belangrijkste rivieren. Hun omvang is in de meeste gevallen klein. Het inwonertal varieert van bijna 100 tot 1.200 inwoners. De gemiddelde grootte bedraagt 375 inwoners verdeeld over ongeveer vijfenzeventig huishoudens.

De verbindingen met het onderzoeksgebied zijn vooralsnog beperkt. De weg van de hoofdplaats Bengkulu langs de kust naar Pasar Lais en vervolgens via Pasar Ketahun en Pasar Seblat naar Moko-Moko is de belangrijkste verbinding met het gebied. Tot aan Pasar Lais is deze weg in elk seizoen en voor alle soorten verkeer bruikbaar. Ten noorden van deze plaats is de wegverbinding herhaaldelijk op meerdere plaatsen verbroken. Dit geldt in het bijzonder voor het weggedeelte tussen Pasar Ketahun en Pasar Seblat. Behalve deze verbinding langs de kust is er ook een weg van Pasar Lais naar Arga Makmur, die met een grote boog door het achterland van de marga Palik en de marga Kerkap naar de kust terugvoert en bij Pasar Kerkap aansluit bij de wegverbinding van de hoofdplaats Bengkulu naar Pasar Lais. Tot 1980 was deze weg door het achterland aanzienlijk beter dan die langs de kust naar de noordelijke delen van de provincie. Sinds 1981 wordt de kustweg echter verbeterd. Beide verbindingswegen liggen aan de rand van het onderzoeksgebied. De vooroorlogse wegen door elke marga binnen het onderzoeksgebied zijn tegenwoordig geheel onbruikbaar en doen nog slechts dienst als voetpaden (jalan setapak), in een enkel geval als karrespoor (jalan gerobak).

Van de vele rivieren en riviertjes is alleen de Air Ketahun in het subdistrict Ketahun voor een deel bevaarbaar. Kleine motorschepen kunnen deze rivier ongeveer 10 km tot aan Talang Kapuk opvaren. Prauwen met buitenboordmotor kunnen Napal Putih bereiken, 42 km landinwaarts. De overige belangrijke rivieren, de Air Lais, Air Padang, Air Bintunan, Air Serangai, Air Lalangi en de Air Seblat zijn ook met kleine prauwen slechts gedeeltelijk bevaarbaar.

2.2. De bestuurlijk-administratieve indeling

Het onderzoeksgebied bestaat uit drie subdistricten: Lais, Arga Makmur en Ketahun. Deze subdistricten zijn onderverdeeld in vijf marga en een zelfstandige pasar-plaats. Het subdistrict Lais bestaat uit de marga Lais, de marga Air Padang en de marga Bintunan. Het subdistrict Ketahun omvat de marga Ketahun en de marga Seblat. Het subdistrict Arga Makmur heeft betrekking op de districtshoofdplaats en kent geen marga-indeling. Pasar Lais is een zelfstandige pasar-plaats. Hiermee wordt bedoeld een markt met aangrenzende woningen, meestal bewoond door personen van elders afkomstig, die in de loop van de tijd een zekere zelfstandigheid ten opzichte van de marga heeft verkregen. Binnen de bestuurlijk-administratieve verhoudingen is zij gelijk gesteld aan een marga.

In de loop van de tijd heeft de bestuurlijk-administratieve indeling van het onderzoeksgebied allerlei veranderingen ondergaan. Bij de komst van de Europeanen behoorden het noordelijke en zuidelijke deel ervan tot twee verschillende politieke invloedssferen. Het zuidelijke deel, het subdistrict Lais, viel onder het bestuur van de vorsten van Sungai Limau nabij de hoofdplaats Bengkulu. Het noordelijke deel, het subdistrict Ketahun, was onderhorig aan de vorsten van Indrapura in West-Sumatra en later aan die van Anak Sungai in Moko-Moko. De grens tussen beide invloedssferen liep ongeveer door het midden van het onderzoeksgebied tussen de Air Serangai en de Air Urai. De inmenging van het Engelse bestuur en de vestiging van het Nederlandse koloniale bestuur brachten hierin aanvankelijk geen wijziging. Het subdistrict Ketahun maakte deel uit van de afdeling Moko-Moko, het subdistrict Lais behoorde tot de afdeling Lais. In 1902 werd in verband met de opkomende mijnbouwindustrie de marga Ketahun bij de afdeling Lais getrokken en daardoor werd de grens naar het noorden verlegd tot Karang Pulau, ongeveer halverwege tussen Pasar Ketahun en Pasar Seblat. De ontwikkeling van de mijnbouw in de marga Ketahun zowel als die in Lebong verliep dermate snel, dat in 1908 werd besloten de bovenlanden van de marga Ketahun af te scheiden van de afdeling Lais en met Lebong samen te voegen. De afdeling Lais werd tegelijkertijd tot onderafdeling gedegradeerd. Na de opheffing van de mijnbouwmaatschappij Ketahun in 1919

Kaart 3: Het onderzoeksgebied.

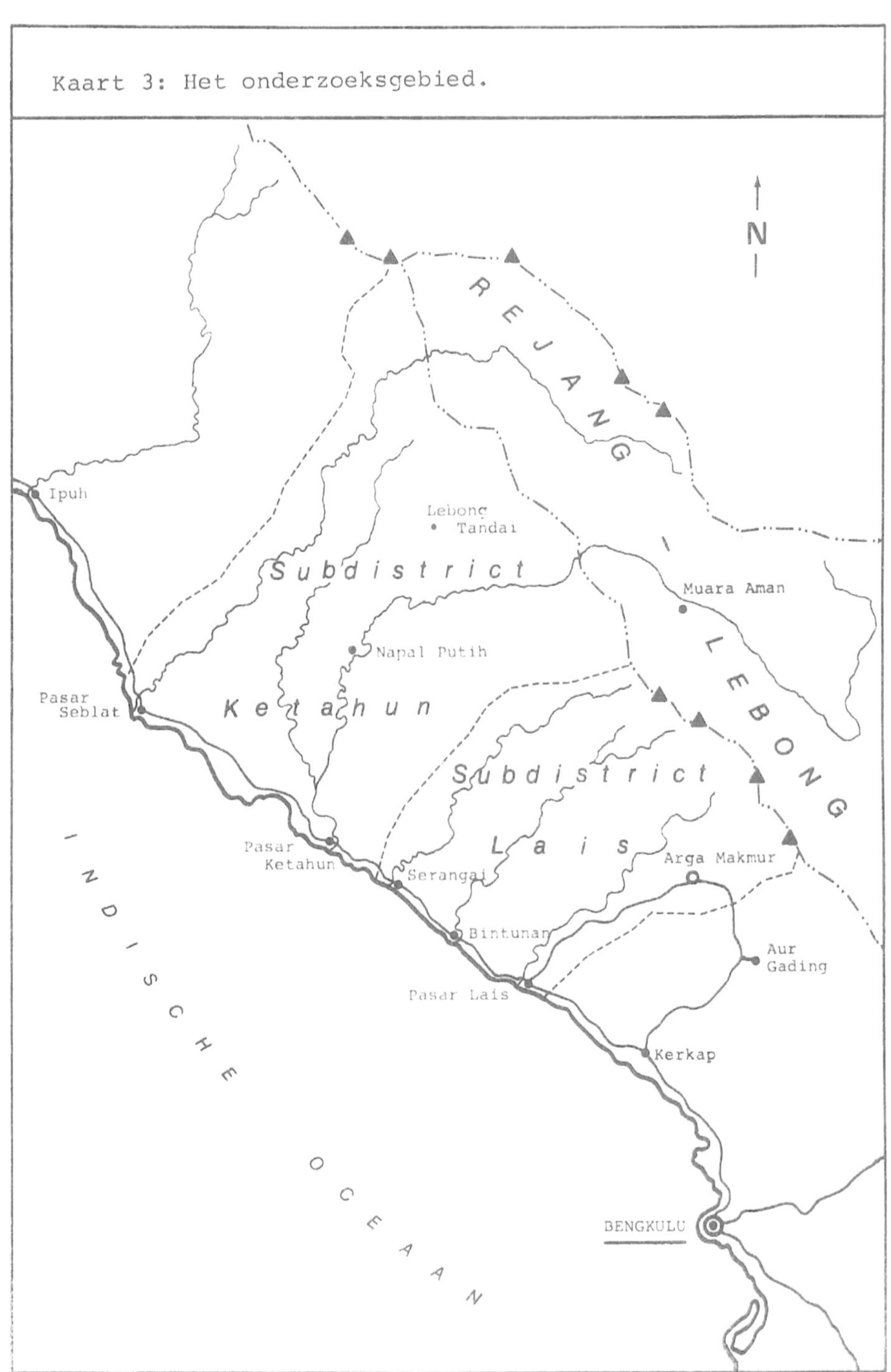

werden de bovenlanden van de marga Ketahun opnieuw aan de onderafdeling Lais teruggegeven. In 1922 volgde een verdere uitbreiding van de onderafdeling Lais door de toevoeging van de marga Seblat. Dit gebeurde in verband met plannen om Moko-Moko van de residentie Bengkulu af te scheiden en aan West-Sumatra toe te voegen. Na de onafhankelijkheid van de Republiek Indonesië (1945) bleef deze administratieve indeling gehandhaafd totdat in 1952 een nieuwe bestuursstructuur werd ingesteld. De residentie Bengkulu bleef als onderdeel van de provincie Zuid-Sumatra gehandhaafd. De onderafdelingen werden opgeheven en door de huidige subdistricten vervangen. De uit de 19e eeuw daterende marga-indeling bleef eveneens bestaan. Na de losmaking van de residentie Bengkulu van de provincie Zuid-Sumatra en de verheffing ervan tot een zelfstandige provincie (1968) werd in 1977 besloten de districtshoofdplaats van het district Noord-Bengkulu uit Bengkulu te verplaatsen naar Arga Makmur. Het hiervoor benodigde areaal werd van het subdistrict Lais losgemaakt en aan het subdistrict Arga Makmur toegewezen.

2.3. De etnische samenstelling

2.3.1. De autochtone bevolking

De autochtone bevolking van het onderzoeksgebied bestaat uit twee etnische groepen, de Rejang en de Pekal. De Rejang wonen in de subdistricten Lais en Arga Makmur. De Pekal in het subdistrict Ketahun. Met betrekking tot deze etnische groepen doet zich een classificatieprobleem voor, dat ook voor allerlei andere sociaal-culturele elementen geldt. Het bestaat hieruit, dat tussen deze twee etnische groepen ondanks hun vergelijkbare sociaal-culturele patroon, duidelijke, taalkundige en andersoortige verschillen zijn aan te wijzen. Tot het einde van de 19e eeuw werden deze verschillen tussen de Rejang en de Pekal niet opgemerkt. Marsden sprak over de Rejang als de autochtone Sumatranen zonder specificatie van subgroepen. Zij werden van de overige bevolkingsgroepen onderscheiden als de bovenlanders (orang hulu) of dorpsbewoners (orang dusun) (Marsden 1783:268). Op de taalkaart van Sumatra wordt de in Ketahun, Seblat en Ipuh gesproken taal, het Pekal, tot het Rejang gerekend (Holle en Brandes 1887). Gedurende zijn tochten door het stroomgebied van de Beneden-Ketahun viel het De Raedt van Oldenbarneveldt op, dat de Rejang en de Pekal verschillende dialecten spreken. Voor het overige beschouwde hij de Pekal geheel tot de Rejang te behoren (De Raedt van Oldenbarneveldt 1888:426-427). Van Royen was in 1932 deze opvatting ook nog toegedaan, maar deelde de Pekal toch in bij een aparte categorie, namelijk die van de zelfstandige marga (Van Royen 1932:358). Jaspan is de eerste, die de Rejang en de Pekal als verschillende etnische groepen onderscheidt. Hij rekent de Pekal niet tot de Rejang vanwege de specifieke culturele identiteit van de laatstgenoemde (Jaspan 1964:25). Deze wordt omschreven als de Adat Tiang Empat, een samenlevingspatroon geconcipieerd naar het model van het bondgenootschap tussen de vier stammen of clans uit vroeger tijden. De Pekal voeren hun afstamming weliswaar tot de Rejang terug, maar hebben nooit van dit bondgenootschap deel uitgemaakt. Dit gegeven wordt door Lebar (1972) bevestigd. Hij omschrijft de positie van de Pekal vanuit de visie van de Minangkabau enerzijds en die van de Rejang anderzijds. De Minangkabau beschouwen de Pekal als een uitstroming (rantau) van hun volk in zuidelijke richting. Voor de Rejang gelden zij als een bevolkingsgroep die met het traditionele Rejang-clanbondgenootschap is geassocieerd (Lebar 1972:31).

2.3.2. *De Kustmaleiers*

Behalve de Rejang en de Pekal komen in het onderzoeksgebied ook een aantal andere etnische groepen voor. Een daarvan wordt de Kustmaleiers genoemd (Wink 1926a:54). Hiermee wordt bedoeld de bevolking van de pasar-plaatsen langs de kust. Deze bevolkingsgroep is afkomstig uit West-Sumatra, maar heeft zich in de loop van de eeuwen met de autochtone bevolking vermengd. Duidelijk hiervan onderscheiden zijn de Minangkabau of Padangers, die veel recenter naar de provincie Bengkulu zijn gemigreerd. Zij komen meestal voor in de grote plaatsen en lokale centra en houden zich voornamelijk bezig met handel en nijverheid.

2.3.3. *De Javanen en Balinezen*

De Javanen vormen eveneens een belangrijke etnische categorie. Een deel ervan heeft zich voor de onafhankelijkheid van de Republiek Indonesië in het onderzoeksgebied gevestigd in het kader van kolonisatieprojecten. Anderen zijn na de onafhankelijkheid gekomen en worden als transmigranten aangeduid. Van deze categorie maken ook Balinezen deel uit. Door de uitvoering van de grootschalige transmigratieprojecten zal het aantal Javanen sterk toenemen. De autochtone bevolking en de overige vanouds in dit gebied woonachtige groepen zullen daardoor een minderheid worden.

2.3.4. *De overige categorieën*

Handel, nijverheid en andere economische activiteiten hebben ook andere etnische groepen naar het onderzoeksgebied aangetrokken, bijvoorbeeld Chinezen, Kerinci en Zuid-Sumatranen. Datzelfde geldt ook voor functies in het onderwijs en het lokale bestuur. De stroom van nieuwkomers in verband met de overplaatsing van het districtsbestuur van de hoofdplaats Bengkulu naar Arga Makmur neemt in dit verband een bijzondere plaats in.

2.4. *De economische structuur*

2.4.1. *De sociaal-economische verhoudingen*

Binnen de provincie Bengkulu neemt het onderzoeksgebied een marginale positie in. Het is uitgestrekt, dun bevolkt en verhoudingsgewijs moeilijk toegankelijk. De meerderheid van de dorpsgemeenschappen (70%) heeft nauwelijks sociaal-economische voorzieningen. De lokale centra liggen bovendien bijna allemaal aan de rand van het onderzoeksgebied. Als gevolg van het isolement is een groot deel van de bevolking aangewezen op de lokaal aanwezige natuurlijke hulpbronnen. Onder deze omstandigheden is de economische produktie hoofdzakelijk gericht op de voor het directe levensonderhoud belangrijke gewassen en produkten. Sedert de onafhankelijkheid is de produktie van eenjarige gewassen, met name die van rijst, in vergelijking tot de behoefte steeds verder achterop geraakt. Gebruik van traditionele produktiemethoden en de gebrekkige beheersing van de schade en ziekten aan de gewassen zijn hiervoor in eerste instantie verantwoordelijk. De slechte verbindingen in het gebied bestendigen deze verhoudingen. Enerzijds beperken zij de produktie van gewassen en produkten die in de behoefte aan geldinkomen zouden kunnen voorzien, omdat de benodigde afzet- en transportfaciliteiten ontbreken. Anderzijds bemoeilijken zij de verwerving van de noodzakelijke kapitaalmiddelen om de bestaande produktiemethoden te verbeteren. De slechte verbindingen in combinatie met hoge prijzen voor levensmiddelen en verbruiksgoederen hebben in sommige delen van het onderzoeksgebied onbevredigende situaties ten aanzien van de gezondheid en voedingstoestand van de bevolking tot gevolg. De openlegging van het gebied sinds 1975-1976 betekent niet automatisch vooruitgang en ontwikkeling. De nieuwe en verbeterde wegverbindingen hebben vooral aan de handelaren en opkopers de mogelijkheid geboden om met transportmiddelen dieper in het gebied door te dringen. Door als geldschieters op te treden hebben zij hun handelsrelaties en invloed snel weten uit te breiden. Als gevolg hiervan is een wijdvertakt netwerk van afhankelijkheidsrelaties ontstaan, gebaseerd op verschulding. Ook andere vormen van particulier initiatief hebben niet de verwachte vooruitgang gebracht. De bosbouwmaatschappijen die in het gebied opereren bieden slechts op zeer kleine schaal werkgelegenheid. Op plaatsen waar goudwinning voorkomt berusten de arbeidsverhoudingen ook grotendeels op afhankelijkheidsrelaties.

2.4.2. De werkgelegenheid

De grote meerderheid van de huishoudens (80%) is werkzaam in de primaire sector. De produktie van eenjarige en meerjarige gewassen en landarbeid zijn de belangrijkste economische activiteiten hierbij. Deze drie soorten werkgelegenheid absorberen een zeer groot deel van de arbeidsinspanningen en zijn de belangrijkste middelen van bestaan. De produktie van eenjarige gewassen omvat onder meer rijst (padi), mais (jagung), soyabonen (kedelai), aardnoten (kacang tanah), cassave (ketela pohon) en uiteenlopende groenten. De belangrijkste meerjarige gewassen zijn kokosnoot (kelapa), koffie (kopi), rubber (karet) en kruidnagel (cengkeh). De landbouwmethoden op het droogland (ladang) worden nog in hoge mate bepaald door traditionele veldwisselbouwmethoden. Daarnaast kent men ook natte landbouw in moerassen (sawah rawa-rawa) en op hoger gelegen gronden (sawah darat) door middel van eenvoudige irrigatietechnieken (pengairan). De produktie van eenjarige gewassen levert maar een klein deel van het benodigde inkomen van de huishoudens op en moet met de opbrengsten uit andere soorten werk worden aangevuld. Het produceren van meerjarige gewassen, het verzamelen van bosprodukten, veeteelt en visserij zijn de belangrijkste aanvullende inkomstenbronnen. Ook uit bepaalde ambachten, handelsactiviteiten, transport en de uitoefening van publieke functies wordt een inkomen verkregen.

De afhankelijkheid van de produktie van eenjarige gewassen is het grootste in de geïsoleerde en meest afgelegen delen van het onderzoeksgebied en in de gebieden met zeer beperkte natuurlijke hulpbronnen. Op deze plaatsen speelt ook landarbeid een belangrijke rol. Deze toestand is kenmerkend voor vrijwel het gehele subdistrict Ketahun en een gedeelte van de kuststreek van het subdistrict Lais. De produktie van meerjarige gewassen komt verreweg het meeste voor in het subdistrict Lais, dat over een betere infrastructuur beschikt en ook toegankelijker is. Ambachtslieden zoals timmerlui, kleermakers en smeden komen over het gehele gebied verspreid voor. Hun aantal is klein en de vraag naar hun diensten beperkt en plaats- en seizoengebonden. Enkele dorpen hebben ambachtelijke specialisaties ontwikkeld in het maken van prauwen (sampan). De bouwnijverheid is eveneens sterk plaatsgebonden en bestaat voornamelijk uit de bouw van woningen en schoolgebouwen. De handelsactiviteiten worden beheerst door handelaren (pedagang) van buiten het gebied. De hoofdplaats Bengkulu is het belangrijkste handelscentrum. Plaatselijke handelaren worden aangetroffen in Pasar Lais, Pasar Ketahun, Pasar Seblat, Gunung Sailan en Napal Putih. In deze dorpen vinden ook de belangrijkste weekmarkten (pekan) plaats en komen enkele winkels (toko) en kraampjes (kios) voor. De meeste lokale handelaren treden op als tussenhandelaar (perantara) en agenten. De handelaren bezoeken de weekmarkten voor de verkoop van levensmiddelen, verbruiksgoederen en het opkopen van eenjarige en meerjarige gewassen en bosprodukten. Industriële activiteiten komen in het gehele onderzoeksgebied niet voor. Enkele bosbouwmaatschappijen verschaffen op kleine schaal werkgelegenheid aan de naburige dorpen. In het achterland van het subdistrict Ketahun wordt nabij Lebong Tandai nog op beperkte schaal goud gedolven.

2.5. De economische regio's

De economische activiteiten in het onderzoeksgebied zijn zeer ongelijk verspreid. De verschillen worden voor een belangrijk deel bepaald door de beschikbare natuurlijke hulpbronnen, de fysieke infrastructuur en de sociaal-economische voorzieningen ten behoeve van vervoer en afzet. Op grond hiervan kunnen een drietal zones worden onderscheiden: 1. een smalle kuststrook; 2. een middenzone; en 3. het achterland (zie kaart 4).

2.5.1. De kuststrook (pesisir)

Deze bestaat uit een smalle zone vlak langs de kust van ongeveer 5 tot 7 km breed. De wegverbinding van Pasar Lais langs Pasar Ketahun en Pasar Seblat naar Moko-Moko loopt hier doorheen. Voor landbouw is deze strook niet erg geschikt. Zij bestaat hoofdzakelijk uit rijstbouw in de voorkomende moerassen. De produktie van gewassen zoals soyabonen, aardnoten en cassave komt bijna niet voor. Voor de produktie van meerjarige gewassen is zij ook minder geschikt. Met uitzondering van kokosnoten en kruidnagel zijn de opbrengsten betrekkelijk laag. Een aantal dorpen in deze smalle kuststrook zijn kleine lokale centra voor de dorpsgemeenschappen die verder in het achterland liggen. Pasar Lais, Pasar Bintunan, Pasar Ketahun en Pasar Seblat hebben een weekmarkt en verschaffen plaatselijk enige werkgelegenheid in de handel, transport, bepaalde vormen van handnijverheid, onderwijs, gezondheidszorg en openbaar bestuur op het marga- en subdistrictsniveau. Als gevolg van het beperkte landbouwareaal is de agrarische grondslag van deze dorpsgemeenschappen zeer kwetsbaar. De andere dorpsgemeenschappen zonder nederzettingen in hun achterland, zoals Air Lakok, Selolong, Serangai en Urai, hebben hun landbouwarealen verder in het achterland op een afstand van 6 tot 15 km van de kust. Deze dorpen bieden ook werkgelegenheid aan de omliggende streek wat betreft het verzamelen van bosprodukten.

2.5.2. De middenzone

Deze bestaat uit een brede zone meer landinwaarts parallel aan de smalle kuststrook. Zij wordt op de eerste plaats gekenmerkt door de geringe toegankelijkheid ervan. De meeste dorpen zijn uitsluitend langs voetpaden of over de rivieren te bereiken. Een tweede kenmerk is het gebrek aan voorzieningen. Hiervoor zijn zij vrijwel geheel afhankelijk van de lokale centra aan de rand van het onderzoeksgebied langs de kustweg en die van Pasar Lais naar Arga Makmur. Met betrekking tot de economische verhoudingen bestaan in deze middenzone aanzienlijke verschillen, die samenvallen met de belangrijkste rivieren, de Air Seblat, Air Lalangi, Air Ketahun, Air Bintunan, Air Padang en Air Lais.

De Air Seblat. Het gebied van de Air Seblat is het meest noordelijke en tevens het meest geïsoleerde deel van het onderzoeksgebied. In het achterland ervan liggen een zestal dorpsgemeenschappen en sinds 1976 ook een transmigratienederzetting. De wegverbindingen met Ketahun en Lais in het zuiden en Moko-Moko in het noorden zijn onbetrouwbaar en vaak verbroken. Dit bemoeilijkt zowel de aanvoer van produkten als de afzet ervan. Dit gebied is in sterke mate aangewezen op de plaatselijk aanwezige natuurlijke hulpbronnen. De landbouw bestaat hoofdzakelijk uit natte rijstbouw, die plaatsvindt op een smalle strook langs de Air Seblat. De natte rijstbouw geschiedt met behulp van eenvoudige irrigatietechnieken. De opbrengsten zijn de laatste jaren voldoende geweest om in de eigen behoeften te kunnen voorzien. Als gevolg van de sterke gerichtheid op zelfvoorziening zijn de gemiddelde geldinkomens de laagste van het onderzoeksgebied. Een aanzienlijk deel van de agrarische werkzaamheden geschiedt op basis van arbeidsruil (ganti hari) tussen de landbouwers onderling. Opmerkelijk is de rol van de veeteelt in dit gebied. In vrijwel alle dorpen komen aanzienlijke kuddes buffels voor. Zij worden gehouden op apart daarvoor bestemde weidegronden. Het vee is nodig om de periode van schaarste te overbruggen, die aan de oogst voorafgaat (musim paceklik). De dieren worden meestal verkocht aan handelaren uit de hoofdplaats Bengkulu of Muara Aman in het hoogland van Rejang-Lebong. Het vangen van de loslopende buffels en het begeleiden van deze dieren over de bergen naar Rejang-Lebong zijn voor dit gebied karakteristieke vormen van aanvullende werkgelegenheid. Bosprodukten zoals hout en rottan en meerjarige gewassen zoals koffie en rubber spelen een ondergeschikte rol als gevolg van de moeilijke verbindingen naar dit gebied.

De Air Lalangi. Dit is een zijrivier van de Air Ketahun in de marga Ketahun. Aan deze rivier liggen slechts drie nederzettingen. Hun onderlinge afstand is betrekkelijk groot en zij kunnen uitsluitend over deze rivier worden bereikt. In dit deel van het onderzoeksgebied vindt de rijstbouw plaats op de hellingen van de heuvels met toepassing van de traditionele veldwisselbouwtechnieken, aangevuld met de produktie van koffie en rubber op de smalle, vlakke oevers (tanjung) langs de rivier. De rijstoogsten worden meestal gevolgd door die van secundaire eenjarige gewassen, soyabonen en aardnoten, als "cashcrops". Dit agrarische produktiepatroon is het meest uitgesproken in Tanjung Dalam aan de bovenloop van deze rivier. De overige twee dorpsgemeenschappen, Pagardin en Lubuk Mindai, hebben zich gespecialiseerd in het vervaardigen van prauwen ten behoeve van het gehele stroomgebied van de Beneden-Ketahun. Langs de Air Lalangi komt bijna geen veeteelt voor. De opbrengsten van koffie en rubber en de secundaire eenjarige gewassen zijn noodzakelijk om de periode tussen de opeenvolgende rijstoogsten te overbruggen. De oogsten van deze gewassen worden vaak door overstromingen bedreigd.

De Air Ketahun. Deze rivier is een belangrijke verbindingsweg naar het achterland van de marga Ketahun. De hellingen langs de benedenloop van deze rivier zijn betrekkelijk onvruchtbaar als gevolg van de veelvuldige openlegging van dezelfde percelen. Slechts twee van de acht dorpsgemeenschappen van dit deel van de rivier beschikken over uitgestrekte en vruchtbare rivieroevers. Evenals langs de Air Lalangi geschiedt de produktie van rijst ook hier door middel van veldwisselbouw. De belangrijkste bron van aanvullende inkomsten is de produktie van

Kaart 4: De indeling van het onderzoeksgebied in economische zones

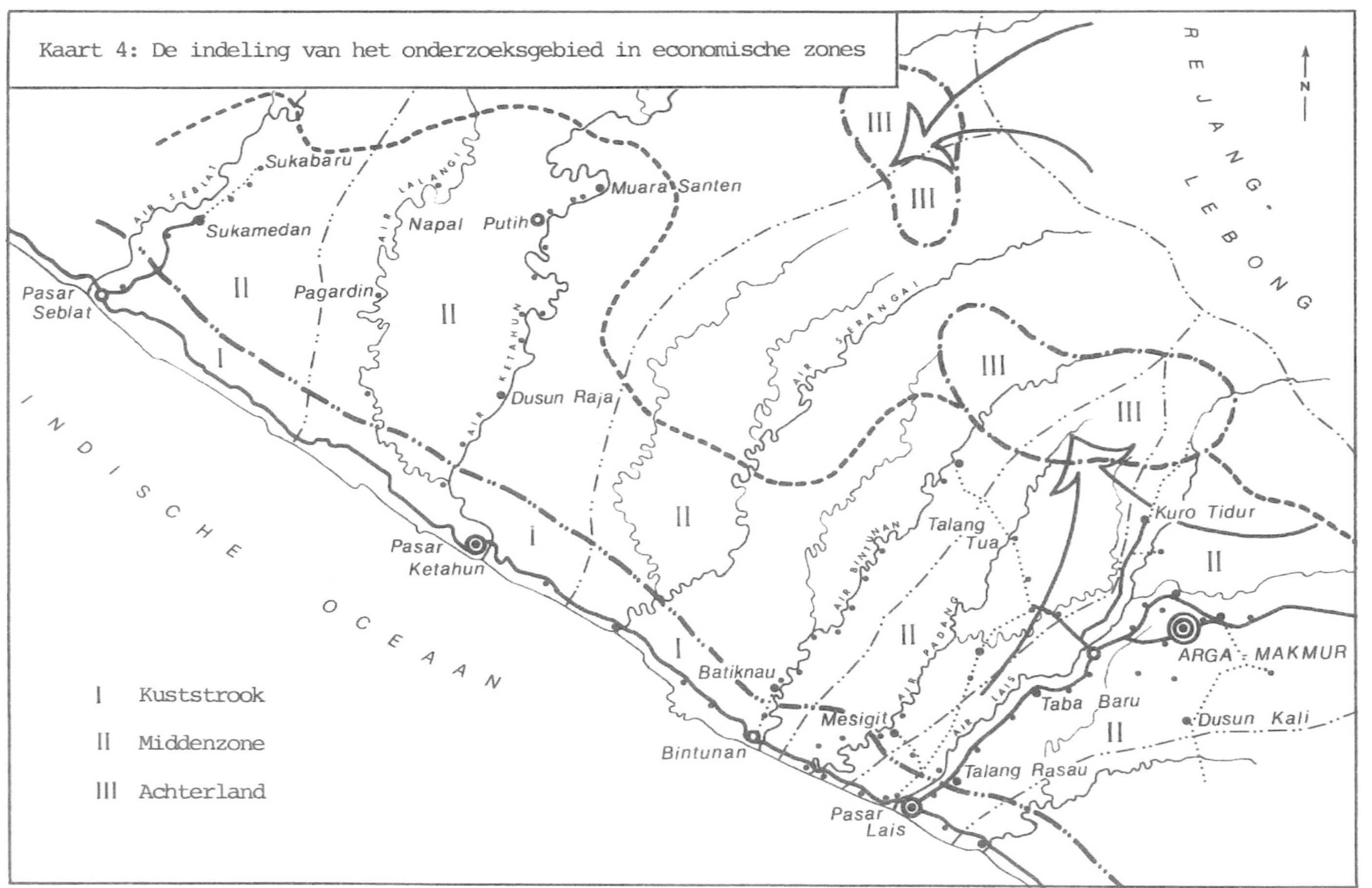

secundaire eenjarige gewassen, soyabonen en aardnoten. Kenmerkend voor de dorpen aan de benedenloop van de Air Ketahun is het gebrek aan aanvullende werkgelegenheid. Veeteelt komt er vrijwel niet voor. De ontwikkeling van koffie- en rubbertuinen loopt ook ver achter bij de ontwikkelingen elders in het onderzoeksgebied. In de periode na 1970 hebben enkele bosbouwmaatschappijen zich in dit gebied gevestigd. Aan de dorpsgemeenschappen in hun onmiddellijke omgeving verschaffen deze bedrijven enige werkgelegenheid. Echter vanwege de slechte arbeidsomstandigheden, de beperkte voorzieningen en de toegang tot overwegend zware, lichamelijke arbeidstaken ziet de plaatselijke bevolking ervan af de geboden kansen maximaal te gebruiken.

Aan de bovenloop van de Air Ketahun ligt Napal Putih. Dit is het lokale centrum voor een vijftal naburige dorpsgemeenschappen. Er is een weekmarkt, school, gezondheidspost, enkele winkels en kraampjes, een bootverbinding met Pasar Ketahun en het oude spoortraject naar Lebong Tandai helemaal in het achterland. Napal Putih is de overslagplaats van de goederen naar Lebong Tandai. Handel, het opereren van een aantal lorries over de spoorlijn en goudwinning zijn de belangrijkste vormen van aanvullende werkgelegenheid. De landbouw in dit gebied is minder traditioneel dan aan de benedenloop van de Air Ketahun. Tussen Napal Putih en Muara Santen zijn een aantal arealen ontwikkeld voor natte rijstbouw met naar omstandigheden bevredigende resultaten. De rijstoogsten worden vaak aangevuld met secundaire eenjarige gewassen. Veeteelt en de produktie van meerjarige gewassen zijn nog weinig ontwikkeld. In verband met de aanwezigheid van regelmatige verbindingen met Pasar Ketahun worden er in het achterland van de marga Ketahun wel bosprodukten verzameld.

Lebong Tandai neemt een bijzondere plaats in. Deze dorpsgemeenschap is geheel ingesteld op goudwinning. Deze is in het begin van deze eeuw door de vestiging van een mijnbouwmaatschappij tot ontwikkeling gebracht. Tijdens de Japanse bezetting zijn de machinerieën vernietigd en de mijnen vervallen. Sindsdien is de produktie overgegaan op particulieren, die met behulp van zeer eenvoudige technieken goud uit het gesteente winnen. Lebong Tandai is voor bijna alles van buiten afhankelijk. Levensmiddelen, brandstoffen, huisraad, consumptiegoederen, kleding en bouwmaterialen worden alle met behulp van lorries uit Napal Putih aangevoerd. Op de terugweg gaan meestal bosprodukten mee, voornamelijk rottan.

De Air Bintunan. Langs deze rivier liggen in de middenzone acht dorpsgemeenschappen. Zij zijn klein en liggen zeer geïsoleerd. De rivier is slechts gedeeltelijk bevaarbaar en het voetpad daarlangs is grotendeels moeilijk begaanbaar. De landbouw bestaat er uit een combinatie van droge en natte rijstbouw. Secundaire eenjarige gewassen spelen een minder belangrijke rol dan de meerjarige gewassen koffie en rubber. Dit geldt met name voor de dorpen in het achterland. De dorpen nabij de kust zijn als gevolg van de bij herhaling mislukte rijstoogsten in hoge mate aangewezen op aanvullende inkomsten uit het verzamelen van bosprodukten. Hout en rottan worden op grote afstanden van de dorpsgemeenschappen gekapt en bijeengebracht. Vaak gaan de inwoners van de dorpen langs de Air Bintunan hiervoor naar de bovenloop van de Air Serangai. De veeteelt in dit stroomgebied is van beperkte omvang.

De Air Padang. Dit gebied is een typisch produktiegebied van meerjarige gewassen. De traditionele rijstbouw op het droogland en in de moerassen met behulp van veldwisselbouwmethoden is vrijwel geheel verdrongen door de produktie van koffie en rubber. Deze overgang is voor een belangrijk deel veroorzaakt door de enorme schade van de wilde varkens, ratten en insecten, die de landbouwers jarenlang aan hun rijstgewas hebben ondervonden. De produktie van koffie en rubber op grote schaal brengt enige werkgelegenheid met zich mee in het transport van deze produkten naar de marktplaatsen. Andere vormen van werkgelegenheid zijn zeer beperkt voorhanden. Het verzamelen van bosprodukten is hier betrekkelijk onbelangrijk omdat primair en oud secundair bos er door de grotere bevolkingsdichtheid nauwelijks meer voorkomen.

De Air Lais. Het stroomgebied van de Air Lais is het dichtst bevolkte deel van het onderzoeksgebied. Met inbegrip van de tien transmigrantennederzettingen liggen hier ruim dertig dorpsgemeenschappen. Zij zijn bovendien verhoudingsgewijs omvangrijk wat betreft hun aantallen inwoners. De grotere omvang van de dorpsgemeenschappen wordt toegeschreven aan de gunstige verbindingen, de toegankelijkheid van het gebied en de aanwezigheid van voldoende natuurlijke hulpbronnen. Dit laatste is echter slechts ten dele het geval. In de dorpen aan de benedenloop van de Air Lais komen de traditionele rijstbouw op droogland en de produktie van meerjarige gewassen naast elkaar voor. Andere vormen van aanvullende werkgelegenheid ontbreken evenwel bijna geheel. De meer in het achterland gelegen dorpen zijn vooral aangewezen op de produktie van meerjarige gewassen, met name koffie en rubber. Veeteelt en het verzamelen van bosprodukten spelen een veel minder belangrijke rol. Vanwege de relatief grote bevolkingsdichtheid zijn de beschikbare landbouwarealen voor de meeste dorpsgemeenschappen ontoereikend. Uit dit stroomgebied vindt dan ook een uittocht plaats naar landbouwgronden elders in het onderzoeksgebied. Deze uittocht geldt zowel voor de dorpsgemeenschappen aan de benedenloop van de Air Lais, bijvoorbeeld Jagobayo en Talang Rasau, als voor die aan de bovenloop ervan, bijvoorbeeld Gunung Besar, Dusun Kali, Taba Baru en Gunung Sailan. Deze trek richt zich op een aantal gebieden aan de bovenloop van de Air Bintunan, de Air Padang en de Air Lais bedekt met primair en oud secundair bos en gelegen aan de voet van de Bukit Barisan-bergketen.

Het achterland van de Air Lais is een vestigingsgebied van transmigranten. Reeds in 1935 is hiermee een begin gemaakt. In de loop van de tijd is het aantal nederzettingen uitgegroeid tot tien stuks. De inwoners zijn afkomstig uit vrijwel alle delen van Java en Bali. Tot voor kort vormde Gunung Sailan voor dit gebied het belangrijkste lokale centrum. Door de ontwikkeling van de districtshoofdplaats Arga Makmur en de openlegging van zeer uitgestrekte arealen aan de westelijke oever van de Air Lais ten behoeve van de transmigratie sedert 1977 is de betekenis van deze dorpsgemeenschap sterk afgenomen.

2.5.3. Het achterland

Deze zone heeft betrekking op het gebied aan de voet van de Bukit Barisan-bergketen. Het is volledig geïsoleerd en wordt bewoond door "squatters" afkomstig uit andere delen van het onderzoeksgebied en daarbuiten. Hun economische activiteiten richten zich voornamelijk op de produktie van koffie aangevuld met enige rijstbouw op droogland. Het aantal "squatters" wordt geschat op 750 tot 1.000 huishoudens. Zij hebben zich hier in kleine groepjes gevestigd, meestal bestaande uit personen afkomstig uit een en dezelfde dorpsgemeenschap. Ondanks de omvangrijke aantallen waar het hierbij om gaat zijn er geen permanente dorpsgemeenschappen ontstaan. In dit gebied ontbreken alle voorzieningen. Er zijn geen wegen, scholen, medische voorzieningen en markten. Voor de afzet van hun produkten en de aanschaf van levensmiddelen en andere benodigdheden zijn zij aangewezen op de traditionele lokale centra Padangkala en Gunung Sailan en, meer recentelijk, op de markten in de nieuw opengelegde transmigratiegebieden.

2.6. Het ontwikkelingsbeleid

Ten aanzien van de ontwikkelingsinspanningen in het onderzoeksgebied ziet de overheid voor haarzelf een vooraanstaande rol weggelegd. Zij heeft een uitgebreid pakket van programma's uitgewerkt om de ontwikkeling te stimuleren. De hoofdpunten hiervan zijn: 1. verbetering van de infrastructuur; 2. bevordering van de werkgelegenheid; 3. intensificatie van de landbouw; en 4. uitbreiding van de publieke dienstverlening. Deze vier elementen hebben prioriteit binnen het totaal van overheidsinspanningen, die in het kader van de opeenvolgende vijfjarenplannen (REPELITA) worden uitgevoerd. Zij zijn niet specifiek gericht op het onderzoeksgebied als zodanig, maar betreffen het gehele district Noord-Bengkulu. Het onderzoeksgebied is in dit verband bijzonder interessant omdat daar de inspanningen ter bevordering van de werkgelegenheid en het arbeidspotentieel door middel van transmigratie zijn geconcentreerd.

2.6.1. De verbetering van de infrastructuur

Deze was in eerste instantie gericht op de verbetering en uitbreiding van het bestaande wegennet. Sinds het begin van de vijfjarenplannen in 1968 zijn hiermee reeds grote vorderingen gemaakt. Een ander belangrijk onderdeel hiervan is het herstel en de aanleg van dammen en irrigatiestelsels. Een voorbeeld is de grote dam, die bij het dorpje Kuro Tidur in het oostelijke deel van het onderzoeksgebied in de Air Lais wordt aangelegd. Dit project is gestart om de transmigratienederzettingen in de buurt van deze dam te voorzien van een irrigatiestelsel.

2.6.2. De bevordering van de werkgelegenheid

De mogelijkheden om de werkgelegenheid onder de autochtone bevolking te vergroten lijken aan grote beperkingen onderhevig te zijn. De dorpsgemeenschappen zijn over het algemeen zeer klein en liggen over het gehele gebied verspreid. Het niveau van onderwijs en technische vaardigheden is beperkt. De bestaande programma's voor dorpsontwikkeling (BANGDES) zijn gericht op de opbouw van gemeenschapsorganisaties en -voorzieningen. De geringe bevolkingsdichtheid en het wijd verbreide vestigingspatroon van de autochtone bevolking staan de opbouw van een efficiënt netwerk van publieke en sociale voorzieningen in de weg. Op enkele plaatsen wordt getracht door concentratie van dorpsgemeenschappen te komen tot omvangrijkere en aaneengesloten woonkernen. Een voorbeeld hiervan is Pasar Seblat. De inwoners van de in het achterland van de marga Seblat gelegen dorpsgemeenschap Talang Gelumpang zijn hier in 1976-1977 opnieuw gevestigd. Ten aanzien van een aantal dorpen in de marga Ketahun zijn vergelijkbare plannen geopperd.

Van veel grotere betekenis voor de bevordering van de werkgelegenheid in dit nog relatief dun bevolkte gebied zijn de transmigratieprogramma's. De uitvoering hiervan brengt de verbetering en uitbreiding van de wegen met zich mee. Dit is onder meer de reden geweest, dat de eerste vestiging van transmigranten in het onderzoeksgebied heeft plaats gehad in de geïsoleerde, bijna ontoegankelijke en op meer dan 120 km van de hoofdplaats Bengkulu gelegen marga Seblat. De verbindingen met de afgelegen, noordelijke delen van de provincie, Moko-Moko, zijn hierdoor reeds aanzienlijk verbeterd. De inrichting van grote transmigratienederzettingen van ongeveer 500 huishoudens elk gaat bovendien gepaard met de vestiging van uiteenlopende sociaal-economische voorzieningen. De komst van grote groepen transmigranten bevordert handel en nijverheid en er ontstaat een groot aanbod van arbeidskrachten.

2.6.3. *De intensificatie van de landbouw*

De bevordering van de landbouw is gericht op de verbetering van de structuur van de landbouwbedrijven en de uitbreiding van de voorzieningen, die voor een betere produktietechniek noodzakelijk zijn. Het bedrijfsmodel dat hiervoor is ontwikkeld voorziet zowel in de produktie van voldoende eenjarige voedselgewassen als in de behoefte aan een aanvullend geldinkomen. Men gaat uit van een bedrijfsomvang van 2 ha. Daarvan wordt een hectare gebruikt voor de produktie van eenjarige gewassen, bij voorkeur rijst met gebruikmaking van irrigatietechnieken. De tweede hectare staat ter beschikking voor de produktie van meerjarige gewassen. De agrarische produktie wordt aangevuld met die van groenten en fruit in een kleine tuin in de nabijheid van de woning. Dit model is ontwikkeld aan de hand van de maatstaven, die met betrekking tot planning en inrichting van de transmigratienederzettingen worden gehanteerd.

De toepassing van dit structuurmodel op de bestaande landbouwbedrijven stelt men zich voor te bereiken door de landbouwers op dorpsniveau in groepen (kelompok tani) te organiseren, die door gezamenlijke arbeid zorgdragen voor de openlegging en ontginning van de arealen, de aanleg van irrigatiekanalen en de beplanting. De overheidssteun hierbij zou zijn gericht op de ontwikkeling van programma's van kredietverschaffing, coöperatievorming, landbouwvoorlichting en de bevordering van de irrigatievoorzieningen. Ook stimuleert zij de produktie van meerjarige gewassen door de directe uitgifte van jonge aanplant.

De belangrijkste doelstelling van dit programma is het bereiken van een niveau van zelfvoorziening in zake de produktie van voedselgewassen, met name die van rijst. Dit hangt samen met de aanhoudende tekorten in de rijstproduktie zowel op nationaal als regionaal niveau. Bovendien is het bedoeld om de autochtone bevolking af te brengen van haar kwalijke, zogenaamd milieuvernietigende veldwisselbouwpraktijken en van haar verspreide woonpatroon. De toepassing van veldwisselbouw wordt hierbij niet zelden geassocieerd met achterlijkheid (terbelakang) en geïnterpreteerd als teken van een lager peil van beschaving.

Deze landbouwintensificatieprogramma's gaan in meer dan een opzicht voorbij aan de feitelijke economische verhoudingen in het onderzoeksgebied. Zij beantwoorden vaak niet aan de onmiddellijk gevoelde behoeften en staan de landbouwers niet toe recente, nieuwe economische mogelijkheden ten volle te benutten. De beroerde toestand van de produktie van eenjarige gewassen in grote delen van de streek komt de meeste landbouwers als hopeloos voor. In een situatie waarin mogelijkheden om nieuwe economische activiteiten te ontplooien zich voordoen, bijvoorbeeld de produktie van meerjarige gewassen en tussenhandel, vindt er een snelle overgang naar deze nieuwe vormen van werkgelegenheid plaats. De openlegging van het gebied heeft deze verschuiving in economische activiteiten zelfs bevorderd en in grote delen de afhankelijkheid van buiten wat betreft rijst en andere produkten aanzienlijk versterkt.

2.6.4. De uitbreiding van de publieke dienstverlening

De voorname rol van de overheid ten aanzien van de ontwikkeling impliceert, dat ook aandacht moet worden besteed aan de uitbreiding van het overheidsapparaat ten behoeve van de bevolkingsadministratie, de opbouw van publieke voorzieningen en de verlening van openbare diensten. Verbetering en uitbreiding van de dienstverlening van de zijde van de overheid legt beslag op steeds meer financiële middelen. Op dit punt bestaan vooralsnog aanzienlijke tekorten. Vanwege de geringe bevolkingsdichtheid krijgt de provincie Bengkulu relatief weinig middelen toegewezen. De beperkte middelen in verhouding tot de veelheid van programma's en projecten, verspreid over een zeer groot gebied, noopt in veel gevallen tot compromissen. Diensten en voorzieningen moeten worden opgesplitst en verspreid of de uitvoering ervan worden gefaseerd over een lange termijn. Een bijzonder probleem in dit verband is de openlegging van de provincie. Men is wel in staat de plannen voor de verbetering en uitbreiding van de infrastructuur te ontwikkelen, maar niet om ze ook uit te voeren. De implementatie wordt in dergelijke gevallen verwezenlijkt door een beroep te doen op de in het gebied werkzame bosbouwmaatschappijen een deel van de uitvoering over te nemen. Een andere manier is de allocatie van aanvullende projecten naar dit gebied te verkrijgen, bijvoorbeeld transmigratie.

2
DE PROBLEEMSTELLING

1. De algemene probleemstelling

Het centrale thema van deze studie is de sociale verandering bij de Rejang en de Pekal in het Air Lais-Seblat-gebied van het district Noord-Bengkulu. Bestaande, meest cultuur-antropologische, studies onderzoeken dit onderwerp in samenhang met de verschuivingen en veranderingen van de huwelijksvormen, die ten aanzien van deze etnische groepen worden onderscheiden. Zij gaan er daarbij van uit, dat deze veranderingen het beste kunnen worden geanalyseerd en verklaard indien de traditionele sociale structuur waaruit zij zijn voortgekomen wordt omschreven of gedefinieerd in termen van verwantschapsstelsels of -structuren. Recente onderzoeksresultaten echter brengen met betrekking tot de verandering van de huwelijksvormen en de verwantschapsverhoudingen een veelvormigheid aan het licht, die bepaalde tegenstrijdigheden inhoudt, welke op basis van genoemd uitgangspunt niet langer betrouwbaar kunnen worden onderscheiden en verklaard. De analyse van de samenhang tussen huwelijk en verwantschap enerzijds en sociale verandering anderzijds vereist nieuwe gezichtspunten en andersoortige vooronderstellingen. Er is een meer gedifferentieerd begrippenapparaat nodig met behulp waarvan de uiteenlopende en ten dele met elkaar in tegenspraak lijkende verschuivingen kunnen worden geïdentificeerd en hun onderlinge verband kan worden verklaard. Met dit doel gaat deze studie na welke samenhang er bestaat tussen de verandering van de huwelijksvormen en de verwantschapsverhoudingen bij de Rejang en de Pekal in het onderzoeksgebied enerzijds en de veranderingen, die bepaalde, andere aspecten van hun samenleving en cultuur hebben ondergaan anderzijds.

2. De wetenschappelijke achtergrond

De kennis omtrent de samenleving en cultuur van de Rejang en de Pekal en de tot nu toe geleverde verklaringen omtrent de veranderingen hierin zijn het resultaat van studies, die betrekking hebben op uiteenlopende terreinen van de wetenschapsbeoefening. Zij verschillen onderling zowel wat betreft het specifieke onderwerp, de gevolgde methoden van onderzoek als het gebruikte wetenschappelijke referentiekader. Bovendien liggen aan de wetenschappelijke belangstelling voor deze bevolkingsgroepen zeer verschillende motieven ten grondslag.

Twee velden van wetenschappelijk onderzoek zijn voor de probleemstelling van deze studie van bijzondere betekenis. Ten eerste de studie van de adat-regels en het gewoonterecht. Ten tweede cultuur-antropologische onderzoekingen. Beide worden in het hierna volgende toegelicht. Daarbij wordt ook nagegaan wat zij voor de studie van sociale verandering bij deze etnische groepen betekenen.

2.1. De studie van de adat-regels en het gewoonterecht

De belangstelling voor de Rejang en de Pekal en andere etnische groepen in de provincie Bengkulu stamt uit de periode van het Engelse inmenging in dit gebied (1685-1825). Zij richtte zich hoofdzakelijk op die lokale gewoonten, wetten en instellingen, welke direct of indirect verband hielden met de relatie tussen de bevolking en de lokale bestuurders onderling en die tot de koloniale overheid. De aandacht voor de huwelijksvormen en de verwantschapsverhoudingen in dit kader hield verband met opvattingen over de wenselijkheid daarin bepaalde veranderingen te bewerkstelligen. Zo werd het jujur- of bruidsprijshuwelijk onder meer beschouwd als de oorzaak van de geringe bevolkingsgroei in het betrokken gebied en het inlijf- of ambil anak-huwelijk niet bevorderlijk geacht voor de bereidheid van mannen om grotere economische inspanningen te leveren. Koloniale, handelseconomische belangen speelden hierbij evenzogoed een rol als de vaak eenzijdige en overwegend negatieve waardering van de lokale gebruiken en instellingen in termen van hun rechtsgevolgen voor de direct betrokkenen. Tot aan het einde van de 18e eeuw richtte deze inmenging zich voornamelijk op de toenmalige praktijk van rechtspraak en bepaalde aspecten van de relatie tussen de lokale politieke autoriteiten en de hun ondergeschikte bevolking in en rond de plaatsen waar de Engelsen vestigingen en factorijen bezaten. Rond 1800 komen, mede onder invloed van Raffles, daar een aantal nieuwe elementen bij. Door aanpassing van de huwelijksregels trachtte men onder andere de bevolkingstoename te bevorderen ten gunste van de handelseconomische belangen in het gebied. Bovendien werden er uiteenlopende maatregelen getroffen, gericht op de verbetering van de landbouw en handel van de lokale bevolking. Een en ander bracht een meer gerichte verzameling van gegevens met zich mee. Het eerste uitvoerige en systematische overzicht van de plaatselijke verhoudingen, gewoonten en levensomstandigheden in zijn vele facetten presenteerde Marsden in zijn "History of Sumatra" van 1783. De daarin opgenomen "Redjang Laws" vertegenwoordigen de eerste systematische compilatie van de adat-regels en het gewoonterecht uit die dagen. De tweede belangrijke Engelse bron op dit gebied is de optekening van de adat-regels en het gewoonterecht in de hoofdplaats Bengkulu door Lewis omstreeks 1807 (Commentative Digest 1913). De onder Raffles ingestelde "Royal Agricultural Society of Sumatra" maakte beschrijvingen van de sociaal-economische verhoudingen in de door de Engelsen beheerste gebieden en deed bepaalde voorstellen om hierin verbetering te brengen (R.A.S.S. 1821).

Na de overname van de residentie Bengkulu door het Nederlandse, koloniale bestuur in 1825 vonden belangrijke maatschappelijke en politieke verschuivingen plaats. Deze hangen nauw samen met de geleidelijke ontheffing van de bestuurders van de vorstendommen van Sungai Limau, Sungai Itam, Silebar en Moko-Moko uit hun functie als regent. De bestuursstructuur veranderde hierdoor ingrijpend. Er ontstond een directe relatie tussen het Nederlandse koloniale bestuur enerzijds en de lokale leiders en de bevolking anderzijds. Ten einde de lokale, politieke, bestuurlijk-administratieve en gewoonterechtelijke verhoudingen te kunnen incorporeren in het omvattende koloniale staathuishoudkundige bestel moest kennis worden genomen van de plaatselijke wetten, gewoonten en instellingen. Dit bracht nieuwe, uitgebreide compilaties van de adat-regels en het gewoonterecht met zich mee. De Simboer Tjahaja Bangkahoeloe (1868) is de bekendste hiervan (Van den Berg 1894). De overzichten van de gewoonten, wetten en instellingen omvatten alle bestuurlijke gebiedsdelen van de provincie Bengkulu. Behalve de regelingen betreffende het lokale bestuur en de rechtspraak nemen die met betrekking tot het huwelijks- en huwelijksgoederenrecht ook een belangrijke plaats in. Deze overzichten van de adat-regels en het gewoonterecht verschillen van de compilaties uit de tijd vóór de overname van het gebied van Bengkulu van de Engelsen. Hun oogmerk is het tot stand brengen van een vrijwel geunificeerde rechtspraak en homogene bestuursstructuur voor alle etnische groepen verspreid over de gehele provincie. Vanaf het midden van de 19e eeuw tot in de jaren dertig van de 20e eeuw speelden de regelingen en bepalingen van de Simboer Tjahaja Bangkahoeloe in dit verband een belangrijke rol.

De verovering van het hoogland van Rejang-Lebong (1859) en de afschaffing van het Cultuurstelsel (1872) markeren het begin van een aantal nieuwe ontwikkelingen. De tweede helft van de 19e eeuw staat in het teken van de consolidatie en uitbouw van het koloniale bestuursapparaat. De Nederlandse koloniale overheid raakt steeds meer betrokken bij de ontsluiting van het gebied, de opbouw van een infrastructuur en de uitvoering van een actieve welvaartspolitiek. Haar invloed breidt zich uit over steeds meer aspecten van de samenleving. Het bestuursapparaat wordt dienovereenkomstig verder uitgebouwd. Bij dit alles hield men met betrekking tot de gewoonterechtspraak onverkort vast aan de autonomie van het allerlaagste niveau, de dorpsgemeenschap. Na de eeuwwisseling en onder invloed van de 'Ethische Politiek' werden de lokale gewoonten, wetten en instellingen in een nieuw licht bekeken. De voorstelling van een federatief en regionaal zelfbestuur gaf aanleiding tot intensief onderzoek naar de sociaal-culturele grondslagen van de voorgenomen staatkundige hervormingen (Van Royen 1932). De Japanse bezetting (1942-1945) en de daarop volgende strijd om de onafhankelijkheid van de Republiek Indonesië braken de ruim anderhalve eeuw lange traditie van wetenschappelijk onderzoek naar de adat-regels en het gewoonterecht van de Rejang en de Pekal abrupt af. Pas in 1980 kreeg zij een vervolg met de studie van H.A. Siddik over het adat-recht van de Rejang (Siddik 1980).

Kenmerkend voor de onderzoekingen met betrekking tot de adat-regels en het gewoonterecht in de provincie Bengkulu is hun descriptief, inventariserend karakter en hun gerichtheid op de op een bepaald moment bestaande verhoudingen. De systematische analyse van de veranderingen, die de adat-regels en het gewoonterecht hebben ondergaan, ontbreekt vrijwel geheel. Sterker nog, de bestudering van de lokale gewoonten, wetten en instellingen is bijna steeds het produkt of uitvloeisel geweest van de wens of de noodzaak tot aanpassingen en veranderingen in de verhoudingen tussen de bevolking, de lokale leiders en de koloniale overheid. Het merendeel van de gegevens op dit terrein is vergaard door bestuursambtenaren.

De beperkingen van het gezichtspunt van deze studies liggen in de welhaast eenzijdige gerichtheid op de rechtsgevolgen van de lokale gewoonten, wetten en instellingen voor de betrokken personen en groepen. Het onder deze gezichtshoek geabstraheerde materiaal vertegenwoordigt slechts zeer specifieke facetten van de uiteenlopende sociaal-culturele elementen met voorbijgaan aan andere en de context waarvan zij deel uitmaken. Binnen het aldus gedefinieerde gezichtsveld zijn belangrijke eigenschappen van de traditionele maatschappelijke ordening van deze etnische groepen onopgemerkt gebleven. Zo zijn bijvoorbeeld de traditionele verwantschapsverhoudingen vaak geïnterpreteerd in termen van onderlinge solidariteit en wederzijdse afhankelijkheid tussen personen en groepen (Pruys van der Hoeven 1867:279; Wilken 1912, IV:460, e.a.) waar in feite reciprociteit en zelfstandigheid een belangrijkere rol spelen. Voornoemde opvatting gaat uit van de vooronderstelling, dat er tussen de rechtsgevolgen van zeer uiteenlopende sociaal-culturele elementen bepaalde rechtstreekse of logische verbanden kunnen worden gelegd, die in feite ontbreken aangezien de betreffende samenhang tot stand komt buiten het strikte kader van het gewoonterecht om. Dit punt is van bijzondere betekenis voor de interpretatie van de veranderingen ten aanzien van de huwelijksvormen en verwantschapsverhoudingen wat betreft hun samenhang met de processen van de sociale verandering, die zich bij de Rejang en de Pekal in meer algemene zin voordoen.

2.2. De cultuur-antropologische studies

Anders dan de studies van de adat-regels en het gewoonterecht hebben een aantal cultuur-antropologische onderzoekingen zich wel uitdrukkelijk bezig gehouden met het onderwerp van de sociale verandering in het algemeen en de verschuivingen ten aanzien van de huwelijksvormen en de verwantschapsverhoudingen bij de Rejang, de Pekal en andere etnische groepen in de provincie Bengkulu in het bijzonder. Zij vertegenwoordigen verschillende theoretische gezichtspunten en methoden van onderzoek. In de tweede helft van de 19e eeuw en kort na de eeuwwisseling werden ter verklaring van de verscheidenheid en verandering van de huwelijksvormen en de verwantschapsverhoudingen bij de Rejang en andere etnische groepen in Zuid-Sumatra evolutionistische of diffusionistische modellen gebruikt. De voorkomende huwelijksvormen en de daaraan gerelateerde verwantschapsverhoudingen interpreteren zij als representanten van afzonderlijke cultuur-historische fasen, die in een diachronisch veranderingsschema of model met elkaar zijn verbonden. De verandering van de huwelijksvormen en de tussenvormen die daarbij ontstaan, worden verklaard in termen van verwantschapsstelsels, waarbij soms het ene stelsel het andere opvolgt, dan weer tot een vroeger type of stadium terugkeert, in andere gevallen de verandering halverwege in een gedachte-overgang of omzetting is blijven steken. De indeling van de verwantschapsstelsels, bijvoorbeeld die naar patriarchale, matriarchale en ouderrechtelijke verwantschapsstelsels (Wilken 1891), berust op een extrapolatie vanuit overeenkomstige hoofdtypen van huwelijksvormen. Omtrent de richting en volgorde waarin de mogelijke veranderingen en verschuivingen zich voltrekken en de factoren die daarbij een rol spelen, bestaan uiteenlopende hypothesen. Deze studies zijn hoofdzakelijk gebaseerd op secundaire bronnen en onderzoeksresultaten en betrekken allerlei etnische groepen en culturen in hun beschouwing, die naar ruimte en tijd onderling sterk verschillen.

Na de Eerste Wereldoorlog hebben functionalistische en structuralistische interpretaties veld gewonnen. De voorstelling van een bepaalde cultuur of etnische groep als een afzonderlijke en in meer of mindere mate specieke configuratie van sociaal-culturele elementen en karakteristieken heeft hierbij een belangrijke rol gespeeld. Gedetailleerde sociografische beschrijvingen, die vlak voor en na de eeuwwisseling snel in aantal toenamen, hebben veel tot de uitkristallisering van dit gezichtspunt bijgedragen (Swaab 1916b; Wink 1926a, e.a.). Deze ontwikkeling binnen het studieveld van de culturele antropologie heeft geleid tot een duidelijke inperking van het comparatieve gezichtspunt, dat de hieraan voorafgaande stromingen kenmerkte. Het accent kwam meer te liggen op de hedendaagse sociaal-culturele verhoudingen binnen naar tijd en regio beperkte categorieën van etnische groepen. Vanuit de behoefte aan empirische verificatie groeide ook het aandeel en de betekenis van de gegevens en inzichten ontleend aan onmiddellijke veldwerkervaringen (Hazairin 1936; Jaspan 1964). De interpretatie van de veranderingen ten aanzien van de huwelijksvormen en verwantschapsverhoudingen bij de Rejang en aanverwante etnische groepen vindt dienovereenkomstig plaats op basis van meer synchronische modellen. De manifeste verscheidenheid van huwelijksvormen en verwantschapsverhoudingen wordt onderzocht wat betreft hun gemeenschappelijke grondslagen en verborgen samenhangen, ten einde hun relatie tot of plaats in een elementaire grondstructuur of een gemeenschappelijk basissysteem aan te tonen. De uiteenlopende huwelijksvormen en verwantschapsstelsels behoren daartoe als evenzovele afzonderlijke en logische mogelijkheden. Hun specifieke karakteristieken worden in verband gebracht met de bijzondere historische context waarin zij zich manifesteren. Zeer essentieel lijkt in deze samenhang de conclusie, dat bij vrijwel alle verwantschapsstelsels zowel patrilineale als matrilineale verwantschapsprincipes tegelijkertijd naast en door elkaar vermengd voorkomen. Jaspan (1964) bijvoorbeeld wijst er ten aanzien van de Rejang met nadruk op, dat toen patrilinealiteit ten aanzien van de afstamming en virilokaliteit voor de vestiging na het huwelijk de verwantschapsstructuur leken te bepalen, tegelijkertijd bepaalde vormen van matrilinealiteit en uxorilokaliteit voorkwamen en zelfs belangrijke functies vervulden ten behoeve van de continuïteit van de in die tijd overwegend patrifocale sociale organisatie (Jaspan 1964:135). De veranderingen van de huwelijksvormen en verwantschapsverhoudingen kunnen op grond hiervan worden opgevat als verschuivingen in de nadruk, die binnen een bepaalde cultuur of etnische groep wordt gelegd op de in principe gegeven verscheidenheid van verwantschapsverhoudingen. De vraag met betrekking tot de noodzakelijkheid waarmee de veranderingen en verschuivingen in de huwelijksvormen en verwantschapsverhoudingen zich in een bepaalde richting en volgorde voordoen speelt hierbij, in vergelijking met de evolutionistische of diffusionistische stromingen, een enigszins ondergeschikte rol.

De interpretaties, die de cultuur-antropologische onderzoekingen geven met betrekking tot de veranderingen van de huwelijksvormen en verwantschapsverhoudingen bij de Rejang en andere etnische groepen in de provincie Bengkulu, vertonen niettemin bepaalde essentiële overeenkomsten met die van de studies over de adat-regels en het gewoonterecht. Beide stellen de directe samenhang tussen de onder hun specifieke gezichtspunt geabstraheerde, aspecten of elementen centraal. In deze zin ligt de antropologische (c.q. sociologische) interpretatie in termen van functies, cognitieve voorstellingen of anderszins in het verlengde van die van de rechtsgevolgen. De categorieën van sociale verhoudingen en cultuurelementen, die op grond van deze gezichtspunten worden geabstraheerd, zijn niet alleen naar omvang en aard op vergelijkbare wijze beperkt, maar bovendien wat betreft de verklaring van hun onderlinge samenhang niet uitputtend.

Tussen de onderscheiden stromingen binnen de cultuur-antropologie bestaan overigens enkele belangrijke verschillen. In de eerste plaats met betrekking tot de soort modellen die worden gehanteerd. De evolutionistische of diffusionistische benaderingen betrekken de veranderingen van de huwelijksvormen en de verwantschapsverhoudingen op hoofdzakelijk ideaal-typische modellen van verwantschapsstelsels. De functionalistische en structuralistische oriëntaties zijn meer empirisch ingesteld en spreken in dit verband eerder in termen van specifieke verwantschapscategorieën zoals clans, moieties en lineages. In de tweede plaats de betekenis, die zij aan het onderwerp sociale verandering toekennen. Bij de evolutionistische of diffusionistische stroming staat dit aspect uitdrukkelijk op de voorgrond. Bij de functionalistische en structuralistische benaderingen ligt de nadruk vooral op de structuur en het functioneren van verwantschapsgroepen en -stelsels afzonderlijk en als onderdeel van grotere of kleinere configuraties. Dit heeft bijgedragen tot een gedetailleerde kennis van de samenhang en het functioneren van deze categorie van sociaalculturele elementen binnen een bepaald verband of systeem en de culturele concepties en classificaties, die in dit verband worden gehanteerd (Jaspan 1964, Moyer 1975). Op grond hiervan zijn bepaalde voorstellingen en gevolgtrekkingen van oudere interpretaties van de verandering van de huwelijksvormen en de verwantschapsverhoudingen gecorrigeerd. Het is echter de vraag of deze veelzijdige en gedetailleerde kennis omtrent de structuren en het functioneren van de verwantschapsstelsels als zodanig betere en meer betrouwbare verklaringen hebben gebracht met betrekking tot de veranderingsprocessen, die zich bij de Rejang en de Pekal ten aanzien daarvan voordoen.

3. De specifieke probleemstelling

De specifieke probleemstelling van deze studie heeft betrekking op de veranderingen, die de huwelijksvormen van de Rejang en de Pekal in de loop van de tijd hebben ondergaan. Deze vormen een geschikt uitgangspunt voor de analyse van de samenhang, die tussen de veranderingen van de uiteenlopende aspecten van de cultuur en samenleving van deze etnische groepen bestaat. Als zodanig draagt dit specifieke onderwerp bij tot de verklaring van de meer omvattende veranderingsprocessen waar deze etnische groepen als geheel bij zijn betrokken.

3.1. Lokaliteit en verwantschap: een paradox

Van alle veranderingen ten aanzien van de huwelijksvormen en de verwantschapsverhoudingen bij de Rejang en de Pekal is de verschuiving van virilokale naar uxorilokale vestiging na het huwelijk de meest manifeste. Deze verschuiving ten aanzien van de vestigingsplaats na het huwelijk wordt in verband gebracht met een verandering van de huwelijksvormen als zodanig. De virilokale vestiging na het huwelijk houdt rechtstreeks verband met het traditionele en in Zuid-Sumatra voorheen wijd verbreide bruidsprijs- of jujur-huwelijk. De uxorilokale vestiging na het huwelijk daarentegen komt voor bij twee afzonderlijke huwelijksvormen, die beide met de term semendo worden aangeduid. In beide gevallen gaat het om een huwelijksvorm zonder bruidsprijs of jujur. De eerste, het semendo ambil anak- of semendo an-huwelijk, wordt gezien als de voortzetting van het traditionele inlijf- of ambil anak-huwelijk. De tweede, het semendo beradat-huwelijk, vertoont veel overeenkomst met het onder de Maleise bevolkingsgroep gebruikelijke semendo mardika-huwelijk. De aanduiding van deze twee huwelijksvormen zonder bruidsprijs met de term semendo is het gevolg van bepaalde ontwikkelingen in de loop van de 19e eeuw waarbij de term ambil anak heeft plaatsgemaakt voor die van semendo.

De verschuiving van viri- naar uxorilokaliteit kan dus op twee manieren worden opgevat. Enerzijds als die van het jujur-huwelijk naar het semendo ambil anak- of semendo an-huwelijk; anderzijds als die van het jujur-huwelijk naar het semendo beradat-huwelijk.

Inzake verwantschapsverhoudingen bestaan tussen de hier onderscheiden huwelijksvormen belangrijke verschillen. Het jujur-huwelijk wordt met patrilinealiteit geassocieerd. Wat de twee semendo-huwelijksvormen betreft staat tegenover de overeenkomst tussen beide wat betreft de uxorilokale vestiging na het huwelijk een merkwaardig verschil in verwantschapsverhoudingen. Het semendo an-huwelijk, dat verband houdt met het traditionele ambil anak-huwelijk uit het begin van de 19e eeuw, brengt matrilineale verwantschapsverhoudingen met zich mee. Het op het semendo mardika-huwelijk van de Maleise bevolkingsgroep lijkende semendo beradat-huwelijk impliceert daarentegen ambilaterale verwantschapsverhoudingen.

Diagram 1
De vergelijking van de huwelijksvormen ten aanzien van de vestigingsplaats na het huwelijk en de verwantschapsverhoudingen die ermee samengaan.

Huwelijksvormen:	Jujur	Semendo an	Semendo beradat
1. Lokaliteit	Virilokaal	Uxorilokaal	Uxorilokaal
2. Verwantschap	Patrilineaal	Matrilineaal	Ambilateraal

Betekent de verschuiving van het jujur- naar het semendo-huwelijk in termen van lokaliteit de overgang van viri- naar uxorilokaliteit; wat de verwantschapsverhoudingen aangaat lijkt deze verandering van de huwelijksvormen betrekking te hebben op twee verschillende mogelijkheden. Ten eerste, een verandering van patri- naar matrilinealiteit. Ten tweede, die van patrilinealiteit naar ambilaterale verwantschapsverhoudingen. De voorstelling van een veranderingsproces waarbij parallel aan de verandering van patri- naar matrilinealiteit de verschuiving plaatsvindt van viri- naar uxorilokaliteit lijkt logisch en vanzelfsprekend. Een dergelijke verandering komt immers neer op een omzetting binnen het kader en met behoud van unilineale verwantschapsverhoudingen. Een verandering echter, waarbij aan de ene kant een verschuiving plaatsvindt van patrilineale naar ambilaterale verwantschapsverhoudingen en aan de andere kant die van virilokale naar uxorilokale vestiging na het huwelijk en dat is hoogst merkwaardig. De verbreiding van ambilaterale verwantschapsverhoudingen impliceert namelijk de loslating van het principe van unilineale verwantschapsaffiliatie. Een verandering van de huwelijksvormen, die zowel de omzetting van viri- in uxorilokale vestiging na het huwelijk inhoudt als de loslating van het principe van unilineale verwantschapsaffiliatie schijnt daarom paradoxaal.

3.2. De verklaring voor de verandering van de huwelijksvormen en de verwantschapsverhoudingen

Alle bronnen met betrekking tot de verandering van de huwelijksvormen en de verwantschapsverhoudingen bij de Rejang en de Pekal bevestigen, dat sedert het begin van de 19e eeuw de betekenis van het patrilineale verwantschapsprincipe en specifiek patrilineale verwantschapsverhoudingen is afgenomen en dat de patrilineale, genealogische verbanden allengs zijn vervaagd. De laatstgenoemde categorie van sociale formaties staat algemeen bekend als de hoeksteen van de traditionele, sociale structuur van deze etnische groepen.

Wat de verandering van de verwantschapsverhoudingen betreft blijkt bij nadere beschouwing, dat de omzetting van patri- in matrilinealiteit enerzijds en die van patrilinealiteit in ambilaterale verwantschapsverhoudingen anderzijds betrekking hebben op twee verschillende geografische gebieden. Studies uit de tweede helft van de 19e eeuw wijzen er op, dat onder de Rejang en de Pekal, die in het kustgebied van Noord-Bengkulu zijn gevestigd, de ambilaterale verwantschapsverhoudingen overheersen (Wilken 1912, IV:193). Bovendien wordt vastgesteld, dat het in dit gebied gangbare semendo beradat-huwelijk zich in vrijwel niets onderscheidt van het bij de Maleise bevolkingsgroep gebruikelijke semendo mardika-huwelijk (De Raedt van Oldenbarneveldt 1888:429). Bij de Rejang in het hoogland van Rejang-Lebong daarentegen gelden blijkbaar geheel andere verhoudingen. Een cultuur-antropologische studie uit de jaren zestig geeft aan, dat in dit gebied matrilineale verwantschapsverhoudingen algemene gelding hebben gekregen (Jaspan 1964:356-358). De hier gebruikelijke semendo-huwelijksvorm zonder bruidsprijs wordt geïdentificeerd als de voortzetting van het traditionele ambil anak-huwelijk en vertoont geen enkele overeenkomst met het in de urbane centra van dit gebied onder de Maleise bevolkingsgroep gebruikelijke semendo mardika-huwelijk. Het semendo mardika-huwelijk wordt ter onderscheiding van en in tegenstelling tot het "oude" bij de Rejang gangbare semendo an-huwelijk zelfs bestempeld als een "vreemde" en "nieuwe" huwelijksvorm (Jaspan 1964:320).

De bestaande verklaringen en interpretaties van de veranderingen van de huwelijksvormen en verwantschapsverhoudingen onder de Rejang en de Pekal zijn, niettegenstaande de markante verschillen tussen de kuststreek van Noord-Bengkulu enerzijds en het hoogland van Rejang-Lebong anderzijds, formeel dezelfde. Zij vatten allemaal de veranderingen van de verwantschapsverhoudingen op als een direct uitvloeisel of logisch gevolg van de verschuiving in de relatieve frequentie waarmee de onderscheiden typen van huwelijksvormen voorkomen en elkaar als het ware chronologisch opvolgen. Er is sprake van de afname en uiteindelijke verdwijning van het traditionele virilokale jujur-huwelijk met patrilineale verwantschapsimplicaties ten gunste van de semendo-huwelijksvormen zonder bruidsprijs. De gevolgen van de verbreiding van deze uxorilokale semendo-huwelijken voor de traditionele verwantschapsverhoudingen verschillen overeenkomstig hun respectievelijke verwantschapstheoretische connotaties, matrilinealiteit in het ene geval en ambilaterale verwantschapsverhoudingen in het andere. De impulsen die tot de verschuiving in de relatieve frequentie van de verschillende huwelijksvormen aanleiding hebben gegeven en, parallel hieraan, de verandering bewerkstelligden van de patri- naar de matrilineale dan wel naar ambilaterale verwantschapsverhoudingen, worden vrijwel steeds gezocht in exogene factoren, zoals daar zijn de inmenging van de koloniale machten (Wilken 1912, IV:200), de verbreiding van de Islamitische godsdienst (Wilken 1912, IV:234, Hazairin 1936:69, Jaspan 1964:284), de openlegging van de vestigingsgebieden van de Rejang en de Pekal door de aanleg van wegen, de verbetering van de communicatiemedia, de ontwikkeling van de mijnbouw en een influx van vreemdelingen (Hazairin 1936:63, Jaspan 1964:284), de verbreiding van moderne, agrarische technologieën (Jaspan 1964:357). De gedachtengang hierbij is, dat deze exogene factoren de traditionele, patrilineale verwantschapsverhoudingen en structuren hebben aangetast en ondermijnd en daardoor de verbreiding van de semendo-huwelijksvormen hebben begunstigd.

Deze gedachtengang verklaart evenwel niet waarom in het hoogland van Rejang-Lebong de aantasting van de traditionele, patrilineale verwantschapsverhoudingen en de daarmee samenhangende verdwijning van het jujur-huwelijk is gevolgd door een uxorilokale huwelijksvorm zonder bruidsprijs met matrilineale verwantschapsconnotaties, terwijl in het kustgebied van Noord-Bengkulu dezelfde huwelijksvorm met ambilaterale verwantschapsverhoudingen samengaat. Daarvoor is het nodig de veranderingen van de verwantschapsverhoudingen in elk van deze gebieden afzonderlijk aan de orde te stellen. De daarbij voorkomende verklaringen worden als hypothesen geformuleerd: 1. de "transformatie"-hypothese; en 2. de "acculturatie"-hypothese.

3.2.1. *De "transformatie"-hypothese*

De verbreiding in het hoogland van Rejang-Lebong van het uxorilokale semendo-huwelijk zonder bruidsprijs in samenhang met matrilineale verwantschapsverhoudingen verklaart Jaspan in termen van "transformatie" (Jaspan 1964:356-357). De verandering van de huwelijksvormen en de verwantschapsverhoudingen in het betrokken gebied vinden volgens deze auteur plaats binnen het kader van en met behoud van de traditionele unilineale verwantschapsverhoudingen. In een dergelijke context is een omzetting, dat wil zeggen die van patri- in matrilinealiteit, de enig denkbare vorm van verandering. De matrilineale verwantschapsverhoudingen van het uxorilokale semendo-huwelijk zetten de traditionele, unilineale verwantschapsstructuur voort. Betekent dit nu ook, dat de verschuiving van de huwelijksvormen en de verwantschapsverhoudingen in het kustgebied van Noord-Bengkulu betrekking heeft op een veranderingsproces, dat principieel afwijkt van dat in het hoogland van Rejang-Lebong? Met andere woorden, is voor de verklaring van de veranderingen onder de Rejang en de Pekal in het onderzoeksgebied een geheel andere verklaring of hypothese vereist dan die welke Jaspan ten aanzien van de Rejang in het hoogland van Rejang-Lebong voorstaat? Het hierboven reeds opgemerkte onderscheid tussen de betrokken regio's en de wijze waarop de "transformatie"-hypothese is gesteld maken een dergelijke gevolgtrekking aannemelijk.

3.2.2. *De "acculturatie"-hypothese*

De herhaalde vaststelling, dat tussen het semendo-huwelijk zonder bruidsprijs onder de Rejang en de Pekal in de kuststreek van Noord-Bengkulu en het semendo mardika-huwelijk van de Maleise bevolkingsgroep, dat in de lokale en urbane centra voorkomt, een vergaande overeenkomst bestaat, roept de gedachte op als zou de verbreiding van de ambilaterale verwantschapsverhoudingen in dit gebied het gevolg zijn van een "acculturatie"-proces met deze naburige, etnisch vreemde bevolkingsgroep. Bij nadere beschouwing blijkt echter, dat er zeer weinig aanwijzingen bestaan, die een dergelijke hypothese ondersteunen. De belangrijkste auteurs over het betrokken gebied, De Raedt van Oldenbarneveldt (1888), Wilken (1891) en Wink (1926a), leggen tussen de ambilateraliteit van het onder de Rejang en de Pekal algemeen gangbare semendo beradat-huwelijk zonder bruidsprijs en het Maleise semendo mardika-huwelijk nergens een dergelijk rechtstreeks verband. Bovendien ontkomt de "acculturatie"-hypothese niet aan een bezwaar van meer theoretische aard, namelijk dat een omzetting van viri- in uxorilokale vestiging na het huwelijk niet kan worden verklaard uit de loslating van het principe van unilineale verwantschapsaffiliatie.

Hieruit kunnen twee conclusies worden getrokken. In de eerste plaats, dat de verbreiding van een semendo-huwelijk met ambilaterale verwantschapsverhoudingen in strijd is met de "transformatie"-hypothese. In de tweede plaats, dat de "acculturatie"-hypothese voor de verklaring hiervan tekort schiet. De redenen hiervoor houden verband met de vooronderstellingen waarop deze twee hypothesen zijn gebaseerd, namelijk dat er tussen de op een bepaald moment gebruikelijke huwelijksvormen enerzijds en de algemeen geldende verwantschapsverhoudingen anderzijds een directe samenhang bestaat. De verschuiving in de relatieve frequentie van specifieke huwelijksvormen vormt in beide gevallen de verklaring voor de verandering van de verwantschapsverhoudingen. De "transformatie"-hypothese van Jaspan is de onmiddellijke bevestiging hiervan. Deze hypothese impliceert immers, dat tussen de aantasting van de traditionele, patrifokale verwantschapsverhoudingen en de verbreiding van een uxorilokale huwelijksvorm met matrilineale verwantschapsconnotaties een onmiddellijk verband bestaat. De overgang van patri- naar matrilinealiteit is even logisch en vanzelfsprekend als die van viri- naar uxorilokaliteit. Beide verschuivingen behoren als het ware bij elkaar.

De "acculturatie"-hypothese blijft in gebreke te verklaren hoe, ondanks de loslating van het unilineale verwantschapsprincipe, toch een omzetting heeft kunnen plaatsvinden van virilokale in uxorilokale vestiging na het huwelijk. De weerlegbaarheid van de "acculturatie"-hypothese roept twijfels op met betrekking tot de houdbaarheid van de vooronderstelling, dat tussen de verschillende huwelijksvormen enerzijds en de uiteenlopende verwantschapsverhoudingen anderzijds een direct verband bestaat. Indien deze veronderstelling onjuist blijkt te zijn, impliceert dit, dat de verandering van de huwelijksvormen en de verwantschapsverhoudingen onder de Rejang en de Pekal in de kuststreek van Noord-Bengkulu niet principieel verschillen van die onder de Rejang in het hoogland van Rejang-Lebong. Er is derhalve een hypothese nodig op grond waarvan de hierboven genoemde vooronderstelling kan worden gefalsifieerd. Deze wordt geformuleerd als de "differentiatie"-hypothese.

3.2.3. De "differentiatie"-hypothese

De hypothese die in deze studie wordt onderzocht houdt in, dat het uxorilokale semendo beradat-huwelijk zonder bruidsprijs met ambilaterale verwantschapsconnotaties onder de Rejang en de Pekal van het kustgebied van Noord-Bengkulu evengoed uit de traditionele patrifokale verwantschapsverhoudingen is voortgekomen als het "oude" uxorilokale semendo an-huwelijk met matrilineale verwantschapsconnotaties in het hoogland van Rejang-Lebong. De verschuiving van patrilineale naar ambilaterale verwantschapsverhoudingen is niet het gevolg van de overname van het semendo mardika-huwelijk van de naburige Maleise bevolkingsgroep, noch betreft het hier een afzonderlijk en van het hoogland van Rejang-Lebong principieel verschillend proces van sociale verandering. De verandering van de huwelijksvormen en de verwantschapsverhoudingen in beide regio's kan worden verklaard in termen van "differentiatie", dat wil zeggen een proces waarbij uit een door eenvormigheid gekenmerkte oorsprongssituatie meervoudige sociaal-culturele verhoudingen voortkomen. Zowel de matrilinealiteit onder de Rejang van Rejang-Lebong als de ambilateraliteit bij de Rejang en de Pekal in Noord-Bengkulu kunnen, zij het elk op een verschillende manier, tot de gemeenschappelijk traditionele, patrifokale sociale structuur en organisatie worden gerelateerd. De voorstelling van een "differentiatie"-proces heeft met de "transformatie"-hypothese gemeenschappelijk, dat zij de verbreiding van het onder de Rejang en de Pekal van Noord-Bengkulu voorkomende semendo beradat-huwelijk met ambilaterale connotaties ook in verband brengt met de verandering van de traditionele, patrifokale verwantschapsstructuur. Zij verschilt hiervan evenwel doordat zij de mogelijkheden tot sociale verandering niet beperkt tot die welke vallen binnen het kader en met behoud van de unilineale verwantschapsstructuur. In tegenstelling tot de "acculturatie"-hypothese maakt de "differentiatie"-hypothese bovendien inzichtelijk op welke wijze een verschuiving van virilokale naar uxorilokale vestiging na het huwelijk kan samengaan met de verbreiding van ambilaterale verwantschapsverhoudingen.

Tussen de "transformatie"- en de "differentiatie"-hypothese bestaat overigens ook een belangrijk verschil. De "differentiatie"-hypothese gaat ten aanzien van de verandering van de huwelijksvormen en de verwantschapsverhoudingen in de kuststreek van Noord-Bengkulu enerzijds en die in het hoogland van Rejang-Lebong anderzijds uit van de veronderstelling, dat het niet twee principieel verschillende of zelfs gescheiden veranderingsprocessen betreft, maar twee specifieke ontwikkelingen binnen één en hetzelfde omvattende veranderingsproces. Dit impliceert, dat ten aanzien van de aantasting van de traditionele patrifokale verwantschapsstructuur aan de ene kant en de verbreiding van de matrilineale verwantschapsverhoudingen in het hoogland van Rejang-Lebong aan de andere kant geen noodzakelijk verband kan worden verondersteld. Met andere woorden, de verbreiding van de matrilineale verwantschapsverhoudingen is evenmin vanzelfsprekend als die van de ambilaterale. Het gaat in beide gevallen om geconditioneerde veranderingen. De voorwaarden in deze hebben betrekking op de sociale context of institutionele structuur waarin de verandering van de huwelijksvormen en de verwantschapsverhoudingen zich voltrekt. Wat dit aangaat veronderstelt de omzetting van patri- in matrilinealiteit een institutionele structuur, die bestaat uit specifiek unilineale verwantschapsgroepen en -categorieën. De verbreiding van ambilaterale verhoudingen daarentegen hangt samen met de verandering, die deze institutionele structuur als zodanig zelf heeft ondergaan. Voor de verklaring van deze specifieke verandering ten aanzien van de verwantschapsverhoudingen is het derhalve noodzakelijk de samenhang tussen de verandering van de huwelijksvormen en die van andere aspecten van de samenleving en cultuur van de betrokken etnische groepen aan een nader onderzoek te onderwerpen.

4. De methode van analyse

De analyse van de samenhang tussen de uiteenlopende sociale veranderingen bij de Rejang en de Pekal gaat uit van een model van hun traditionele sociale structuur, dat uit drie hoofdelementen bestaat. Het eerste element betreft de huwelijksvormen, die bij deze etnische groepen voorkomen. Aan de hand van de specifieke adat-regels en gewoonten, die voor ieder van de huwelijksvormen gelden, en de verwantschapsverhoudingen, die met elk van de huwelijksvormen afzonderlijk zijn verbonden, wordt vastgesteld wat de aard en betekenis is van de elementaire, formele sociale relaties, die de (structurele) grondslag van de samenleving en cultuur van de Rejang en de Pekal vormen. Het tweede hoofdelement in het model betreft de genealogische verbanden, de clans, subclans en lineages. Dit zijn zeer belangrijke sociale eenheden, die als het ware het institutionele "framework" vertegenwoordigen, dat de elementaire, formele sociale relaties van deze etnische groepen ondersteunt en legitimeert. In het verleden hebben de genealogische verbanden steeds een grote sociaal-politieke betekenis gehad. De onderverdeling naar genealogische eenheden geeft niet alleen aan welke ontwikkeling de traditionele sociaalpolitieke structuur van deze etnische groepen heeft doorgemaakt, maar weerspiegelt bovendien de machtsstructuur die er binnen hun samenleving bestaat. De verandering van de huwelijksvormen en verwantschapsverhoudingen staat rechstreeks met die van de genealogische verbanden in verband. Het derde element in het analytisch model betreft de dorpsgemeenschap. Zij vertegenwoordigt een zelfstandige sociaal-culturele eenheid, die binnen de macro-sociale structuur een aparte positie inneemt en uit hoofde daarvan bij de verklaring van de samenhang tussen de uiteenlopende sociale veranderingen niet buiten beschouwing kan worden gelaten.

De specifieke methode, die voor de analyse van ieder van deze hoofdelementen wordt gevolgd, is de methode van regionale vergelijking. Met betrekking tot elk van de gespecificeerde hoofdelementen wordt een vergelijking getrokken tussen de Rejang en Pekal in de kuststreek van Noord-Bengkulu enerzijds en de Rejang in het hoogland van Rejang-Lebong anderzijds. Aan de hand van de verschillen en tegenstrijdigheden wordt een verklaring gegeven van de wijze waarop in elk van de genoemde gebieden de veranderingen in de samenleving en cultuur van de Rejang en Pekal hebben plaatsgevonden en wordt aangegeven van welke specifieke macro-sociale veranderingsprocessen zij deel uitmaken.

3
DE HUWELIJKSVORMEN

1. Begripsbepaling en classificatie

1.1. Huwelijk en huwelijksvormen

Bij de bestudering van de samenhang tussen de veranderingen van de huwelijksvormen bij de Rejang en Pekal enerzijds en die van andere aspecten en elementen van hun cultuur en samenleving anderzijds staat het begrip huwelijk centraal. Dit wordt opgevat als een sociale institutie, die de rechten en plichten regelt tussen de echtgenoten, hun mogelijke kinderen en de wederzijdse families en verwantschapsgroepen. Huwelijken worden beschreven en geclassificeerd aan de hand van de regels, die erop van toepassing zijn. Deze hebben onder meer betrekking op de afstamming en verwantschap, de exogamie en endogamie, de vestigingsplicht na het huwelijk en het erfrecht. Met het begrip huwelijksvorm wordt een samenstel van dergelijke regels bedoeld. Het onderscheid tussen de afzonderlijke huwelijksvormen is zelden categorisch, omdat bij uiteenlopende huwelijksvormen dezelfde regels kunnen voorkomen. De onderlinge verschillen komen tot uitdrukking in de gevolgen, die de voor een bepaalde huwelijksvorm specifieke combinatie van regels met zich meebrengt voor het gezinsverband, de omvattende genealogische verbanden en de samenleving als geheel.

In dit hoofdstuk gaat het er niet om de regels en bepalingen met betrekking tot de afzonderlijke huwelijksvormen verder te specificeren en detailleren. Daarover bestaan reeds verschillende uitgebreide uiteenzettingen (Hazairin 1936, Siddik 1980). Het is de bedoeling in dit bestek na te gaan in welke elementaire, structurele sociale relaties zij zijn ingebed en wat de gevolgen van de uiteenlopende huwelijksvormen zijn voor de maatschappelijke context waarin zij voorkomen.

1.2. De classificatie van de huwelijksvormen

De autochtone bevolkingsgroepen in het onderzoeksgebied onderscheiden in principe twee huwelijksvormen: 1. het jujur-huwelijk; en 2. het semendo-huwelijk. Deze indeling is gebaseerd op twee criteria. Het eerste is de vestigingsplaats na het huwelijk. Het jujur-huwelijk is virilokaal en het semendo-huwelijk is uxorilokaal. Het tweede criterium is de soort betaling, die bij het huwelijk gebruikelijk is. Bij een jujur-huwelijk moet door de man en zijn familie een bruidsprijs, een jujur, worden gegeven. Bij een semendo-huwelijk komt deze niet voor.

Tussen deze twee soorten huwelijken bestaat nog een ander belangrijk verschil. De regels en normen bij het jujur-huwelijk volgen een vrijwel vast patroon. Een dergelijk huwelijk impliceert virilokaliteit ten aanzien van de vestiging na het huwelijk en patrilinealiteit inzake de verwantschapsaffiliatie van de kinderen, de vererving van goederen en de opvolging in rituele en politieke functies. Bij een semendo-huwelijk daarentegen zijn de bepalingen en voorschriften met betrekking tot elk van deze elementen niet eensluidend. Bij deze huwelijksvorm komen dan ook een aantal subtypen voor.

In de hierna volgende paragrafen wordt de betekenis van het jujur- en het semendo-huwelijk verder uitgewerkt.

2. Het jujur-huwelijk

2.1. De betekenis van de jujur

Het jujur-huwelijk komt bij de analyse en verklaring van de verandering van de huwelijksvormen in het onderzoeksgebied de eerste plaats toe ondanks het feit, dat het tegenwoordig helemaal niet meer voorkomt. De reden hiervan is, dat de specifieke, elementaire sociale relaties waarin deze huwelijksvorm ligt ingebed en de culturele concepties welke met het jujur-huwelijk verband houden voor het begrijpen en verklaren van de verbreiding van de hedendaagse semendo-huwelijksvormen onmisbaar zijn. In de bestaande literatuur hierover kunnen twee verschillende interpretaties worden onderscheiden. De eerste, waarvan de wortels tot in de 18e eeuw reiken en die tot de jaren dertig door allerlei auteurs is vertegenwoordigd, stelt het jujur-huwelijk voor als een koophuwelijk. De tweede, die sedert de jaren dertig steeds meer ingang heeft gevonden, trekt ten aanzien van deze huwelijksvorm de vergelijking met de uitwisseling van giften of geschenken. Beide interpretaties worden eerst afzonderlijk toegelicht en vervolgens met elkaar vergeleken. Aan de hand van de onderlinge tegenstrijdigheden wordt naar een interpretatie gezocht van de elementaire, structurele sociale relaties, die aan de traditionele sociale structuur van deze etnische groepen ten grondslag liggen.

2.1.1. De jujur als koopprijs

Het jujur-huwelijk ontleent zijn benaming aan de jujur, de bruidsprijs, die hierbij voorkomt. De term jujur heeft betrekking op de goederen en voorwerpen, die bij een jujur-huwelijk door de man en zijn familie aan de familie van de vrouw worden gegeven. De strekking hiervan omschrijft Marsden aan het einde van de 18e eeuw als volgt: "The 'joojoor' is a certain sum of money, given by one man to another as a consideration for the person of his daughter, whose situation, in this case, differs not much from that of a slave to the man she marries, and to his family" (Marsden 1783:219). In deze omschrijving ligt de nadruk op de genoegdoening, die de ene man verschaft aan de andere vanwege de positie waarin de dochter van de laatste door dit huwelijk terecht komt. Zij noch haar familie hebben recht op enig kind of bezit uit dit huwelijk. De positie van de vrouw doet, volgens Marsden, voor die van een slavin nauwelijks onder. Toch betekent dit niet, dat de man over zijn vrouw de volledige beschikkingsmacht heeft. "Besides the batang joojoor (or main sum), there are some appendages or branches; one of which, the tallee koolo of five dollars, is usually, from motives of delicacy, or friendship, left unpaid, and so long as that is the case, a relationship is understood to subsist between the two families, and the parents of the woman have a right to interfere on occasions of illtreatment: the husband is also liable to be fined for wounding her; with other limitations of absolute right" (Marsden 1783:219). Het onbetaald laten van een deel van de jujur is bedoeld om de vrouw staande het huwelijk een bepaalde (rechts-)zekerheid te geven.

Een tweede bron uit de periode van de Engelse inmenging in de provincie Bengkulu, een optekening van het adat-recht in de hoofdplaats Bengkulu van omstreeks 1807, schetst van het jujur-huwelijk een vergelijkbaar beeld. "In cases of marriage by joojoor all property whatever is vested in the husband, who pays a certain sum to the Parents or Relations of the Woman on receiving her in marriage. All the Children of this union also attach to the husband and the females may be considered as a part of his wealth, for in fact, this mode of marriage is but a shade less than Slavery." (Commentative Digest 1913:294). Bij deze omschrijving van het jujur-huwelijk staat niet de positie van de vrouw centraal, maar ligt het accent op de rechtsgevolgen voor de direct erbij betrokken personen en partijen. Ter verbijzondering hiervan wordt de vergelijking doorgevoerd tussen de positie van de vrouw bij een jujur-huwelijk en die van een slavin. "In fact the only distinction between joojoor and the actual purchase of a slave consists in the following point, that if a man has bought a woman and makes her his wife, if she has no children by him, and he has reason to dislike her, he may sell her again, whereas if she received in joojoor and the husband dislike her, he must first make the proposal to her relations to receive her back, on repaying his money and, in case such proposal being rejected only after a formal separation has taken place, can he dispose of her to whom he pleases" (Commentative Digest 1913:295). Uit het voorgaande is het duidelijk, dat hiermee wordt gedoeld op de tali kulo.

Tussen Marsden's omschrijving van de jujur enerzijds en die van de "Commentative Digest" anderzijds bestaan twee belangrijke punten van overeenkomst. Ten eerste wordt in beide gevallen de positie van de vrouw vergeleken met die van een slavin of de slavernij uit die tijd. Ten tweede verschaft de jujur de man de algehele beschikkingsmacht over de vrouw. De tali kulo schijnt in dit verband slechts te zijn bedoeld: "to reduce the absolute authority of the man implicit in the jujur marriage" (Moyer 1975:123). Hoewel niet expliciet als zodanig geformuleerd, toch ligt hierin de voorstelling van het jujur-huwelijk als een koophuwelijk besloten zoals die in de latere geschriften uit de 19e eeuw steeds duidelijker op de voorgrond is getreden. Zo stelt onder andere Francis in 1842 het betalen van een jujur gelijk aan een "huwelijkskoop", "waardoor de vrouw als gedeelte des mans eigendom wordt beschouwd, en alle kinderen uit een dusdanig huwelijk voortgesproten den man toebehoren, terwijl de meisjes als een deel van zijn vermogen beschouwd en tegen betaling worden uitgehuwd" (Francis 1842:443). De interpretatie van de jujur bij Van Hasselt, enkele decennia later, wijkt hiervan ook niet principieel af. Terwijl Marsden de jujur in verband brengt met de sociale positie waarin de vrouw komt te verkeren, en de "Commentative Digest" en Francis de nadruk leggen op de beschikkingsmacht die de man daardoor over zijn vrouw verkrijgt, ziet Van Hasselt de jujur in eerste instantie als een vergoeding of compensatie voor de bijdrage die de vrouw door haar arbeid en nageslacht levert aan de familie van de man. "Bij de djoedjoer betaalde de man aan de familie van de vrouw de koelo (..); voor die geldelijke opoffering won hij voor zich en zijn nageslacht de vrouw, die hem volgde naar zijn huis of dat zijner familie, die met hem zijn akkers bebouwde, die zijn voedsel bereidde en zijn huishouden in orde hield, en hem kinderen schonk, wier steun hij op den ouden dag zou behoeven" (Van Hasselt 1882:291).

In zijn meest uitgewerkte vorm komt de interpretatie van de jujur als koopprijs voor bij Wilken (1891, 1912). Zij is het kernstuk van diens analyse van de "inrichting der verwantschap en van het huwelijks- en erfrecht" bij de verschillende volkeren van Zuid-Sumatra enerzijds, en de verklaring van de "verschillende ontwikkelingsvormen" of veranderingen, die zich ten aanzien daarvan voordoen anderzijds (Wilken 1891:150-151). Hij omschrijft de jujur in termen van de daarmee verbonden rechtspositie van de vrouw: "De bruidschat is de som waarvoor de vrouw verkregen, gekocht, wordt, door middel waarvan zij aan het vaderlijk gezag, de 'patria potestas', onttrokken en in de macht van den man, in 'manum mariti', gebracht wordt, waardoor zij losgemaakt wordt van hare familie en overgaat in de familie van den man. Die overgang is volledig." (Wilken 1891:165). En verder: "Door het huwelijk bij bruidschat wordt dus aan het gezag van de vader over zijne dochter een einde gemaakt, verliest de vader het recht zich met de aangelegenheden van zijne dochter te bemoeien. Elk tusschenkomst van zijnen kant ten haren behoeven zelfs bij slechte behandeling van haren echtgenoot, is ten eenenmale uitgesloten." (Wilken 1891:165). Dit verklaart volgens Wilken waarom de man bij een jujur-huwelijk niet alleen de volledige beschikkingsmacht heeft over zijn vrouw, maar ook over alle goederen en sieraden die de ouders haar bij gelegenheid van het huwelijk meegeven (Wilken 1891:159-160). Om dezelfde redenen kan alleen door het doelbewust onbetaald laten van een deel van de bruidsprijs tussen de betrokken families nog een bepaalde band, de tali kulo, blijven bestaan op grond waarvan "de ouders van de vrouw het recht behouden zich in de huwelijksaangelegenheden te mengen" (Wilken 1891:166). Deze interpretatie lijkt ook geen enkel misverstand te laten bestaan over de aard van de gebruiken en rechtsverhoudingen bij het overlijden van de man en echtscheiding. Ingevolge de betaling van een jujur maakt de vrouw tot haar dood deel uit van de familie van de man. Als hij voortijdig overlijdt, "hebben zijne verwanten de beschikking over haar. Zij kunnen haar òf voor zichzelve behouden, òf aan anderen uithuwen. (..) In het wezen der zaak komt, als uitvloeisel van het begrip dat de vrouw, voor den bruidschat gekocht zijnde, het eigendom van den man is en dus bij zijnen dood een deel van de nalatenschap uitmaakt, het leviraatshuwelijk hierop neer, dat de weduwe 'hereditatis jure' op een der broeders overgaat." (Wilken 1891: 167). Dat geen echtscheiding mogelijk is, wekt op grond van het voorgaande geen verwondering meer: "Het huwelijk is toch niets dan een koop en kan niet ongedaan worden gemaakt; de vrouw, eenmaal afgeleverd aan den man en aan zijne familie, kan niet meer aan haren vader of hare verwanten worden teruggegeven" (Wilken 1891:170). Hierop wordt alleen dan een uitzondering gemaakt, "wanneer namelijk de vrouw niet beantwoordt aan het doel, waarvoor zij is gekocht, het verkrijgen van kinderen" (Wilken 1891:170). Kortom, volgens Wilken is het jujur-huwelijk een "koop", de vrouw een "gekochte zaak". De man is "heer" en "eigenaar" van de vrouw. Haar positie is een volkomen "ondergeschikte" en "volmaakt rechteloze". De vrouw bezit niets. Integendeel, zij is een "voorwerp van bezit" (Wilken 1891:173).

De reden om de opvattingen van Wilken uitvoeriger aan te halen dan die van de andere auteurs is drieledig. Ten eerste doet deze extreme visie op de jujur als koopprijs het voorkomen alsof de gegevens en opvattingen van de voorgaande auteurs de onomstotelijke bevestiging daarvan zijn. Verderop zal blijken dat dit niet het geval is. Ten tweede is Wilken de eerste, die vanuit een specifiek cultuur-antropologische gezichtshoek een uitvoerige, systematische analyse heeft gemaakt van het in de loop van de 18e en 19e eeuw omtrent de wetten, gewoonten en instellingen in het gebied van Bengkulu geaccumuleerde materiaal. De toenmalige evolutionistische en diffusionistische stromingen binnen de culturele antropologie hebben hem daarbij in hoge mate geïnspireerd. Ten derde maakten de geschriften en artikelen van deze auteur in die tijd grote indruk en zijn van invloed geweest op de wijze waarop in de daarop volgende decennia de betrokken onderwerpen zijn bestudeerd. Dit laatste geldt zowel voor degenen, die de opvattingen en interpretaties van Wilken in zake het jujur-huwelijk in meer of mindere mate hebben overgenomen, als voor degenen, die zich op bepaalde punten daarvan hebben gedistantieerd.

Swaab (1916b) en Wink (1926a) behoren tot degenen, die de opvattingen van Wilken hebben overgenomen. Swaab noemt de jujur een "koopschat", bestaande uit een reeks van betalingen aan de beide ouders van de bruid, waardoor de vrouw het "eigendom" wordt van de man en zij bij zijn overlijden "tot zijne nalatenschap behoort" (Swaab 1916b:487-492). De omschrijving van de jujur door Wink als de "koopprijs" van de vrouw heeft dezelfde strekking (Wink 1926a:30).

2.1.2. De jujur als geschenk of gift

In de jaren dertig van deze eeuw wordt de voorstelling van de jujur als een koopprijs steeds meer aangevochten. Dit hangt ten nauwste samen met de opkomst binnen de culturele antropologie van een stroming, die voor het begrijpen en verklaren van huwelijk en verwantschap met de daarmee samenhangende culturele verschijnselen de denksystemen en daarbij behorende voorstellingen van de betrokken etnische groepen in beschouwing neemt. Een representant hiervan is Van Ossenbruggen (1930). Zijn kritiek op de hierboven uiteengezette opvattingen richt zich op twee punten. Ten eerste op de strekking van het huwelijk bij deze volken in het algemeen. Volgens Van Ossenbruggen is het huwelijk binnen de "primitieve denkwereld" geen "private aangelegenheid", maar een instelling "waarbij de geheele familie en de geheele stam betrokken zijn". Het hoofddoel ervan is "de instandhouding van den stam". Zij moet "vóór alles tegen alle mogelijke booze invloeden gevrijwaard worden". (Van Ossenbruggen 1930:214). Dit principe komt, volgens Van Ossenbruggen, in alle bij het jujur-huwelijk voorkomende gebruiken tot uitdrukking. Ten tweede acht hij de voorstelling van het jujur-huwelijk als een koophuwelijk "sterk overdreven". "Hoe groot de macht van den man ook moge zijn, nimmer zien we haar [de vrouw] beschouwd als koopwaar of gelijkgesteld met een slavin of bijzit; dikwijls neemt zij zelfs een vrij hooge positie in de familie in en kan zij een eigen vermogen hebben" (Van Ossenbruggen 1930:221). In een "magisch denksysteem" heeft de term "kopen" een geheel andere betekenis: "Door de overdracht van eenige zaak van den een op den ander gaat voor den primitieve een stuk van het eigen wezen des bezitters mee. Dit brengt voor den verkrijger zijn eigenaardige gevaren; zoo'n voorwerp kan zijn lot op ongewenschte wijze beïnvloeden. Om dit te voorkomen nu, is de overgang in omgekeerde richting noodzakelijk van eenige, liefst magisch krachtige zaak, waartoe onder meer metalen voorwerpen en munten gerekend worden. Vandaar dan ook, dat primitief elk geschenk tot tegengeschenk verplicht (..)." (Van Ossenbruggen 1930:221). Het geven van een jujur in ruil voor het opnemen van een vrouw in de eigen familie en stam is volgens Van Ossenbruggen te vergelijken met het uitwisselen van geschenken. "Wordt een geschenk niet door een tegengeschenk gevolgd, zoo komt de begiftigde onder magischen invloed en macht van den schenker te staan en voelt hij zich met zijn geheele persoon van hem afhankelijk" (Van Ossenbruggen 1930:221). Het ontvangen van een vrouw leidt tot "een magische gebondenheid" en houdt voor de betrokken stam bepaalde gevaren in. Om deze nu te bezweren is de overdracht van goederen nodig, "waaraan een sterk magische kracht verbonden is". "Oorspronkelijk strekken deze giften vooral ter beveiliging van den stam" (Van Ossenbruggen 1930:222). Hoewel de magische betekenis van de jujur geleidelijk heeft plaatsgemaakt voor een meer economische, is toch het magische karakter ervan niet geheel en al verloren gegaan. Voor zover de vergelijking met een koophuwelijk opgaat, dan toch gaat zij niet verder dan een "analogie" (Van Ossenbruggen 1930:222).

Ondanks de verschillen tussen de opvattingen van Van Ossenbruggen enerzijds en die van de hierboven behandelde auteurs anderzijds in zake de betekenis, die aan de jujur moet worden toegekend, bestaat er tussen hen vergaande overeenstemming omtrent de interpretatie van de tali kulo. Van Ossenbruggen is eveneens de mening toegedaan, dat dit gebruik is bedoeld om de overgang van de vrouw naar de familie van de man minder volledig te doen lijken en om te voorkomen, dat de verwantschapsrelaties van de vrouw met haar familie volledig worden verbroken (Van Ossenbruggen 1930:225).

Een tweede belangrijke auteur in dit verband is Hazairin (1936). Ofschoon in zijn uiteenzettingen over de jujur en het jujur-huwelijk de vergelijking met het uitwisselen van geschenken als zodanig niet voorkomt, gaat hij niettemin uit van dezelfde premissen als Van Ossenbruggen. Hazairin kent de band tussen een vrouw en haar familie ook een magisch-religieuze betekenis toe. De jujur met de daarbij behorende ornamenten, een speer, enkele krissen, een zwaard en eventueel nog andere voorwerpen, "dienen allemaal als magische middelen om den band tusschen de vrouw en haar familie door te snijden, eenerzijds en anderzijds om haar in het familieverband van den man op te nemen" (Hazairin 1936:43). De gevolgen hiervan voor de familie van de vrouw zijn niet eenzijdig. In de plaats van de band van de vrouw met haar familie komt een andere, namelijk "een band met hetgeen men zou kunnen noemen de vertegenwoordiging van de vrouw" (Hazairin 1936:45). De achterliggende gedachte is volgens Hazairin, dat op deze wijze de uittreding van de vrouw uit haar familie de (magisch-religieuze) verhouding tussen de familie en verwanten van de vrouw enerzijds en hun voorouders anderzijds niet zal verstoren. Dit komt overeen met hetgeen Van Ossenbruggen naar voren brengt ten aanzien van het afweren van alle mogelijke kwade invloeden van buiten ten einde de eigen familie of stam in stand te houden. Hazairin omschrijft de jujur met zijn begeleidende ornamenten weliswaar niet als een geschenk, niettemin "vervangt en vertegenwoordigt [zij] de vrouw in de magische sfeer van haar familie" (Hazairin 1936:47). De opvatting van het jujur-huwelijk als een koophuwelijk is hiermee volkomen in strijd. "De Redjangsche vrouw is (..) geen koopwaar, door de betaling van de lèkèt [jujur] is zij geen gekochte vrouw geworden, noch is zij slavin van de familie van haar man" (Hazairin 1936:49). Het tegendeel is het geval. Voor de familie van de man betekent zij "meer dan een dochter". "De schoonouders bejegenen haar beminnelijker dan hun eigen dochter of zoon. Haar schoonzusters en schoonbroers behandelen haar beleefder dan hun eigen oudere zuster of ouderen broer." Na het overlijden van haar man "blijft zij in zijn huis, om zijn nalatenschap te beheeren voor de kinderen, wanneer er kinderen zijn, anders voor haar zelf en voor de mansfamilie". Na de dood van de schoonouders "erft zij gezamenlijk met haar schoonbroers en schoonzusters de heele nalatenschap", evenals in bepaalde andere gevallen (Hazairin 1936:53).

2.1.3. De jujur in structuralistisch perspectief

De interpretatie van de jujur als koopprijs enerzijds en die als geschenk of gift anderzijds leiden tot een merkwaardige paradox. Voor beide interpretaties staat het onomstotelijk vast, dat er bij het jujur-huwelijk een overgang plaatsvindt van de vrouw in de familie van de man. De conclusies, die op grond van elk van deze interpretaties worden getrokken met betrekking tot de positie van de vrouw zijn echter met elkaar volstrekt in tegenspraak. Wilken (1891), en de meeste van zijn voorgangers met hem, omschrijft de positie van de vrouw als een absoluut rechteloze en de vrouw zelf als een voorwerp van bezit. Van Ossenbruggen (1930) en Hazairin (1936) daarentegen stellen haar voor als een gewaardeerd en gerespecteerd persoon, die helemaal niet rechteloos is en binnen de familie van de man in bepaalde gevallen zelfs een sleutelpositie kan innemen. De reden voor deze paradox is, dat de interpretatie van de jujur als koopprijs en die als geschenk of gift essentiële aspecten van deze huwelijksvorm buiten beschouwing hebben gelaten. In beide gevallen blijft onduidelijk welke soort relaties er tussen de betrokken wederzijdse families en verwantschapsgroepen bestaan. Hazairin vormt hierop geen uitzondering ook al gaat hij aan de vergelijking van de jujur met een geschenk feitelijk voorbij. Beide interpretaties definiëren de relatie tussen de bij een jujur-huwelijk betrokken families en verwantschapsgroepen feitelijk als een "non-relatie". Slechts indien aan de voorwaarde van de jujur nog niet of nog niet volledig is voldaan bestaat er tussen beide partijen een bepaalde band. Bij de koopprijs-these komt deze neer op een schuldverhouding van de man en zijn familie ten opzichte van die van de vrouw; bij de geschenk- of ruil-these gaat het om een magische gebondenheid. In elk van deze gevallen wordt uitgegaan van precies dezelfde vooronderstelling, namelijk dat de jujur eigenlijk is bedoeld om alle banden met de familie van de vrouw te verbreken. In het eerste geval om alle (beschikkings-)rechten te behouden; in het tweede geval omwille van het voortbestaan van de groep als zodanig. Bovendien geldt in beide gevallen de tali kulo als het middel waardoor de absolute beschikkingsmacht van de man over zijn vrouw èn de volledige scheiding tussen de betrokken families en verwantschapsgroepen wordt voorkomen.

Echter, de jujur is niet bedoeld om de volledige beschikkingsmacht over de vrouw te verwerven, noch om alle betrekkingen tussen de vrouw en haar familie volledig te verbreken. Integendeel, de jujur is bedoeld om tussen de wederzijdse families een duurzame sociale verhouding tot stand te brengen. Dit wordt bereikt door een deel van de jujur onvervuld te laten. "De tali koelo is een klein gedeelte van het djoedjoer-bedrag, dat opzettelijk onbetaald is gelaten (..). De tali koelo dient om den band tusschen de wederzijdsche families blijvend te houden. Zij wordt bedoeld als een concrete band van vriendschap." (Hazairin 1936:69). Met andere woorden, zolang een deel van de jujur onvervuld wordt gelaten, zolang ook wordt er beschouwd tussen de betrokken, wederzijdse families een duurzame band of relatie te bestaan. De specifieke betekenis hiervan treedt pas naar voren indien het ontbrekende deel van de jujur wordt aangevuld. "When that sum is paid, which seldom happens but in case of violent quarrel, the tallee koolo (tie of relationship) is said to be pootoose (broken) and the woman becomes to all intents the slave of her lord. She has than no title to claim a divorce in any predicament; and he may sell her, making only the first offer to her relations." (Marsden 1783:220). Aanvulling van de tali kulo betekent zoveel als de verbreking van de relatie tussen de betrokken, wederzijdse families. Volgens Marsden vervalt daarmee de laatste en enige inperking van de schijnbaar absolute beschikkingsmacht van een man over zijn vrouw, met alle gevolgen van dien. De opmerkingen hierover in de "Commentative Digest" (1913) zijn iets genuanceerder, maar hebben dezelfde strekking. Deze voorstelling van zaken is begrijpelijk vanuit het besef, dat zowel Marsden als de "Commentative Digest" het jujur-huwelijk interpreteren als koophuwelijk. Het essentiële punt waar het hierbij om gaat is evenwel niet het schijnbaar absolute recht van de man om zijn vrouw te verkopen, maar dat een man, bij het verbreken van de tali kulo, het eerste bod aan haar familie moet doen. Marsden laat het voorkomen alsof dit slechts een onbeduidende, formele aangelegenheid is. Niets is minder waar! De verwanten van de vrouw kunnen haar in hun familieverband terugnemen door het daarvoor vereiste deel van de eerder ontvangen jujur aan de man en zijn familie terug te geven. De man kan zijn vrouw pas verkopen, wanneer de familie van de vrouw besluit haar niet meer in haar verband op te nemen. Doorslaggevend ten aanzien van de beschikkingsmacht van de man over zijn vrouw is dus niet, zoals Marsden en met hem alle vertegenwoordigers van de interpretatie van het jujur-huwelijk als koophuwelijk veronderstellen, het recht van de man om zijn vrouw te verkopen, maar dat van de familie van de vrouw om haar terug te nemen. Dit recht heeft zij op grond van de tali kulo, de band tussen de betrokken wederzijdse families.

Dit voert naar een voor deze studie zeer elementaire vaststelling, namelijk dat er bij de jujur-huwelijksvorm een onderscheid moet worden gemaakt tussen de huwelijksrelatie tussen een man en een vrouw aan de ene kant, en de relatie tussen zijn en haar familie en verwantschapsgroep aan de andere kant. De reikwijdte van de huwelijksrelatie is als zodanig beperkt. Zij heeft primair en principieel betrekking op de relaties tussen de man en zijn vrouw en de kinderen, die zij mogelijkerwijs in dat verband verkrijgen. De huwelijksrelatie als zodanig ligt ingebed in een bredere en meer omvattende sociale verhouding tussen de betrokken families en verwantschapsgroepen, gesymboliseerd door de tali kulo.

2.2. *Het jujur-huwelijk en de sociale structuur*

Na deze uiteenzetting over de betekenis van de jujur en enkele daarmee nauw samenhangende gewoonten en gebruiken komt nu de omvang en structuur van de bij het jujur-huwelijk betrokken wederzijdse families en verwantschapsgroepen aan de orde. Een precieze beschrijving hiervan is tot aan de jaren dertig van deze eeuw nooit gemaakt. Hazairin (1936) is ook in dit opzicht de eerste. Zijn opvattingen hieromtrent staan evenwel lijnrecht tegenover die van Jaspan (1964). De tegenstelling tussen Hazairin en Jaspan vloeit voort uit een verschil in interpretatie van de wijze waarop bij deze huwelijksvorm de toewijzing van de verwantschap aan de kinderen tot stand komt. Dit aspect komt het eerst aan de orde. Daarna wordt ingegaan op de definitie van de verwantschapsstructuur van de betrokken etnische groepen, die de genoemde auteurs uit hun interpretatie van de toewijzing van de verwantschap afleiden. Tenslotte wordt een precieze omschrijving gegeven van de elementaire, structurele sociale relaties waarop deze verwantschapsstructuur berust.

2.2.1. *De toewijzing van de verwantschap*

Hazairin heeft zeer specifieke opvattingen over de wijze waarop in geval van een jujur-huwelijk de verwantschap wordt toegewezen aan de kinderen, die daarbij behoren. Ten einde zijn gezichtspunt te onderkennen is het noodzakelijk de begrippen die hij in dat verband hanteert in het kort toe te lichten. Het belangrijkste begrip is de "familie". Volgens Hazairin is de "familie", waarmee een vrouw bij het jujur-huwelijk haar banden verbreekt, een zeer specifieke categorie van verwanten. Zij bestaat uit "een groep van zeer nauwe bloed- en aanverwanten, welke groep echter slechts inwendige betekenis heeft. Zij treedt niet op als een eenheid naar buiten (..). Deze groep wordt nu eens tobo, dan weer kaoem, nu eens kerabat, dan weer kaoem kerabat, soms ook orang rumah of pihak genoemd (..). In haar uitgebreidsten vorm bestaat zij uit vier generaties van personen, namelijk, de overgrootouders, de grootouders, de ouders en de kinderen." (Hazairin 1936:44). De banden tussen de vrouw en de andere categorieën van verwanten, te weten haar suku- en mego-genoten, blijven bij een jujur-huwelijk onaangetast. Met een suku bedoelt Hazairin "een zelfstandige onderclan", een segment van een mego, de benaming voor een clan (Hazairin 1936:17). Wat de omvang van de suku betreft is "de Redjangsche familie van vier generaties de kleinst mogelijke soekoe" (Hazairin 1936:74).

Tegen deze achtergrond wordt Hazairin's gezichtspunt duidelijker. Door een jujur-huwelijk verbreekt een vrouw de band met haar eigen familie, de genealogische kerngroep van vier generaties, en treedt zij ook uit het familieverband, dat wil zeggen de beperkte kring van haar familie (tobo) met inbegrip van diegenen, die door een huwelijk of anderszins daarmee zijn verbonden. Dit gaat niet ten koste van het lidmaatschap van haar suku, noch van dat van haar clan (mego, banggo). Aan de andere kant wordt de vrouw weliswaar opgenomen in het familieverband van haar man, maar zij blijft uitdrukkelijk uitgesloten van zijn familie (tobo), zijn zelfstandige onderclan (suku) en zijn clan (mego). De reden hiervan is, dat het jujur-huwelijk is bedoeld om uitsluitend de kinderen met de verwantschapsgroep van de vader te affiliëren. De jujur is dus niet louter en alleen bedoeld om de banden tussen de vrouw en haar familie los te maken, maar om daardoor "haar toekomstige kinderen buiten het verband van haar soekoe te houden (..). Immers, door de lèkèt en haar ornamenten behooren alle uit haar geboren kinderen tot de soekoe van haar man, wellicht ook tot zijn mego indien de man en vrouw niet tot dezelfde mego behooren." (Hazairin 1936:49). De kinderen uit een dergelijk huwelijk behoren tot de verwantschapsgroep van hun vader omdat de relatie tussen hun moeder en haar eigen familie (tobo) of genealogische kerngroep van vier generaties is verbroken. Van enige overgang of incorporatie van de vrouw in de familie (tobo), de zelfstandige onderclan (suku) of de clan (mego, banggo) is geen sprake. Indien een jujur-huwelijk wordt gesloten tussen leden van dezelfde clan of lineage, hetgeen is toegestaan mits de betrokkenen niet tot dezelfde genealogische kerngroep van vier generaties (tobo) behoren, heeft deze huwelijksvorm geen invloed op de toewijzing van het clan- en lineagelidmaatschap aan de kinderen.

De opvattingen van Jaspan over de toewijzing van de verwantschap aan de kinderen uit een jujur-huwelijk zijn het tegenovergestelde van die van Hazairin. "The separation of a woman from her natal clan and lineage and her jural incorporation in the clan and family of her husband is achieved through the institution of belèkèt [jujur]. She is henceforth a member of the husband's bang mego [clan], village community and household, in all of which she acquires certain rights. Her children are by birth members of her husband's clan and lineage; her sons in perpepuity and her daughters, like herself, until their marriage to men of other clans." (Jaspan 1964:111). De kinderen uit een jujur-huwelijk krijgen het lidmaatschap van hun vaders clan en lineage niet omdat de relatie tussen hun moeder en haar familie (tobo) is verbroken, maar door het feit van geboorte, omdat hun moeder in de clan, subclan en lineage van hun vader volledig is geïncorporeerd.

2.2.2. De definitie van de verwantschapsstructuur

De opvattingen van Hazairin en Jaspan over de aard en betekenis van de verwantschapsstructuur bij de Rejang houden direct verband met die over de manier waarop bij het jujur-huwelijk het clanlidmaatschap aan de kinderen wordt toegewezen. Hazairin is de mening toegedaan, dat de betekenis van het jujur-huwelijk beperkt is tot de genealogische kerngroep van vier generaties, ongeacht de clan, lineage en dorpsgemeenschap waartoe men behoort. Het is derhalve onjuist te veronderstellen, dat de verwantschapsstructuur bij deze etnische groep bestaat uit eenzijdig unilineale, (patrifokale) clans, subclans en lineages. Een dergelijk definitie is volgens Hazairin op de Rejang niet toepasbaar. In dit opzicht plaatst hij zijn eigen opvattingen lijnrecht tegenover die van Van Wouden (1935) (Hazairin 1936:1-3).

De verwantschapsstructuur bij de Rejang bestaat volgens Jaspan daarentegen wel degelijk uit een systeem van eenzijdig unilineale, (patrifokale) clans, lineages en familiegroepen en is het jujur-huwelijk de exponent van een cognitief "framework" waarin de omvang, samenstelling en onderlinge relaties tussen de onderscheiden verwantschapscategorieën zijn geconcipieerd naar een unilineaal, patrifokaal maatschappijmodel (Jaspan 1964:118). De oorzaak van het verschil in opvatting tussen hem en Hazairin over de aard van de verwantschapsstructuur bestaat volgens Jaspan hierin, dat beide een andere betekenis toekennen aan het begrip afstamming zoals dat door de Rejang wordt gehanteerd. "The view of Hazairin (1936:1-4) that the clan is not a unilateral descent group but a common descent group based on the principle of alternating unilateral affiliation, is borne out neither by genealogies nor by the Redjang concept of descent reckoning which hinges on specific corporate group affiliation" (Jaspan 1964:152). In het bijzonder gaat het daarbij om de samenhang tussen de toewijzing van de verwantschap, het afstammingsprincipe, enerzijds, en de lokaliteit anderzijds. Volgens Hazairin is de relatie tussen deze twee principes variabel. De kinderen uit een jujurhuwelijk worden gerekend tot de familie en de verwantschapsgroep van hun vader, niet omdat hun moeder daarin is geïncorporeerd, maar uitsluitend en alleen uit hoofde van het feit, dat de band tussen hun moeder en haar familie (tobo) is verbroken. Als gevolg hiervan is het zeer wel mogelijk, dat de kinderen uit een jujur-huwelijk, bijvoorbeeld door verhuizing naar het dorp van hun moeder, wel in het familieverband, ja zelfs in haar suku kunnen worden opgenomen, maar desondanks van haar kern-familiegroep (tobo) geheel blijven uitgesloten (Hazairin 1936:48). Het is niet verwonderlijk, dat deze voorstelling van zaken volgens Jaspan volkomen onjuist is. "To consider descent and residence apart, as though they were two separate and independent variables capable of combination in any number of ways, would be to flout the real facts of Redjang social organisation. In the Redjang view the two principles are but different sides of the same coin." (Jaspan 1964:157).

Bij nadere beschouwing blijkt, dat de omschrijving van de verwantschapsstructuur van de Rejang door Jaspan als een patrifokaal systeem van clans, lineages en familiegroepen en zijn opvatting over de relatie tussen het afstammings- en het lokaliteitsprincipe als een constante een verdere uitwerking zijn van de interpretatie van het jujur-huwelijk als koophuwelijk. Jaspan omschrijft de jujur, gelijk alle andere representanten van deze interpretatie, als een "betaling" van de man en zijn familie aan die van de vrouw. Ook zijn veronderstellingen ten aanzien van de rechtsgevolgen van deze huwelijksvorm voor de betrokken vrouw zijn precies dezelfde: 1. de "jural tie" tussen de vrouw en haar clan en lineage wordt losgemaakt en zij wordt in die van de man opgenomen; 2. de vrouw is tot permanente virilokale vestiging verplicht; 3. de kinderen krijgen het lidmaatschap van de clan van hun vader uit hoofde van geboorte; en 4. de vrouw heeft geen uiteindelijke "jural authority" over haar eigen kinderen (Jaspan 1964:118-119). Kortom, de patrilineale affiliatie van de kinderen staat of valt met de incorporatie van hun moeder in de clan en lineage van hun vader. Deze interpretatie van de toewijzing van de verwantschap aan de kinderen is de logische propositie op grond waarvan de verwantschapsstructuur kan worden gedefinieerd in termen van wederzijds uitsluitende unilineale verwantschapscategorieën. Een dergelijke definitie van de verwantschapsstructuur kan alleen worden gehandhaafd indien wordt verondersteld, dat de relatie tussen het principe van afstamming en dat van lokaliteit constant is.

Dit voert de bespreking van de aard van de verwantschapsstructuur bij deze etnische groepen naar de vooronderstellingen waarop de interpretatie van de jujur als koopprijs en die als gift feitelijk zijn gebaseerd. De meest fundamentele vooronderstelling waarvan beide interpretaties uitgaan houdt in, dat bij de jujur-huwelijksvorm de relaties tussen de betrokken wederzijdse families en verwantschapsgroepen bestaan uit of identiek zijn aan de huwelijksrelaties als zodanig. In het voorgaande is reeds duidelijk geworden, dat er tussen deze twee soorten sociale relaties, de een geassocieerd met de jujur, de ander geassocieerd met de tali kulo, een zeer fundamenteel verschil bestaat. Door de jujur vindt er inderdaad een overgang plaats van de vrouw naar de familie van de man. Dit wordt echter niet bewerkstelligd door haar in de clan, lineage en vier-generatie familiegroep van haar man te incorporeren. Hazairin geeft aan dat dit gebeurt door de verbreking van de (verwantschaps-)relatie tussen de vrouw en haar eigen kern-familiegroep. Dit betekent helemaal nog niet dat daarmee de relatie tussen de man en zijn familie aan de ene kant en de familie van de vrouw aan de andere kant ook zou zijn verbroken. Integendeel, de man en zijn familie worden met de familie van de vrouw ten nauwste verbonden. De tali kulo is bedoeld om deze relatie duurzaam te houden. De vooronderstelling, die aan de interpretatie van de jujur als koopprijs en als geschenk ten grondslag ligt, namelijk dat de verhouding tussen de wederzijdse families en verwantschapsgroepen bestaat uit een "non-relatie", is derhalve niet houdbaar. Deze misvatting heeft in beide gevallen een en dezelfde oorzaak, namelijk dat de relaties tussen de betrokken wederzijdse families worden gedefinieerd en geanalyseerd als ware dit het patroon van relaties, dat met de jujur is geassocieerd. De betrekkingen tussen de betrokken families en verwantschapsgroepen zijn ten onrechte opgevat als die tussen de echtelieden bij een jujur-huwelijk zelf. Omtrent de betekenis die de relaties tussen de wederzijdse families en verwantschapsgroepen dan wel hebben, bevat de omschrijving van de tali kulo door Van Hasselt (1882) een interessante aanwijzing. Volgens deze auteur strekt het "onbetaald" blijven van een deel van de jujur de man en zijn familie geenszins tot ondubbelzinnig voordeel, zoals de voorstelling van een koopprijs eigenlijk zou doen vermoeden. Integendeel, de tali kulo plaatst hen, als het ware, in een permanente "schuldverhouding" ten opzichte van de familie van de vrouw. "Niet altijd werd de koelo [jujur] bij de sluiting van het huwelijk ineens afgedaan; het was zelfs regel dat een gedeelte bleef bestaan, als tilai koelo, de band die de familiën verbond. Deze schuld ging over op de kinderen of op den broeder die de weduwe huwde" (Van Hasselt 1882:291). Als de ideologische vertekening uit deze omschrijving van de tali kulo wordt weggenomen, te weten de voorstelling als betrof het een "schuldvordering" ontstaan door het "in gebreke blijven" bij de "betaling" van een "koopprijs", blijkt deze "band die de familiën verbond", deze "concrete band van vriendschap" te bestaan uit een duurzame, eenzijdige plichtsrelatie van de man en zijn familie ten opzichte van de familie van de vrouw. Met andere woorden, de jujur is verplichtend. Zij is de verplichting die de familie van de vrouw oplegt aan die van de man. Met een jujur verplicht zij de man en zijn familie aan zich. Deze verplichting bestaat in eerste instantie hierin, dat de man en zijn familie de vrouw moet onderhouden en naar behoren behandelen. De "betaling" van de jujur is niet het hoofddoel zoals de interpretatie daarvan als koopprijs of geschenk of gift suggereren. De jujur is het geïnstitutionaliseerde middel waardoor tussen de wederzijdse families een duurzame plichtsrelatie ontstaat. De tali kulo drukt deze concreet uit. Het onvervuld blijven van een deel van de jujur symboliseert de duurzame plichtsrelatie van de man en zijn familie ten opzichte van de familie van de vrouw. Daarmee kan inderdaad worden voorkomen, dat de man en zijn familie over de betrokken vrouw een volledige beschikkingsmacht uitoefenen. Hieruit mag niet de conclusie worden getrokken, dat er door deze plichtsrelatie tussen de betrokken wederzijdse families en verwantschapsgroepen een eenzijdige afhankelijkheidsverhouding zou ontstaan. Indien de onderlinge plichtsrelatie niet langer op prijs wordt gesteld, kan zij door de aanvulling van de tali kulo worden verbroken. Evenmin is het gerechtvaardigd hieruit af te leiden, dat er van een feitelijke overgang van de vrouw in de familie van de man geen sprake zou zijn. De vrouw gaat wel degelijk tot de familie van haar man over. Echter, dit houdt helemaal nog niet in, dat de banden tussen de man en zijn familie en die van de vrouw daardoor ook volledig zijn verbroken. Dit kan als volgt worden aangetoond. Marsden en de "Commentative Digest" wijzen erop, dat zolang de tali kulo bestaat de familie van de vrouw zich kan inlaten met de huwelijksaangelegenheden en bovendien de vrouw het recht heeft zelf echtscheiding te vorderen. Met andere woorden, de vrouw heeft het recht de huwelijksrelatie af te breken (Marsden 1783:220). Voor een man bestaat deze mogelijkheid niet! Indien hij echtscheiding wenst moet hij eerst de relatie tussen hem en zijn familie en die van zijn vrouw verbreken. Dit kan hij bewerkstelligen door de tali kulo aan te vullen. Vervolgens hangt het af van de verwanten van de vrouw of zij bereid zijn haar terug te nemen. Als zij hiertoe bereid zijn wordt een traditioneel vastgesteld deel van de voor de vrouw ontvangen jujur teruggegeven en keert de vrouw naar haar oorspronkelijke familieverband terug. Indien de familie van de vrouw echter weigert haar opnieuw op te nemen, staat dit gelijk met uitstoting en kon de man, gegeven de slavernij die in Marsden's dagen voorkwam, zijn vrouw verkopen aan een ieder die bereid was voor haar te betalen.

Marsden en de "Commentative Digest" stellen het recht van de vrouw om echtscheiding te vorderen voor als een rechtstreeks uitvloeisel van de tali kulo. Wordt deze door de man aangevuld, dan vervalt dit recht meteen (Marsden 1783:220). Lijkt het dus aan de ene kant alsof de verbreking van de tali kulo een bevestiging inhoudt van de verbondenheid van de vrouw met haar familie, aan de andere kant betekent de aanvulling daarvan de vernietiging van de rechtspositie van de vrouw binnen de familie van de man. Dit is, mijns inziens, ook precies wat er gebeurt. Aangezien de plichtsrelatie met de familie van de vrouw niet langer op prijs wordt gesteld, in ruil waarvoor een deel van de jujur niet vervuld hoefde te worden, komen de rechten, die de vrouw uit hoofde daarvan in de familie van haar man genoot, automatisch te vervallen. Het recht van de vrouw om zelf echtscheiding te vorderen is niet het gevolg van een directe band met haar eigen familie, zoals de koopprijs- en gift-interpretatie veronderstellen, maar van de relatie tussen de familie van de man als bruidontvanger enerzijds en die van de vrouw als bruidgever anderzijds. De tali kulo is de directe bevestiging hiervan. Zolang zij bestaat wordt de vrouw beschouwd te behoren tot de familie van de man. Immers, het recht van de familie van de vrouw om haar terug te nemen treedt pas in werking op voorwaarde dat de duurzame band tussen de betrokken wederzijdse families en verwantschapsgroepen wordt verbroken.

Alvorens het onderwerp van de traditionele sociale structuur van de Rejang te verlaten is het noodzakelijk op nog een ander aspect te wijzen, dat bij het voorgaande ten nauwste aansluit en in het verdere betoog van deze studie ook een grote rol speelt. De interpretatie van de jujur als een verplichting, die de familie van de vrouw oplegt aan die van de man, en van de verhouding tussen de bij het jujur-huwelijk betrokken wederzijdse families en verwantschapsgroepen als een plichtsrelatie, werpen een heel ander licht op de samenhang tussen de maatschappelijke rechten en verplichtingen, die aan deze huwelijksvorm zijn verbonden. De essentie hiervan is, dat de aan een jujur-huwelijk verbonden rechten voortvloeien uit de onderliggende plichtsrelatie tussen de betrokken families. Het recht van de man en zijn familie op virilokale vestiging van de vrouw, de patrilineale affiliatie van de kinderen, vererving van goederen en opvolging in rituele en politieke functies zijn ingebed in deze omvattende plichtsrelatie tussen de betrokken partijen. Zij impliceert inderdaad een zekere inperking van de beschikkingsrechten van de man ten opzichte van zijn vrouw. Deze rechten gaan zover zij bepaalde grenzen van wederzijdse verstandhouding niet overschrijden. De voorstelling van de jujur als koopprijs vertegenwoordigt op dit punt een flagrante misvatting. De voorstelling hiervan als geschenk betekent een correctie hierop in zoverre zij laat zien, dat achter alle schijnbaar eenzijdige, negatieve rechtsgevolgen voor de vrouw bepaalde vormen van reciprociteit schuil gaan. Wat de Rejang en de Pekal aangaat is de interpretatie van de jujur als geschenk of gift tot nu toe nooit expliciet aangevochten. Deze interpretatie schiet echter ook tekort, doordat zij deze reciprociteit slechts ziet als een poging om de zelfstandigheid van de eigen groep tegen invloeden van buiten af te schermen. Hazairin heeft als eerste de aard van de onderliggende duurzame verhoudingen tussen de wederzijdse families duidelijk onderkend. Hij geeft er een actieve, positieve betekenis aan. Men zoekt deze onderlinge relaties en banden. Hij laat zien, dat de betrokken partijen niet handelen uit een liberalistisch eigenbelang (Wilken 1891), noch uit een gevoel van angst en afwijzing (Van Ossenbruggen 1930), maar vanuit een onderlinge verstandhouding. Hazairin laat echter na het specifieke karakter van deze onderlinge verstandhouding nader te preciseren. De voorstelling van een "concrete band van vriendschap" suggereert een sociale verhouding tussen gelijken. Deze omschrijving is niet toereikend. Zij geeft de "inhoudelijke definitie" van de relatie tussen de bij een jujur-huwelijk betrokken families en verwantschapsgroepen weer. Naar de vorm neemt deze "concrete band van vriendschap" de gestalte aan van een asymmetrische sociale verhouding met een overwegend politiek karakter, waaraan het element van subordinatie van de bruidontvangende partij ten overstaan van de bruidgevende partij geenszins vreemd is.

3. *Het semendo-huwelijk*

Het semendo-huwelijk is in vergelijking tot het jujur-huwelijk zeer veelvormig. Het mist nu eenmaal een voor alle betekenisvarianten geldend gemeenschappelijk referentiepunt, zoals de jujur voor het jujur-huwelijk. Ten aanzien van het semendo-huwelijk worden twee hoofdtypen onderscheiden: 1. het semendo ambil anak- of kortweg het ambil anak-huwelijk; en 2. het semendo mardika-huwelijk. Het verschil tussen deze twee hoofdtypen houdt verband met de wijze waarop elk afzonderlijk zich tot het jujur-huwelijk verhoudt. Het semendo ambil anak-huwelijk is ten nauwste verbonden met de elementaire sociale relaties waarin het jujur-huwelijk ligt ingebed. Het vormde oorspronkelijk de tegenpool of het spiegelbeeld daarvan. Het semendo mardika-huwelijk daarentegen staat helemaal los van het jujur-huwelijk. Deze huwelijksvorm wordt geassocieerd met de etnisch vreemde en van elders afkomstige Maleise bevolkingsgroep. In het hierna volgende wordt de betekenis van deze twee hoofdtypen van het semendo-huwelijk verder uitgewerkt. Eerst wordt een beschrijving gegeven van het semendo ambil anak-huwelijk met de daarbij behorende varianten. Daarna wordt ingegaan op het semendo mardika-huwelijk.

3.1. Het semendo ambil anak-huwelijk

Het semendo ambil anak-huwelijk is een van oudsher bij de Rejang en de Pekal bekende huwelijksvorm. Ten aanzien van deze huwelijksvorm worden een groot aantal subtypen of varianten onderscheiden. Elk hiervan verwijst naar een specifieke configuratie van sociale verhoudingen tussen de bij het huwelijk betrokken echtelieden, kinderen en wederzijdse families. Tussen deze varianten bestaat een diachronische samenhang, dat wil zeggen zij weerspiegelen de verandering en de differentiatie, die de verwantschapsverhoudingen bij de Rejang en de Pekal sedert het einde van de 18e eeuw hebben ondergaan. Dit proces ziet er in grote lijnen als volgt uit. Aan het einde van de 18e eeuw bracht deze huwelijksvorm, die zowel in het kustgebied van Noord-Bengkulu als in het hoogland van Rejang-Lebong bekend stond als het ambil anak-huwelijk, uitsluitend matrilineale verhoudingen met zich mee. Een dergelijk huwelijk impliceerde onder meer de verbreking van de banden tussen de man en zijn familie en verwantschapsgroep van oorsprong. Omstreeks het midden van de 19e eeuw wordt ten aanzien van dit ambil anak-huwelijk een specifiek onderscheid gemaakt tussen een beradat- en een tidak beradat-variant. Deze indeling heeft betrekking op het al dan niet voortbestaan van de (verwantschaps-)band tussen de man en zijn familie van oorsprong. Waar deze wordt beschouwd volledig te zijn verbroken spreekt men van tidak beradat. Evenals het ambil anak-huwelijk uit het einde van de 18e en het begin van de 19e eeuw brengt dit ambil anak tidak beradat-huwelijk uitsluitend matrilineale verhoudingen met zich mee. Waar de band tussen de man en zijn familie en verwantschapsgroep niet wordt beschouwd volledig te zijn verbroken is sprake van een ambil anak beradat-huwelijk. Bij deze variant komen behalve matrilineale ook ambilaterale, in bepaalde gevallen zelfs patrilineale verhoudingen voor. Het is deze beradat-variant van het semendo ambil anak-huwelijk, die na de verdwijning van het jujur-huwelijk bij de Rejang en de Pekal algemeen gangbaar is geworden: in het kustgebied van Noord-Bengkulu reeds in de tweede helft van de 19e eeuw, in het hoogland van Rejang-Lebong pas in de 20e eeuw, na de jaren twintig. In de loop van dit proces is er ten aanzien van deze beradat-variant van het semendo ambil anak-huwelijk een duidelijke differentiatie opgetreden. In het kustgebied van Noord-Bengkulu ging de verbreiding van de beradat-variant gepaard met de loslating van bijna alle unilineale aspecten ten gunste van ambilaterale verhoudingen. In verband hiermee raakte de uitdrukking ambil anak ook steeds meer op de achtergrond en worden de voorkomende varianten respectievelijk aangeduid met de termen semendo beradat en semendo tidak beradat. Deze omschrijvingen zijn in het onderzoeksgebied tot op heden nog steeds gebruikelijk. In het hoogland van Rejang-Lebong daarentegen zijn de unilineale verhoudingen niet verdwenen en is de uitdrukking ambil anak tot in de jaren dertig blijven bestaan. Sindsdien is zij ook daar in onbruik geraakt en wordt de beradat-variant van het semendo ambil anak-huwelijk aangeduid als het "oude" of semendo an-huwelijk.

De betekenis van elk van de genoemde subtypen of varianten van het semendo ambil anak-huwelijk wordt achtereenvolgens nader toegelicht.

3.1.1. Het ambil anak-huwelijk

In de cultuur-antropologische literatuur over Zuid-Sumatra in het algemeen en die met betrekking tot de provincie Bengkulu in het bijzonder wordt het ambil anak-huwelijk uit het einde van de 18e en begin van de 19e eeuw voorgesteld als de tegenpool van het jujur-huwelijk (Moyer 1975:2). Deze opvatting berust op een drietal argumenten: 1. zoals bij het jujur-huwelijk de vrouw overgaat in de familie van de man, zo vindt er bij het ambil anak-huwelijk ook een overgang plaats van de man in de familie van zijn vrouw; 2. bij een ambil anak-huwelijk kan de man, evenmin als de vrouw bij een jujur-huwelijk, geen enkele aanspraak maken op zijn kinderen noch op enig bezit; en 3. de verantwoordelijkheid van de familie van de vrouw ten opzichte van de betrokken man bij een ambil anak-huwelijk is vergelijkbaar met die van de familie van de man ten opzichte van een vrouw in geval van een jujur-huwelijk. Deze voorstelling van het ambil anak-huwelijk als de tegenpool van het jujur-huwelijk gaat echter voorbij aan de principiële verschillen, die tussen beide huwelijksvormen bestaan. Deze hebben enerzijds betrekking op de voorwaarden waaronder bij elk van deze huwelijksvormen echtscheiding kan plaatsvinden en anderzijds de specifieke betekenis, die in elk van deze gevallen wordt toegekend aan de overgang van de man en de vrouw in hun respectievelijke schoonfamilies.

De positie van een man in de familie van de vrouw bij een ambil anak-huwelijk omschrijft Marsden in 1783 als volgt: "He lives in the family in a state between that of a son, and a debtor. He partakes as a son of what the house affords, but he has no property in himself" (Marsden 1783:224). Deze auteur wijst er verder op, dat de schoonfamilie de man kan toestaan met zijn vrouw een eigen woning te betrekken en dat hij zichzelf en zijn vrouw kan "vrijkopen" door alsnog een jujur aan de familie van de vrouw te verstrekken. Zelfs als hij dochters heeft geldt dit laatste in bepaalde gevallen nog. De kinderen uit dit vervolghuwelijk worden beschouwd uitsluitend en alleen te behoren tot de verwantschapsgroep van hun vader. Bovendien kan een man, gehuwd op basis van een ambil anak-huwelijk, in geval van echtscheiding onder geen enkele voorwaarde worden verkocht. De positie van een vrouw bij het jujur-huwelijk onderscheidt zich volgens Marsden nauwelijks van die van een slavin (Marsden 1783:219). Dit verschil in positie suggereert, dat de man bij een ambil anak-huwelijk in de familie van zijn vrouw over meer rechten beschikt dan een vrouw bij het jujur-huwelijk in de familie van haar man. Deze vergelijking van de positie van de man en die van een vrouw in hun respectievelijke schoonfamilies is misleidend. Het betrekken van een eigen huis en de mogelijkheid het ambil anak-huwelijk achteraf alsnog in een jujur-huwelijk om te zetten doen niets af aan het feit, dat de man staande het ambil anak-huwelijk vrijwel geheel rechteloos is. Zijn persoon, bezittingen en kinderen worden beschouwd te behoren aan de familie van de vrouw. Deze beschikkingsmacht reikt zelfs zover, dat het de familie van de vrouw vrij staat hem naar welgevallen van zijn vrouw te scheiden. In dat geval zit er voor de betrokken man niets anders op dan met achterlating van alle materiële goederen en al zijn kinderen met slechts één stel kleren naar zijn familie terug te keren (Marsden 1783:224). Dit is bij een jujur-huwelijk ondenkbaar. Bij die huwelijksvorm kunnen de man en zijn familie slechts echtscheiding bewerkstelligen onder de uitdrukkelijke voorwaarde, dat zij de band met de familie van de vrouw verbreken en de jujur door de familie van de vrouw geheel of gedeeltelijk wordt teruggegeven. Het tweede belangrijke verschil tussen deze twee huwelijksvormen wat betreft de betekenis van de overgang van de man en de vrouw in hun respectievelijke schoonfamilies sluit onmiddellijk hierbij aan.

Bij het jujur-huwelijk ontstaat er tussen de betrokken wederzijdse families en verwantschapsgroepen een duurzame betrekking. Deze is niet van louter persoonlijke of incidentele aard, maar heeft een algemeen maatschappelijke betekenis. De duurzame band tussen de betrokken wederzijdse families en verwantschapsgroepen hangt direct samen met de verbreking van de verwantschapsrelatie tussen de vrouw enerzijds en haar kern-familiegroep (tobo) anderzijds. Zij impliceert de erkenning van de familie en verwantschapsgroep van de vrouw als een zelfstandige en tot op zekere hoogte ook (rechts-)autonome sociale eenheid. Een en ander komt tot uitdrukking in de voorwaarden, die bij een jujur-huwelijk ten aanzien van echtscheiding worden gesteld. Met andere woorden, bij een jujur-huwelijk treedt de omvattende en duurzame band tussen de betrokken wederzijdse families en verwantschapsgroepen in de plaats van de bijzondere verwantschapsband tussen de vrouw en haar kern-familiegroep van oorsprong.

De toetreding van de man tot het familieverband van zijn vrouw bij een ambil anak-huwelijk heeft een geheel andere betekenis. "In the mode of marriage by ambel ana, the father of the virgin makes choice of some young man for her husband, generally from an inferior family, which renounces all further rights to, or interest in him, and he is taken into the house of his father in law, who kills a buffaloe on the occasion, and receives twenty dollars from the son's relations. After this the booroo bye'nya (the good and the bad of him) is vested in the wife's family." (Marsden 1783:224). Bij een ambil anak-huwelijk draagt de familie of verwantschapsgroep van de man de verantwoordelijkheid en aansprakelijkheid voor zijn rechtshandelingen over aan de schoonfamilie. Deze overdracht is volledig. De familie van de vrouw markeert haar door het slachten van een karbouw. In uiteenlopende bronnen wordt deze overdracht van rechtsbevoegdheden uitgelegd als en gelijk gesteld aan de algehele verbreking van de verwantschapsbanden tussen de betrokken man en zijn familie en verwantschapsgroep van oorsprong (Commentative Digest 1913, Francis 1842, Wilken 1891, Wink 1926a). Deze omschrijving is echter ontoereikend. Het verschil tussen het ambil anak- en het jujur-huwelijk heeft niet in de eerste plaats betrekking op de verbreking van de band tussen de man en de vrouw tot hun respectievelijke familie en verwantschapsgroep van oorsprong, maar op het al dan niet ontstaan van een omvattende en duurzame band tussen de betrokken wederzijdse partijen. Terwijl bij het jujur-huwelijk wèl een dergelijke duurzame band wordt gevestigd, blijft die in het geval van een ambil anak-huwelijk achterwege. Dit is ook de feitelijke betekenis van de vaststelling, dat bij een jujur-huwelijk de man niet de volledige beschikkingsmacht heeft over zijn vrouw en haar familie het recht behoudt zich in de huwelijksaangelegenheden te mengen. Een overdracht van rechtsbevoegdheden aan de schoonfamilie, zoals bij het ambil anak-huwelijk, komt bij het jujur-huwelijk vanzelfsprekend ook niet ter sprake.

3.1.2. Het onderscheid tussen beradat en tidak beradat

Vanaf het midden van de 19e eeuw ongeveer wordt er een verschil gemaakt tussen een beradat- en een tidak beradat-variant van het ambil anak-huwelijk. Een van de eerste bronnen waarin dit onderscheid wordt beschreven is een compilatie van adat-regels en gewoonterecht, die in het midden van de 19e eeuw op initiatief van Nederlandse bestuursambtenaren in de verschillende districten van de provincie Bengkulu is uitgevoerd (Abegg 1862). In de literatuur wordt deze onderscheiding uitgelegd als die tussen een ambil anak-huwelijk in overeenstemming met de adat en een ambil anak-huwelijk waarbij dat niet het geval is (Moyer 1975:125). Het ontstaan en de precieze herkomst van deze indeling is niet helemaal duidelijk. Belangrijk is echter, dat zij in het onderzoeksgebied tegenwoordig nog altijd wordt gebruikt.

Het verschil tussen de beradat- en de tidak beradat-variant van het (semendo) ambil anak-huwelijk houdt verband met het al of niet voorkomen van een 'prestatie' van de familie van de man aan die van de vrouw. In de kuststreek van Noord-Bengkulu heet deze 'prestatie' de antaran. Een ambil anak-huwelijk waarbij géén antaran wordt gegeven, geldt als tidak beradat. Wordt er wèl een antaran gegeven, dan is het betrokken ambil anak-huwelijk beradat. Deze onderscheiding heeft direct te maken met de relatie tussen de man en zijn familie of verwantschapsgroep van oorsprong. Bij een ambil anak tidak beradat-huwelijk wordt deze relatie beschouwd volledig te zijn verbroken. De man en zijn familie kunnen in geval van echtscheiding geen enkel recht doen gelden op enig kind of materieel bezit. De vrouw en haar familie kunnen de man onvoorwaardelijk scheiden. De tidak beradat-variant is precies hetzelfde als het hierboven beschreven ambil anak-huwelijk uit het einde van de 18e en het begin van de 19e eeuw. Bij een ambil anak beradat-huwelijk daarentegen kunnen de man en zijn familie in geval van echtscheiding of overlijden wèl bepaalde rechten en aanspraken op de kinderen en materiële bezittingen doen gelden. Van onvoorwaardelijke scheiding van de man door zijn vrouw of haar familie is geen sprake. Wat de kinderen betreft wordt medegedeeld, dat de man en de vrouw in deze gelijke rechten hebben. Deze bestaan hierin, dat bij echtscheiding de kinderen vrij zijn in de keuze of zij hun vader dan wel hun moeder willen volgen. Hier staat tegenover, dat de aanspraken van de man en zijn familie op de gemeenschappelijk verworven huwelijkse goederen (harta pencarian) beperkt zijn. Deze goederen vallen bij echtscheiding of in geval van overlijden altijd toe aan de kinderen, die naar de zijde van de moeder overgaan. De man en zijn familie hebben alleen dan recht hierop indien er géén kinderen zijn. In dit laatste geval worden de gemeenschappelijke huwelijkse goederen gelijkelijk verdeeld tussen de vrouw enerzijds en de man en zijn familie anderzijds.

Behalve het ambil anak beradat- en het ambil anak tidak beradat-huwelijk werd in het midden van de 19e eeuw nog een derde variant onderscheiden, namelijk het balik jurai-huwelijk. Op het eerste gezicht lijkt het alsof deze derde variant geheel losstaat van de andere twee (Moyer 1975:126). Bij nadere beschouwing echter blijkt, dat tussen het balik jurai- en het ambil anak beradat-huwelijk een belangrijk punt van overeenkomst bestaat. In beide gevallen komt namelijk een antaran voor. Bij een balik jurai-huwelijk is die zelfs tweemaal zo groot als in het geval van een ambil anak beradat-huwelijk. De betekenis van deze dubbele antaran blijkt uit de verdeling van de aanspraken en rechten tussen de bij een balik jurai-huwelijk betrokken partijen met betrekking tot de kinderen. Bij deze variant hebben de man en zijn familie het recht, dat één van de kinderen naar zijn familie terugkeert en in dat verband, als rechtmatige opvolger en stamhouder, de afstammingslijn (jurai) van zijn vader voortzet. Deze overgang vindt gewoonlijk plaats na een echtscheiding of het overlijden van de betrokken man. De rechten van de man op de harta pencarian zijn bij een balik jurai-huwelijk ook uitgebreider. Zij zijn gelijk aan die van de vrouw, ook als er kinderen zijn. De rechten van de familie van de man op deze gemeenschappelijke huwelijkse goederen blijven, net zoals bij het ambil anak beradat-huwelijk, beperkt tot het geval waarbij uit dit balik jurai-huwelijk géén kinderen zijn voortgesproten (Abegg 1862:266-267, 273; Moyer 1975:125-126).

De verschillen in rechten en aanspraken tussen de drie genoemde varianten van het semendo ambil anak-huwelijk tonen zeer duidelijk aan onder welke voorwaarden de (verwantschaps-)band van de kinderen met de familie en verwantschapsgroep van hun vader tot gelding komt. Bij het ambil anak tidak beradat-huwelijk betekent het achterwege blijven van enige prestatie van de man en zijn familie aan die van de vrouw, dat zij op de kinderen en materiële bezittingen geen enkel recht kunnen doen gelden. Patrilineale of ambilaterale verhoudingen komen in het geheel niet voor. Bij het geven van één enkele antaran komt hierin in zoverre verandering, dat de kinderen bij echtscheiding kunnen kiezen of zij de vader dan wel hun moeder willen volgen. Dit betekent overigens niet, dat de kinderen die hun vader volgen ook diens patrilineale afstammingslijn voortzetten (balik jurai). Deze kinderen worden alleen in het familieverband van hun vader opgenomen. Inzake verwantschap behoren zij strikt genomen nog steeds tot de familie en verwantschapsgroep van hun moeder. Deze toetreding van de kinderen tot het familieverband van hun vader geschiedt overigens met loslating van al hun aanspraken op de te vererven goederen. Deze vallen allemaal toe aan de kinderen, die hun moeder zijn gevolgd. De man en zijn familie komen voor een aandeel in de harta pencarian alleen dan in aanmerking als er géén kinderen zijn. Met andere woorden, het ambil anak beradat-huwelijk verschilt van het ambil anak tidak beradat-huwelijk in zoverre, dat behalve matrilinealiteit op bepaalde punten ook ambilaterale verhoudingen aanwijsbaar zijn. Het balik jurai-huwelijk tenslotte houdt de expliciete erkenning van de verwantschapsband van de kinderen met de familie en verwantschapsgroep van hun vader in. Eén van de kinderen keert naar de familie en verwantschapsgroep van de vader terug en geldt in dat verband als een verwant in rechte lijn van afstamming met uitsluiting van die van zijn moeder. Of bij het balik jurai-huwelijk ook patrilineale vererving voorkomt is vooralsnog niet duidelijk. Vast staat, dat de man en de vrouw ten aanzien van de gemeenschappelijke huwelijkse goederen gelijke rechten hebben. Dit betekent, dat in geval van echtscheiding een deel hiervan aan de man toekomt en als zodanig voor de vrouw en haar familie verloren gaat. Wat betreft de kinderen die zich na de echtscheiding hebben aangesloten bij hun vader wordt medegedeeld, dat zij na het overlijden van hun vader alleen op zijn bezittingen aanspraak kunnen maken (Moyer 1975:126). Het aandeel van de vader in de harta pencarian wordt dus niet eenzijdig toegewezen aan de kinderen, die in geval van echtscheiding de moeder zijn gevolgd. Of in dit verband bij de Rejang en de Pekal in de kuststreek van Noord-Bengkulu het kind dat als balik jurai naar de familie van zijn vader terugkeert van deze aanspraken geheel wordt uitgesloten, zoals met name in andere delen van de provincie Bengkulu wel uitdrukkelijk gebeurde (Wilken 1891:223), kan uit de beschikbare bronnen niet met zekerheid worden opgemaakt. Dit punt doet echter niets af aan de vaststelling, dat bij een balik jurai-huwelijk behalve inzake de kinderen ook ten aanzien van de vererving van de materiële bezittingen ambilaterale verhoudingen bestaan.

Tenslotte moet in dit verband nog worden gewezen op de betekenis van de antaran voor de toewijzing en verdeling van de (maatschappelijke) rechten. De antaran wordt op verschillende plaatsen in de antropologische literatuur voorgesteld als ware het een bruidsprijs (Van Vollenhoven 1918:279; Van Ossenbruggen 1930:225). De overeenkomst tussen de antaran en de jujur reikt echter niet verder dan de vaststelling, dat in beide gevallen een overdracht plaatsvindt van bepaalde goederen en voorwerpen van de zijde van de man en zijn familie aan die van de vrouw. De antaran als zodanig is in het geheel niet bedoeld om de verwantschapsbanden tussen de vrouw en haar kern-familiegroep van oorsprong te verbreken. Evenmin ontstaat er als gevolg van het geven van een antaran tussen de familie van de man en die van zijn vrouw een configuratie van sociale relaties vergelijkbaar met die bij het jujur-huwelijk. Verder is het van belang op te merken, dat de antaran in het begin van de 19e eeuw uitsluitend voorkwam bij het ambilaterale semendo mardika-huwelijk van de van elders afkomstige Maleise bevolkingsgroep (Commentative Digest 1913:290; Francis 1842:442). Het geven van een antaran bij het ambil anak beradat- en het balik jurai-huwelijk bevat derhalve ontegenzeggelijk een element van acculturatie, maar impliceert als zodanig nog niet de overname van het semendo mardika-huwelijk. De invoering van de antaran markeert een belangrijke wijziging van het traditionele, bij de Rejang en de Pekal bekende ambil anak-huwelijk.

3.1.3. De differentiatie van het semendo ambil anak-huwelijk

In de tweede helft van de 19e eeuw zet de verbreiding van ambilaterale verhoudingen zich in het kustgebied van Noord-Bengkulu door. Hiervoor bestaan verschillende aanwijzingen. In de eerste plaats met betrekking tot de plaats van vestiging na het huwelijk. De Raedt van Oldenbarneveldt (1888) stelt vast, dat de inwoning van de man bij zijn schoonouders tijdelijk is. "In den allereerste tijd gaat de man, na het huwelijk, bij de bloedverwanten van zijner vrouw inwonen, totdat hij zichzelven een woning heeft gebouwd, waarna de vrouw bij hem intrekt" (De Raedt van Oldenbarneveldt 1888:430). Virilokale of ook neolokale vestiging zijn in dit verband geenszins uitgesloten (De Raedt van Oldenbarneveldt 1888:431). Wilken leidt hieruit af, dat het in het betrokken gebied regel is, dat "de vrouw bij de man intrekt" (Wilken 1891:195). In de tweede plaats zijn voor de verbreiding van meer ambilaterale verhoudingen aanwijzingen te vinden in de rechten en aanspraken op de kinderen en de harta pencarian in geval van echtscheiding en overlijden. Bij echtscheiding hebben de kinderen "slechts te kiezen of zij den vader, dan wel de moeder willen volgen". Inzake erfrecht zijn de kinderen "erfgenamen van den vader zoowel als van de moeder" (De Raedt van Oldenbarneveldt 1888:431). In geval van overlijden van de vader valt het aandeel van de vader in de harta pencarian niet langer uitsluitend toe aan de kinderen, die bij de moeder blijven. De kinderen hebben in principe allemaal gelijke rechten.

De Raedt van Oldenbarneveldt en Wilken beschouwen deze uitbreiding van rechten en aanspraken ten aanzien van het semendo (ambil anak) beradat-huwelijk als een aanwijzing voor de loslating zowel van de plicht tot uxorilokale vestiging na het huwelijk als van het principe van unilineale verwantschapsaffiliatie. Op grond hiervan stellen zij de beradat-variant van het semendo ambil anak-huwelijk gelijk aan het semendo mardika-huwelijk, dat in de hoofdplaats Bengkulu en bij de bevolking van de pasar-plaatsen langs de kust algemeen gangbaar is (De Raedt van Oldenbarneveldt 1888:431; Wilken 1891:195-196). Tegen deze interpretatie bestaan echter twee bedenkingen. Ten eerste kan de tijdelijke inwoning van de man bij zijn schoonouders niet zonder meer worden uitgelegd als het loslaten van de plicht tot uxorilokale vestiging. Bij de Rejang en de Pekal is permanente inwoning van de (schoon-)kinderen bij de (schoon-)ouders niet gebruikelijk. Alleen het kind dat als stamhouder en opvolger optreedt blijft in het (voor-)ouderlijk huis wonen. Dit geldt zowel in het geval van een jujur- als van een semendo ambil anak-huwelijk. Wat de laatstgenoemde huwelijksvorm betreft kan van de plicht tot uxorilokale vestiging na het huwelijk slechts worden afgeweken indien de man èn de vrouw het beiden daarover eens zijn (suka sama suka). Een man kan nimmer zijn vrouw verplichten zich tegen haar wil elders te vestigen. Deze verhoudingen gelden tegenwoordig in het onderzoeksgebied nog steeds. Ten tweede impliceert de uitbreiding van de rechten en aanspraken op de gemeenschappelijke huwelijkse goederen en de kinderen als zodanig nog niet de loslating van het principe van unilineale verwantschapsaffiliatie. Genoemde rechten en aanspraken verschillen immers in geen enkel opzicht van die welke in het voorgaande bij het balik jurai-huwelijk zijn gespecificeerd, waarbij de verwantschapsaffiliatie van de kinderen in principe wèl unilineaal is. Deze twee huwelijksvormen verschillen alleen wat betreft het recht van de man en zijn familie op een van de kinderen. Dit roept de vraag op of het semendo beradat-huwelijk in de kuststreek van Noord-Bengkulu aan het einde van de 19e eeuw niet de voortzetting vormt van het balik jurai-huwelijk uit de eerste helft van die eeuw. Op grond van de geraadpleegde literatuur kan de geldigheid van deze hypothese niet worden getoetst. De gegevens van De Raedt van Oldenbarneveldt en Wilken bevatten niettemin een duidelijke aanwijzing, dat in de loop van de tweede helft van de 19e eeuw in het kustgebied van Noord-Bengkulu de ambilaterale verhoudingen zich verder hebben verbreid.

De richting waarin het semendo ambil anak-huwelijk zich in het hoogland van Rejang-Lebong verder heeft ontwikkeld, blijkt zeer duidelijk uit de indeling en specifieke onderscheidingen ten aanzien van deze huwelijksvorm bij Swaab (1916b). Deze auteur onderscheidt ten aanzien van het semendo ambil anak-huwelijk ook drie varianten: 1. het semendo tidak beradat-huwelijk; 2. het semendo beradat-huwelijk; en 3. het semendo rajo-rajo-huwelijk. De laatstgenoemde variant is een huwelijk "waarbij de bruidegom aan de ouders van de bruid een bruidschat, de antaran, zendt, dienende tot dekking van de huwelijkskosten: beide echtgenoten staan op voet van gelijkheid tot elkander, het hangt geheel van hen af, of zij bij de ouders van den man of bij die van de vrouw zullen inwonen, dan wel een eigen huis betrekken". Bij een semendo beradat-huwelijk is "de bruidegom verplicht aan de bruid een geschenk te geven, de pelapik semendo geheeten". Na het huwelijk neemt de man zijn intrek bij de ouders van de vrouw. In geval van een semendo tidak beradat-huwelijk geeft de man aan de vrouw niets ten geschenke. De man neemt slechts één stel kleren mee en gaat bij de familie van de vrouw inwonen. Deze laatste variant verschilt van de twee voorgaande, doordat de man geheel uit zijn familie treedt en overgaat in die van zijn vrouw, de kinderen haar "eigendom" zijn en tot haar geslacht behoren (Swaab 1916b:490). Met betrekking tot de rechten en aanspraken van de echtelieden op de gemeenschappelijke huwelijkse goederen en de kinderen bij elk van deze varianten deelt de betrokken auteur het volgende mede. Bij het semendo tidak beradat-huwelijk zijn deze rechten en aanspraken van de man en zijn familie het geringst. De huwelijkse goederen en alle kinderen behoren uitsluitend toe aan de vrouw en haar familie. Bij het semendo beradat- en het semendo rajo-rajo-huwelijk worden in geval van echtscheiding de gemeenschappelijke huwelijkse goederen in principe gelijkelijk tussen de man en de vrouw verdeeld. Met betrekking tot de aanspraken op de kinderen bestaat er tussen deze twee varianten echter een belangrijk verschil. Bij het semendo rajo-rajo-huwelijk zijn de kinderen vrij in de keuze de vader of de moeder te volgen. "De kinderen worden in dit geval mardika genoemd. Bij een semendo beradat-huwelijk krijgt de man slechts één kind, dat de balikan jurai bapaknya wordt genoemd (Swaab 1916b:492-493). Dit verschil tussen het semendo beradat- en het semendo rajo-rajo-huwelijk in zake de aanspraken op de kinderen bij echtscheiding heeft ook gevolgen voor het erfrecht van de kinderen. Bij een semendo rajo-rajo-huwelijk wordt de harta pencarian in principe gelijkelijk tussen de kinderen verdeeld. Het semendo beradat-huwelijk wijkt hiervan in zoverre af, dat het kind waarop de vader of diens familie aanspraak maakt van de erfenis is uitgesloten. Dit kind komt alleen in aanmerking voor het aandeel van de vader in de erfenis van diens eigen ouders (Swaab 1916b:495).

Het semendo rajo-rajo-huwelijk is in alle opzichten ambilateraal. De echtelieden zijn niet verplicht zich op een bepaalde plaats te vestigen. Bij echtscheiding kunnen de kinderen vrij kiezen bij wie van de (groot-) ouders zij zich willen aansluiten en zij erven zowel van hun vader als van hun moeder. Van unilineale verwantschapsaffiliatie is geen sprake. Zij behoren zowel tot de familie en verwantschapsgroep van hun vader als tot die van hun moeder. Bij het semendo beradat-huwelijk daarentegen is uxorilokale vestiging na het huwelijk verplicht en is de verwantschapsaffiliatie van de kinderen strikt unilineaal. Met betrekking tot één van de kinderen vindt patrilineale affiliatie plaats. Voor alle andere geldt matrilinealiteit. Bij echtscheiding en vererving gelden in principe ambilaterale verhoudingen. Voor het kind, dat met de verwantschapsgroep van zijn vader wordt geaffilieerd wordt in dit verband echter een uitzondering gemaakt. Dit kind is van de erfenis uitgesloten. Het semendo beradat-huwelijk in deze vorm is identiek aan het semendo balik jurai-huwelijk uit het midden van de vorige eeuw. Het semendo tidak beradat-huwelijk tenslotte brengt uitsluitend matrilineale verhoudingen met zich mee. De man en zijn familie hebben helemaal geen rechten en aanspraken op enig kind of materieel bezit uit dit huwelijk. Dit huwelijk is hetzelfde als het ambil anak-huwelijk uit het eind van de 18e eeuw en het begin van de 19e eeuw.

Het verschil tussen het hoogland van Rejang-Lebong en de kuststreek van Noord-Bengkulu wat betreft de verwantschapsverhoudingen die met het semendo beradat-huwelijk samengaan berust hierop, dat in het eerstgenoemde gebied de plicht tot duurzame uxorilokale vestiging na het huwelijk en de strikt unilineale verwantschapsaffiliatie zijn blijven voortbestaan, terwijl deze elementen in het laatstgenoemde gebied een andere betekenis hebben gekregen. Uitgaande van de bestaande literatuur lijkt het alsof dit verschil verband houdt met het gegeven, dat bij het semendo beradat-huwelijk in de kuststreek van Noord-Bengkulu de antaran wèl en in het hoogland van Rejang-Lebong níet gebruikelijk is.

De gegevens van Van Ess (1936a), Hazairin (1936) en Jaspan (1964) over het semendo ambil anak-huwelijk in het hoogland van Rejang-Lebong geven aan, dat dit verschil met het kustgebied van Noord-Bengkulu, kleine verschuivingen daargelaten, tot ver in de jaren zestig is blijven voortbestaan. Van Ess en Hazairin hanteren met betrekking tot het semendo ambil anak-huwelijk precies dezelfde indeling als Swaab. De betekenis die zij aan elk van de onderscheiden varianten toekennen, is ook dezelfde (Van Ess 1936a:39-41; Hazairin 1936:38-39, 43, 51, 62-63). Op twee punten zijn echter duidelijk aanwijsbare verschuivingen opgetreden. In de eerste plaats wordt ten aanzien van de beradat- en tidak beradat-variant van het semendo ambil anak-huwelijk geen verschil meer gemaakt wat betreft het al dan niet blijven voortbestaan van de band tussen de man en zijn familie of verwantschapsgroep van oorsprong. Zowel bij het ambil anak beradat- als bij het ambil anak tidak beradat-huwelijk blijft deze band onaangetast (Hazairin 1936:43). Dit heeft tot gevolg, dat een huwelijk aangegaan als tidak beradat door het geven van een pelapik achteraf alsnog in een ambil anak beradat-huwelijk kan worden omgezet en de man en zijn familie aanspraak kunnen maken op een (of meer) kinderen (Wilken 1912, II:249; Van Ess 1936a:44, Hazairin 1936:43). Tussen deze twee varianten van het semendo ambil anak-huwelijk bestaat dus geen principieel verschil meer. Ten tweede blijkt de plicht tot uxorilokale vestiging na het huwelijk ook te zijn afgezwakt. Van uxorilokale vestiging kan te allen tijde worden afgeweken wanneer de man en de vrouw het beiden daarover eens zijn. De familie van de vrouw kan zich hiertegen alleen dan verzetten als de betrokken man zijn vrouw hiertoe dwingt, tegen haar uitdrukkelijke wil in. Deze afzwakking van de plicht tot uxorilokale vestiging na het huwelijk verandert overigens niets aan het principe van de unilineale verwantschapsaffiliatie van de kinderen. Bij een semendo ambil anak-huwelijk behoren de kinderen in beginsel tot de verwantschapsgroep (suku) van de moeder. Al naar gelang de grootte van de pelapik kunnen de man of zijn familie op een of meer kinderen aanspraak maken (balik jurai). Deze kinderen worden gerekend tot de verwantschapsgroep (suku) van hun vader (Hazairin 1936:38-39).

De onderscheidingen die Jaspan in de jaren zestig ten aanzien van het semendo ambil anak-huwelijk maakt, sluiten onmiddellijk hierbij aan. Als belangrijkste en algemeen gangbare variant noemt deze auteur het "oude" of semendo an-huwelijk. De betekenis hiervan komt in grote lijnen overeen met die van het semendo balik jurai-huwelijk uit het midden van de 19e eeuw. De man is verplicht tot duurzame, uxorilokale vestiging na het huwelijk. Hijzelf en zijn familie hebben het recht, dat één van de kinderen naar zijn lineage (suku) terugkeert, terwijl de overige kinderen aan die van de moeder toebehoren (Jaspan 1964:270). De tweede variant van deze huwelijksvorm, het semendo belëa pakoa- of "semendo van de gespleten bamboe"-huwelijk, verschilt hiervan in zoverre, dat de plicht tot uxorilokale vestiging na het huwelijk tijdelijk is en de kinderen bij echtscheiding gelijkelijk tussen de lineage van de man en die van de vrouw worden verdeeld. Deze variant kwam in de jaren zestig echter als zodanig niet meer voor. Dat geldt ook voor drie andere varianten, die Jaspan ten aanzien van het semendo ambil anak-huwelijk onderscheidt; namelijk het semendo besi paku-, het semendo tangkap burung terbang- en het semendo misai utang-huwelijk. Bij deze laatste drie varianten is de man tot duurzame uxorilokale vestiging na het huwelijk verplicht en behoren de kinderen uitsluitend tot de lineage (suku) van hun moeder. Als laatste vermeldt Jaspan het semendo rajo-rajo-huwelijk. Ofschoon hierbij de voorkeur bestaat voor een aanvankelijk uxorilokale vestiging na het huwelijk, later te veranderen in uterolokaal, worden de echtelieden beschouwd als volledig vrijgemaakte leden van hun lineages van oorsprong. Zij genieten over en weer rechten in elkaars lineages. De kinderen behoren zowel tot de lineage (suku) van de vader als tot die van hun moeder (Jaspan 1964:270). Dergelijke semendo rajo-rajo-huwelijken kwamen in de jaren zestig slechts bij hoge uitzondering voor.

De hierboven genoemde varianten komen slechts op één punt met de door Van Ess (1936a) en Hazairin (1936) gemaakte onderscheidingen overeen. Bij geen enkel van deze huwelijken wordt de band, de "jural tie" zoals Jaspan deze omschrijft, tussen de betrokken man en zijn familie en verwantschapsgroep van oorsprong beschouwd te zijn verbroken. Daar staan echter twee belangrijke verschillen tegenover. In de eerste plaats ontbreekt in de indeling van semendo ambil anak-huwelijken van Jaspan het onderscheid tussen beradat en tidak beradat. In de tweede plaats bestaat er volgens Jaspan tussen de afzonderlijke huwelijksvarianten een duidelijk verschil met betrekking tot de positie van de man in de familie van de vrouw. Bij het "oude" of semendo an- en het semendo beleëa pakoa-huwelijk heeft volgens deze auteur een "fictieve adoptie" plaats van de man in zijn schoonfamilie. Bij het semendo besi paku-, het semendo tangkap burung terbang- en het semendo misai utang-huwelijk wordt de betrokken man niet in de lineage (suku) of verwantschapsgroep van zijn vrouw geaffilieerd. Het semendo rajo-rajo-huwelijk neemt een geheel aparte plaats in. Bij deze variant worden zowel de man als zijn vrouw beschouwd volledig van hun familie en verwantschapsgroep van oorsprong te zijn vrijgemaakt (Jaspan 1964:270).

De betekenis van deze verschillen wordt pas duidelijk indien de indeling van Jaspan uit de jaren zestig wordt vergeleken met die van Swaab uit het begin van deze eeuw. Swaab (1916b) hanteerde de termen beradat en tidak beradat om een onderscheid te maken tussen die semendo ambil anak-huwelijken waarbij de band tussen de man en zijn familie en verwantschapsgroep van oorsprong níet werd beschouwd te zijn verbroken enerzijds en die waarbij dit wèl plaatsvond anderzijds. Bij een semendo beradat-huwelijk bleef, als gevolg van het geven van een pelapik, de band van de man met zijn familie en verwantschapsgroep van oorsprong bestaan en hadden hij en zijn familie het recht op één van de kinderen (balik jurai). Een semendo ambil anak-huwelijk zonder pelapik was tidak beradat en impliceerde de verbreking van de band tussen de betrokken man en zijn familie en verwantschapsgroep van oorsprong en het verlies van aanspraken op een (of meer) kinderen. Bij Jaspan (1964) lijkt precies het tegenovergestelde te gebeuren. In de gevallen waarbij de man en zijn familie aanspraak kunnen maken op een of meer kinderen, dat wil zeggen bij het semendo an- en semendo beleëa pakoa-huwelijk, spreekt deze auteur over "fictieve adoptie" van de betrokken man in zijn schoonfamilie. Waar de plicht ontbreekt om een of meer kinderen aan de man of zijn familie af te staan, blijft de betrokken man van het familieverband van zijn vrouw uitgesloten.

De verschillen tussen Swaab (1916b), Van Ess (1936a), Hazairin (1936) en Jaspan (1964) laten op markante wijze zien welke structurele veranderingen er in de loop van deze eeuw in het hoogland van Rejang-Lebong met betrekking tot de verwantschapsverhoudingen hebben plaatsgehad. De verschillen tussen Swaab enerzijds en Van Ess en Hazairin anderzijds geven aan, dat in de eerste helft van de 20e eeuw, toen het jujur-huwelijk nog een belangrijke plaats innam, de traditionele strikt uxorilokale tidak beradat-variant van het semendo ambil anak-huwelijk met uitsluitend matrilineale implicaties geleidelijk is verdwenen en heeft plaatsgemaakt voor de beradat-variant van deze huwelijksvorm, waarbij aan de band van de man met zijn familie en verwantschapsgroep van oorsprong op de een of andere manier, hoe beperkt ook, kon worden vastgehouden. De balik jurai was bedoeld om de voortzetting van de patrilineale afstammingslijn en verwantschapsverhoudingen binnen de familie van oorsprong te handhaven en voort te zetten. De verschillen tussen de indeling van het semendo ambil anak-huwelijk bij Van Ess en Hazairin in de jaren dertig en die van Jaspan in de jaren zestig laten zien, dat ten aanzien van de verwantschapsaffiliatie de nadruk is verschoven van patri- naar matrilinealiteit. Deze verschuiving hangt onmiddellijk samen met het verdwijnen van het jujur-huwelijk. Onder invloed hiervan heeft immers een ingrijpende verandering plaatsgehad van de maatschappelijke context waarin het semendo ambil anak-huwelijk voorkomt. Ofschoon het semendo an-huwelijk van Jaspan (1964) inhoudelijk nauwelijks verschilt van het semendo beradat-huwelijk bij Swaab (1916b) en evenmin van het semendo (ambil anak) beradat-huwelijk bij Van Ess (1936a) en Hazairin (1936) is de relatie tussen een man en zijn familie en verwantschapsgroep van oorsprong, en derhalve ook die met de familie en verwantschapsgroep van zijn vrouw, in de jaren zestig niet meer dezelfde als in de jaren dertig. Als gevolg van de snelle verbreiding van het semendo ambil anak-huwelijk verloopt de afstammingslijn in zijn familie en verwantschapsgroep van oorsprong niet langer overwegend patrilineaal, maar hoofdzakelijk matrilineaal. Het ontbreken van de termen beradat en tidak beradat houdt ten nauwste hiermee verband. Bij Swaab (1916b) had de term beradat uitdrukkelijk betrekking op de relatie van de betrokken man en zijn kinderen tot zijn patrilineale of hun patrilaterale verwantschapsgroep. Aangezien in de jaren zestig de afstammingslijn binnen de familie en verwantschapsgroep van de man zich hoofdzakelijk matrilineaal voortzet, heeft het geen zin de onderscheiding tussen beradat en tidak beradat verder nog te gebruiken. Dit verklaart bovendien waarom in de jaren zestig met betrekking tot het semendo an-huwelijk sprake is van "fictieve adoptie" van de man in de familie van zijn vrouw. Deze "fictieve adoptie" vertegenwoordigt geen nieuwe dimensie van deze huwelijksvorm, maar is een kwalificatie van de positie van de betrokken man in de familie van zijn vrouw in het licht van de veranderde samenstelling en gewijzigde verwantschapsverhoudingen binnen de bij dit huwelijk betrokken wederzijdse families en verwantschapsgroepen. De verbreiding van het semendo-huwelijk brengt namelijk met zich mee, dat de vererving, de opvolging in rituele en politieke functies en de verwantschapsaffiliatie in principe matrilineaal worden geregeld. De man wordt als het ware "geadopteerd" ten einde de unilinealiteit van de afstammingslijn van zijn schoonfamilie te bestendigen. Immers, bij ontstentenis van het jujur-huwelijk is het semendo an-huwelijk nog de enig mogelijke manier om de unilinealiteit hiervan te waarborgen.

De verschuiving van patri- naar matrilineale affiliatie is onlosmakelijk verbonden met de betekenis van het semendo an-huwelijk voor het voortbestaan van de verwantschapsgroep waartoe de vrouw behoort. "The elders take the view that the lineage must continue despite the change from patrifiliation to matrifiliation" (Jaspan 1964:320). Met andere woorden, het semendo an-huwelijk heeft de sociologische functie de lineage, dat wil zeggen de suku van de vrouw te continueren. Op dit punt verschilt het semendo an-huwelijk principieel van het semendo rajo-rajo-

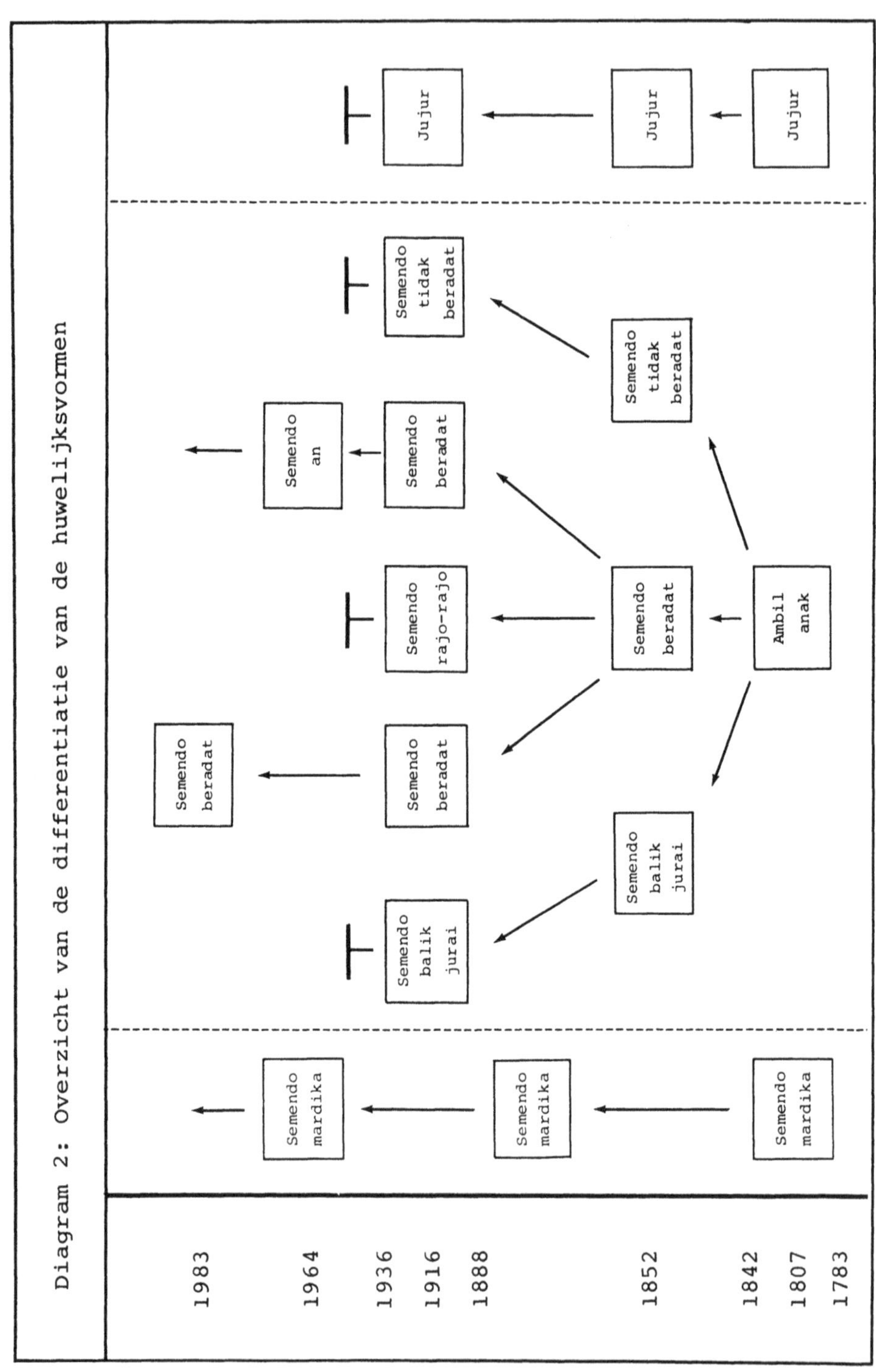

Diagram 2: Overzicht van de differentiatie van de huwelijksvormen

huwelijk. Bij het semendo rajo-rajo-huwelijk zijn de man en de vrouw allebei volledig vrijgemaakte leden van hun lineage (suku) van oorsprong. De kinderen behoren zowel tot de lineage van hun vader als tot die van hun moeder en zij zijn vrij in de keuze bij wie van de (groot-) ouders zij zich willen aansluiten. Ze zijn mardika. De gevolgen hiervan voor de op unilineale affiliatie gebaseerde verwantschapsverhoudingen zijn zeer ingrijpend. "Wordt deze huwelijksvorm algemeen, dan moet de soekoe-ordening spoorloos verdwijnen" (Hazairin 1936:63). Met andere woorden, het semendo rajo-rajo-huwelijk impliceert niet meer en niet minder dan de volledige eliminatie van de op unilineale affiliatie gebaseerde verwantschapsverhoudingen. Deze tegenstelling tussen het semendo an- en het semendo rajo-rajo-huwelijk is vergelijkbaar met die in het voorgaande is vastgesteld tussen het semendo beradat-huwelijk in de kuststreek van Noord-Bengkulu enerzijds en dat in het hoogland van Rejang-Lebong anderzijds. Ook in dit geval lijkt het betrokken verschil te kunnen worden verklaard uit het feit, dat bij het semendo an-huwelijk in tegenstelling tot het semendo rajo-rajo-huwelijk géén antaran gebruikelijk is. Met andere woorden, het voortbestaan van de unilineale verwantschapsaffiliatie en verwantschapsverhoudingen in het hoogland van Rejang-Lebong schijnt verband te houden met het gegeven, dat de antaran bij het semendo an-huwelijk geen ingang heeft gevonden. In het volgende hoofdstuk zal blijken, dat het al of niet voorkomen van de antaran voor de verklaring van dit onderscheid tussen het hoogland van Rejang-Lebong en de kuststreek van Noord-Bengkulu ontoereikend is. Het verschil tussen beide streken wat betreft de betekenis van het semendo ambil anak-huwelijk kan slechts worden verklaard op basis van de hypothese, dat in het hoogland van Rejang-Lebong, ondanks de verdwijning van het jujur-huwelijk en ondanks de verbreiding van het semendo ambil anak-huwelijk, één element van de sociale structuur, de suku, níet is veranderd, maar constant is gebleven. Immers, voor de omzetting of "transformatie" van patrilinealiteit in matrilinealiteit is het voortbestaan van een omvattende, op unilineale affiliatie gebaseerde verwantschapscategorie structureel vereist. Met andere woorden, de verklaring van de "differentiatie" van de huwelijksvormen en verwantschapsverhoudingen tussen het hoogland van Rejang-Lebong enerzijds en de kuststreek van Noord-Bengkulu anderzijds berust op de veronderstelling, dat in het laatstgenoemde gebied de suku, als specifiek structuurelement, wèl bepaalde veranderingen heeft ondergaan. De aanleiding tot deze veronderstelling ligt besloten in het gegeven, dat zowel bij het semendo beradat-huwelijk in de kuststreek van Noord-Bengkulu als bij het semendo rajo-rajo-huwelijk in het hoogland van Rejang-Lebong een antaran gebruikelijk is. Echter, de implicaties van ieder van deze twee varianten van het semendo ambil anak-huwelijk zijn verschillend. Bij het semendo beradat-huwelijk in de kuststreek van Noord-Bengkulu is de antaran niet uitdrukkelijk bedoeld om de man, de vrouw en de kinderen van hun suku van oorsprong volledig los te maken. De verwantschapstheoretische implicaties van het semendo beradat-huwelijk reiken in principe niet verder dan de beperkte categorie van verwanten met een gemeenschappelijke overgrootouder (poyang), beter bekend als de huwelijksrechtelijke suku. Het semendo rajo-rajo- en het semendo an-huwelijk daarentegen hebben betrekking op een meer omvattende verwantschapscategorie, namelijk de maatschappelijke suku.

Hierin manifesteert zich het tweede essentiële verschil tussen het hoogland van Rejang-Lebong en de kuststreek van Noord-Bengkulu. Terwijl in het eerstgenoemde gebied de suku tot ver in de jaren zestig is blijven gelden als belangrijkste categorie voor de bepaling van de verwantschapsaffiliatie, zijn in het laatstgenoemde gebied, als gevolg van "exogamic contraction" (Jaspan 1964:287), binnen deze traditionele, op unilineale affiliatie gebaseerde, verwantschapscategorie ambilaterale verhoudingen ontstaan. De invoering van de antaran bij het semendo beradat-huwelijk in de kuststreek van Noord-Bengkulu heeft niet geleid tot de volledige verdwijning van de suku-structuur, maar markeert een verandering van de daarbinnen geldende verhoudingen. Dit is ook de betekenis van het blijven voortbestaan van de uitdrukking semendo beradat in dit deel van de provincie Bengkulu.

3.2. Het semendo mardika-huwelijk

Deze huwelijksvorm komt inhoudelijk op verschillende punten met het semendo beradat-huwelijk van de kuststreek van Noord-Bengkulu overeen. Voor de totstandkoming van een semendo mardika-huwelijk is ook een antaran vereist. Bij echtscheiding hebben de man en de vrouw ieder recht op de helft van de gemeenschappelijke huwelijkse goederen (harta pencarian). De kinderen zijn in dat geval vrij te kiezen bij wie van de ouders zij zich willen aansluiten (Marsden 1783:225, Commentative Digest 1913:292). Op grond van deze overeenkomsten kan het semendo beradat-huwelijk niet aan het semendo mardika-huwelijk worden gelijkgesteld. Beide huwelijksvormen verschillen immers wat betreft de maatschappelijke context waarin zij voorkomen. Het semendo mardika-huwelijk wordt geassocieerd met de Maleise bevolkingsgroep in de stedelijke en lokale centra van de provincie Bengkulu (Wilken 1912, II:262-264). De term Maleis verwijst naar een "open society that is both mercantile and urban, lacks unilineal descent groups and is circumscribed in its laws, customs and usages by Islam and the secular law of the state" (Jaspan 1964:319). "The critical difference, comparing Malay marriage with Redjang, is that the former has no rules concerning residence and the lineage affiliation of the spouses and their children." (Jaspan 1964:320). Het semendo mardika-huwelijk komt voor in een maatschappelijk context zonder suku, met name in de hoofdplaats Bengkulu en de pasar-plaatsen langs de kust. Pasar Lais in het onderzoeksgebied bijvoorbeeld behoort ook daartoe. Het semendo ambil anak-huwelijk in het algemeen en de uiteenlopende varianten daarvan in het bijzonder zijn daarentegen met de traditionele suku-structuur van de Rejang en de Pekal ten nauwste verbonden. Daar komt nog bij, dat het semendo an-, het semendo rajo-rajo- en het semendo beradat-huwelijk stuk voor stuk volgens de adat worden gesloten. Dit staat in scherpe tegenstelling tot het semendo mardika-huwelijk, dat als non-adat kan worden gekwalificeerd (Jaspan 1964:320).

4. De verschuiving van jujur- naar semendo-huwelijken

Tot slot van dit hoofdstuk zal nog in het kort worden toegelicht in welke periode de verdwijning van het jujur-huwelijk en de verbreiding van het semendo-huwelijk in de verschillende vestigingsgebieden van de Rejang en de Pekal hebben plaatsgevonden.

De semendo-huwelijken hebben zich het eerst verbreid in het noordelijkste deel van het district Noord-Bengkulu. Bij zijn bespreking van de toestand in de onderafdeling Moko-Moko in 1840, waarvan het huidige subdistrict Ketahun, het noordelijke deel van het onderzoeksgebied met de marga Ketahun en de marga Seblat in die tijd deel uitmaakten, merkt

Bogaardt (1859) op: "De huwelijken in dit landschap zijn die welke bekend zijn onder de benaming van samendo (..). Het djoedjoer-huwelijk is in dit landschap niet bekend dan onder de voorname Hoofden van Ketahun, alwaar, volgens de wetten van het land, de zoon welke uit een zoodanig huwelijk voortspruit de opvolger van de vader wordt." (Bogaardt 1859:33-35). Le Rütte (1870) bevestigt de betrekkelijk geringe betekenis van het virilokale en patrilineale jujur-huwelijk in dit deel van de kuststreek van Noord-Bengkulu. Hij deelt mee, dat deze huwelijksvorm weliswaar "niet afgeschaft, maar weinig meer in gebruik" is (Le Rütte 1870:8). Uit verschillende toelichtingen omtrent de specifieke betekenis van dit samendo-huwelijk kan worden afgeleid, dat het om een uxorilokale en matrilineale huwelijksvorm gaat, die in bijna alle opzichten met het in die tijd bij de Rejang voorkomende inlijf- of ambil anak-huwelijk overeenkomt. Een halve eeuw later, tijdens zijn tochten door het stroomgebied van de Beneden-Ketahun, de huidige marga Ketahun, stelt De Raedt van Oldenbarneveldt vast: "De schier eenigst bestaande huwelijksvorm is het huwelijk, dat met goedvinden van beide partijen wordt gesloten" (De Raedt van Oldenbarneveldt 1888:429). Deze auteur doelt hiermee op het ambilaterale semendo beradat-huwelijk. De vroegtijdige verdwijning van het jujur-huwelijk uit dit door de Pekal bewoonde deel van het onderzoeksgebied en de verbreiding van ambilaterale verhoudingen worden in de jaren dertig nogmaals bevestigt. "Instede van het djoedjoer-huwelijk met erfrecht van de zoons treft men hier een huwelijk zonder djoedjoer en een gelijkberechtigdheid van zoons en dochters." (Van Royen 1932:358).

De gegevens over de verbreiding van het semendo-huwelijk onder de Rejang van het aangrenzende subdistrict Lais zijn verhoudingsgewijs schaars. Aan het einde van de 18e eeuw constateert Marsden (1783) het volgende: "The modes of marriage hitherto, have been principally by joojoor, or ambel ana; the Malay semundo being little used" (Marsden 1783:193). En over het ambil anak-huwelijk in het bijzonder: "In the past it was resorted to only by men of slender means and in particular by immigrants (..)" (Marsden 1783:224). Het jujur-huwelijk kwam verreweg het meeste voor. Het ambil anak- en het semendo Malayu of semendo mardika-huwelijk waren daarentegen slechts weinig vertegenwoordigd. Over de geleidelijke verdwijning van het jujur-huwelijk uit dit deel van het onderzoeksgebied aan de ene kant en de toename van het aantal semendo-huwelijken aan de andere kant bestaan, wat de 19e eeuw betreft, geen precieze gegevens. Pas in 1926 brengt Wink ten aanzien hiervan naar voren, dat "nog ongeveer de helft van het aantal in de onderafdeling Lais (en speciaal in de bovenlanden) gesloten huwelijken bestaat uit djoedjoer-huwelijken" (Wink 1926a:30). In de hierna volgende periode tot 1940 raakt het jujur-huwelijk echter ook in dit deel van het onderzoeksgebied geheel in onbruik. Na de Japanse bezetting komt deze huwelijksvorm als zodanig niet meer voor. Zij heeft plaatsgemaakt voor het semendo beradat-huwelijk in de betekenis zoals De Raedt van Oldenbarneveldt voor de Pekal-bevolking van het subdistrict Ketahun heeft beschreven.

De gegevens over de toename van het aantal semendo-huwelijken onder de Rejang van het hoogland van Rejang-Lebong zijn ook weinig gedetailleerd. Bovendien lijken ze met elkaar in tegenspraak. Dit laatste betreft niet het feit van de toename van het aantal semendo-huwelijken als zodanig, maar het tempo waarin dit proces zich heeft voltrokken. Van Hasselt (1882) doet het voorkomen alsof in de tweede helft van de 19e eeuw het jujur-huwelijk reeds in belangrijke mate aan betekenis zou hebben ingeboet: "(..) hoewel niet meer als regel, komen toch tegenwoordig huwelijken bij djoedjoer voor, hoofdzakelijk in Rejang, en wel voornamelijk onder de aanzienlijken en vermogenden" (Van Hasselt 1882:291). De overeenkomst tussen deze uitspraak van Van Hasselt over het hoogland van Rejang-Lebong en die van Bogaardt (1859) over de toestand in de onderafdeling Moko-Moko in 1833 is frappant. Van Hasselt is van mening, dat het gewone volk weinig reden heeft om in de dure jujur-praktijken te volharden: "... nu en dan (worden) nog djoedjoer-huwelijken gesloten; de meisjes vinden het vleiend voor zich, omdat eruit blijkt, dat men haar bezit op hoogen prijs stelt. Hieruit volgt, dunkt mij, dat het in de praktijk van het huwelijksleven weinig verschil zal maken, of men bij djoedjoer dan wel bij semendo getrouwd is. En inderdaad, mij is dat verschil dan ook nooit in het oog gevallen: wèl dat de vrouw overal en altijd in minder gunstige omstandigheden verkeert dan de man." (Van Hasselt 1882:292). Deze opmerkingen maken echter niet precies duidelijk met welke frequentie de onderscheiden huwelijksvormen in het betrokken gebied voorkomen. Swaab (1916b), die overigens met betrekking tot de huwelijksvormen bij de Rejang van het hoogland van Rejang-Lebong zo belangrijke gegevens verstrekt, gaat aan de kwantitatieve toename van het aantal semendo-huwelijken als zodanig zelfs helemaal voorbij. Ook bij Van Ess (1936a) en Hazairin (1936) ontbreken gedetailleerde gegevens met betrekking tot de verschuiving van jujur- naar semendo-huwelijken. De enige uitzondering hierop is het cultuurantropologische onderzoek, dat Jaspan (1964) in het begin van de jaren zestig naar de verandering van de verwantschapsverhoudingen in dit gebied heeft verricht. Volgens de gegevens van deze auteur waren vóór 1930 in het hoogland van Rejang-Lebong ruim 80% van de gesloten huwelijken nog jujur-huwelijken. Van de overige 20% was het semendo an-huwelijk met 9% het meest vertegenwoordigd. De verhoudingen in de periode na 1930 zijn geheel anders. Het aantal jujur-huwelijken komt nog slechts in 17% van de gevallen voor. Daarentegen is het aantal semendo an-huwelijken zeer sterk toegenomen en vertegenwoordigt 76% van het totaal aantal gesloten huwelijken (Jaspan 1964:270). Voor de leeftijdscategorie van mannen jonger dan 50 jaar bedroeg dit percentage van semendo an-huwelijken in 1962 zelfs 97% (Jaspan 1964:92). Daaruit blijkt, dat de verschuiving van jujur- naar semendo-huwelijken zich ook in dit deel van de provincie Bengkulu volledig heeft voltrokken.

4
HET HEDENDAAGSE SEMENDO-HUWELIJK

Bij de Rejang en de Pekal in het kustgebied van Noord-Bengkulu komt heden ten dage alleen nog het semendo-huwelijk voor. In tegenstelling tot vroeger is het thans niet meer mogelijk ten aanzien van deze huwelijksvorm "a priori" een aantal subtypen te onderscheiden. In hoeverre een bepaald semendo-huwelijk een specifieke variant vertegenwoordigt kan slechts worden afgeleid van het feitelijke leefpatroon (cara hidup) van de echtelieden en de aard van de relaties, die de betrokken wederzijdse families met elkaar onderhouden. Bij het hedendaagse semendo-huwelijk komen elementen voor zowel van het ambil anak- en het semendo balik jurai-huwelijk als van het semendo mardika- en het semendo rajo-rajo-huwelijk.

Het semendo-huwelijk wordt in algemene zin geplaatst tegenover het vroegere jujur-huwelijk. Met betrekking tot het laatstgenoemde wordt steeds het koopelement benadrukt, dat wil zeggen de vader verkoopt zijn dochter(s) om met de ontvangen jujur zijn zonen in staat te stellen te huwen. Hierbij speelt de gedachte mee, dat bij een jujur-huwelijk het initiatief buiten de uitdrukkelijke wens of instemming van het meisje om plaatsvindt. Ten aanzien van het semendo-huwelijk daarentegen wordt benadrukt, dat het initiatief tot en de instemming met het huwelijk wel van de betrokkenen zelf komen. In verband hiermee noemt men het hedendaagse semendo-huwelijk bij voorkeur semendo suka sama suka.

In het hierna volgende worden verschillende aspecten van het hedendaagse semendo-huwelijk belicht: 1. het semendo-huwelijk als adat-huwelijk; 2. de instelling van het semendo-huwelijk; 3. huwelijk en verwantschap; 4. de totstandkoming van het huwelijk; 5. de implicaties van het huwelijk; 6. de opvolging in het (voor-)ouderlijk huis; en 7. de huwelijkse goederen. Bij elk van deze punten wordt aan de ene kant gewezen op de overeenkomsten tussen de gebruiken en gewoonten, die binnen het onderzoeksgebied voorkomen en aan de andere kant de verschillen en tegenstellingen tussen de respectievelijk door de Pekal en de Rejang bewoonde subdistricten Ketahun en Lais (met inbegrip van Arga Makmur). In het verloop van deze uiteenzetting zal het overigens steeds duidelijker worden, dat de elementaire, structurele sociale relaties, die in het vorige hoofdstuk zijn gespecificeerd, ook na de algehele verdwijning van het jujur-huwelijk hun betekenis nog steeds niet (volledig) hebben verloren.

1. Het semendo-huwelijk als adat-huwelijk

Voor zowel de Rejang als de Pekal behoort een semendo-huwelijk voor alles beradat, dat wil zeggen een adat-huwelijk te zijn. Zonder vervulling van de adat-voorwaarden wordt een huwelijk in de betrokken dorpsgemeenschappen niet erkend en gesanctioneerd. Het niet voldoen aan de adat-voorwaarden maakt een huwelijk tot tidak beradat. De implicaties hiervan zijn dezelfde als die in het voorgaande hoofdstuk ten aanzien van het semendo ambil anak tidak beradat-huwelijk zijn vastgesteld. De man heeft geen enkel recht op enig bezit of kind en zijn vrouw of haar familie kunnen hem onvoorwaardelijk scheiden. Niet huwen volgens de adat is in de hedendaagse verhoudingen eigenlijk onvoorstelbaar. Men tracht de nadelige gevolgen hiervan steeds te vermijden, ook in geval van uitzonderlijke situaties. Twee voorbeelden kunnen dit toelichten.

Het eerste voorbeeld betreft het vluchthuwelijk (kawin lari). Hierbij gaat het meestal om een stel jongelui dat wil huwen, maar waarvan de ouders hun toestemming weigeren. Ten einde toch te kunnen huwen nemen zij hun toevlucht tot bijvoorbeeld het dorps- of marga-hoofd. Deze neemt de betrokkenen in zijn huis op en kan, na zich van de toedracht te hebben vergewist, het huwelijk bevestigen, ook tegen de zin van de betrokken wederzijdse ouders. De wederzijdse ouders worden zelfs verplicht alle adat-voorwaarden te vervullen als het betrokken paar naar het dorp terugkeert op straffe van uitsluiting van de gemeenschap. Het tweede voorbeeld heeft betrekking op een huwelijk met iemand uit een pasar-plaats, bijvoorbeeld Pasar Lais. De daar algemeen gangbare huwelijksvorm is het semendo mardika-huwelijk, door Jaspan (1964) terecht als een non-adat-huwelijk aangemerkt. De bij de Rejang en de Pekal voor een semendo-huwelijk gebruikelijke adat-voorwaarden komen er niet voor. Daarom wordt elke gift of 'prestatie' van de jongen aan het betrokken meisje uitgelegd als een bevestiging van de uitdrukkelijke wens het huwelijk als beradat te doen gelden. De bedoeling hiervan is de rechten en aanspraken van de betrokken man op de kinderen en bezittingen bij echtscheiding en het erfrecht bij overlijden veilig te stellen.

Semendo tidak beradat-huwelijken komen als zodanig niet meer voor. Slechts in één enkel geval is het gebruik van deze term nog vastgesteld. Het betreft een huwelijk, aangegaan als semendo beradat, waarbij de man zijn vrouw reeds twee maal had verstoten. Toen de betrokken man de tweede scheiding ook weer ongedaan wilde maken, was zijn vrouw wel bereid met de hereniging in te stemmen, echter onder de uitdrukkelijke voorwaarde dat zij zou plaatsvinden op basis van tidak beradat, dat wil zeggen de man zou geen enkele aanspraak meer mogen maken op het huis, het bezit en de kinderen. De traditionele hoofden beschouwden dit echter als een oneigenlijk gebruik van de term tidak beradat. De in het Islamitische huwelijksrecht geboden mogelijkheid tot herhaalde scheiding en hereniging kan namelijk de adat-rechtelijke status van een huwelijk niet veranderen.

Ondanks het vasthouden aan de voorwaarden die de adat aan een huwelijk stelt, is de maatschappelijke betekenis hiervan sterk verminderd ten gunste van de godsdienstige voorschriften en staatsrechtelijke bepalingen. Tot aan de invoering van de nieuwe huwelijkswetgeving in 1975 was de huwelijkssluiting ten overstaan van de traditionele hoofden, het dorpshoofd (depati) en de suku-hoofden, rechtsgeldig. Sindsdien geven alleen de formeel juridische huwelijksbepalingen rechtsgeldigheid. In de praktijk vindt de huwelijkssluiting echter zelden of nooit plaats ten overstaan van de burgerlijke stand (perkawinan sipil). De formalisering van het huwelijk geschiedt door bemiddeling van een instantie voor religieuze aangelegenheden op subdistrictsniveau, de Kantor Agama Kecamatan, waar het bovendien staat geregistreerd. Dit betekent in de praktijk een versterking en uitbreiding van de voorschriften en bepalingen in zake huwelijk, die aan het Islamitische huwelijksrecht zijn ontleend. Bij huwelijkssluiting en echtscheiding zijn de Islamitische gebruiken zonder meer regel. Wat het erfrecht betreft worden meestal nog de adat-bepalingen gehanteerd.

2. *De instelling van het semendo-huwelijk*

Dit aspect heeft betrekking op de wijze waarop het semendo-huwelijk bij de Rejang en de Pekal tot adat is geworden. In een afstammingsgeschiedenis (tembo ofwel tambo) uit het dorpje Muara Santen in de marga Ketahun van het subdistrict Ketahun wordt gesproken van een formele instelling van de adat semendo door de vier plaatselijke voorouders (poyang) en stichters van de betrokken dorpsgemeenschap: Depatai Sejuk, Gerok Alam, Ibrahim en Teras. Hun gemeenschappelijke besluit luidde: "Keputusan adat semendo, tak ada lagi hak belèkèt. Laki-laki turun semendo, perempuan duduk di rumah. Seumpama batu besar, yang tidak goyang mudah." Zij besloten de hak belèkèt, dat wil zeggen het jujur-huwelijk af te schaffen waarbij de vrouw verhuisde naar de woonplaats van de man. Zij voerden in plaats daarvan de adat semendo in, waarbij de man verhuist naar de woonplaats van de vrouw. Belangrijk is verder, dat van de vrouw wordt verwacht haar woonplaats niet te verlaten, tenzij bijzondere omstandigheden haar hiertoe dwingen. In de marga Seblat van het subdistrict Ketahun heeft men van de instelling van het semendo-huwelijk dezelfde voorstelling. Daar wordt de invoering van deze huwelijksvorm geassocieerd met Depatai Mudè, stichter (muloi jijai/Rejang) van het dorpje Sukamedan en clanoudste van de plaatselijke marga-bevolking.

In de aangrenzende Rejang-marga van het subdistrict Lais lijkt de instelling van het semendo-huwelijk heel anders te zijn verlopen. De instelling van deze huwelijksvorm wordt in dit deel van het onderzoeksgebied vaak in verband gebracht met een min of meer toevallige gebeurtenis, waarbij een meisje aan een jongen ten huwelijk wordt voorgesteld op grond van de betaling van de uang antaran of permintaan in plaats van een jujur. Het verslag van een respondent uit het dorp Sukarami in de marga Lais kan in dit verband als voorbeeld dienen: "Ada seorang gadis yang ditawarkan kepada seorang laki-laki. Laki-laki itu ditanya: 'Apakah kamu sanggup membayar Rp. 50.000, ditambah seekor kambing, empat pikul beras, sebilah keris dan satu kain? Kamu sanggup atau tidak? Kalau tidak sanggup harus undurkan diri. Kalau sanggup akan dikuatkan perasanan (perjanjian) itu: Rp. 20.000 untuk adat, Rp. 20.000 untuk culau (pakaian kepala pengantin) dan Rp. 10.000 sebagai pelapak perak.' Waktu dibikin perkawinan itu, persetujuan ini dijadikan adat. Dan ini ditetapkan oleh empat suku, diketahui depati, maka jadi syah." In dit voorbeeld komt de instelling van het semendo-huwelijk voort uit een geval waarbij de familie van het meisje aan de jongen geen andere keus overliet dan die van een semendo-huwelijk. Van afschaffing van het jujur-huwelijk is geen sprake. Een ander belangrijk aspect is de manier waarop in dit geval deze huwelijksvorm adat is geworden. De overeenstemming tussen de betrokken partijen over de te vervullen verplichtingen is door de plaatselijke suku-hoofden bekrachtigd en door in kennis stelling van het dorpshoofd officieel geldig. De bedragen die in dit verband zijn genoemd, komen overeen met die, welke in de betrokken dorpsgemeenschap van het subdistrict Lais voor het aangaan van een semendo-huwelijk algemeen gebruikelijk zijn.

Het ontbreken bij de Rejang in het subdistrict Lais van een duidelijke identificatie van de instelling van het hedendaagse semendo-huwelijk met een bepaalde dorpsstichter of clanoudste doet vermoeden, dat de verbreiding van deze huwelijksvorm er anders is verlopen dan bij de Pekal in het aangrenzende subdistrict Ketahun. Behalve het gegeven, dat het semendo-huwelijk bij de Pekal van het subdistrict Ketahun eerder ingang heeft gevonden dan bij de Rejang in het subdistrict Lais, is er feitelijk nauwelijks iets bekend omtrent de specifieke historische omstandigheden die hiertoe aanleiding hebben gegeven.

3. *Huwelijk en verwantschap*

Huwelijk en verwantschap zijn twee elementen die ten nauwste met elkaar samenhangen. De graad van verwantschap is doorslaggevend bij de vaststelling van de categorieën van personen waartussen huwelijken kunnen worden gesloten. Omgekeerd is het huwelijk bepalend voor de verwantschapscategorie waartoe iemand wordt beschouwd te behoren.

Voor de bepaling van de graad van verwantschap waarbinnen huwelijken al dan niet geoorloofd zijn gebruiken de Rejang en de Pekal uiteenlopende maatstaven. Voor een deel zijn die ontleend aan de adat, voor een ander deel aan het Islamitische huwelijksrecht.

Wat de adat-bepalingen betreft geldt als vuistregel: "Kawin asal tidak senenek boleh saja". Een man en een vrouw mogen huwen indien zij niet verwant zijn op grond van een gemeenschappelijke grootouder. De term grootouder (nenek) heeft in dit verband zowel betrekking op die in de mannelijke als in de vrouwelijke lijn. Deze term is voorts niet classificatorisch, maar specifiek bedoeld. Dit betekent, dat huwelijken tot in de vierde graad van verwantschap verboden zijn.

Behalve deze exogame klasse onderscheiden de Rejang en de Pekal nog twee andere, omvangrijkere categorieën, namelijk de huwelijksrechtelijke en de maatschappelijke suku. Bij de Rejang van het subdistrict Lais bestaat een huwelijksrechtelijke suku uit de groep van verwanten, die allen hun afstamming tot een gemeenschappelijke overgrootouder (poyang) kunnen herleiden. Deze categorie omvat vier opeenvolgende generaties en wordt aangeduid met de term kelompok poyang. In het subdistrict Ketahun wordt deze verwantschapscategorie ook aangeduid met de term kaum. In dit deel van het onderzoeksgebied echter heeft de huwelijksrechtelijke suku op een aantal plaatsen betrekking op een verwantschapscategorie, die zeven opeenvolgende generaties omvat. Deze laatste is bekend onder de naam sumbai. Een maatschappelijke suku is een aan een bepaalde vestigingsplaats gebonden sociale eenheid. Zij vertegenwoordigt een segment van een bepaalde clan, subclan of lineage. Tot een bepaalde maatschappelijke suku behoren alleen die leden van een bepaalde (sub-)clan of lineage, die daadwerkelijk in de betrokken dorpsgemeenschap zijn gevestigd. Zij kan als zodanig uit verschillende huwelijksrechtelijke suku zijn samengesteld. Huwelijken binnen dezelfde huwelijksrechtelijke of maatschappelijke suku gelden in principe als een overtreding van de adat-regels ten aanzien van exogamie.

Huwelijken binnen deze exogame huwelijksklassen worden uitgelegd als een opsplitsing daarvan. Een huwelijk tussen een achterneef en -nicht (satu poyang) splijt de suku (pecah suku). Een huwelijk tussen verwanten met een gemeenschappelijke grootouder (senenek) komt neer op het breken van de rijstpot (pecah periuk). In beide gevallen worden de betrokkenen veroordeeld. De veroordeling (denda) bestaat gewoonlijk uit het moeten slachten van een geit (kambing adat), het bereiden van een rijst-punjung en het houden van een rituele maaltijd (kenduri). Na vervulling hiervan kan het betrokken huwelijk alsnog doorgang vinden.

De exogamie-regels in het Islamitische huwelijksrecht wijken duidelijk van de adat-bepalingen in deze af. Volgens de laatstgenoemde zijn alle huwelijken tussen verwanten met een gemeenschappelijke groot- en overgrootouder in strijd met de adat. Volgens de Islamitische huwelijksregels daarentegen zijn bepaalde huwelijken tussen neven en nichten toegestaan. De bevolking van het onderzoeksgebied interpreteert het onderscheid tussen de bepalingen van het Islamitische huwelijksrecht en die van de adat als een verschil in ethische maatstaven. Een huwelijk in overeenstemming met de Islamitische huwelijksvoorschriften wordt ervaren als in strijd met de moraal van de adat en moet dienovereenkomstig worden veroordeeld.

Een andere categorie van overtredingen van de adat-bepalingen inzake exogamie betreft de sexuele omgang tussen verwanten in de eerste en tweede graad (sumbang) en gevallen van premaritaal sexueel verkeer. De eerstgenoemde relaties zijn strikt verboden. Vroeger stond er de doodstraf op. Bij de tweede soort van overtredingen wordt nagegaan welke verhouding tussen de betrokkenen bestaat. Indien het premaritaal sexueel verkeer geschiedde met de instemming van het meisje (mau sama mau) worden de betrokkenen gehuwd. Is er sprake van geweld of dwang (dipaksa) dan geldt dit als een criminele daad en valt de regeling hiervan buiten de (rechts-)bevoegdheid van het dorpshoofd (depati) en de suku-hoofden (kepala kaum/Pekal, tuai sukau/Rejang). Genoemde gevallen kunnen alleen worden rechtgezet door een rituele reiniging van het dorp (tepung dusun, sedekah bumi). Als hieraan wordt voorbijgegaan, vreest men voor de gehele dorpsgemeenschap groot onheil, zoals de wraak van de voorouders, die tijgers ertoe aanzetten mensen aan te vallen of misoogsten en droogten veroorzaken en bloedmisdrijven doen plaatsvinden. De reiniging van het dorp vereiste vroeger het slachten van een karbouw. Dit dier moest bij zonsopgang worden geslacht en het bloed moest in zeven grote kommen worden opgevangen. Deze werden vervolgens op een cangkok bambu gezet en met setabah-sedingin-bladeren afgedekt. Degenen, die zich aan incest of premaritaal sexueel verkeer schuldig hadden gemaakt, moesten samen met hun suku-genoten de zon en de aarde met bloed besprenkelen. Daarna zichzelf, hun ouders en alle verwanten. Tenslotte gebeurde dit ook met de trappen of palen van de woningen en de klappers en pinang-bomen, die in en rond het dorp staan. Aan dit ritueel moest iedereen deelnemen die in staat was met stenen te gooien. De voorschriften voor dit ritueel zijn heden ten dage nog steeds dezelfde. Echter, in plaats van een karbouw kan men nu volstaan met een geit. Behalve het offeren van dit dier moet er ook een rijst-punjung worden bereid en voor de gehele dorpsgemeenschap een rituele maaltijd (kenduri) worden gehouden.

4. *De totstandkoming van het semendo-huwelijk*

Het aangaan van een semendo-huwelijk is een proces, dat uit verschillende stadia bestaat en een aanzienlijke tijdsperiode in beslag neemt. Elk stadium is door bijeenkomsten en ontmoetingen tussen de betrokken partijen gemarkeerd. Semendo-huwelijken berusten in de regel op een persoonlijke verstandhouding tussen de man en de vrouw en gevoelens van wederzijdse genegenheid (suka sama suka). Wat begint als een persoonlijke relatie ontwikkelt zich geleidelijk tot een aangelegenheid van de hele dorpsgemeenschap. De totstandkoming van een huwelijk brengt de innige verwevenheid ervan met de sociale structuur naar voren.

4.1. De omgang tussen jongens en meisjes

Aan het huwelijk gaat gewoonlijk een periode van kennismaking (perkenalan) vooraf. Vaak hebben verschillende kennismakingen plaats voordat een passende partner wordt gevonden. De omgang (berlenjang) tussen de ongehuwde jongens (bujang) en meisjes (gadis) neemt in het dorpsleven een aparte plaats in. Het is een vrijwel dagelijks terugkerend gebeuren in de avonduren. Hoewel ten aanzien hiervan een aanzienlijke permissiviteit lijkt te bestaan, zijn de regels toch zeer strikt. Zo mogen een jongen en meisje 's avonds niet bij elkaar zitten zonder dat er een lampje wordt opgestoken; buitenshuis niet samenzijn zonder de aanwezigheid van een derde; overdag elkaar alleen op de veranda aan de voorzijde van de woning ontmoeten en zich na tien uur 's avonds niet meer op straat begeven. Overtreding van deze regels kan verstrekkende gevolgen hebben. In geval van aanraking of handtastelijkheden bijvoorbeeld heeft het meisje het recht de jongen voor de dorpsraad te dagen en hem te laten veroordelen overeenkomstig de ernst van de overtreding. Op heterdaad betrapt worden (ketangkap) door wie dan ook uit de dorpsgemeenschap kan aanleiding zijn de betrokkenen tot een huwelijk te verplichten ook al is de aanleiding schijnbaar onbelangrijk, zoals het samen naar een ladang lopen zonder begeleiding van een derde.

In de tweede helft van de jaren zeventig is er veel veranderd. Dit geldt met name in de dorpen waar door verbeterde verbindingen met de hoofdplaats Bengkulu nauwere relaties met het stedelijke milieu zijn ontstaan. Moderne huishoudelijke gebruikvoorwerpen en communicatiemedia zijn hierdoor in het onderzoeksgebied doorgedrongen en hebben de belangstelling gewekt voor mode, populaire muziek en andere gedragsvormen. De omgangsvormen tussen de jongelui zijn hierdoor eveneens veranderd. 's Avonds uitgaan, op een motorfiets meerijden, gearmd lopen, met een jongen elders op stap gaan, dit alles zonder begeleide (pengawal) komt reeds op vele plaatsen voor. De oudere generaties voelen zich ten overstaan hiervan meestal machteloos, ook vanuit het besef dat zij op late leeftijd voor hun levensonderhoud van de jongelui afhankelijk zullen zijn.

De belangrijkste gebeurtenissen waarbij de jongens en meisjes gelegenheid hebben met elkaar kennis te maken zijn nog steeds de bruiloften (bimbang), de weekmarkten (pekan, pasar) en het gezamenlijk planten van de rijst op de ladang.

4.2. Het aangaan van een formele verhouding

Om tot een huwelijk te geraken is meer nodig dan alleen een relatie tussen een jongen en meisje. Het veronderstelt een relatie tussen de wederzijdse ouders (bisan), broers en zussen (ipar-ipar) en verdere verwanten (sanak-saudara). De weg hiertoe voert langs een proces van overleg en onderhandelen tussen de betrokken, wederzijdse partijen. Dit overleg is delicaat. Er zijn vele redenen denkbaar om een bepaald huwelijk te willen voorkomen, uit te stellen of tegen te gaan. In alle fasen kan het proces worden afgebroken. De angst in verlegenheid (malu, sèlèk/Rejang) te worden gebracht speelt aan beide zijden een zeer belangrijke rol.

Om de kennismaking met een meisje een vaster en meer serieuze vorm te geven, laat gewoonlijk de jongen in aanwezigheid van enkele vrienden als getuigen (saksi) een teken (tanda ada maksud) aan het meisje toekomen. Dat kan een brief zijn, wat geld, een bepaalde doek (kain of selendang) of soms ook een ring. In de marga Ketahun is het gebruik dat de betrokken jongen en meisje een kledingstuk uitwisselen (tukar kain). De jongen geeft het meisje een kain voor een man en krijgt van haar een kain voor een vrouw. Deze uitwisseling vindt plaats onder toezicht van de 'oudste' (ketua) van de bujang-gadis van de betrokken dorpsgemeenschap(pen). Hierna wacht de jongen af of het meisje dit teken binnen een bepaalde tijd teruggeeft. Zoniet, dan stelt hij zijn ouders hiervan op de hoogte en vraagt hen om de ouders van het meisje te ontmoeten. De ouders van de jongen vergewissen zich er eerst van of het hierbij gaat om wederzijdse genegenheid (suka sama suka) of niet. Daarna gaat een of gaan beide ouders naar die van het meisje. In de marga Seblat is het vaak de moeder van de jongen, die het eerste contact legt met de moeder van het meisje, later gevolgd door dat van de wederzijdse ouders samen. Zij vertellen bij die gelegenheid, dat hun zoon bij het meisje een teken heeft achter gelaten en dat dit niet is terugbezorgd. Zij informeren bij de ouders van het meisje naar hun gevoelens daaromtrent en of er bezwaren tegen bestaan de jongen in semendo te ontvangen: "Kalau tidak ada halangan, apakah mau menerima anak kami semendo disini?" De eerste ontmoeting gaat gewoonlijk niet verder dan dit punt. De ouders van het meisje vragen tijd om onderling en met hun dochter hierover te overleggen en spreken een tijdstip voor een volgende ontmoeting af om het antwoord te vernemen. Indien de ouders van het meisje een aanzoek al hebben zien aankomen en hun gedachten hieromtrent al hebben gevormd, blijft deze fase achterwege en worden bij deze eerste ontmoeting ook al een of meer suku-hoofden betrokken. Vanaf het moment, dat de ouders van de jongen bij de ouders van het meisje een aanzoek gaan doen, mogen de jongelui elkaar niet meer ontmoeten totdat de relatie is geformaliseerd (berasan sudah tercapai).

Als het meisje en haar ouders geneigd blijken op het aanzoek in te gaan begint de fase van overleg over de vereisten en voorwaarden voor het huwelijk. Dit overleg geschiedt eigenlijk nooit zonder de aanwezigheid van een of meer suku-hoofden. Als eerste komen aan bod de zaken, die de doorgang van een huwelijk onmiddellijk bepalen. De belangrijkste hiervan is overeenstemming over de bijdrage in de huwelijkskosten, die van de zijde van de jongen wordt verwacht. Zij is een geschikt middel om de afwijzing van een aanzoek (lamaran) tot uitdrukking te brengen. Dit doet men door een veel te hoge bijdrage te vragen.

4.3. De voorwaarden en vereisten voor het semendo-huwelijk

Voor de huwelijkssluiting, de voorbereiding en de viering van de bruiloft moet aan allerlei voorwaarden en vereisten worden voldaan. Een semendo-huwelijk ontleent zijn geldigheid volgens de adat aan een rituele maaltijd (kenduri), die ter gelegenheid daarvan plaatsvindt. Hiervoor zijn twee zaken vereist; namelijk geld en een geit, die ten behoeve van de rituele maaltijd wordt geslacht. Verder vinden ter gelegenheid van een huwelijk uiteenlopende plechtigheden en bijeenkomsten plaats en wordt er een feest gegeven. In verband hiermee vragen de ouders van het meisje aan die van de jongen een bijdrage in de huwelijkskosten. Deze bestaat gewoonlijk uit geld en rijst. De hoeveelheden geld en rijst zijn in het onderzoeksgebied niet overal gelijk. In het subdistrict Lais, dat wil zeggen bij de Rejang, bedragen deze respectievelijk Rp. 40.000 tot Rp. 200.000 en 100 tot 400 kg rijst. Bij de Pekal in het subdistrict Ketahun zijn deze bedragen aanzienlijk lager. Daar is Rp. 100.000 wel het meeste dat wordt gevraagd. Gewoonlijk verwacht men niet meer dan

Rp. 25.000 tot Rp. 50.000 en slechts 50 tot 100 kg rijst. Er wordt in dit verband naar voren gebracht, dat men zich beschaamd voelt om van de familie van de jongen een grotere bijdrage voor de bruiloft te vragen. In de marga Seblat is het verder nog gebruik, dat behalve geld en rijst ook een bepaald aantal kokosnoten (kelapa) wordt gevraagd. De aantallen hiervan variëren van 50 tot 150 of 200 stuks.

Behalve deze bijdrage in de huwelijkskosten kunnen ook nog andere eisen worden gesteld. Deze bestaan onder meer uit kleding, een keris of een bepaalde hoeveelheid goud. De kleding, een volledig stel kleren, is gewoonlijk bedoeld voor de vader van de bruid. De keris wordt gegeven aan de dukun, die destijds bij de geboorte van de bruid heeft geholpen. Waar dit gebruik door de verbreiding van de Islamitische godsdienst is verdrongen ontvangt de wali of vervanger van de bruid bij het huwelijk, meestal haar vader, deze keris. Verder zijn er nog de kosten van de huwelijkssluiting. Deze houden in de kosten voor de formulieren van de huwelijkssluiting, de aangifte van het huwelijk, de huwelijksakte en de registratie bij de Kantor Agama. De regeling hiervan brengt een aantal betalingen met zich mee aan de vertegenwoordiger van de burgerlijke stand (P3NTR), het dorpshoofd, de suku-hoofden en de religieuze functionarissen van de plaatselijke moskee. In de meeste gevallen moeten de man of zijn familie deze kosten betalen. Het komt echter ook voor dat zij door beide partijen naar evenredigheid worden gedragen. Als laatste onderdeel hoort hierbij de mas kawin of mahar. Deze mahar is een speciaal voorrecht van het meisje en wordt uitdrukkelijk als haar persoonlijke eigendom beschouwd. Zij is in principe geheel vrij zelf de omvang hiervan vast te stellen en aan te geven op welke wijze zij moet worden voldaan. In de praktijk wordt echter verwacht, dat het meisje zich hierbij richt naar hetgeen ter plaatse bij voorgaande gevallen reeds gebruikelijk is. De grootte van de mahar bedraagt zelden meer dan enkele honderden rupiah, een paar gram goud of enkele kledingstukken (kain of selendang). Soms bestaat de mahar uit niets anders dan het verzoek aan de jongen om bij het graf van de overleden (voor-)ouders van het meisje bepaalde gebeden te verrichten, bijvoorbeeld het 1000 keer uitspreken van de Kulhu. In de marga Ketahun en de marga Seblat heeft de mahar nog een bijzondere betekenis. Daar geldt een huwelijk pas officieel als de mahar is voldaan. Indien bijvoorbeeld een onbemiddelde man bij het aangaan van het huwelijk een mahar van 10 gram goud is gevraagd, en hij bij de huwelijkssluiting hieraan niet kan voldoen, geldt dit huwelijk niet als beradat.

Over de specifieke adat-voorwaarden voor een huwelijk, dat wil zeggen de geit (kambing adat) en geld (uang adat) kan niet worden onderhandeld. De omvang van de bijdrage in de kosten van de huwelijkssluiting en de viering van de bruiloft wordt wel door onderhandelen bepaald. In dit verband wordt rekening gehouden met de economische draagkracht van de betrokken partijen. Niet zelden gebeurt het, dat de familie van de jongen alles met één bedrag afkoopt. Bij de Pekal varieert dit bedrag van ongeveer Rp. 40.000 tot Rp. 200.000, terwijl het bij de Rejang uiteenloopt van niet minder dan Rp. 100.000 tot Rp. 300.000 of Rp. 400.000, soms zelfs nog meer. Meestal is het bedrag dat de familie van de jongen moet opbrengen vrijwel gelijk aan datgene wat de familie van het meisje aan het huwelijk besteedt.

Met betrekking tot de hierboven gespecificeerde adat-voorwaarden is het van belang nog te wijzen op een aantal verschillen tussen de subdistricten Lais en Ketahun wat betreft de benamingen, die voor elk afzonderlijk worden gebruikt. De voorwaarden en vereisten voor een semendo-huwelijk worden in algemene zin in twee typen adat verdeeld: 1. de adat Rejang of de adat Tiang Empat; en 2. de adat Malayu. De eerstgenoemde komt bijna overal in het subdistrict Lais voor en bovendien ook op enkele plaatsen in het achterland van de marga Ketahun van het subdistrict Ketahun. De adat Malayu is in de rest van het subdistrict Ketahun wijd en zijd verbreid. Zij wordt verder ook nog aangetroffen in enkele kustplaatsen in het subdistrict Lais. Het verschil tussen een semendo-huwelijk volgens de adat Rejang of de adat Malayu valt niet samen met dat tussen een semendo beradat-huwelijk enerzijds en een semendo malayu- of semendo mardika-huwelijk anderzijds. In beide gevallen geldt het betrokken huwelijk als beradat. De adat-voorwaarden zijn immers dezelfde: 1. geld; en 2. een geit.

De verschillen in benaming tussen de adat Rejang en de adat Malayu hebben in de eerste plaats betrekking op het geld. Bij een huwelijk volgens de adat Rejang heet dit geld de uang adat of uang peletak. De term pelapik semendo wordt in dit verband in het gehele onderzoeksgebied niet gebruikt. Bij de adat Malayu noemt men dit geld nu eens uang dapur (marga Ketahun), dan weer pertolongan (marga Seblat), soms ook antaran of permintaan (subdistrict Lais). Het verschil tussen de benamingen volgens de adat Rejang enerzijds en die volgens de adat Malayu anderzijds is slechts een kwestie van accent. Bij de eerste ligt de nadruk op het adat-aspect; bij de tweede op de bijdrage in de huwelijkskosten. Alleen in het subdistrict Lais wordt op sommige plaatsen een duidelijk onderscheid gemaakt tussen het geld, dat voor de adat is vereist en het geld, dat als bijdrage in de huwelijkskosten wordt gevraagd. Het eerste heet dan de uang adat, terwijl het tweede met de termen permintaan, pertolongan of uang hangus wordt aangeduid.

Een tweede verschil in benaming tussen de adat Rejang en de adat Malayu heeft betrekking op de betalingen aan de adat-hoofden, dat zijn het dorpshoofd (depati) en de suku-hoofden van de betrokken dorpsgemeenschap. Bij de adat Rejang heten deze betalingen respectievelijk de uang pelayan en de mas kutai. Het gaat hierbij om vaste bedragen, waarvan de grootte is vastgesteld op basis van gemeenschappelijk overleg tussen de adat-hoofden binnen de betrokken dorpsgemeenschap zelf (musyawarah dusun) dan wel door de marga-raad (BMM). In het laatste geval gelden de overeengekomen bedragen voor alle dorpsgemeenschappen binnen de betrokken marga. Het bedrag dat een dorpshoofd ontvangt is in de meeste gevallen vijf maal zo groot als dat van ieder suku-hoofd afzonderlijk. Indien een suku-hoofd bijvoorbeeld Rp. 500 krijgt en de vier suku-hoofden van de betrokken dorpsgemeenschap gezamenlijk Rp. 2.000, dan ontvangt het dorpshoofd een bedrag van Rp. 2.500. Bij de adat Malayu komen de uang pelayan en de mas kutai niet voor. Het dorpshoofd en de suku-hoofden ontvangen de uang ulasan. Deze bedraagt voor alle adat-hoofden tezamen 10% van de uang dapur (pertolongan, antaran of permintaan). Het feitelijke bedrag varieert dus al naar gelang de grootte hiervan.

De implicaties van deze verschillen tussen de adat Rejang of adat Tiang Empat en de adat Malayu voor de andere aspecten van het semendo-huwelijk hebben uitsluitend betrekking op de regels, die gelden ten aanzien van de verloving (adat tunangan). Zij komen bij de behandeling van dat onderwerp aan de orde.

Wat de geit (kambing adat) betreft bestaat er tussen de Rejang en de Pekal geen verschil in benaming. Zij geldt in beide gevallen als adat-voorwaarde. De specifieke betekenis ervan is echter voor de meerderheid van de respondenten onduidelijk. De gewoonten en gebruiken bij huwelijken tussen personen, die onderling verwant zijn omdat zij een gemeenschappelijke (over-)grootvader hebben, bevatten evenwel enkele belangrijke aanwijzingen met betrekking tot de traditionele voorstellingen hieromtrent. Bij deze huwelijken vindt een opsplitsing plaats van de betrokken exogame klasse en worden respectievelijk aangeduid als pecah periuk- en pecah suku-huwelijken. In dergelijke gevallen is behalve de geit voor de huwelijksvoltrekking ook nog een tweede geit vereist. Zij geldt als straf (denda) voor de overtreding van de adat in zake exogamie. Deze tweede geit moet op rituele wijze worden geslacht en klaargemaakt en is speciaal bedoeld als offer voor de voorouders (arwah nenek moyang). De respondenten zien hierin, zonder uitzondering, niet meer dan een middel om aan de voorouders vergeving te vragen (pengampun dosa) of om een bestraffing van de voorouders in de vorm van ziekte, invaliditeit of zelfs dood van de betrokken echtelieden of hun kinderen (ketulahan, mudarat) te bezweren of te vermijden (penghindar). Hazairin (1936) vertegenwoordigt deze opvatting ook (Hazairin 1936:23, 76). Als verklaring schiet zij echter tekort. Het is mijns inziens belangrijker te letten op de specifieke betekenis van de uitdrukkingen pecah periuk en pecah suku. Deze houdt in, dat bij overtreding van de adat inzake exogamie de betrokken exogame klasse moet worden gesplitst. De relatie tot de gemeenschappelijke (over-)grootvader moet worden verbroken (keturunan antara si laki-laki dan si gadis itu harus dipisahkan). Een belangrijk aspect is verder, dat het hierbij niet uitsluitend en alleen gaat om de verwantschapsrelatie tussen de jongen en het meisje als zodanig, maar in het bijzonder om de genealogische verbondenheid van hun beider ziel (nyawa). Zolang deze onderlinge band bestaat verkeren zij in groot (existentieel) gevaar. De opsplitsing van deze band (putus tali nyawa) is derhalve een absolute voorwaarde! Zij wordt bewerkstelligd door het op ceremoniële wijze slachten van een geit en het rituele offer (kenduri) voor de voorouders. Het slachten van de geit geldt als tebus nyawa, dat wil zeggen door het opofferen van de 'ziel' van de geit wordt de magisch-religieuze (verwantschaps-)band tussen de jongen en het meisje beschouwd te zijn verbroken. Het markeert de uittreding van één van beiden uit de betrokken exogame klasse (c.q. kern-familiegroep (kaum, tobo). Zij behoren daardoor tot verschillende exogame huwelijksklassen (laki-laki dan gadis itu tidak seperadik lagi). Op dit punt bestaat er een markant verschil tussen de Rejang van het subdistrict Lais en de Pekal van het subdistrict Ketahun. Bij de eerstgenoemde etnische groep treedt in dergelijke gevallen bijna altijd het meisje uit de exogame klasse ten gunste van het voortbestaan van de genealogische relatie tussen de jongen en de betrokken (over-)grootouder. Bij de laatstgenoemde treedt meestal de jongen uit de betrokken exogame klasse en blijft de genealogische relatie tussen het meisje en haar (over-)grootouder gehandhaafd. Voor de verwantschapsverhoudingen tot de andere leden van de betrokken exogame huwelijksklasse of kern-familiegroep heeft de uittreding geen verdere implicaties. De betekenis van de andere, volgens de adat bij ieder huwelijk verplichte, geit sluit onmiddellijk hierbij aan. Zij markeert op haar beurt de uittreding uit de exogame huwelijksklasse of kern-familiegroep waarin één van de betrokkenen door het eerste offer was opgenomen of, wanneer van een overtreding van de adat inzake exogamie geen sprake is, door geboorte reeds behoorde. Deze verbreking van de band met de kern-familiegroep (tobo, kaum) van oorsprong is een belangrijk punt van overeenkomst tussen het semendo-huwelijk en het jujur-huwelijk. Dit principe speelt ook een rol bij een aantal andere overgangen binnen de verwantschapsstructuur.

4.4. De formalisering van de relatie

Als het meisje met het huwelijk instemt en de wederzijdse ouders hebben overeenstemming bereikt over de voorwaarden en vereisten, wordt ook het dorpshoofd in het proces betrokken. Op een aparte bijeenkomst worden de adat-voorwaarden van het huwelijk met het dorpshoofd en de suku-hoofden nader besproken en de plannen en afspraken ten aanzien van het huwelijk aan de familie en de dorpsgemeenschap officieel bekend gemaakt. Bij die gelegenheid vindt de betaling van de uang adat of permintaan (uang dapur) plaats en worden het dorpshoofd en de suku-hoofden als getuigen (saksi) aangesteld. Als teken van betrokkenheid en verantwoordelijkheid ontvangen zij de uang pelayan en mas kutai in het geval van een huwelijk volgens de adat Rejang, of de uang ulasan als het volgens de adat Malayu wordt gesloten. De betaling hiervan wordt gezien als een absolute voorwaarde om de medewerking en steun van de adat-hoofden te verkrijgen. Immers, zowel voor de verloving (pertunangan) als voor het huwelijk (perkawinan) is de toestemming van het dorpshoofd nodig. (Depati yang mengeluarkan baik adat pertunangan maupun adat perkawinan.) Het is verder de plicht van het dorpshoofd en de suku-hoofden zich in te zetten voor een vlot verloop van de voorbereidingen. Zij hebben daarbij het recht in de gang van zaken in te grijpen (hak tegor). Het dorpshoofd is verantwoordelijk voor het verkrijgen van de formele documenten en formulieren. De suku-hoofden bepalen mede de datum waarop de bruiloft kan worden gevierd, rekening houdend met de tijd die nodig is om de vereiste antaran of permintaan bijeen te krijgen. Het bijeenbrengen van de antaran is vaak een aangelegenheid van de hele verwantschapsgroep van de aanstaande bruidegom. Bij de formalisering van de relatie tussen de jongen en het meisje worden alle verwanten uitgenodigd en het is gebruikelijk bij die gelegenheid reeds een bijdrage (sumbangan) te geven in de vorm van geld of in natura. De waarde van deze bijdragen varieert van ongeveer Rp. 500 tot Rp. 5.000.

Als het overleg tussen de wederzijdse ouders met het dorpshoofd en de suku-hoofden geheel is afgerond, vraagt de vader van de jongen aan die van het meisje wanneer de bruiloft kan plaatsvinden: "Perasanan sudah tercapai, maka kami minta ketentuan akan pelaksanaan bimbang." Het is gebruik, dat de vader van het meisje hierop antwoordt: "Kalau sempat mengisi semua syarat, akan kami bergerak segera. Minta supaya uang dan lain-lainnya diserahkan pada tanggal ....". (Als aan alle voorwaarden is voldaan, zullen wij direct handelen. Wij verzoeken het geld en de andere zaken te overhandigen op ... (datum).) Hiermee is de formele bijeenkomst afgesloten en vindt een gezamenlijke maaltijd met alle aanwezigen plaats. De tekens van de adat, te weten serawo, rijst-punjung en sirih, bevestigen dat er tussen de betrokken families een formele relatie bestaat (rasan tercapai). Gewoonlijk is het de familie van het meisje, die aan de dorpsgemeenschap bekend maakt, dat er tussen hun dochter en de betrokken jongen een relatie bestaat (ada rasan).

4.5. De verloving

De verloving (pertunangan) gaat gewoonlijk in tegelijkertijd met de formalisering van de relatie door de betaling van de uang adat of de permintaan. In bijna het hele onderzoeksgebied geldt hierbij als voorwaarde, dat het door de familie van het meisje gevraagde geld in zijn geheel is voldaan. In de marga Ketahun is een verloving reeds officieel (mengikat pihak satu sama yang lain) als (tenminste) de helft hiervan is voldaan. Vanaf dat moment kan met de feitelijke voorbereidingen van het huwelijksfeest worden begonnen.

De verloving brengt voor beide partijen verplichtingen met zich mee. De jongen wordt verwacht op het veld van zijn aanstaande schoonvader mee te helpen en daarbij het zwaardere werk op zich te nemen. Bij bepaalde gelegenheden worden er ook giften uitgewisseld. Zo is het bij de opening van de vastenmaand (pembukaan bulan puasa) gebruik, dat de jongen aan zijn schoonfamilie geschenken geeft, bijvoorbeeld kleren. De familie van het meisje beantwoordt deze met een tegenprestatie in de vorm van bepaalde gerechten (gulai). Een verloving houdt verder ook verplichtingen in, mocht zij door een van de betrokken partijen worden verbroken. Het maakt daarbij verschil of de adat Rejang dan wel de adat Malayu wordt gevolgd. Verbreking van de verloving betekent bij de adat Rejang, dat de familie van de vrouw het door haar ontvangen geld in zijn geheel moet teruggeven. Daarbij maakt het in principe geen verschil of de verloving is verbroken door het meisje of door de jongen. Bij de adat Malayu wordt wat dit laatste betreft wel een onderscheid gemaakt. Indien het meisje de verloving verbreekt is haar familie verplicht aan die van de jongen een bedrag terug te geven, dat twee maal de waarde heeft van hetgeen zij heeft ontvangen. In het omgekeerde geval gaat zij vrijuit en hoeft zij niets terug te geven. Er zijn echter omstandigheden waarbij andere bepalingen gelden. Zo hoeft de familie van het meisje bij de adat Rejang in geval van overlijden van de jongen tijdens de verloving slechts de helft van het ontvangen bedrag terug te geven. Is de verbreking van de verloving gevolg van een ernstige ziekte of invaliditeit (tolak tunang), dan gelden bij deze adat dezelfde regels als bij de adat Malayu. Deze twee adat verschillen ook wat betreft de duur van de verloving. Bij de adat Rejang duurt zij in principe drie maanden; bij de adat Malayu geldt een periode van zes maanden. In beide gevallen kan op basis van onderling overleg hiervan worden afgeweken.

Bij de formalisering van de relatie wordt meestal de duur van de verloving vastgesteld. Een verloving duurt gewoonlijk niet langer dan één tot drie maanden.

4.6. De huwelijkssluiting en bruiloft

Ter gelegenheid van een huwelijk vinden verschillende plechtigheden (upacara) en feestelijkheden plaats, die in de meeste gevallen over drie dagen zijn verdeeld. Op de eerste dag wordt in de ochtend de bruidegom (pengantin laki-laki) van zijn ouderlijk huis afgehaald door de familie van de bruid (pengantin perempuan). Zij brengt sirih mee als teken van eer aan de gasten. Ten huize van de bruid vindt dan de overdracht van de jongen plaats (pemutus rasan). De vader van de jongen deelt aan die van het meisje mee, dat zijn zoon in goede gezondheid verkeert, geen schulden achterlaat noch voor enige misdaad aansprakelijk is. Verder geeft hij eventueel aan welke bezittingen de jongen ten huwelijk meebrengt (harta pembujangan). Hieraan voegt hij toe, dat de schoonfamilie van nu af voor het wel en wee (buruk-baiknya) van de jongen verantwoordelijk is. Als hij verloren raakt moet zij hem gaan zoeken, als hij een misdrijf pleegt is zij aansprakelijk en in geval van moord moet zij de bangun betalen. Wordt de jongen vermoord dan heeft zij het recht de bangun te ontvangen. Hiermee is de overdracht van de jongen een feit. Daarna begint het familieoverleg (mufakat sanak-saudara). Met het dorpshoofd en de suku-hoofden wordt de organisatie van het werk besproken, waaronder het oprichten van een uitbouw (sambung) aan het huis om de gasten te kunnen ontvangen, de voorbereidingen voor het koken en slachten en het in ontvangst nemen van de bijdragen in natura. Het werk moet worden verdeeld en de benodigde hulpmiddelen van verschillende zijde geleend of ter beschikking gesteld. De uitvoering van de werkzaamheden geschiedt gemeenschappelijk (gotong royong). Dit geldt als de formele bevestiging van het huwelijk door de betrokken dorpsgemeenschap. "Kalau tidak ada gotong royong, maka perkawinan itu tidak terkerja. Perkawinan itu harus diangkat masyarakat dusun." Na het familieoverleg vindt er een gezamenlijke maaltijd plaats, waarvan serawo, een geslachte kip en sirih de adat-tekens zijn. De plechtigheid, die hierop volgt is het overleg tussen de hoofden (mufakat raja dengan penghulu). De familie van het meisje verzoekt het dorpshoofd en zijn assistent toestemming om het voorgenomen werk uit te voeren. Na de bevestiging hiervan wordt het werk aangevangen. Bij deze gelegenheid wordt geen rijstmaaltijd aangeboden, maar koffie met koekjes, rookwaren en sirih.

In de late namiddag wordt het aanstaande echtpaar aan de rand van de rivier bij de gebruikelijke badplaats (tepian, pemandian) ritueel gebaad. Deze plechtigheid geldt als het begin van de tweede dag, de Hari Maulud Nabi, waarop de huwelijkssluiting plaatsvindt volgens de godsdienstige (Islamitische) gebruiken. Zij bestaat uit twee delen. Het eerste, de wettelijke huwelijkssluiting (nikah) ten overstaan van de vertegenwoordiger van de burgerlijke stand. Hij leest de chotbah taliq nikah voor terwijl hij de hand van de bruidegom vasthoudt. De bruid is vertegenwoordigd door haar wali. Zijzelf volgt deze plechtigheid op enige afstand of vanuit een aangrenzend vertrek. Deze gebeurtenis is meestal kort en formeel. Het tweede deel bestaat uit een rituele maaltijd (kenduri) waaraan alle genodigden en aanwezigen deelnemen. De voor het huwelijk vereiste geit(en) worden voor deze maaltijd bereid. Zij wordt gewoonlijk herhaaldelijk onderbroken door kortere of langere toespraken. Bij deze gelegenheid worden ook een aantal rijst-punjung uitgedeeld aan het dorpshoofd, de suku-hoofden, de religieuze functionarissen en de familie. In de middag volgt dan een ceremonie met traditionele dansen (pencak silat). In de avond heeft een feest (keramaian) plaats. Vroeger bestond dit feest ook uit traditionele dansen. Tegenwoordig huurt men vaak een "band", die populaire muziek ten gehore brengt.

Op de derde en laatste dag vindt de eigenlijke adat-bevestiging plaats. Ten overstaan van de suku-hoofden wordt de adat van het huwelijk aan de dorpsgemeenschap bekend gemaakt: de status van het huwelijk zijnde semendo, de duur van de inwoning bij de schoonouders en de bij het huwelijk in gebrachte goederen (harta pembujangan en harta penggadisan). Ook deze plechtigheid wordt met een gemeenschappelijke maaltijd besloten.

Het gebeurt vaak, dat de familie van de bruidegom de volgende dag nog een tegenfeest geeft waarbij ook een gemeenschappelijke maaltijd wordt gehouden. Dit stelt de familie van de bruidegom in staat hem naar zijn ouderlijk huis te laten terugkeren nog voordat het huwelijk is geconsumeerd. Dit noemt men menjalang. Het jonge echtpaar heeft daarna gewoonlijk drie dagen de tijd om het huwelijk te consumeren. Op de vierde dag vindt dan een selamatan plaats. Bij deze gelegenheid wordt gebeden voor een zegenrijk huwelijk en wordt de adat van het huwelijk en de specifieke afspraken die ten aanzien daarvan zijn gemaakt ten overstaan van de adat-hoofden, dat wil zeggen het dorpshoofd en de suku-hoofden, en de religieuze functionarissen (Imam, Chotib en Bilal) bevestigd. De bruidegom bewijst bij die gelegenheid eer aan zijn schoonouders (menyembah kepada mertua) en geeft zijn schoonmoeder een ring als teken (tanda pertemuan baik). De benodigdheden voor de gemeenschappelijke maaltijd na deze plechtigheid ten huize van de bruid worden verschaft door de familie van de bruidegom. Na afloop brengt het bruidspaar een bezoek aan de ouderlijke woning van de bruidegom. Ook daar wordt een selamatan gegeven, waarvoor de benodigdheden afkomstig zijn van de familie van de bruid. Daarbij ontvangt de moeder van de bruidegom als teken een doek (kain). Hiermee komt aan de huwelijksplechtigheden een einde.

5. De maatschappelijke implicaties van het semendo-huwelijk

5.1. De uxorilokaliteit

Bij het semendo-huwelijk is het adat, dat de schoonzoon bij zijn schoonouders intrekt. Deze stellen zich gedurende een jaar verantwoordelijk voor het levensonderhoud van het jonge echtpaar. In dat tijdsbestek heeft het de gelegenheid een ladang aan te leggen, een eigen woning te bouwen, enig huisraad te kopen en een kleine voorraad rijst aan te leggen. Na een jaar wordt het jonge echtpaar verondersteld uit te treden (turun tangga). Indien er echter economisch problemen zijn loopt de periode van inwoning uit tot twee, soms zelfs tot drie jaar. Indien de dochter instaat voor de verzorging van haar ouders op latere leeftijd is de inwoning van het jonge echtpaar zelfs permanent.

Vaak duurt de inwoning bij de schoonouders minder dan een jaar. Hiervoor kunnen allerlei redenen bestaan. Soms bouwt de schoonvader voor het jonge echtpaar een woning of besluiten zij in verband met werk naar elders te verhuizen. In weer andere gevallen dringen de schoonouders zelf op vervroegde uittreding aan om de lasten te verlichten, die inwoning nu eenmaal met zich meebrengt. Tenslotte vormen spanningen tussen de schoonzoon en zijn schoonouders ook een veelvuldig voorkomende aanleiding om uit het schoonouderlijke huis te vertrekken.

De inwoning bij de schoonouders wordt verschillend uitgelegd. Aan de ene kant wordt de mening verkondigd, dat dit een essentieel kenmerk is van het semendo-huwelijk en als zodanig een absolute voorwaarde. De zorg voor het levensonderhoud van het jonge echtpaar geldt in dit verband als een morele plicht van de schoonouders. Aan de andere kant doet men het voorkomen alsof de inwoning niet meer is dan een manier van doen (cara membawakan diri), een gewoonte (kebiasaan) of karakteristiek (corak), die slechts te maken heeft met beleefde omgangsvormen en als zodanig niet als absolute verplichting kan worden aangemerkt.

De verschillen in de manier waarop aan de plicht tot uxorilokale vestiging na het huwelijk gevolg wordt gegeven, komt in uiteenlopende kwalificaties tot uitdrukking. Als een man permanent bij zijn schoonouders inwoont en na hun overlijden zijn schoonvader opvolgt, spreekt men van semendo bubung berganti bubung of semendo ganti jurai. Blijft een man ook na het overlijden van zijn vrouw bij haar familie of in haar dorp wonen, dan noemt men dit semendo seumur hidup. Gevallen waarbij uxorilokaliteit zeer tijdelijk is, omschrijft men met weer andere uitdrukkingen. Indien de uxorilokaliteit slechts een formaliteit is, gebruikt men de term semendo mardika. Op voorwaarde dat het huwelijk aan de adatvoorwaarden voldoet en men weet, dat de betrokkenen zijn gehuwd, kunnen zij gaan wonen op een plaats naar eigen keuze. In dergelijke gevallen blijven de pas gehuwden slechts enkele dagen bij de ouders van de bruid inwonen. De bedoeling hiervan reikt niet verder dan een goede indruk achter te laten (meninggalkan jejak, bekas). Deze paar dagen worden beschouwd te staan voor de periode van een heel jaar. De term semendo rajo-rajo wordt in deze context ook een heel aparte betekenis toegekend. Zij wordt gebezigd indien bij een huwelijk de verantwoordelijkheid voor het levensonderhoud van het meisje vanaf het begin geheel in handen van de jongen wordt gelegd. Iets dergelijks acht men alleen mogelijk bij huwelijken tussen kinderen uit rijke families, die, volgens zeggen, 'vorstelijk' kunnen leven. Deze term wordt ook gebruikt als het gaat om echtelieden, die niet door anderen bevolen wensen te worden (tidak mau disuruh), met name niet door de schoonfamilie, of alleen het werk willen doen dat henzelf het beste bevalt (kerja sehendaknya sendiri) en ook als er bij de onderhandelingen vóór het huwelijk afspraken zijn gemaakt over de hoeveelheid en het soort werk, dat de schoonzoon ten behoeve van de schoonfamilie wordt verondersteld te verrichten. Deze afzonderlijke kwalificaties doen niets af aan de strekking van het semendo-huwelijk als zodanig. De plicht tot uxorilokale vestiging na het huwelijk geldt als principe nog steeds. Met instemming van de vrouw kan hiervan te allen tijde worden afgeweken. In de meeste gevallen echter blijft het jonge echtpaar ook na de uittreding permanent bij de familie of in het dorp van de vrouw wonen.

5.2. Het verwachtingspatroon ten aanzien van de schoonzoon

De verwachtingen die men koestert ten aanzien van een schoonzoon worden als volgt samengevat: "Disuruh lekas lalu, dipanggil lekas menjawab. Duduk rendah, berkata kalah. Makan kurang, bekerja lebih." - Als hem iets wordt opgedragen gaat hij direct, en op vragen antwoordt hij snel. Hij zorgt er altijd voor lager te zitten dan de anderen en toont in zijn woordgebruik bescheidenheid en nederigheid. Hij eet bovendien minder en werkt meer. Een dergelijk gedragspatroon van de schoonzoon (menantu) ten opzichte van de schoonouders (mertua) wordt opgevat als een bewijs van erkentelijkheid (balas budi) voor het levensonderhoud, dat de schoonfamilie hem gedurende de periode van inwoning verschaft. Maar ook na afloop hiervan is een gelijkwaardige positie van de man binnen de familiekring en het dorp van zijn vrouw niet vanzelfsprekend. Er zijn verschillende redenen, die de status van semendo tot ver na de uittreding uit het schoonouderlijk huis bestendigen. Een daarvan houdt verband met de strekking van het semendo-huwelijk zelf. Als een man na inwoning bij zijn schoonouders naar een ander dorp wil verhuizen tegen de wil en zonder instemming van zijn vrouw, staat hem geen enkel middel ter beschikking zich dit recht te verschaffen (tidak ada hak menuntut). De adat semendo staat deze mogelijkheid niet toe. De regel van uxorilokale vestiging kan alleen worden doorbroken indien de man èn de vrouw het beiden over deze beslissing eens zijn. Indien de man zijn vrouw hiertoe wil dwingen komt dit neer op echtscheiding (cerai) met verlies van al zijn aanspraken en rechten op de kinderen en de gemeenschappelijk verworven huwelijkse goederen (harta pencarian).

5.3. De sociale positie van de man

De positie van de man ten overstaan van zijn vrouw en haar familie is in meer dan een opzicht ambivalent. Aan de ene kant is er de opvatting, dat de man ten aanzien van zijn vrouw en haar familie respect behoort te betonen, terwijl zij van hun kant ten opzichte van hem een afwachtende houding aannemen: "Si laki-laki berjunjung, si perempuan kadai menunggu". Aan de andere kant geldt de man als de kostwinner van zijn gezin en krijgt hij uit hoofde hiervan alle verantwoordelijkheid toegeschoven. Nog duidelijker komt deze ambivalentie naar voren in de opmerking van vele respondenten: "Dalam perkawinan semendo hanya ada pergaulan dengan orangnya (perempuan itu), bukan sama barang atau kepunyaannya". Een semendo-huwelijk is voor alles een relatie tussen personen. De zakelijke en materiële belangen, met name die van de zijde van de vrouw, blijven hiervan in principe strikt gescheiden. Zij blijven een aangelegenheid van de betrokken wederzijdse families afzonderlijk. Tenslotte, in geval een man in een geschil (perkara) verwikkeld raakt is hij in eerste instantie aangewezen op de steun van zijn eigen familie en verwanten. Van zijn vrouw hoeft hij geen steun te verwachten als niet ook haar familie bereid is voor hem partij te kiezen. Opmerkelijk in dit verband is de verhouding van een semendo-man tot de oudste broer van zijn vrouw (ipar laki-laki tertua). Deze neemt een bijzondere positie in en wordt met respect en voorkomendheid tegemoet getreden. Hij wordt aangeduid met de term temudo. Bij uiteenlopende gelegenheden of gebeurtenissen binnen de eigen familie van de man, bijvoorbeeld een bruiloft, overlijden, of een rechtsgeschil, behoort hij uitgenodigd te worden.

Het tweeslachtige van de positie van de man bij een semendo-huwelijk komt in allerlei typische gebeurtenissen en gedragingen naar voren. De meest opvallende hiervan vinden plaats in de eerste fase van een huwelijk als er nog geen kinderen en bezittingen zijn. Zo gebeurt het nog al eens, dat de schoonzoon een paar dagen na het huwelijk van het huis van zijn schoonouders wegloopt. Het komt ook voor, dat de schoonzoon bij zijn schoonouders erop aandringt hun bezittingen te verkopen, zogenaamd om de opbrengst als handelskapitaal te gebruiken, en er dan met hun geld vandoor gaat. In andere gevallen ziet men dat de man zich met zijn vrouw geheel afzondert en aan de schoonfamilie geen enkele aandacht meer schenkt. In weer andere gevallen blijft de omgang van de man met zijn vrouw beperkt tot sexuele aangelegenheden en verblijft hij voor de rest zoveel mogelijk bij zijn eigen familie of in zijn dorp van herkomst.

Deze en andere voorbeelden laten zien, dat de relatie van de man tot zijn vrouw en haar familie gemakkelijk kan worden verstoord. Verschillen in opvatting over de strekking van het semendo-huwelijk spelen in dit verband een niet geringe rol. Voor zover het de verhouding tussen de betrokken wederzijdse families aangaat wordt de verantwoordelijkheid voor het wel en wee van de man en de aansprakelijkheid voor zijn rechtshandelingen door de ouders van de man geheel overgedragen aan die van zijn vrouw (buruk-baiknya diserahkan kepada mertua). Zij zijn in eerste instantie verantwoordelijk. De schoonzoon van zijn kant echter wil in veel gevallen niets weten van de aanspraken en verplichtingen, die hem van de zijde van de schoonfamilie worden opgelegd. Hij meet de erkenning voor zijn persoon en zijn positie gewoonlijk af aan de mate waarin de schoonfamilie aan zijn persoonlijke verwachtingen daaromtrent tegemoet komt. Vele spanningsvolle verhoudingen en openlijke conflicten kunnen dan ook begrepen worden als het zich sterk maken tegenover de schoonfamilie en anderen (menggagahkan diri).

5.4. De opvolging in het (voor-)ouderlijk huis

Er is één categorie van semendo-huwelijken waarbij de integratie van de man in de familie van de vrouw van bijzondere betekenis is, namelijk die de voortzetting beogen van de voorouderlijke traditie of afstammingslijn (keturunan nenek moyang) in het (voor-)ouderlijk huis (rumah tua). Het betreft hier dezelfde huwelijken, die in het bovenstaande met semendo ganti jurai of semendo bubung berganti bubung zijn aangeduid. In deze gevallen blijft een van de dochters uit het gezin in het (voor-)ouderlijk huis wonen, neemt de zorg voor de ouders op zich en krijgt in samenhang hiermee de belangrijkste familiale erfgoederen (hak tua, hak pusaka) toegewezen. De man wordt verondersteld het ouderlijk huis en het familiale erfgoed van zijn vrouw mede te beheren. In de meeste gevallen impliceren deze huwelijken, dat de man zijn eigen ouderlijk huis en familie verlaat en zich permanent bij die van zijn vrouw vestigt. Na verloop van tijd wordt hij de opvolger van zijn schoonvader.

Bij de keuze van de man, die in het (voor-)ouderlijk huis wordt opgenomen en de zorg voor het familiale erfgoed krijgt opgedragen, gaat de familie van de vrouw gewoonlijk zeer voorzichtig te werk. Men ziet bij voorkeur iemand die het familiebezit goed beheert en vermeerdert bovendien. Verder wordt verwacht, dat hij de plichten vervult die het bewonen van een (voor-)ouderlijk huis met zich meebrengt. Deze houden onder meer in onderdak en gastvrijheid te verschaffen aan de broers en zussen van zijn vrouw als deze naar hun (voor-)ouderlijk huis willen terugkeren, bijvoorbeeld bij bezoeken aan de graven van hun overleden voorouders (berziarah), het einde van de vastentijd (Lebaran) of om andere redenen, zoals echtscheiding of bankroet. In al deze gevallen rust op hem de plicht de broers en zussen van zijn vrouw te onderhouden. Daar staat echter tegenover, dat hij het erfgoed van zijn schoonfamilie naar eigen inzichten mag gebruiken. Hij kan hierop evenwel geen enkel individueel eigendoms- of bezitsrecht doen gelden. Hij heeft hierop alleen een beschikkingsrecht. Tegen deze achtergrond is het begrijpelijk, dat van de betrokken man in dergelijke gevallen behalve vlijt en toewijding ook een grote mate van bescheidenheid (sifat merendahkan diri) ten opzichte van de schoonfamilie worden verwacht.

Bovenstaande gevallen kunnen zeker niet als een specifieke huwelijksvorm worden aangemerkt. Met betrekking tot degene, die voor opvolging in het (voor-)ouderlijk huis in aanmerking komt, de goederen die aan de betrokkene worden toegewezen en de functies die de betrokken man binnen zijn schoonfamilie vervult, bestaan aanzienlijke verschillen.

De taak om het familiale erfgoed (hak tua, hak pusaka) te beheren is niet aan een bepaalde persoon gebonden. Zij valt toe aan degene, die het (voor-)ouderlijk huis bewoont. Zonen en dochters komen hiervoor in beginsel gelijkelijk in aanmerking. Opvallend is echter, dat in de meeste gevallen de jongste dochter uit een gezin in het (voor-)ouderlijk huis blijft wonen en het familiale erfgoed beheert. Verschillende factoren spelen hierbij een rol. Ten eerste, de oudere kinderen huwen het eerst en kunnen al op eigen benen staan als de jongste aan de beurt is. De broers huwen semendo, gaan uit hoofde hiervan enige tijd bij hun schoonfamilie inwonen en trachten een ladang aan te leggen en een eigen huisje te bouwen, al of niet geholpen door hun schoonfamilie. De oudere zussen blijven na hun huwelijk vooralsnog thuis wonen. De ouders trachten hun vaak met de aanleg van een veld en het bouwen van een eigen huis te helpen. De jongste dochter houdt men bij voorkeur thuis ten einde op latere leeftijd over verzorging te beschikken. Indien zij na het overlijden van haar ouders in het (voor-)ouderlijk huis blijft wonen, is zij degene, die het huis en het familiale erfgoed krijgt toegewezen. Mocht zij om de een of andere reden besluiten het (voor-)ouderlijk huis te verlaten, dan kunnen de kinderen in gezamenlijk overleg een ander hiervoor aanwijzen. Dit kan een andere dochter uit het betrokken gezin zijn, maar evengoed een zoon. Dit brengt geen verandering in de plichten van de bewoner van het (voor-)ouderlijk huis ten opzichte van zijn verwanten en evenmin in de rechten, die de laatsten op het gemeenschappelijke familiebezit kunnen blijven doen gelden.

Het bewonen van het (voor-)ouderlijk huis betekent ook nog niet vanzelfsprekend, dat de betrokken semendo-man de opvolger is in de rituele aangelegenheden van zijn schoonfamilie. De jongste dochter heeft bijvoorbeeld bij rituele aangelegenheden de plicht voor alle benodigdheden zorg te dragen, de gasten van onderdak en eten te voorzien voor de tijd dat zij naar het dorp en (voor-)ouderlijk huis terugkeren, maar de uitvoering van de ceremonies en de zorg voor de graven van de voorouders kan in handen liggen van een van de broers, meestal de oudste. Dit is met name het geval indien een of meer broers binnen hetzelfde dorp zijn gehuwd. In veel gevallen echter draagt de semendoman, die in het (voor-)ouderlijk huis woont, zorg voor deze taken. Indien een gezin alleen uit dochters bestaat is de opvolging van de semendo-man in zake de rituele en ceremoniële aangelegenheden van zijn schoonfamilie regel.

Een laatste punt hierbij is, dat de voortzetting van de voorouderlijke tradities in het (voor-)ouderlijk huis een algemeen gebruik is. Het is niet zo, dat met het (voor-)ouderlijk huis uitsluitend de woning of de plek wordt bedoeld waar de stichter van een hele lineage heeft gewoond. Iedere man tracht voor zijn kinderen en kleinkinderen deze traditie rond zijn huis te vestigen. Van de kinderen verwacht men, dat zij bij terugkeer in het dorp zich eerst bij hun ouders vervoegen en niet rechtstreeks bij hun (over-)grootouders. De voortzetting van de voorouderlijke traditie en afstammingslijn richt zich in eerste instantie op het huis van de eigen ouders, pas in tweede instantie op dat van de groot- en overgrootouders.

5.5. De suku-affiliatie

Een niet onbelangrijke factor in de verhoudingen van de man tot zijn vrouw en schoonfamilie is ook de suku-affiliatie, die het semendo-huwelijk met zich meebrengt. De term suku heeft in dit verband niet betrekking op de huwelijksrechtelijke, maar op de maatschappelijke betekenis ervan. In de eerste zin van het woord is de suku niets anders dan een maatstaf voor de vaststelling of een huwelijksrelatie tussen bepaalde personen al dan niet geoorloofd is. De huwelijksrechtelijke suku geeft aan tot welke exogame huwelijksklasse iemand behoort. Het is een extern criterium ter aanduiding van een bepaalde categorie van personen. De maatschappelijke suku daarentegen is een concreet uitgewerkt, sociaal verband. Zij bestaat uit degenen, die een bepaalde nederzetting of dorpsgemeenschap tot hun oorspronkelijk woongebied rekenen en hun afstamming afleiden van een gemeenschappelijke voorouder (Hazairin 1936:17). De maatschappelijke suku is noch strikt exogaam, noch strikt unilineaal. Huwelijken tussen leden van dezelfde maatschappelijke suku kunnen plaatsvinden voor zover de betrokkenen niet tot dezelfde huwelijksrechtelijke suku behoren. De afstamming tot de gemeenschappelijke voorouder wordt berekend overeenkomstig de bijzondere huwelijksvorm van de (voor-)ouders. Het gaat dus om het maatschappelijke verband waartoe iemand wordt beschouwd te behoren. De verschillen in suku-affiliatie, die bij het hedendaagse semendo-huwelijk voorkomen, worden omschreven alsof het hierbij gaat om afzonderlijke huwelijksvormen: 1.

semendo tidak beradat; 2. semendo beradat; en 3. semendo bubung berganti bubung of semendo ganti jurai. De eerste mogelijkheid is eigenlijk louter theoretisch; semendo tidak beradat-huwelijken komen als zodanig niet meer voor. In een dergelijk geval zou de man worden opgenomen in het suku-verband van zijn vrouw en zouden de kinderen behoren tot de suku van hun moeder met uitsluiting van die van hun vader. Bij semendo beradat daarentegen verschilt de suku-affiliatie overeenkomstig de plaats waar de echtelieden besluiten zich te vestigen. Indien de man zich na het huwelijk vestigt bij de familie of in het dorp van zijn vrouw wordt hij opgenomen in het suku-verband van zijn vrouw en de kinderen worden beschouwd te behoren tot de suku van hun moeder. Besluit het echtpaar bij de familie of in het dorp van de man te gaan wonen, dan wordt de vrouw opgenomen in het suku-verband van haar man en de kinderen worden gerekend te behoren tot de suku van hun vader. Bij neolokale vestiging worden de man, zijn vrouw en hun kinderen opgenomen in het suku-verband zoals dat in de plaats van vestiging voorkomt. Het is met name op dit punt, dat het semendo beradat-huwelijk in de kuststreek van Noord-Bengkulu volledig identiek is aan het semendo rajo-rajo-huwelijk en zich principieel onderscheidt van het "oude" of semendo an-huwelijk zoals dat in het hoogland van Rejang-Lebong bestaat. De laatste mogelijkheid, semendo bubung berganti bubung of semendo ganti jurai, is alleen van toepassing op gevallen waarbij de man na het huwelijk bij zijn schoonouders permanent inwoont en geldt als de opvolger in hun (voor-)ouderlijk huis. Hierbij wordt de man opgenomen in het suku-verband van zijn vrouw en de kinderen worden gerekend te behoren tot de suku van hun moeder. Het onderscheid tussen semendo beradat en semendo ganti jurai is overigens niet principieel. Indien de man het schoonouderlijk huis verlaat geschiedt de suku-affiliatie zoals bij semendo beradat.

5.6. Balik jurai bij het hedendaagse semendo-huwelijk

Hiermee wordt bedoeld de terugkeer van een of meer kinderen naar de familie van oorsprong van de ouder, die bij een semendo-huwelijk uit zijn of haar dorpsgemeenschap is weggetrokken. Uit deze omschrijving blijkt dat twee vormen kunnen worden onderscheiden. De eerste heeft betrekking op gevallen, waarbij een man huwt met een meisje uit een andere dorpsgemeenschap en zijn familie daaraan de voorwaarde verbindt, dat één van de kinderen uit dit huwelijk, een zoon, naar het dorp van de vader terugkeert. In het subdistrict Lais noemt men dit kind balik jurai; in het subdistrict Ketahun daarentegen timbul mata of balik peleman (bibit). Een interessant detail is, dat dit kind wordt beschouwd als de vervanger van de vader (pengganti nyawa Bapaknya) en aan hem wordt gelijkgesteld (seperadik ayahnya). Indien de terugkeer plaatsvindt op zeer jonge leeftijd, neemt de familie van de vader de zorg voor het kind op zich. Zij bekostigt zijn onderwijs, zoekt een geschikte huwelijkspartner en geeft het een huis. De overgang naar de familie van de vader wordt gemarkeerd door het slachten van een geit en het houden van een rituele maaltijd (kenduri). De betekenis hiervan is dezelfde als die in het bovenstaande is uiteengezet ten aanzien van de voorwaarden voor het sluiten van een huwelijk. Binnen de kern-familiegroep (tobo, kaum) van de vader geldt dit kind als rechtmatige opvolger en voortzetter van de (patrilineale) afstammingslijn. Uit hoofde hiervan heeft de betrokkene het recht (hak) op te treden als de 'beheerder' (pengurus) van het (voor-)ouderlijk bezit (hak tua, hak pusaka) en 'oudste' binnen zijn kern-familiegroep (kaum). Bij deze gevallen gelden exact dezelfde bepalingen als bij het semendo balik jurai-huwelijk, dat in hoofdstuk 4 is behandeld. De terugkeer van dit kind is pas mogelijk ná het overlijden van zijn vader. Zij gaat bovendien samen met de loslating van alle erfrechten in het dorp van zijn moeder. In het hele subdistrict Lais komt deze variant van het semendo-huwelijk al sinds het einde van de 19e eeuw niet meer voor. In de marga Ketahun wordt op sommige plaatsen bij het aangaan van een semendo-huwelijk de balik jurai weliswaar nog bedongen, maar zijn sinds het begin van deze eeuw geen voorbeelden meer bekend van de feitelijke terugkeer van kinderen als balik jurai naar het dorp van oorsprong van de vader. In de marga Seblat daarentegen zijn, met name onder de oudere inwoners, nog wel een aantal voorbeelden hiervan aan te wijzen. De tweede vorm van balik jurai komt voor in gevallen waarbij een man, die vanwege een semendo-huwelijk in een andere dorpsgemeenschap is gevestigd, te zamen met zijn vrouw en eventuele kinderen terugkeert naar zijn dorp van oorsprong. Aangezien de vrouw haar man niet volgt (menotoa/Rejang) op basis van een bruidsprijs (jujur, hak bèlèket/Rejang), is haar familie niet beschaamd balik jurai te vragen en krijgt zij in de meeste gevallen één kind toegewezen. Dit kan zowel een jongen als een meisje zijn. Dit betreft meestal niet het eerste kind, de pengganti nama Bapaknya, maar het tweede of derde. Als dit kind nog erg jong is stelt de familie van zijn moeder zich voor het levensonderhoud verantwoordelijk en zorgt, dat het in de betrokken dorpsgemeenschap huwt. Tussen deze en de voorgaande vorm van balik jurai bestaan een aantal opmerkelijk verschillen. In de eerste plaats is in deze gevallen het vragen van balik jurai als zodanig géén recht. Toewijzing van een kind kan alleen plaatsvinden op basis van onderling overleg (perundingan) en met de volle instemming van beide ouders. In de tweede plaats vindt de terugkeer van het betrokken kind meestal plaats wanneer de vader nog leeft. In de derde plaats geldt het kind noch als de vervanger en opvolger van zijn vader, noch wordt het beschouwd als diens gelijke (seperadik ayahnya). In de vierde plaats gaat bij de terugkeer van het betrokken kind naar de familie van zijn moeder het erfrecht op de bezittingen van zijn eigen ouders niet verloren. Tenslotte wordt ter gelegenheid van de terugkeer van een kind naar de familie van zijn moeder geen geit geslacht en wordt evenmin een rituele maaltijd gehouden. Alleen bij het vertrek van de ouders uit de betrokken dorpsgemeenschap wordt een kip geslacht en een rituele maaltijd gehouden ten einde dit ten overstaan van de adat-hoofden te bevestigen en aan de inwoners officieel bekend te maken. In het dorp van oorsprong van de man hebben soms dezelfde plechtigheden plaats. Zij bevestigen de aankomst en vestiging aldaar. Vaak echter blijven deze ook achterwege om niet de indruk te wekken, dat men de betrokken semendo-man met zijn vrouw en kinderen naar zijn dorp van oorsprong heeft teruggelokt. In verband hiermee vindt in veel gevallen de terugkeer pas plaats nadat één van zijn kinderen is gehuwd in de dorpsgemeenschap van de moeder. Dit kind geldt dan 'automatisch' als balik jurai. Deze tweede vorm van balik jurai komt in het onderzoeksgebied ook heden ten dage nog steeds voor, met name in het subdistrict Lais. De verschillen met de eerste vorm weerspiegelen op zeer duidelijke wijze de veranderingen, die zich sedert het einde van de 19e eeuw in het onderzoeksgebied hebben voltrokken met betrekking tot de maatschappelijke context waarin het hedendaagse semendo-huwelijk voorkomt.

6. *De huwelijkse goederen*

6.1. *De indeling van de huwelijkse goederen*

De huwelijkse goederen bij een semendo-huwelijk worden in drie categorieën onderverdeeld: 1. de hak sekutu; 2. de harta pencarian of harta suarang; en 3. de hak pusaka of harta pusaka.

De hak sekutu betreft de goederen, die aan de echtelieden afzonderlijk toebehoren. De goederen die de man toebehoren heten de harta pembujangan, die van de vrouw de harta penggadisan of harta penantian. Deze goederen omvatten behalve datgene wat de man of vrouw voor het aangaan van het huwelijk door eigen inspanning hebben verworven, de harta pembujangan en harta penggadisan in de strikte zin van het woord, ook nog de voor het huwelijk door hen afzonderlijk geërfde goederen als mede de door hen tijdens het huwelijk als schenking of nalatenschap verkregen goederen (Hazairin 1936:135-136). Het zijn in feite goederen, die van buiten het huwelijk worden binnengebracht en tot het bezit en eigendom van de echtelieden afzonderlijk worden beschouwd.

De harta pencarian of harta suarang betreft alle bezittingen, die de echtelieden staande het huwelijk door gemeenschappelijke inspanningen hebben verworven. Hierop kunnen beide echtelieden gelijke rechten doen gelden.

De omschrijving van de goederen die als hak pusaka of harta pusaka worden beschouwd is minder duidelijk. In zijn beschrijving van de huwelijksvormen in het hoogland van Rejang-Lebong reserveert Swaab (1916b) deze termen voor "de erfstukken welke door den man bij het huwelijk worden ingebracht" (Swaab 1916b:493). Hij doelt hiermee in het bijzonder op de goederen, die de man meekrijgt als hij huwt op basis van een jujur. In Moko-Moko wordt onder harta pusaka verstaan de goederen, "die afkomstig zijn van de voorouders, rechthebbenden zijn alleen de afstammelingen in de vrouwelijke linie, volgens de adat-spreuk: 'Genggam nan beroentoek, milik nan berpoenja' (de pusaka-goederen behoren toe aan de familieleden van de vrouw; letterlijk: 'wiens greep, wiens eigendom'). Weer anders is de betekenis van deze term in het hoogland van Rejang-Lebong. De harta pusaka bestaat volgens de omschrijving van Hazairin (1936) veelal uit "een ladang, een tuin, een sawah, een huis, huismeubilair en keukengereedschap, verder omvat het niet zelden eenige runderen en lijfssieraden (..). Na iemands dood heet zijn pemboedjangan (of penggadisan) zijn poesako. Dezelfde benaming krijgt het hem toekomende deel van de pesoearangan [harta pencarian] zodra ze verdeeld wordt. Zoolang de verdeeling niet tot stand is gekomen, heet ze nog steeds pesoearangan totdat dan de overlevende echtgeno(o)t(e) op zijn (haar) beurt komt te sterven. Na de dood van deze(n) krijgt de onverdeelde pesoearangan pas de naam poesako" (Hazairin 1936:184-185). Met andere woorden, de betekenis van de term pusaka is al naar gelang de omstandigheden verschillend. Staande het huwelijk en bij leven van de echtelieden bestaat zij uit alle geërfde goederen, zowel voor als tijdens het huwelijk. Komt een van de echtelieden te overlijden, dan worden de door hem of haar ingebrachte goederen, de harta pembujangan of de harta penggadisan tot pusaka. Datzelfde gebeurt met de harta pesuarangan of harta pencarian nadat beide echtelieden zijn overleden. De harta pusaka is dus samengesteld uit de goederen geërfd van derden buiten het huwelijksverband, de goederen van buiten die de echtelieden bij de huwelijkssluiting hebben binnengebracht, en tenslotte de bezittingen die staande het huwelijk door gemeenschappelijke inspanningen zijn verworven en na het overlijden van de betrokken echtelieden als een geheel voor verdeling onder de erfgenamen in aanmerking komen. De term pusaka omvat in deze betekenis alles wat voor vererving in aanmerking komt. Vele respondenten in de kuststreek van Noord-Bengkulu hebben hieromtrent echter een afwijkende voorstelling. Zij gebruiken ter aanduiding van alles wat voor vererving in aanmerking komt de term warisan. De term harta pusaka wordt in het subdistrict Ketahun bij voorkeur gebruikt voor een specifiek deel hiervan, namelijk de (voor-)ouderlijke bezittingen en goederen, die niet tussen de erfgenamen zullen worden verdeeld, maar aan één van hen in de vorm van een beschikkingsrecht wordt toegewezen. In het subdistrict Lais is in dit verband de uitdrukking hak tua of harta tua algemeen gebruikelijk. Bovendien wordt de term pusaka ook gebruikt om er bijzondere voorouderlijke erfstukken mee aan te duiden. Deze laatste kunnen zowel bestaan uit goederen en voorwerpen die binnen een bepaalde familie worden doorgegeven, bijvoorbeeld een oud horloge, een oude Chinese kruik, als uit zaken die aan een bepaalde (maatschappelijke) suku toebehoren, bijvoorbeeld een zwaard (pedang), een gong, een staf (tongkat), doeken en kledingstukken (kain, baju rambut). Deze laatste soort goederen en voorwerpen hebben vaak een magische betekenis en spelen nog een rol bij ceremoniële gebeurtenissen die de gehele dorpsgemeenschap aangaan, bijvoorbeeld een volledige misoogst, een epidemie, een droogte, een geval van incest of een ernstige aardbeving.

6.2. De overdracht en verdeling van de huwelijkse goederen

Er zijn twee belangrijke momenten waarop overdracht en verdeling van de huwelijkse goederen plaatsvinden: bij echtscheiding en bij overlijden. De adat-regels die in het onderzoeksgebied gelden in geval van echtscheiding, luiden als volgt: "Baik orang semendo bangun, buruk orang semendo turun. Apabila ada hak suarang dan sekutu, apabila ada saraq dan cerai. Hak sekutu dibagi, hak suarang dibelah, hak kasih hilang saja. Anak dimana suka dia menurut, hak dapat sebagian dimana anak menurut." Er wordt eerst nagegaan welk deel van de huwelijkse goederen ieder van de echtelieden het huwelijk heeft binnengebracht (hak sekutu) en welk deel door gezamenlijke inspanning tijdens het huwelijk is verworven (harta pencarian of hak suarang). De hak sekutu, dat is de hak pembujangan en de hak penggadisan, keert terug naar degene die ze heeft binnengebracht. De harta pencarian wordt in tweeën verdeeld. Elk van de echtelieden krijgt de helft. Bovendien geldt, dat de goederen die de echtelieden vóór het huwelijk aan elkaar hebben geschonken bij echtscheiding niet kunnen worden teruggevorderd. Ook de hak pusaka of hak tua worden van de te verdelen bezittingen zorgvuldig gescheiden gehouden. De kinderen kunnen kiezen wie van de ouders zij willen volgen. Gewoonlijk vindt de keuze pas plaats als de kinderen de uitdrukkelijke zorg van de moeder niet meer behoeven. Indien een man de kinderen die hem willen volgen niet aanvaardt, moet hij zijn deel van de harta pencarian ook aan zijn vrouw afstaan. De kinderen kunnen na het overlijden van hun ouders slechts aanspraak maken op het aandeel in de harta pencarian van de ene ouder, die zij na de echtscheiding hebben verkozen te volgen.

Bij de regels van vererving na het overlijden van de ouders moet er een onderscheid worden gemaakt tussen datgene wat de adat voorschrijft of toestaat en hetgeen er in de praktijk gebeurt. Volgens de adat valt de hak sekutu toe aan de erfgenamen in de wederzijdse families; de harta pembujangan aan die van de man, de harta penggadisan aan die van de vrouw. Hierin zijn ook begrepen de harta pusaka voor zover zij bestaan uit goederen, die de echtelieden voor of staande het huwelijk van hun respectievelijke families hebben geërfd. De kinderen maken slechts aanspraak op de harta pencarian, de door hun ouders gemeenschappelijk verworven goederen. Volgens de adat geldt hierbij de regel van gelijke verdeling onder alle kinderen ongeacht de geboortevolgorde of het geslacht.

In de praktijk gaat men geheel anders te werk. Ten eerste, het is zeer ongebruikelijk dat de wederzijdse families na het overlijden van de echtelieden op de hak sekutu aanspraak maken, ook al betreft het hier belangrijke delen van de erfenis van de wederzijdse families. Dit gebeurt eigenlijk alleen als het betrokken echtpaar geen kinderen heeft. De vóórhuwelijkse goederen met inbegrip van de voor en tijdens het huwelijk geërfde goederen, de hak sekutu, worden bijna altijd samen met de harta pencarian aan de eigen kinderen vererfd. Deze overdracht van de harta pembujangan en de harta pencarian aan de kinderen vindt bij het overlijden van de man in een gezin direct plaats. Bij het overlijden van de vrouw wordt de harta pencarian door de man beheerd. Indien hij echter opnieuw huwt vallen deze goederen aan de kinderen toe. Ten tweede, in de meeste gevallen wordt de erfenis (warisan) in zijn geheel of voor een zeer belangrijk deel als gemeenschappelijke familiebezit, de harta pusaka in de specifieke zin van het woord of de hak tua, toegewezen aan degene die het (voor-)ouderlijk huis bewoont. In deze samenhang is het onderscheid van belang tussen de goederen, die te maken hebben met het (voor-)ouderlijk huis als zodanig, de inboedel en de omringende tuin (pekarangan) en het overige bezit, de hak luar, het vee (hewan), de tuinen (kebun-kebun), de geïrrigeerde landerijen (sawah), bomen en boomgroepen (padang durian, bambu, damar, pete), de plaats van een rijstmolen (kincir), irrigatiedammetjes (tebat), etc. Het huis met de inboedel en de omringende tuin wordt in de regel in zijn geheel toegewezen aan degene, die in deze woning blijft wonen, ofschoon voor de omringende klapperbomen wel een uitzondering wordt gemaakt en ze onder de erfgenamen worden verdeeld. Bovendien krijgt de betrokkene, de penunggu rumah tua, de hak luar geheel of gedeeltelijk tot zijn beschikking. Verdeling van de hak luar is bepaald geen uitzondering. Het is echter wel gebruik de meest waardevolle bestanddelen van de hak luar, dat wil zeggen de geïrrigeerde rijstvelden en bestaande koffie- en rubbertuinen, aan de voortzetter van de voorouderlijke traditie toe te wijzen. De andere bestanddelen worden onder de overige erfgenamen verdeeld.

De erfenis wordt gewoonlijk pas geregeld nadat de laatste van de betrokken ouders is overleden. Hierbij volgt men de voorschriften van het Islamitische huwelijksrecht (hukum saraq). De mannelijke erfgenamen, in het bijzonder de oudste zoon uit een gezin, hebben het recht in zake de toewijzing en verdeling van de erfenis te beslissen. De vrouwelijke erfgenamen zijn van dit recht uitgesloten. Als een dochter op de erfenis of een deel daarvan aanspraak maakt, kan dit alleen geschieden met instemming van haar broers. Deze bepalingen zijn vergelijkbaar met die ten aanzien van de huwelijkssluiting door middel van een wali.

De toewijzing van de gehele erfenis aan degene die in het voorouderlijke huis blijft wonen, komt gewoonlijk tot stand doordat de overige erfgenamen, in het bijzonder de mannelijke, van hun aandeel daarin afgezien (tidak mau ambil bagian). Dit is overigens geen uiting van spontane welwillendheid ten opzichte van een bepaalde erfgenaam, maar hangt ten nauwste samen met de positie van de mannelijke erfgenamen ten opzichte van hun respectievelijke schoonfamilies. Het opgeven van het rechtmatige aandeel in de erfenis van de eigen ouders wordt opgevat als een bewijs van respect voor de schoonfamilie en van erkentelijkheid voor de steun die zij hem heeft gegeven om in zijn levensonderhoud te voorzien en de mogelijkheden zich in haar midden een bestaan op te bouwen. De verhouding tot de schoonfamilie is van bijzondere betekenis met name in gevallen, dat de mannelijke erfgenamen zich vanwege hun huwelijk in een andere dorpsgemeenschap hebben gevestigd.

Een verdeling van de erfenis is meestal gevolg van wantrouwen (curiga) of geschillen (perselisihan) tussen de erfgenamen onderling. De verdeling kan op twee manieren tot stand worden gebracht. Enerzijds door overleg tussen de erfgenamen onder elkaar (peraturan persaudaraan). Anderzijds door bemiddeling van de plaatselijke adat-hoofden, dat wil zeggen het dorpshoofd en de suku-hoofden, eventueel bijgestaan door andere vooraanstaanden uit de dorpsgemeenschap, de cerdik-pandai masyarakat. Dit laatste vindt plaats wanneer de erfgenamen niet tot overeenstemming kunnen komen en er een ernstig conflict dreigt los te barsten.

Tussen een verdeling van de erfenis op basis van overleg tussen de erfgenamen onderling en die onder auspiciën van de adat-hoofden bestaat een opmerkelijk verschil wat betreft de verdelingscriteria, die naar voren worden gebracht. Bij een regeling tussen de erfgenamen onderling gaat men gewoonlijk uit van de adat-bepalingen hieromtrent. Deze houden een gelijke verdeling van de erfenis in: "Bertimbang sama berat, berbagi sama banyak". Man en vrouw, oud en jong zijn gelijk en hebben recht op een even groot aandeel in de erfenis. In de praktijk zijn de mannelijke erfgenamen echter beschaamd (malu, sèlèk/Rejang) om hun aandeel in de erfenis geheel of ook maar gedeeltelijk op te eisen. Het is dan ook opvallend, dat bij verdeling van de erfenis door overleg van de erfgenamen onderling het grootste deel gewoonlijk toevalt aan de vrouwelijke erfgenamen, in het bijzonder de dochter uit het gezin die het (voor-) ouderlijk huis bewoont. Verdeling van de erfenis door bemiddeling van de adat-hoofden is meestal gevolg van het feit, dat een of meer van de mannelijke erfgenamen een groter deel of zelfs de gehele erfenis voor zich opeisen. Zij laten het daarbij meestal doelbewust aankomen op een geschil (perkara) en bemiddeling van derden. Op de zitting (sidang), die ten behoeve hiervan moet worden belegd, doen zij een beroep op de Islamitische regels van verdeling waarbij een man twee delen krijgt tegenover een vrouw één deel. Aangezien het hier gaat om een regeling volgens de adat, kunnen de adat-hoofden niet volgens deze Islamitische verdelingscriteria te werk gaan. Zij zoeken een zodanige verdeling van de erfenis, dat niet alleen wordt tegemoet gekomen aan de verlangens van de mannelijke erfgenamen, maar ook tussen de betrokken verwanten verzoening tot stand wordt gebracht. Niettemin valt bij een verdeling van de erfenis door bemiddeling van de adat-hoofden de tendens te bespeuren, dat de mannelijke erfgenamen een groter deel van de erfenis krijgen toegewezen dan de vrouwelijke.

Zowel bij het onverdeeld toewijzen van de erfenis aan een van de erfgenamen, als bij een verdeling daarvan in welke vorm dan ook, wordt de uiteindelijke beslissing bevestigd ten overstaan van de suku-hoofden en door hen bekrachtigd. Door vervolgens het dorpshoofd hiervan op de hoogte te stellen is de regeling van de erfenis officieel. Zij kan daarna niet meer ongedaan worden gemaakt (tidak ada tempat mengadu).

De verdeling van de erfenis betekent tenslotte ook, dat de erfgenamen over het betrokken erfdeel vrijelijk en naar eigen goeddunken kunnen beschikken en het desgewenst aan derden kunnen verkopen. Dit drukt men uit met: "Lang elang berkulang, kasih hilang saja". Na verdeling van de erfenis bestaan er van de zijde van de andere erfgenamen geen aanspraken meer.

6.3. *De discrepantie tussen (adat-)recht en gewoonte*

In zake de verdeling en overdracht van de erfenis handelt men in de meeste gevallen niet consequent volgens hetgeen de adat als zodanig toestaat, maar in overeenstemming met wat als een gewoonte (kebiasaan) wordt gezien. De adat impliceert dat alle erfgenamen gelijke rechten op de erfenis kunnen doen gelden. Het in meer of mindere mate onverdeeld toewijzen van de erfenis aan degene, die de voorouderlijke traditie en afstammingslijn voortzet vormt een inperking van de rechten waarop men in feite aanspraak kan maken. De redenen hiervoor hangen onder meer samen met de mate waarin de erfgenamen met hun vermogen aansprakelijk kunnen worden gesteld voor schulden aan derden. De bepalingen hieromtrent zijn als volgt: "(De) harta pemboedjangan en harta penantian [hak sekutu] kunnen dus steeds geheel worden uitgewonnen voor een pesoearangan-schuld; de pesoearangan tenslotte ook steeds voor een individuele schuld. Maar nooit kunnen de individuele goederen van de een worden uitgewonnen voor een individuele schuld van den ander." (Hazairin 1936:137). En verder: "In geval geen harta pesoearangan meer aanwezig zijn, kan het individuele vermogen gezamenlijk worden verteerd (...). Daar de man volgens het adat-recht in welke vorm dan ook, verplicht is om zijn vrouw levensonderhoud, kleeren en onderdak te verschaffen, moet hij zijn pemboedjangan aanspreken, het eene goed na het andere wordt verkocht en verpand, de opbrengst wordt door beiden verteerd." Vervolgens kan ook de vrouw haar harta penantian aanspreken en verteren. Maar, "wil de vrouw vermijden, dat haar harta penantian wordt opgebruikt, dan kan zij saraq [ontbinding van het huwelijk] van den rechter vragen, in geval de man haar niet wil verstooten (..). Men ziet dus, dat de man wel verplicht is zijn eigen vermogen op te offeren maar de vrouw niet" (Hazairin 1936:137-138). De uit een erfenis ontvangen goederen worden beschouwd te behoren tot iemands harta pembujangan dan wel harta penggadisan. Voor de mannelijke erfgenamen betekent dit evenwel, dat zij met het door hun ontvangen erfdeel zonder meer aansprakelijk gesteld kunnen worden voor schulden aan derden. De vrouwelijke erfgenamen daarentegen kunnen hun erfdeel hiertegen vrijwaren door echtscheiding te vorderen.

Het onverdeeld toewijzen van de erfenis aan de jongste dochter uit een gezin is dus een soort zekerstelling van het familiale bezit voor alle betrokkenen. In geval zij om de een of andere reden in ernstige nood geraken, kunnen zij te allen tijde hierop terugvallen zonder dat dit op een verdeling neerkomt. Zolang het familiebezit niet formeel is verdeeld, blijft het buiten de categorie van goederen waarop schulden direct verhaald kunnen worden. Verhaal op het gemeenschappelijke familiebezit is slechts mogelijk indien alle broers en zussen daaraan hun goedkeuring hechten. Door toewijzing aan de jongste dochter uit een gezin houden haar verwanten ook enige zeggenschap over de bestemming van het familiebezit en kunnen zij zich tot op zekere hoogte mengen in haar huwelijksaangelegenheden. De regeling van de erfenis door de oudste zoon uit een gezin is geheel in overeenstemming met de verhoudingen en het soort leiderschap, die binnen het familieverband voorkomen. De voortzetting van de voorouderlijke traditie en afstammingslijn in het (voor-)ouderlijk huis en toewijzing van de erfenis aan degene die het bewoont, symboliseren derhalve de eenheid en de zelfstandigheid van de betrokken familie en verwantschapsgroep naar buiten.

De discrepantie tussen (adat-)recht en gewoonte brengt ondubbelzinnig de ambivalentie tot uitdrukking, die aan het hedendaagse semendo-huwelijk ten grondslag ligt. In feite komt zij voort uit de tegenstelling, die er bestaat tussen twee soorten sociale relaties: enerzijds de relaties tussen de wederzijdse families, anderzijds de huwelijksrelatie tussen de betrokken man en zijn vrouw. De eerstgenoemde is gebaseerd op sociale ongelijkheid. Zij is net zoals bij het jujur-huwelijk geconcipieerd als een plichtsrelatie tussen de bruidgevende en de bruidontvangende partij. De uang adat, pertolongan of antaran, de uxorilokaliteit, de overgang van de man in het suku-verband van zijn vrouw, de overdracht van de aansprakelijkheid voor de rechtshandelingen van de man van zijn eigen ouders aan die van zijn vrouw, het verwachtingenpatroon ten aanzien van de schoonzoon, de scheiding van de persoonlijke en de materiële of zakelijke aspecten van het huwelijk, het onverdeeld laten van het familiale bezit en toewijzing aan degene die het (voor-) ouderlijk huis bewoont, brengen dit aspect stuk voor stuk duidelijk naar voren. De opvattingen en voorstellingen met betrekking tot de huwelijksrelatie tussen de betrokken man en vrouw daarentegen gaan uit van een gelijkheid in rechten en aanspraken. De echtelieden verhouden zich tot elkaar als gelijken. Voor de totstandkoming van het semendo-huwelijk is de toestemming van de vrouw even onontbeerlijk als die van de man (suka sama suka). Onderlinge overeenstemming impliceert een vrije keuze ten aanzien van de plaats van vestiging. Bij echtscheiding vindt een gelijke verdeling plaats van de gemeenschappelijk verworven huwelijkse goederen. Verdeling van de erfenis van hun respectievelijke ouders betekent, dat de echtelieden afzonderlijk vrijelijk kunnen beschikken over de goederen die zij daaruit ontvangen en hun kinderen hierin in gelijke mate kunnen laten delen. De inperkingen van de rechten, die de adat in principe toestaat, zijn het gevolg van de inwerking van de eerstgenoemde soort relaties op de tweede. Ook hier geldt dat de specifieke betekenis van het hedendaagse semendo-huwelijk slechts kan worden begrepen en verklaard in samenhang met de aard van de elementaire, structurele sociale relaties, zoals die tussen de betrokken wederzijdse families en verwantschapsgroepen bestaan. De traditionele opvattingen en voorstellingen zijn, wat deze laatste betreft, niet principieel veranderd.

5
CLAN, SUBCLAN EN LINEAGE

1. *Begripsbepaling*

De genealogische verbanden in het onderzoeksgebied hebben betrekking op categorieën van personen en groepen, die hun afstamming herleiden tot bepaalde gemeenschappelijke voorouders. Overeenkomstig de aard en betekenis van deze afstamming worden een drietal genealogische verbanden onderscheiden: 1. de clans; 2. de subclans; en 3. de lineages. Elk persoon behoort tot een bepaalde clan. Het lidmaatschap wordt bepaald "door den bijzonderen huwelijksvorm van zijn ouders, krachtens welken hij wordt ingedeeld in de verwantengroep hetzij van vader of moeder, hetzij van beiden" (Hazairin 1936:1). Dit betekent dat binnen een bepaalde clan zowel patri- als matrilineale, soms zelfs ambilaterale verhoudingen kunnen voorkomen. Hieraan moet echter worden toegevoegd, dat de ideologische voorstelling van de clans steeds betrekking heeft op patrilineale genealogische verbanden. De clans (bang mego of banggo) zijn de grootste genealogische eenheden en verdelen de Rejang als etnische groep in vier afzonderlijke segmenten. De clans worden beschouwd in een ver verleden door een viertal oudsten (Biku) te zijn ingesteld en vertegenwoordigen de belangrijkste eenheden binnen de traditionele sociaal-politieke structuur. De afstammingslijnen tot de clanoudsten en de verwantschapsverhoudingen tussen de leden van de clans onderling kunnen in veel gevallen niet met zekerheid worden gespecificeerd. Het begrip subclan verwijst naar een min of meer duidelijk afgebakend segment binnen een bepaalde clan. Soms wordt ter aanduiding van deze genealogische eenheid de term mego gebruikt (Jaspan 1964: 140). De structuur van de subclans is vergelijkbaar met die van de clans. De afstamming wordt teruggevoerd op een gemeenschappelijke voorouder, zij het dat deze in de afstammingschronologie een lagere positie inneemt. Meestal gaat het hierbij om personen, die tot de kinderen of de kleinkinderen van de clanoudsten worden gerekend. De verwantschapsverhoudingen tussen de leden van de subclans kunnen ook lang niet altijd met zekerheid worden getraceerd. In tegenstelling tot de clans zijn de subclans als zodanig niet formeel ingesteld. In veel gevallen zijn de subclans ontstaan doordat een segment van de (moeder-)clan zich om politieke of andere redenen afsplitste. De lineage, tenslotte, is de kleinste genealogische eenheid. De leden van een lineage kunnen de afstammingslijn tot de gemeenschappelijke voorouders en hun onderlinge verwantschapsverhoudingen meestal wel aangeven. Jaspan duidt de lineages aan met de term sukau (suku) (Jaspan 1964:161).

De beschikbare gegevens over de genealogische verbanden in het onderzoeksgebied brengen bepaalde beperkingen met zich mee. "De eenige, zij het ook weinig betrouwbare gegevens worden gevonden in de overleveringen der bevolking, welke overleveringen als kern gewoonlijk hebben de tembo's of geslachtslijsten" (Wink 1926a:10). De afstammingschronologieën zijn meestal slechts bekend voor zover zij van belang zijn voor de betrokkenen zelf. Soms worden geslachtslijsten gememoreerd van 20 tot 25 generaties diep, in veel gevallen echter reiken zij niet verder dan vier, vijf, hooguit zeven generaties. De vertakkingen naar de andere (sub-)clans en lineages zijn slechts bij hoge uitzondering bekend. Bovendien is het zeer moeilijk te bepalen in hoeverre de afstammingschronologieën volledig zijn en de volgorde van de voorouders niet is veranderd. Zo bestaat namelijk de gewoonte de vrouwelijke afstammelingen, de dochters, niet in de afstammingschronologieën op te nemen of hen ten aanzien van de berekening van de verwantschapsverhoudingen geheel buiten beschouwing te laten. Verder is het lidmaatschap van een (sub-)clan of lineage niet aan een bepaalde plaats gebonden. Overeenkomstig de specifieke huwelijksvorm en de keuze van de vestigingsplaats na het huwelijk wonen de leden van ieder van de genealogische verbanden wijd verspreid over het hele gebied (Hazairin 1936:8). Op grond van dergelijk materiaal is een gedetailleerde beschrijving en precieze afbakening van de onderscheiden genealogische verbanden binnen het onderzoeksgebied niet mogelijk. In plaats daarvan wordt in het onderstaande een overzicht gegeven van de voorstellingen, die de lokale bevolking heeft met betrekking tot deze genealogische verbanden als afzonderlijke sociale categorieën, zoals die in uiteenlopende mythen, geschiedvertellingen (ceritera sejarah) en afstammingschronologieën (tembo) zijn bewaard gebleven. In het bijzonder gaat de aandacht hierbij uit naar de opvattingen over het ontstaan van de clans, subclans en lineages in het onderzoeksgebied, de positie die hun wordt toegekend, de onderlinge (rang-)verhoudingen en hun betekenis voor de sociaal-politieke structuur.

2. *De hoofdclans*

"The Rejangs are distinguished into tribes, the descendants of a different pooyang or ancestor. Of these there are four principle tribes, Joorcallang, Beremannie, Seloopo and Toobye; said to derive their origin from four brothers, and to have been united from time immemorial in a league offensive and defensive (...). (Marsden 1783:178-179). Omtrent de instelling van deze vier hoofdclans, de betekenis van hun namen en de onderlinge (rang-)verhouding bestaat een uitgebreide mythe, die onder brede lagen van de bevolking in het onderzoeksgebied bekendheid geniet. Er bestaan uiteenlopende versies van deze mythe. De hierna volgende versie is geassocieerd met bepaalde afstammingschronologieën van de Jurukalang-clan, een van de vier hoofdclans die in grote delen van het onderzoeksgebied is vertegenwoordigd.

2.1. *De mythe van de Benuang Sakti*

"Ada dahulukala kayu Benuang Sakti di Pagarruyung. Ditunggu siamang putih tangan diatas itu. Kalau siamang itu berbunyi menghadap matahari naik, banyaklah orang kesakitan ataupun mati sebelah situ; kalau siamang itu berbunyi menghadap matahari turun, banyaklah orang sakit ataupun mati sebelah situ juga. Pendekata, kemana siamang putih tangan itu berbunyi, disitulah banyak orang sakit atau mati.

Menurut kabar dari orang tua-tua, dahulukala mufakatlah raja-raja Pagarruyung. Dan Tuan-Tuan Pagarruyung mau menebang kayu Benuang Sakti itu akan menangkap siamang putih tangan menunggu pohon itu. Maka dicari orang yang mau merobohkan pohon itu. Sesudah itu dimulai penebangan kayu Benuang Sakti itu. Ditebang satu kali pohon itu tidak mau roboh, ditebang dua kali malah pohon itu tambah tebal. Berbunyi siamang putih tangan diatas kayu itu; berkata pohon itu tidak mau roboh kalau tidak ada lapik seorang Putri Darah Putih. Berasanlah orang empat mau tebang kayu Benuang Sakti. Pergi mereka berempat ke tanah Java meminjam seorang Putri Darah Putih pada raja Mojopahit.

Ditanya kepada raja Mojopahit meminjam Putri Darah Putih sebagai lapik menebang pohon Benuang Sakti. Diadakan perjanjian dulu. Berkata raja Mojopahit: 'Pinjam Putri Darah Putih boleh saja asalkan tiadanya cacad atau cela apapun'. Sesudah ditetapkan perjanjian tersebut, maka orang empat itu membawa Putri Darah Putih anak raja Mojopahit ke Pagarruyung, akan dijadikan lapik kayu Benuang Sakti.

Setelah sampai maka mufakatlah orang empat itu apa akal kita jangan sampai anak itu dapat cacad atau cela. Jadi kebulatan mufakat Putri Darah Putih dikubur dan digalang lagi diatas kuburnya dengan kayu-kayu besar. Itu lagi jikalau kayu Benuang Sakti roboh jangan sampai Putri Darah Putih itu dibawah Benuang Sakti mendapat cacad atau cela. Maka dikuburkan Putri Darah Putih itu dibawah pohon tersebut. Dalam kuburan sembilan depa, sembilan hasta, ditambah sembilan jari. Kemudian Bembo menggalang dengan kayu besar, ditaroh diatas kuburan itu supaya batang Benuang Sakti itu, waktu roboh, tidak akan kena badan Putri Darah Putih, takut mati.

Sesudah siap semua penggalangan itu, Bermano masak perjamuan untuk orang yang menebang Benuang Sakti itu. Beram manis, artinya tapai manis, itulah perjamuan. Terus kayu Benuang Sakti itu ditebang. Lama-kelamaan robohlah kayu Benuang Sakti, menimpa kuburan tersebut, mematahkan semua kayu-kayu penggalang diatasnya, teruslah sampai di dalam kuburan hingga tinggal jarak sembilan jari dari badan Putri Darah Putih. Maka selamat Putri Darah Putih. Benuang Sakti itu roboh samasekali. Satu, Sepanjang Jiwo, naik diatas batang Benuang Sakti laju meniti lupuhnya. Dua, Bejenggo, sanjar-sanjar menubur di ujung daunnya menghadang jikalau siamang putih tangan itu lari. Akan tetapi siamang putih tangan itu tidak ditemu lagi. Sewaktu itulah bertembo gelar dan berbagi bang mego: Engkau Bembo meng-'galang' batang Benuang Sakti itu, maka sekarang bergelar Biku Bembo, ketua Jurukalang. Engkau Bermano masak 'beram manis', maka bergelarlah Biku Bermano, ketua dari Bermani. Engkau Sepanjang Jiwo, meniti 'lupuh' batang Benuang Sakti itu, maka bergelarlah Biku Sepanjang Jiwo, ketua Selupu. Engkau Bejenggo sanjar-sanjar me-'nubai' menghadang di dahan-dahan siamang putih tangan itu, maka bergelarlah Biku Bejenggo, ketua bang mego Tubeui. Disitulah asal menetap bang mego Rejang Empat Petulai, sampai sekarang ini.

Jadi batang Benuang Sakti itu retak samasekali. Dahan-dahannya putus-putus dan rantainya bertebar-tebar, daun-daun habis berserak-serak. Terus Putri Darah Putih dikeluarkan dari kuburan itu, tiada cacad atau cela. Tetapi menggenggam bunga itulah celanya sedikit. Adapun siamang putih tangan tiada lagi, sudah hilang. Terus bermufakatlah Biku Empat tersebut. Siapa diantara mereka akan mengaku kepada raja Mojopahit. Jadi bulat mufakat bakal mengaku Biku Bembo. Sesudah itu pergilah mereka ke Mojopahit. Telah sampai mengakulah Biku Bembo. Jawab raja Mojopahit: 'Kalau begitu tanda aku akan mendapat menantu, dan cucu, tinggallah Biku Bembo disini. Pergilah kamu orang bertiga ke Pagarruyung'. Jadi pulang yang tiga itu, tinggallah Biku Bembo di Mojopahit menjadi menantu disitu, berumah pada Putri Darah Putih. Berkata Biku Bembo kepada Putri Darah Putih: 'Sekiranya anak kamu lanang, itu bagian aku, namanya Serunting Sakti, sebab kamu dapat cacad atau cela dikala tebang kayu Benuang Sakti. Sekiranya anak itu perempuan, itu bagian kamu, terserahlah padamu. Sebab saya akan pergi ke tanah Rena Kelawai. Jikalau anak itu besar mau menurut saya, dimana ada tanah Mojopahit, disitulah aku'. Maka ditinggalkan Biku Bembo tongkatnya dan satu cincin kepada Putri Darah Putih itu. Umanatnya, sekira anak itu janten, kasihlah tongkat dan cincin itu, suruh dia membawa menuruti aku. Jadi Biku Bembo mengambil tanah Mojopahit sedikit ditaroh dalam bungkusan, terus membawa. Kemudian merintis rimba, lama-kelamaan sampai tanah Rena Kelawai, menuju dusun Lubuk Bedian. Di dusun itu tinggal ketua Rejang Sawah, raja Siang namanya. Lajulah Biku Bembo beristeri mengambil anak raja Siang di Lubuk Bedian, kemudian jadi raja Lubuk Bedian mengganti raja Siang. Berganti dengan raja Lubuk Bedian, maka dusun itu dipindah pula, jadi Tapos sampai sekarang ini. Disitulah tanah Mojopahit itu ditanamnya. Biku Bembo menurun anak laki-laki tujuh: Rio Tahan, Rio Menahan, Rio Apai, Rio Mueun, Rio Tebuan, Rio Baking dan Rio Setanggai Panjang.

Adapun Putri Darah Putih melahirkan anak lanang di Mojopahit, di tanah Java. Waktu anak itu besar dikatakan anak tidak berbapak. Bertanya Serunting Sakti kepada ibunya mengenai ayahnya itu. Dijawab: 'Ayah ada tetapi pergi dari kerajaan Mojopahit'. Terus anak itu mau mencarikan ayahnya sendiri, membawa tongkat dan cincin pemberian ayahnya. Berangkatlah dia merintis rimba, menyeberang laut. Lama-kelamaan datang dia sampai di Rena Kelawai, bertemu dengan tujuh orang di Tapos. Seakan-akan orang tujuh itu menjaga musuh datang. Ditanya namanya jawab Serunting Sakti: 'Aku anak Biku Bembo'. Timbul perperangan antara tujuh orang itu dengan Serunting Sakti. Senjata-senjata tidak ada yang mempan. Terus Serunting Sakti mau masuk dusun dilapor orang tujuh itu kepada Biku Bembo. Terus Serunting Sakti disuruh masuk membuat perlawanan dengan Bapaknya sendiri. Sesudah terbukti kesaktian Serunting Sakti itu, maka diterima oleh Biku Bembo. Akan tetapi anak tujuh yang lain itu tidak mau menerimanya di daerah itu. Terus mereka berbagi. Serunting Sakti disuruh pulang ke tanah Java. Waktu dia singgah di tanah Belandang (Palembang), dia kawin disitu lantas jadi orang malas. Raja Belandang tidak senang sama menantu macam itu, hendak dia dibunuh. Dipanggil ulubalang empat puluh orang. Kira-kira dinihari isterinya mengatakan kepada Serunting Sakti dia akan dibunuh nanti pagi. Sesudah itu Serunting Sakti turun ke halaman. Ulubalang sudah kumpul disitu. Serunting Sakti tarik telinga satu, dibuatnya alas tidur dan ditariknya telinga lain dijadikan selimut. Terus dia berbaring dan minta dibunuh. Melihat kesaktian Serunting Sakti, maka ulubalang empat puluh orang itu tidak berani mendekatinya. Raja jadi kecewa, panggil kembali ulubalang melarang membunuh Serunting Sakti di halaman istana itu. Bergelarlah Serunting Sakti menjadi Telingo Lambing. Lantas Telingo Lambing diusir dari istana membawa ayam beruga (ayam hutan). Ulubalang disuruh menyusul Serunting Sakti, membunuh di tengah perjalanan. Sampai di hutan tidak mempan senjata apapun. Dilihat Telingo Lambing dimuka, dia di belakang; dilihatnya di belakang, dia di muka. Bertanya Telingo Lambing kepada ulubalang itu: 'Apakah mau menurut saya ataukah mau dibunuh semua disini juga?' Terus ulubalang ikut dengan Telingo Lambing. Mereka berjalan, lama-kelamaan sampai di Nuak Kepahyiang, berkukuklah ayam beruga itu disitu. Terus Serunting Sakti bernama Telingo Lambing bertempat di Nuak Kepahyiang, di pinggir Air Kotok, marga Bintunan, Lais sekarang. Ulubalang itu diletakkan di Gelgeuak, hulu Air Bintunan dekat Kota Baru." (Informant uit Mesigit, marga Air Padang.) (Nederlandse weergave in Bijlage 1: Tekst 1.)

2.2. *De indeling van de mythe*

De bovenstaande mythe bestaat uit drie delen. Het eerste gedeelte handelt over het vellen van een heilige Benuang-boom, die wordt bewoond door een onheilbrengende gibbon met witte handen. Als plaats van handeling wordt Pagarruyung in West-Sumatra genoemd. De aldaar heersende vorst roept hiervoor de hulp in van een viertal personen van buiten. De pogingen om de boom te vellen, en daardoor het land te bevrijden van ziekte en dood, helpen niet totdat er een onderpand (lapik) is gevonden. Hiervoor wordt uit het rijk Mojopahit op Java een prinses gehaald, Putri Darah Putih geheten, en onder de Benuang-boom levend begraven. Pas daarna heeft het omkappen van deze heilige boom succes. Het verhaal beschrijft de uiteenlopende werkzaamheden, die de betrokken vier personen verrichten, hun namen en de instelling van de verschillende clans. In het tweede gedeelte van de mythe staan de lotgevallen van Putri Darah Putih en Biku Bembo, hoofd (ketua) van de Jurukalang-clan centraal. Nadat de heilige Benuang-boom is geveld blijkt de gibbon plotseling te zijn verdwenen. De prinses wordt ongedeerd uit haar 'graf' gehaald, maar is wel in verwachting. Biku Bembo is degene, die zich hiervoor tegenover de vorst van Mojopahit verantwoordt. De vier clanoudsten brengen de prinses gezamenlijk naar Java terug waar Biku Bembo haar huwt. Nog voor de geboorte van het kind echter verlaat hij het rijk van Mojopahit en trekt naar de landstreek Rena Kelawai, het hedendaagse hoogland van Rejang-Lebong. Hij huwt daar met de dochter van de heersende vorst, volgt deze op en vestigt zich in het dorp Tapos. Hij krijgt zeven zonen, de stichters van afzonderlijke subclans binnen de Jurukalang-clan. Het derde en laatste deel heeft betrekking op Serunting Sakti, het kind van Putri Darah Putih waarvan Biku Bembo de vader wordt beschouwd. Deze groeit op in Mojopahit en gaat vervolgens op zoek naar zijn vader. Hij komt uiteindelijk in Tapos aan, waar hij door de zeven zonen van Biku Bembo wordt uitgedaagd en zijn bovennatuurlijke kracht toont. Serunting Sakti wordt vervolgens tot zijn vader toegelaten, die hem herkent en als zijn eigen zoon aanvaardt. De halfbroers verdragen elkaar echter niet en Serunting Sakti wordt naar Java teruggestuurd. Hij daalt af naar Palembang, huwt daar een prinses, maar verspeelt zijn gunsten bij de vorst. Bij een poging hem uit de weg te ruimen toont Serunting Sakti nogmaals zijn bovennatuurlijke kracht en ondergaat dientengevolge een naamsverandering. Van Serunting Sakti wordt hij Telingo Lambing. Hij wordt door de vorst van Palembang weggejaagd en keert naar Bengkulu terug waar hij zich langs de Air Kotok in de kuststreek van Noord-Bengkulu vestigt.

2.3. *Variaties en afwijkingen in de presentatie*

Het is noodzakelijk erop te wijzen, dat de hierboven gepresenteerde versie van de mythe van de Benuang Sakti er één is uit de vele. De vertellers dragen de mythe met allerlei variaties en literaire wendingen voor. Als gevolg hiervan bestaan er verschillen, en op een aantal punten zelfs duidelijke tegenstellingen. Dit geldt met name voor het eerste gedeelte van deze mythe.

Ten eerste de naam Benuang Sakti. Deze wordt gebruikt ter aanduiding van een rijzige boomsoort, waarvan de bladeren het profiel hebben van een ster met zeven punten (Sterculia alata). Marsden daarentegen brengt deze naam in verband met de legendarische karbouw, "Se Binnooang Sattie", waaraan het woord Minangkabau is ontleend (Marsden 1783·273)

Ten tweede de onheilbrengende gibbon (siamang). Dit dier heeft de ene keer alleen maar witte handen, de andere witte handen en witte voeten. Soms wordt beweerd dat hij helemaal wit is. Aan een geheel witte gibbon worden bepaalde bovennatuurlijke krachten toegeschreven, "het is een booze geest, die de oorzaak is van den dood der kinderen, en telkens wanneer een kind zal sterven, zijn onheilspellend geschreeuw en geschater laat hooren" (Van Hasselt 1882:71). Deze opvatting komt ook nu nog bij de bevolking van het onderzoeksgebied voor.

Ten derde de mededeling van de vereiste lapik. Behalve de bekendmaking van de lapik door de aap in de Benuang-boom zelf is er ook een versie waarbij zij in een droom aan de betrokkenen wordt verteld.

Ten vierde het thema, dat de prinses na het vellen van de heilige boom in verwachting blijkt te zijn. In de bovenstaande versie kan de prinses slechts worden meegenomen op voorwaarde, dat zij er op geen enkele wijze onder zal lijden. Andere vertellers stellen in dit verband, dat de prinses op hetzelfde gewicht moet blijven. Beide zijn literaire variaties.

Ten vijfde de betekenis van de term Biku. De term Biku wordt in de meeste gevallen opgevat in de betekenis van vorst (raja). Enkele respondenten legden de relatie tussen Biku en Bhiksu, de aanduiding voor een Boeddhistische monnik. In die gevallen betrof het steeds respondenten, die in de jaren zestig de antropoloog Jaspan hebben gekend.

Ten zesde de herkomst van de clanoudsten. Een deel van de vertellers van de mythe stelt dat alle vier Biku uit Pagarruyung in West-Sumutra afkomstig zijn. Anderen voeren aan dat dit slechts het geval is met drie van de vier clanoudsten en dat de vierde, Biku Bembo, uit het rijk van Mojopahit op Java komt. Weer anderen tenslotte beweren dat alle vier Biku uit Java zijn gekomen op verzoek van de vorst(en) van Pagarruyung om het probleem van de Benuang Sakti te helpen oplossen.

Ten zevende de plaats van handeling. Ook op dit punt komen zeer verschillende lezingen voor. In de bovenstaande versie is Pagarruyung de plaats van handeling. Er zijn ook versies die het hele gebeuren in Java plaatsen. Hieraan wordt wel de verklaring verbonden, dat de naam Rejang is afgeleid van merejang, weglopen. De vier Biku zouden na het onrechtmatig vellen van een heilige Benuang-boom naar Sumatra zijn uitgeweken (Wink 1926a:15). Volgens gegevens van Swaab zou vadermoord de aanleiding tot de vlucht zijn geweest (Swaab 1916b:463). Ondanks deze variaties en afwijkingen biedt de bovenstaande versie voor de verdere bespreking van de clanstructuur enkele belangrijke aanknopingspunten.

2.4. Het schema van voorstellingen

Het eerste deel van de mythe is in vergelijking tot de andere twee zeer rijk aan symboliek. Het verhaal begint met de vermelding van een 'boom' en een 'aap', die verband houdt met 'ziekte' en 'dood'. Ziekte en dood treffen de 'bevolking' van het gebied. In de tweede alinea komen de representanten en beschermers van de bevolking aan de orde, de 'vorst' en degenen, wiens hulp wordt ingeroepen om de heilige Benuang-boom te vellen. Ten einde de 'bevolking' van 'ziekte' en 'dood' te bevrijden worden twee manieren beproefd. Eerst wordt geprobeerd de aap te verjagen door de heilige Benuang-boom om te kappen. Dit heeft echter een averechts effect. Pas als er een 'lapik' is gevonden in de vorm van een prinses, en deze is begraven in een 'gat' onder de 'boom', heeft het kappen succes.

Het belangwekkende hiervan is, dat er een indeling van vier elementen met een magische centrum als vijfde aan ten grondslag ligt, die ook bij een reeks van andere elementen van de samenleving en cultuur van de Rejang en de Pekal voorkomt. De 'boom', het 'gat', de 'aap' en de 'ziekte' of 'dood' vertegenwoordigen de vier afzonderlijke elementen. De 'prinses' als offer of onderpand (lapik) symboliseert het magische centrum waarin zich een metamorfose voltrekt. Dit komt tot uitdrukking in de naam Serunting Sakti, heilige of magische verwekking. De hele configuratie kan als volgt worden weergegeven:

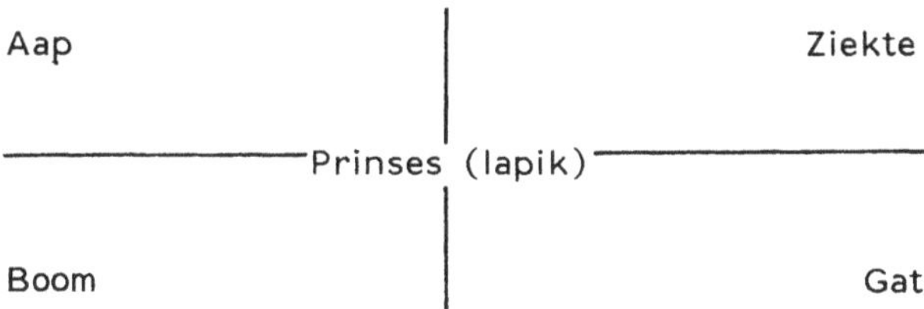

Deze vierdeling met een magische symbool in het centrum komt ook voor in de laatste alinea's van het eerste deel, die betrekking hebben op de werkzaamheden van de vier clanoudsten. Van de genoemde werkzaamheden vinden er twee plaats vóór het vellen van de heilige Benuang-boom en twee erna. Biku Bembo, de oudste van de Jurukalang-clan, graaft het gat voor de prinses. Biku Bermano, de oudste van de Bermani-clan, bereidt enkele lekkernijen. Vervolgens, nadat de heilige boom is gekapt en omgevallen, beklimt Biku Sepanjang Jiwo, het hoofd van de Selupu-clan, de stam en bewaakt Biku Bejenggo, de oudste van de Tubeui-clan, de kruin van de boom, beide met de bedoeling de aap te vangen. In de eerste plaats is er sprake van een duidelijke tegenstelling tussen de activiteiten van deze twee paren. Die van het eerste paar spelen zich af aan de onderkant van de boom. De activiteiten van het tweede paar daarentegen hebben betrekking op de bovenkant van de boom. Het door de clanoudsten gezamenlijk kappen van de heilige Benuang-boom staat in het midden. De overgang van de activiteiten van het eerste paar naar die van het tweede wordt gemarkeerd door het omvallen van deze boom over het 'graf' van de prinses heen. In de tweede plaats is in het verloop van de onderscheiden activiteiten een duidelijke opeenvolging waarneembaar. De werkzaamheden van het eerste clanhoofd vinden plaats in de grond. Die van de tweede op de grond aan de voet van de boom. De activiteiten van de derde clanoudste vinden plaats aan de bovenkant van de stam en die van de vierde aan de uiteinden van de takken. In hoeverre deze configuratie uitdrukking is van een specifiek verwantschapssysteem, waarbinnen de Jurukalang- en de Bermani-clan bijvoorbeeld de ene, en de Selupu- en de Tubeui-clan de andere moiety vormen, kan uit deze context niet zonder meer worden opgemaakt.

2.5. De rangorde tussen de hoofdclans

Het eerste deel van de mythe van de Benuang Sakti wordt door de meeste vertellers gezien als de sleutel voor de vaststelling van de rangorde tussen de clans onderling. Twee aspecten zijn in dit verband van bijzondere betekenis. Ten eerste de volgorde waarin de clanoudsten de verschillende werkzaamheden verrichten. In alle verzamelde versies van deze mythe komt de Jurukalang-clan op de eerste plaats. Omtrent de rangorde van de drie overige clans bestaan twee tegenovergestelde opvattingen. In de hierboven weergegeven versie is de rangorde tussen deze drie clans als volgt: Bermani als tweede, Selupu als derde en Tubeui als vierde. Maar er is ook een versie van deze mythe gevonden, waarbij de werkzaamheden van de clanoudsten uitsluitend betrekking hebben op het maken van het gat om de prinses te begraven. De oudste van de Jurukalang-clan is ook hier degene, die het gat heeft gegraven en als eerste wordt genoemd. Daarna legde de oudste van de Tubeui-clan takken en bladeren rond het gat om te voorkomen dat er water in zou lopen. Vervolgens versterkte het hoofd van de Selupu-clan de zijwanden van het gat met palen om grondverzakkingen tegen te gaan. Als laatste wordt de oudste van de Bermani-clan genoemd, die bepaalde lekkernijen klaarmaakte. De rangorde die hieruit wordt afgeleid luidt: de Jurukalang-clan als eerste, de Tubeui-clan als tweede, de Selupu-clan op de derde plaats en de Bermani-clan tenslotte op de vierde plaats. Het tweede aspect dat bij de bepaling van de rangorde tussen de clans een rol speelt, is de verhouding tot de vorst van Mojopahit. Dit onderwerp wordt behandeld in het tweede deel van de mythe. Biku Bembo, de oudste van de Jurukalang-clan, wordt in dat verband voorgesteld als de schoonzoon van de vorst van Mojopahit. De verwikkelingen rond het terugbrengen van Putri Darah Putih en het verblijf van Biku Bembo op Java markeren de aparte positie, die de Jurukalang-clan inneemt ten opzichte van de andere drie clans.

Voor dit onderwerp zijn ook van belang de gegevens, die in een aantal Europese bronnen voorkomen. Zij schetsen een totaal verschillend beeld van de rangorde en de verhoudingen tussen de clans onderling. Steck (1862) beschrijft het ontstaan van de clanstructuur bij de Rejang in het hoogland van Rejang-Lebong als een proces van afsplitsing van een gemeenschappelijke moeder-clan, de Tubeui-clan. Als oudste van deze clan geldt de Minangkabause vorst Jungur, die uit het rijk van Pagarruyung in West-Sumatra was gevlucht en zich in Lebong vestigde. "Nog bij zijn leven verdeelde hij zijn rijk in twee deelen, waarvan hij het eene, en wel het grootste, aan zijn oudsten zoon gaf, die hoofd van de Soekoe Simalakka werd, terwijl het andere gedeelte aan een aangehuwde zoon werd gegeven, die hoofd van de Soekoe Aman werd. Later werd Aman weder in twee delen gesplitst en ontving het onderdeel de naam van Seloepoe, terwijl ook Simalakka in twee onderdelen opgesplitst werd onder de naam van Bermanie en Djoerkalang. Deze verdeling bestaat thans nog, zodat Lebong vier marga's heeft: 1. Toebaij, met de Soekoe's Simalakka en Aman; 2. Seloepoe; 3. Bermani; en 4. Djoerkalang." Over de onderlinge rangverhoudingen merkt Steck verder op: "... zoo bestaat toch eene onderlinge afhankelijkheid, die volgens het oude gebruik bij gewichtige aangelegenheden in acht wordt genomen. De Marga Seloepoe is afhankelijk van de Soekoe Aman en deze weder van Simalakka. De Marga's Bermanie en Djoerkalang ieder rechtstreeks van Simalakka." (Steck 1862:36-37).

De relatie tussen de Tubeui-clan en het rijk van Pagarruyung in West-Sumatra wordt ook in andere bronnen vermeld (Van Hasselt 1882: 213; Lekkerkerker 1916:154; Jaspan 1964:8). Met betrekking tot de opsplitsing in verschillende clans en hun onderlinge rangorde bestaat echter geen overeenstemming. Volgens Van Hasselt is de clanindeling niet meer dan een "bestuursregeling". Er werden "vier Tiangs (raadslieden) met het bestuur over evenveel landstreken (marga) belast". Deze hoofden kregen de titel van Pasirah. "De marga's waren van elkaar onafhankelijk, maar vormden een of- en defensieven bond (..)" (Van Hasselt 1882:213). Ook Jaspan betwijfelt of er in het hoogland van Rejang-Lebong tussen verschillende clans een strikte rangorde en duidelijke afhankelijkheidsrelaties hebben bestaan. "No patriclan or its headman had greater moral or jural authority than the others (..). Each clan retained ultimate souvereignty in ritual and the utilisation and disposal of the natural resources within its borders." (Jaspan 1964:31).

Het belangwekkende van deze twee tegenovergestelde visies op de rangorde tussen de verschillende hoofdclans, de ene afgeleid van de mythe van de Benuang Sakti en de andere gebaseerd op gegevens ontleend aan Europese bronnen, is het verschil in interpretatie van de clanverhoudingen in het door de Rejang bewoonde deel van het onderzoeksgebied, het subdistrict Lais, enerzijds en die in het hoogland van Rejang-Lebong anderzijds. Het eerstgenoemde gebied geldt als een invasiegebied (daerah rantau) waar personen en groepen uit het hoogland van Rejang-Lebong, en wellicht ook van elders, heentrokken en zich in aparte nederzettingen vestigden. Daarbij gebeurde het vaak, dat leden van de ene clan het gebied binnendrongen dat bij voorgaande migraties door leden van een andere clan reeds was bezet. In het subdistrict Lais neemt wat dit betreft de Jurukalang-clan een vooraanstaande positie in. In het hoogland van Rejang-Lebong daarentegen geldt de Tubeui-clan als de belangrijkste van de vier hoofdclans. Dit voert naar het volgende onderwerp, dat met betrekking tot de mythe van de Benuang Sakti moet worden belicht.

2.6. De staatkundige betekenis van de hoofdclans

De staatkundige betekenis van de hoofdclans komt in de mythe van de Benuang Sakti tot uitdrukking in de terugkeer van Biku Bembo, oudste van de Jurukalang-clan, naar Sumatra. Hij trekt naar de landstreek Rena Kelawai, het hedendaagse Rejang-Lebong, treedt daar in het huwelijk met de dochter van de toenmalige vorst en volgt deze uiteindelijk op. Met de stichting van de dorpsgemeenschap Tapos begint dan een nieuwe fase in de politieke ontwikkeling van het betrokken gebied. Er ontstaat een nieuwe, op clans gebaseerde ordening, bestuurd door van elders afkomstige hoofden. Dit proces wordt op verschillende manieren uitgelegd. "Volgens allerlei overleveringen", concludeert Van Royen (1932), "zijn deze Bikoes òf voorvaders, òf uit Mojopahit gezonden bestuurders, die orde in de chaos brachten" (Van Royen 1932:337). Jaspan gaat in op de verhouding tussen de Rejang en de oorspronkelijke bevolking, de Rejang Sawah (Jang Sawëa of Jang Sabëa/Rejang). Uit de overleveringen met betrekking tot deze Rejang Sawah leidt deze auteur af, dat dit semi-nomadische volk reeds een vier-clan-systeem kende. "Their chiefs, among whom Tia Keteko was the most senior, were in constant conflict with one another and with the Rejang who gradually formed immigrant colonies." (Jaspan 1964:45). "The four Bikau from Madjapahit than established a kind of 'pax javanica' by codifying existing customary law and establishing formal institutions ('lembago ada') of joint consultation among the clans." (Jaspan 1964:47). Onder de afstammelingen van de vier Biku zou ook een dergelijk vier-clan-systeem zijn ontstaan. "Each of the four clans (bang mego) was headed by a chief (adjai) descended from a clan founder (muloi djidjai). These appear to have replaced or merged with the clan founders of the Djang Sawëa quatriclansystem." (Jaspan 1964:45). Op weer andere plaatsen is sprake van een proces van "Hindoe-Javanisering", gebaseerd op een vorm van kolonisatie. "Entweder im 14. oder 15. Jahrhundert wurden die Einheimischen Häuptlinge durch vier Häupter aus dem Javanischen Königreich Majapahit ersetzt. Diese vier, jeder mit einem grossen Gefolge, liessen sich im Distrikt Lebong als eine Konföderation territorialer lokalisierter patrilinealer Clans nieder. Obwohl die Clans sich ausbreiteten und sich mit dem Einheimischen vermischten, existierte diese ursprüngliche System der vier Patriclans weiter." (Van der Weijden 1981:24; naar aanleiding van Jaspan in Lebar 1972:31). Deze laatste interpretatie verschilt met die van Jaspan (1964) hierin, dat zij doet voorkomen alsof het vier-clan-systeem van de Rejang een van elders afkomstige, bewust ingevoerde sociaal-politieke ordening zou zijn. Hoe het ook zij, de betrokken teksten geven geen aanleiding een bepaalde voorkeur uit te spreken. Duidelijk is wel, dat in het hoogland van Rejang-Lebong de hoofdclans een onderdeel vormden van een omvattender structuur. De staatkundige betekenis hiervan komt tot uitdrukking in een aantal aparte, op basis van clanaffiliatie gedefinieerde en territoriaal gelokaliseerde politieke eenheden, die in latere tijd als zelfstandige marga zijn erkend. "Each pillar clan constituted a major political unit of the society, its leaders being a member of the supreme council." (Jaspan 1964:140). "The permanency however of this bond, may be conjectured to have been owing to the expediency resulting from their situation, rather than their consanguinity, or any formal compact." (Marsden 1783:179).

Er bestaan aanwijzingen, dat dit politieke stelsel zijn invloed heeft doen gelden tot ver buiten het hoogland van Rejang-Lebong. Marsden wijst erop, dat de bestuursvorm en wetgeving van de Rejang over grote delen van (Zuid-)Sumatra zijn verspreid. Bovendien wijst deze auteur op de kolonisaties en migraties, die vanuit het hoogland van Rejang-Lebong hebben plaatsgevonden, en de verbreiding van hun karakteristieke schrift (Marsden 1783:37). Ook met betrekking tot het kustgebied van Noord-Bengkulu wordt op verschillende plaatsen gewezen op de politieke betekenis van de in het hoogland woonachtige Rejang-stammen (Delais en Hassan 1933:17-20; Helfrich 1923:309-310). Het handelt hierbij in het bijzonder om de periode uit de geschiedenis van de provincie Bengkulu, die verbonden is met de invallen van de Atjehers. Deze laatsten zouden de in het kustgebied heersende hoofden hebben verslagen en naar het achterland hebben verdreven. De Atjehers trokken zich echter na korte tijd weer terug en lieten een bestuursvacuüm achter (zie ook Westenenk 1921:78). De Rejang Empat Petulai namen vervolgens het bestuur over de kuststreek over. Dit betekende overigens ook het einde van de politieke autonomie van het clanbondgenootschap. Het gemeenschappelijke bestuur mislukte. Er ontstond grote onenigheid en onderlinge strijd, die, volgens de overleveringen, door bemiddeling van bestuurders uit Pagarruyung in West-Sumatra werd bijgelegd. Ten behoeve van het bestuur over de kuststreek werd vervolgens een Minangkabause vorstentelg (anak raja) aangesteld, die zich vestigde aan de monding van de Sungai Limau en de marga Semitul als grondgebied kreeg toegewezen. Met de hoofden van de Rejang clans werd een overeenkomst gesloten, die de onderhorigheid van de Rejang Empat Petulai aan de vorst van Sungai Limau bevestigde. Voor de Rejang betekende dit de instelling van een nieuwe sociaal-politieke orde, de adat tiang empat lima dengan raja, omvattende de vier Rejang clans met de vorst aan het hoofd, c.q. in hun midden. Deze configuratie geeft uitdrukking aan de gelijkwaardigheid van de Rejang clans. Zij worden voorgesteld als broeders (Petulai). Geen van hen is gerechtigd een ander te bevelen. Geschillen en conflicten behoren door verzoening te worden opgelost of, in geval zij daarin niet slagen, ter bemiddeling aan de vorst te worden voorgelegd. De voorstelling van de tiang empat lima dengan raja staat ook heden ten dage nog model voor de sociale structuur van de afzonderlijke dorpsgemeenschappen in het onderzoeksgebied.

Na de instelling van de adat tiang empat lima dengan raja bleef de politieke autonomie van het bondgenootschap van de Rejang clans hoofdzakelijk beperkt tot het hoogland van Rejang-Lebong. De kuststreek van Noord-Bengkulu kwam geleidelijk onder indirect bestuur van de vorst van Sungai Limau. Deze invloedssfeer strekte zich aanvankelijk naar het noorden toe uit tot vlakbij de huidige grens van de provincie West-Sumatra. Later werd de noordelijke helft van dit gebied langs de kust afgestaan aan de vorst van Indrapura (Delais en Hassan 1933:51-52). De grens tussen beide invloedssferen loopt dwars door het onderzoeksgebied. Zij valt samen met die tussen het subdistrict Ketahun in het noorden en het subdistrict Lais in het zuiden.

2.7. De incorporatie en onderschikking van lokale tradities en sociaal-politieke structuren

Resteert nog het derde en laatste deel van de mythe van de Benuang Sakti. Serunting Sakti, zoon van Biku Bembo, wordt op Java geboren, groeit daar op en trekt naar Sumatra om zijn vader te zoeken. Hij stuit op zijn zeven halfbroers, maar wordt uiteindelijk tot zijn vader toegelaten en herkend. Vanwege zijn halfbroers moet hij het hoogland van Rejang-Lebong weer verlaten. Eerst daalt hij de Bukit Barisan-bergketen in oostelijke richting af en komt in Palembang terecht waar hij aan het hof van de toenmalige vorst verblijft. Hier ondergaat hij een gedaanteverwisseling. Hij huwt, krijgt een andere naam en keert vervolgens naar Bengkulu terug. Deze keer vestigt hij zich in het kustgebied ten westen van de Bukit Barisan-bergketen. De plaatselijke bevolking daar beschouwt hem als voorvader (poyang) en (clan-)oudste (Wink 1926a:15).

Op zichzelf bezien lijkt het verhaal van Serunting Sakti een verklaring in te houden voor het ontstaan van een subclan van de Jurukalang-clan in een bepaald deel van het onderzoeksgebied, de marga Bintunan van het subdistrict Lais. In verhouding tot het voorgaande tweede deel van de mythe en tot de halfbroers van Serunting Sakti in het bijzonder, blijkt dit deel van de mythe echter een zeer merkwaardige tegenstrijdigheid te bevatten. Serunting Sakti is geboren uit een eerder huwelijk van Biku Bembo en is de kleinzoon van de in hoog aanzien staande vorst van Mojopahit. Zijn halfbroers zijn geboren uit een later huwelijk van Biku Bembo met de dochter van het hoofd van de lokale bevolking. Deze senioriteit en dit verschil in afstamming verschaffen Serunting Sakti noch het recht zich te vestigen in het hoogland van Rejang-Lebong, noch de legitieme aanspraken op een (volwaardig) lidmaatschap van zijn vader's clan. Pas nadat hij bepaalde veranderingen heeft ondergaan kan hij zich vestigen in een van de migratiegebieden waarheen de Rejang in opeenvolgende migratiegolven zijn uitgezwermd. Deze configuratie kan echter worden uitgelegd als de mythologische incorporatie en onderschikking van bestaande lokale tradities en sociaal-politieke structuren. Het verhaal van een prinses, dochter van de vorst van Mojopahit, die op een nogal mysterieuze wijze in verwachting raakt en een zoon krijgt die na een naamsverandering zich bij zijn vader's clan aansluit, vertegenwoordigt een specifieke mythologische constructie, waarbij twee onafhankelijke, wellicht geheel verschillende elementen met elkaar in verband worden gebracht en in één structurele context worden geïncorporeerd. Immers, de (verwantschaps-)band tussen Biku Bembo enerzijds en Serunting Sakti anderzijds is magisch. Zij is abstract en komt tot stand door een 'prinses', die als een lapik en 'dochter van de vorst van Mojopahit' buiten de sociaal-culturele sfeer valt waartoe Biku Bembo en zijn zeven zonen zelf gerekend kunnen worden. Met andere woorden, de 'prinses' en de 'vorst van Mojopahit' vertegenwoordigen twee elementen van een andere, sacrale orde in termen waarvan de (verwantschaps-)band tussen Serunting Sakti en Biku Bembo c.q. de Jurukalang-clan wordt gelegitimeerd. Dergelijke mythologische constructies komen veelvuldig voor. Zij markeren in elk van de voorkomende gevallen een of andere belangrijke verandering in de bestaande sociaal-culturele verhoudingen. Bij wijze van voorbeeld zij hier gewezen op de mythische voorstelling met betrekking tot de hierboven reeds beschreven overgang van het politiek autonome bondgenootschap tussen de vier Rejang clans, de Rejang Empat Petulai, naar de instelling van de adat tiang empat lima dengan raja, de Rejang Tiang Empat onderhorig aan een van buiten afkomstige vorst (raja).

"Adalah pada suatu hari Tukang Segalo Bidang diatas angin membuat Balai Awan Besikan Angin. Pendek ditetak, panjang disambung. Kecil diraut, besar ditambah. Sama panjang, pendek satu. Sama ukur, salah pahat. Peramuan itulah terjatuh satu tiang balai ke muka Biku Rejang Empat Petulai. Nama tiang jatuh itu Tiang Laras, bergelar Bilok Panjang Selawe.

Berselisih Biku empat itu, mengatakan satu per satu: 'Kayu itu condong kepada saya'. Jadi bertengkarlah orang empat itu. Sedang bertengkar berdetas kilat langit, berdengur guruh di bumi. Berdentum Semitul meletus-petus. Tersandar satu orang di Batang Sepang, namanya Rio Bakas. Maka orang empat itu minta hukum senagai adil tentang kayu itu. Jadi jawab Rio Bakas: 'Kayu itu sebenarnya sama lurus dan sama bengkok'. Dihukum perdamaian orang empat itu. Maka jadi tiang empat lima dengan raja, itulah sekarang digelar Semitul, Sungai Limau, Balai Buntar. Rajanya Tuan Rio Bakas dari Sungai Padang Kerap, Padang Darek." (Informant uit Padangkala, marga Air Padang.) (Nederlandse weergave in Bijlage 1: Tekst 2.)

Op een dag wordt in de godenwereld een feestzaal (balai) opgericht. De maker ervan maakt een fout en er valt een paal naar beneden die voor de voeten van de vier clanoudsten, de Rejang Empat Petulai, terecht komt. Dan ontstaat er tussen dit viertal een heftig meningsverschil over de richting waarin de paal zou overhellen. Midden in de ruzie en begeleid door donder en bliksem verschijnt bovenop de paal plotseling een vijfde figuur. De vier clanoudsten leggen hun geschil aan deze persoon voor. Hij verklaart dat de paal even krom als recht is en veroordeelt de clanoudsten zich met elkaar te verzoenen. Dit betekent tegelijkertijd de instelling van de adat tiang empat lima dengan raja. De vorst, afkomstig uit West-Sumatra, zetelt in Balai Buntar aan de Sungai Limau in de marga Semitul.

De aanleiding tot het gebeuren wordt voorgesteld als een verstoring van de kosmische orde. De maker van een hemelse feestzaal begaat een vergissing. Dit leidt tot een verstoring binnen de bestaande wereldse verhoudingen. Met behulp van een derde, van elders afkomstige en met de kosmische orde geassocieerde partij worden de onderlinge verhoudingen hersteld. Deze mythologische constructie markeert een ingrijpende verschuiving in de sociaal-politieke constellatie, namelijk de onderschikking van het (politiek) autonome clanbondgenootschap aan een vorstelijk bestuur. Interessant is in dit verband, dat vanuit een retrospectief gezichtspunt de traditionele kosmische orde in negatieve zin wordt gedefinieerd als zijnde verstoord.

In de mythe van de Benuang Sakti komt in feite dezelfde mythologische constructie voor. Het is de mythe van een segment van de Jurukalang-clan, die de verwantschap met de clanoudste Biku Bembo niet verklaart, maar legitimeert. Met behulp van deze mythologische constructie wordt de rond de figuur van Serunting Sakti geschaarde verwantschapscategorie geïncorporeerd in het omvattende clanverband van de Rejang. Evenals in het voorgaande voorbeeld het geval is, wordt de traditionele, aan het Rejangse clanbondgenootschap voorafgaande (kosmische) orde in de mythe van de Benuang Sakti gedefinieerd als zijnde verstoord, door ziekte en dood geplaagd. Ook hier gaat het waarschijnlijk om de onderschikking van reeds bestaande, traditionele sociaal-politieke structuren en lokale culturele tradities aan een nieuwe, latere, sociaal-politieke ordening. De naam Serunting Sakti wordt in uiteenlopende bronnen in verband gebracht met een mythische figuur, een demon, die onder verschillende namen in geheel Zuid-Sumatra bekendheid geniet, en die een plaats wordt toegekend in de vóór-Islamitische en de vóór-Hindoeistische, megalitische culturen van Zuid-Sumatra (Westenenk 1932:1, 125-126 noot 1; Galis 1957:1, 400-401). In de structuur van de mythe komt deze onderschikking tot uitdrukking in de chronologische en genealogische rangschikking van het verhaal van Serunting Sakti ná dat van Biku Bembo.

Tegen deze achtergrond kan thans nader worden ingegaan op de genealogische verbanden binnen het onderzoeksgebied.

3. *De subclans en lineages*

De in het onderzoeksgebied voorkomende genealogische verbanden worden beschouwd te zijn ontstaan in het verre verleden als gevolg van de uitstroming van personen en groepen uit het hoogland van Rejang-Lebong. De leden van de verschillende subclans en lineages identificeren zich met en voeren hun afstamming terug tot de stichters (muloi jijai) en de oudsten (poyang, ketua) van hun respectievelijke moeder-dusun in de kuststreek van Noord-Bengkulu dan wel rechtstreeks van die, welke in het hoogland van Rejang-Lebong zijn gelegen. Deze voorouders zijn meestal de onmiddellijke afstammelingen van de oudsten van de vier hoofdclans. In de loop van de tijd is de omvang van de subclans en lineages geleidelijk toegenomen en zijn de leden verspreid geraakt over een groot aantal nederzettingen en dorpsgemeenschappen.

Tussen de subclans en lineages in het subdistrict Lais enerzijds en die in het subdistrict Ketahun anderzijds bestaat een belangrijk verschil. Ofschoon de bevolking van beide subdistricten haar afstamming terugvoert tot de oudsten van de vier Rejang clans in het hoogland van Rejang-Lebong, vormen de subclans en lineages in het subdistrict Lais een integraal onderdeel van het vroegere clanbondgenootschap, de Rejang Empat Petulai, terwijl die in het subdistrict Ketahun daarvan géén deel uitmaken. Dit onderscheid houdt verband met het gegeven, dat de Pekal, de bevolking van het subdistrict Ketahun, ten opzichte van de gemeenschappelijke oudsten van de Rejang clans in het hoogland van Rejang-Lebong in een andersoortige genealogische verhouding staan dan de Rejang van het subdistrict Lais. Op grond hiervan zullen de genealogische verbanden van deze twee subdistricten afzonderlijk worden behandeld. Met betrekking tot elk van deze subdistricten wordt bovendien rekening gehouden met de bestaande marga-indeling.

3.1. Het subdistrict Lais

In het subdistrict Lais neemt de Jurukalang-clan een vooraanstaande positie in. Zij is in twee van de drie marga, de marga Lais en de marga Bintunan, met een belangrijke subclan vertegenwoordigd. Daarnaast komen er nog een aantal andere, kleinere genealogische verbanden van de Jurukalang-clan voor, die zijn ontstaan door latere migraties vanuit het hoogland van Rejang-Lebong. De subclans en lineages in het subdistrict Lais, dje tot de Bermani-, Selupu- en Tubeui-clan behoren, zijn eveneens voortgekomen uit latere vestigingen vanuit het hoogland van Rejang-Lebong. Deze in de tijd recentere genealogische verbanden nemen ten opzichte van de voornoemde oudere Jurukalang-subclans en lineages een ondergeschikte positie in.

3.1.1. De marga Lais

De belangrijkste Jurukalang-subclan van het subdistrict Lais wordt aangetroffen in de marga Lais. De oudste (muloi jijai) van deze subclan, Rio Apai, wordt beschouwd als een van de zeven zonen van Biku Bembo, de oudste van de gehele Jurukalang-clan. Van Rio Apai wordt verteld, dat hij uit de dorpsgemeenschap Tapos in het hoogland van Rejang-Lebong is weggetrokken en zich in het kustgebied heeft gevestigd. Hij geldt als een van de eerste vertegenwoordigers van de vier Rejang hoofdclans in het kustgebied van Noord-Bengkulu in het algemeen en als de stichter van de dorpsgemeenschap Talang Rasau, de moeder-dusun van deze Jurukalang-subclan in de marga Lais, in het bijzonder. De afstammingslijn tot deze gemeenschappelijke voorouder strekt zich uit over meer dan 20 generaties.

Binnen deze Jurukalang-subclan bestaan twee aparte, tot op zekere hoogte rivaliserende lineages. De eerste lineage identificeert zich met Rio Apai en de moeder-dusun Talang Rasau en beschouwt zich als de rechtmatige vertegenwoordiger van de oudste tak in rechte (patrilineale) lijn van afstamming. Ter legitimering van deze aanspraken wordt een overlevering gebruikt, die uiteenzet over welke bovennatuurlijke krachten (kesaktian) de oudste van deze subclan beschikt en op welke wijze hij de met deze subclan geassocieerde totemdieren en magische attributen (pusaka) heeft verworven.

"Raja Tapos, Rio Terang, ditawan oleh Raja Banten. Dia salah sembah. Sembah dengan patung bukan dengan Raja itu sendiri. Terus dia ditawan dan dirantai. Dia kirim pesan kepada ahli pamili untuk mencari dia, tetapi tidak ada yang mau pergi untuk membebaskannya. Mereka semua mengatakan bahwa takut. Terus yang pergi adalah Rio Apai. Dia menjelaskan asal tujuannya mau mengambil Rio Terang yang ditawan itu. Ditambah pantang berjalan berdua pulang satu, maksudnya berani berperang. Terus Raja Banten suruh Rio Apai bersilat dengan harimau. Jam tujuh pagi Raja Banten melepaskan harimau sebagai hulubalang Banten untuk melawan Rio Apai. Waktu itu Rio Apai tidak ada senjata, melompat ke lumbung padi dan mengambil kunci kayu itu. Kayu tersebut menjadi pedang sesudah dia mengurut kayu itu. Nama pedang adalah Pedang Jenawi. Terkilat dari pedang putuslah daun-daun dari pohon kelapa sekitar itu. Karena daun kelapa itu jatuh harimau mau mengelakkan daun-daun itu jangan sampai tertimpa dan Rio Apai sempat potong telinga harimau itu. Terus Raja Banten pesan dengan jin laut menghadang Rio Apai. Di tengah laut jin itu angkat perang dengan Rio Apai. Tetapi lidah dari jin laut bisa dipotong oleh Rio Apai dengan pedang itu. Lidah menjadi keris sakti. Melihat kesaktian Rio Apai orang Banten merasa kalah dan melepaskan Raja Topos, Rio Terang. Raja Tapos diambil dari tahanan. Harimau diambil juga. Waktu mau pulang Rio Apai temu dengan Tuan Raja Jonggor yang sedang membuat biduk. Rio Apai ambil biduk itu pula dan menjadi buaya yang dipakai sebagai alat angkut. Cara pulang adalah dengan buaya, diatasnya harimau sebagai hulubalang untuk Rio Apai, dan diatas dari harimau duduk Rio Apai dan Rio Terang. Di perjalanan di suatu tempat kerang ada kimo, mirip lokan. Harimau itu mau ambil daging kimo itu dari air laut terus kakinya satu itu jadi putih.

Rio Apai membawa pulang harimau dan buaya. Harimau menjadi penunggu Dusun Talang Rasau. Buaya itu menjaga muara Air Lais. Kalau ada buaya lain yang mau masuk muara itu, maka buaya itu beri tanda. Orang mandi diusirnya. Buaya 'kotong' gelarnya, mulutnya putih, ekornya pendek. Kalau orang Jurukalang tidak bersalah terhadap adat, maka mereka dilindungi dan dijaga oleh buaya itu. Jurukalang tidak makan buaya maupun harimau." (Informant uit Talang Rasau, marga Lais.) (Nederlandse weergave in Bijlage 1: Tekst 3.)

De oudste van de Jurukalang-clan uit Tapos in het hoogland van Rejang-Lebong, Rio Terang, wordt door de vorst van Banten gevangen gehouden. Geen van zijn verwanten durft hem te gaan bevrijden. Dan wordt een beroep gedaan op Rio Apai. Hij gaat naar Banten, verzoekt de vorst om de clanoudste vrij te laten en verklaart bij ede dat hij bereid is daarvoor te vechten. De vorst van Banten daagt Rio Apai vervolgens uit om met een tijger te vechten. Rio Apai is ongewapend. Hij neemt het houten slot van een rijstschuurtje, dat in een zwaard verandert. De strijd laait zo hoog op, dat door de lichtschitteringen van het zwaard de kruinen van de omringende klapperbomen neerstorten en de tijger dreigen te verpletteren. De tijger tracht de vallende bladeren te ontwijken en wordt daardoor een gemakkelijke prooi voor Rio Apai, die het dier een oor afsnijdt. De vorst van Banten is over de nederlaag zeer vertoornd en roept de zeegeest op om Rio Apai te belagen. Tijdens het gevecht snijdt Rio Apai de tong uit de bek van de zeegeest. Deze verandert terstond in een magische keris. Vanwege de bovennatuurlijke krachten van Rio Apai wordt de clanoudste van Tapos vrijgelaten. Samen met de tijger gaan zij terug. Onderweg ontmoeten zij de maker van een prauw. Zij nemen de prauw ook mee, die in een krokodil verandert. De krokodil wordt als vaartuig gebruikt. Op de krokodil staat de tijger en op de tijger zitten Rio Apai en Rio Terang. Tijdens de terugreis over zee doet zich bij een rif nog een voorval voor. De tijger tracht ter plaatse een vis te vangen. De voorpoot die hij daarbij in het water steekt wordt wit. De tijger met de witte poot en de krokodil worden beschouwd als de beschermers van de betrokken Jurukalang-subclan. De tijger op het land (darat) en de krokodil in het water (air). Beide dieren worden door de leden van deze subclan niet gegeten. De keris en het zwaard zijn de sacrale voorwerpen (pusaka), die de leden van de subclan in tijden van nood tegen onheil kunnen beschermen.

De tweede lineage binnen deze subclan voert zijn afstamming terug tot Anggon, de voorouder en stichter van de dorpsgemeenschap Taba Baru. Anggon geldt weliswaar als een directe patrilineale afstammeling van Rio Apai en de dorpsgemeenschap Taba Baru als een afsplitsing van de moeder-dusun Talang Rasau, maar de leden van deze lineage maken bovendien aanspraak op een bijzondere verwantschap met Bujang Tunggal, een mythische figuur, vergelijkbaar met Serunting Sakti, die hier rechtstreeks uit de godenwereld zou zijn neergedaald en waarvan een heilige plaats (keramat) wordt onderhouden. Hoewel nadere bijzonderheden vooralsnog ontbreken is het niet uitgesloten, dat ook in dit geval sprake is van een oudere lokale structuur of traditie, die in een latere sociaal-politieke ordening is opgenomen. Binnen de betrokken Jurukalang-subclan vertegenwoordigt deze tweede lineage de jongere tak en een secundaire afstammingslijn.

De vertegenwoordigers van beide lineages menen elk op grond van hun bijzondere verwantschapsrelaties, de ene met Rio Apai, zoon van Biku Bembo, oudste van de Jurukalang-hoofdclan en de andere met Bujang Tunggal, van goddelijke afkomst (keturunan dewa-dewa), binnen de marga Lais bepaalde rechten te kunnen doen gelden, onder andere ten aanzien van de uitoefening van het marga-hoofdschap. Vergelijkbare verhoudingen komen ook voor binnen de subclans en lineages, die in de andere marga een belangrijke positie innemen.

Behalve de hierboven beschreven Jurukalang-subclan rond de legendarische figuur Rio Apai neemt in de marga Lais een andere lineage van dezelfde clan eveneens een belangrijke plaats in. Het gaat hierbij om de Jurukalang-lineage van de dorpsgemeenschap Gunung Sailan. De oudste van deze dorpsgemeenschap is een vrouw, Cigerik geheten. Deze dorpsoudste (poyang) heeft een heilige plaats (keramat) onder een duku-boom midden in het dorp. Van haar wordt de mythe verteld, dat zij op een dag aan het venster zat en naar buiten keek net op het moment dat de halfbroer van Rio Apai, Serunting Sakti, passeerde. Zij ving zijn blik op en raakte hierdoor in verwachting. De leden van deze lineage beschouwen zich directe afstammelingen van Serunting Sakti, de oudste en voorvader van de Jurukalang-subclan van de marga Bintunan.

Deze lineage rond de figuur van Cigerik wordt gezien als een afsplitsing en onderdeel van de Jurukalang-subclan van de marga Bintunan. De leden van de lineage van Cigerik en die van de Jurukalang-subclan in de marga Bintunan zijn gezamenlijk verantwoordelijk voor het onderhoud van de grote heilige plaats (keramat) langs de Air Kotok waar de gemeenschappelijke voorouder (poyang), Serunting Sakti, wordt herdacht. Deze lineage staat enigszins los van die welke Talang Rasau en Taba Baru als moeder-dusun hebben.

In de marga Lais komt verder een lineage voor, die een onderdeel vormt van de Bermani-subclan van de dorpsgemeenschap Aur Gading, gelegen in het achterland van de marga Palik ten zuiden van het onderzoeksgebied. Deze subclan geniet bekendheid vanwege de traditionele rijstrituelen (mdundang benih), die daar van oudsher werden gehouden. De moeder-dusun van deze lineage in de marga Lais is Taba Tembilang, genoemd naar Muning Tembilang, de oudste van deze lineage. Andere lineages van de Bermani-clan in de marga Lais, die Air Tenang (seberang), Ruyung (lama) en Gunung Besar als moeder-dusun hebben, zijn rechtstreekse afsplitsingen van subclans en lineages in het hoogland van Rejang-Lebong. Hetzelfde wordt ook gezegd voor de Bermani-lineages in de dorpsgemeenschappen Balam en Sukarami. Deze aanspraken moeten echter met enige voorzichtigheid worden geïnterpreteerd. De meeste van deze lineages beschikken over een lange afstammingslijn en zijn reeds vele generaties in het kustgebied gevestigd. De gegevens met betrekking tot de onderlinge samenhang zijn op veel punten met elkaar in tegenspraak.

Ook de Tubeui-clan is in de marga Lais vertegenwoordigd. Het gaat hierbij om twee kleinere segmenten van lineages, beide afkomstig uit de aangrenzende marga Air Besi waar ook hun moeder-dusun zijn gelegen.

3.1.2. De marga Air Padang

De marga Air Padang neemt binnen het subdistrict Lais een aparte plaats in. Het ontstaan van deze marga wordt in verband gebracht met de vestiging van de oudste en voorouder van de plaatselijke Tubeui-subclan in het betrokken gebied vanuit het hoogland van Rejang-Lebong. De moeder-dusun van deze subclan is Padangkala. Als oudste hiervan geldt Muning Kimas. Over het ontstaan hiervan bestaat de volgende mythe.

"Ada tempat di tengah hutan yang berupa padang rumput. Orang Rejang Sawah bertempat tinggal disitu. Waktu Rio Apai, ketua dari Jurukalang bertempat tinggal di Talang Rasau, dia mendapat bagian pesisir dari Raja di atas di Lebong itu, maka ketua Jurukalang itu pergi ke tempat tinggal orang Rejang Sawah dan bertanya: 'Anda dari mana?' Menjawab ketua dari orang Rejang Sawah: 'Tanah disini saya punyai, tapi tidak melalui pembagian'. Kemudian jadi perselisihan antara ketua Jurukalang dari Talang Rasau dan ketua orang Rejang Sawah itu. Ketua Jurukalang mengumpul ulubalang dan angkat perang. Rejang Sawah itu dikalahkan. Kuburan mereka masih ada.

Sesudah itu ketua Jurukalang itu kembali ke Talang Rasau. Kemudian datang cucung piut dari raja Lebong (Tubeui) ke pesisir, pergi ke ketua Jurukalang minta ijin tinggal disitu. Bertanya: 'Dimanakah boleh membuat dusun?' Raja beri ijin dan suruh membuat dusun di tempat Padangkala, artinya padang kalah (padang aleuak /R) orang Rejang Sawah dulu.

Waktu itu sudah ada beberapa dusun di daerah itu, tetapi belum ada ketuanya. Terus dikirim pesan ke ketua Muara Aman di Lebong: 'Bagaimana daerah kami ini, belum ada rajanya? Apakah ada dikirim orang menjadi raja ataukah raja diambil dari rakyat disini?' Maka raja Muara Aman di Lebong kirim Muning Kimas bersama kedua adiknya, yaitu Muning Sutan Galing dan Muning Pagun. Muning Kimas waktu itu menjadi panglima ulubalang. Muning Sutan Galing menjadi raja pasirah dan Muning Pagun menjadi raja depati." (Informant uit Padangkala, marga Air Padang.) (Nederlandse weergave in Bijlage 1: Tekst 4.)

Dit verhaal over het ontstaan van de Tubeui-subclan in de marga Air Padang begint met een beschrijving van de kolonisatie van het kustgebied vanuit het hoogland van Rejang-Lebong. Rio Apai, hoofd van de Jurukalang-subclan is gevestigd in Talang Rasau. Het gebied wordt nog bewoond door de Rejang Sawah, de onmiddellijke voorgangers van de Rejang. Nadat Rio Apai door de hoofden van Lebong een bepaald gebied heeft toegewezen gekregen, gaat hij ertoe over het te onderwerpen. De in het gebied woonachtige Rejang Sawah worden verslagen en de betrokken plaats wordt aangeduid als padangkala, het veld van de nederlaag. Een latere groep migranten uit het hoogland van Rejang-Lebong trok naar het kustgebied van het subdistrict Lais en verzocht het hoofd van de Jurukalang-clan te Talang Rasau toestemming op zijn grondgebied een nederzetting te stichten. Zij kreeg de plaats toegewezen waar de Rejang Sawah waren verslagen. Behalve deze nederzetting bestonden er ook nog een aantal andere. Zij hadden evenwel geen gemeenschappelijk hoofd. Aan de oudsten van de Tubeui-clan in Muara Aman werd verzocht een hoofd aan te stellen. Deze stuurden Muning Kimas, een rechtstreekse, patrilineale afstammeling van het hoofd van de Suku Aman binnen de Tubeui-clan uit Muara Aman in Lebong, met twee van zijn jongere broers. Bij de instelling van dit hoofdschap kreeg deze Tubeui-subclan ook de marga Air Padang als haar eigen woongebied toegewezen.

Binnen de Tubeui-subclan van de marga Air Padang kunnen twee afzonderlijke lineages worden onderscheiden. Evenals bij de Jurukalang-subclan van de marga Lais het geval is, zo vertegenwoordigt ook hier de ene lineage de oudere en de andere de jongere tak of afstammingslijn. Voor de oudere tak geldt Padangkala als moeder-dusun en Muning Kimas als haar oudste (poyang). De jongere tak met Muning Sutan Galing als oudste heeft zich van Padangkala afgesplitst en zich in de dorpsgemeenschap Gedung Nyawa gevestigd vlak langs de kust bij de monding van de Air Padang. Tussen beide lineages bestaat al van oudsher onenigheid en rivaliteit in zake het marga-hoofdschap. De Muning Kimas-lineage wordt voorgesteld als de oudste afstammingslijn. Haar vertegenwoordigers denken op grond hiervan voor de uitoefening van het marga-hoofdschap het eerst in aanmerking te komen. In het verleden is deze titel met de daarbij behorende attributen, onder meer een grote zetel, aan de Sutan Galing-lineage uitgeleend. Deze jongere tak heeft die echter sindsdien niet meer teruggegeven.

Behalve deze Tubeui-subclan zijn in de marga Air Padang ook twee lineages van de Selupu-clan vertegenwoordigd. Zij verhouden zich ten opzichte van elkaar ook als een jongere en een oudere tak. De oudere lineage, de Selupu Tua, heeft als moeder-dusun de voormalige nederzetting Jobong en de jongere lineage, de Selupu Muda, de nederzetting Turan. Deze indeling naar een oudere en een jongere afstammingslijn is ontstaan in het hoogland van Rejang-Lebong, lange tijd voordat de oudsten en stichters van genoemde nederzettingen zich in de kuststreek vestigden. Ten opzichte van de Tubeui-subclan in deze marga nemen deze twee Selupu-lineages een ondergeschikte positie in. Dat geldt ook voor de lineages van de Jurukalang- en de Bermani-clan, die in de marga Air Padang worden aangetroffen. De eerstgenoemde lineages zijn afsplitsingen van zowel de Jurukalang-subclan in de marga Lais als van die in de marga Bintunan. De laatstgenoemden behoren ten dele tot de Bermani-subclan van Aur Gading in de marga Palik, ten dele zijn zij rechtstreekse afsplitsingen van Bermani-subclans in het hoogland van Rejang-Lebong. Met betrekking tot onderlinge samenhang tussen de Jurukalang- en de Bermani-lineages afzonderlijk bestaat onduidelijkheid. Van de uit Aur Gading afkomstige Bermani-lineage is slechts bekend, dat zij verwant is met de Taba Tembilang-lineage van dezelfde subclan uit de marga Lais.

3.1.3. De marga Bintunan

De Rejang hoofdclans zijn ook in deze marga met verschillende subclans en lineages vertegenwoordigd. Als oudste en belangrijkste hiervan geldt een Jurukalang-subclan, die haar afstamming terugvoert tot de mythische figuur Serunting Sakti. Deze Jurukalang-subclan staat in een ambivalente verhouding tot die van Rio Apai in de marga Lais. De leden van de laatstgenoemde subclan beschouwen zichzelf als rechtstreekse, patrilineale afstammelingen van Biku Bembo, hun gemeenschappelijke voorvader in de moeder-dusun Tapos in het hoogland van Rejang-Lebong. Zij beschouwen zich uit hoofde hiervan als de belangrijkste vertegenwoordigers van het vroegere bondgenootschap van de vier Rejang hoofdclans, de Rejang Empat Petulai, in dit deel van de kuststreek van Noord-Bengkulu. De vertegenwoordigers van de eerstgenoemde subclan zijn echter van mening, dat zij door hun nauwere verwantschap met Mojopahit eigenlijk voornamer zijn. Binnen de hedendaagse verhoudingen kunnen zij deze aanspraken evenwel niet tot gelding brengen. De verhoudingen tussen deze twee Jurukalang-subclans in het subdistrict Lais vertonen enige overeenkomst met die tussen de Talang Rasau- en de Taba Baru-lineage binnen de Jurukalang-subclan van de marga Lais. Het gaat in beide gevallen om twee afzonderlijke genealogische verbanden, waarvan de ene aanspraak maakt op directe patrilineale verwantschap met een clanoudste en stichter van een bepaalde dorpsgemeenschap, terwijl de voorouder van de andere een mythische figuur voorstelt, die wordt herdacht op een heilige plaats. In hoeverre deze twee Jurukalang-subclans tezamen een aparte eenheid vormen is op grond van de beschikbare gegevens niet vast te stellen.

Binnen de Jurukalang-subclan van de marga Bintunan komt ook een tegenstelling voor tussen twee aparte rivaliserende lineages. De ene wordt geïdentificeerd met de moeder-dusun Lubuk Bedil, de andere met de moeder-dusun Samban. Evenals in de andere, hierboven genoemde gevallen bestaat ook hier een duidelijke onderlinge rangverhouding uitgedrukt in termen van een oudere en een jongere afstammingslijn. Deze indeling wordt in verband gebracht met de wijze waarop de bij deze Jurukalang-subclan horende sacrale voorwerpen, een sirih-set of lencana, tussen beide lineages zijn verdeeld. De deksel werd aan Dusun Samban toebedeeld en het onderstel aan Lubuk Bedil. De lineage van Dusun Samban, die de deksel bewaart, vertegenwoordigt de oudste afstammingslijn binnen deze subclan. De vertegenwoordigers van deze lineage stellen uit hoofde hiervan, dat het marga-hoofdschap hun toebehoort. Die van de andere lineage erkennen weliswaar dat binnen de betrokken subclan een indeling bestaat tussen een oudere en jongere afstammingslijn, maar beschouwen de aanspraken van de oudste tak op het marga-hoofdschap niet gerechtvaardigd. Immers, zo wordt aangevoerd, behalve verwanten van de genoemde oudere lineage binnen deze Jurukalang-subclan zijn zij ook afstammelingen van Dayang Kertas, een voorouder die uit de godenwereld zou zijn afgedaald (semidang). Met betrekking tot deze voorouder bestaat een aparte mythe. Zij verhaalt over een kundur-vrucht die op het strand werd gevonden. Er bleek een prinses in te zitten, Dayang Kertas geheten. Zij werd naar Ratu Trimang gebracht, hoofd van Kutai Tinggi, de moeder-dusun van Lubuk Bedil, en tot zijn vrouw gemaakt. Naar aanleiding van deze gebeurtenis werd de afstammingslijn van deze lineage in die van semidang veranderd.

De rivaliteit tussen deze twee lineages heeft bij uiteenlopende gebeurtenissen een rol gespeeld. Een interessant voorbeeld hiervan betreft de verwikkelingen rond een opstand tegen het Nederlandse koloniale gezag in 1873, de Perang Ratu Samban. Deze episode heeft betrekking op het verzet van de bevolking tegen de invoering van directe hoofdelijke belastingen in 1872. Deze maatregelen wekten bij de plaatselijke bevolking onvrede. In de marga Bintunan werd door de dorpshoofden een bijeenkomst belegd. Zij drongen bij het toenmalige marga-hoofd, een vertegenwoordiger van de Dusun Samban-lineage, aan op openlijk verzet. De betrokkene weigerde hieraan mee te werken. Daarna werd een zekere Marjati, vertegenwoordiger van de Lubuk Bedil-lineage, gekozen tot leider van het verzet. Een groep gewapende mannen wachtte bij de oversteekplaats van de Air Bintunan de naar Moko-Moko onderweg zijnde assistent-resident van Bengkulu, Van Amstel, en controleur van Moko-Moko, Castens, op en vermoordde hen. Van de zijde van het Nederlandse bestuur werd een militaire expeditie gestuurd. Volgens de lokale overleveringen is toen een hevig gevecht geleverd tussen de Nederlandse troepen enerzijds en de opstandelingen onder leiding van Marjati anderzijds. Er wordt gesproken van zeer heldhaftig verzet van de zijde van de plaatselijke bevolking en aanzienlijke verliezen, die het 'kanon' van

Lubuk Bedil, dat Dayang Kertas bij haar komst als pusaka bij zich zou hebben gehad, aan de Nederlandse troepen toebracht. Door een stommiteit van een van de opstandelingen barstte het kanon en moest de bevolking noodgedwongen haar verzet opgeven. Marjati, de leider van de opstand, vluchtte naar het hoogland van Rejang-Lebong. Als margahoofd werd een vertegenwoordiger van de lineage van Dusun Samban aangesteld. Dit bleef zo tot 1945. Na de onafhankelijkheid van de Republiek Indonesië trad de tegenstelling tussen deze twee lineages opnieuw naar voren. De vertegenwoordigers van de lineage van Lubuk Bedil wierpen zich op als de authentieke voorvechters van de bevrijding en eisten het marga-hoofdschap op. Die van de lineage van Dusun Samban werden afgeschilderd als collaborateurs met het vroegere Nederlandse koloniale bestuur. Het marga-hoofdschap is sindsdien inderdaad in handen van de lineage van Lubuk Bedil.

De segmenten van subclans en lineages in de marga Bintunan, die behoren tot de Tubeui-, de Selupu- of de Bermani-clan, zijn allemaal door latere vestigingen ontstaan. Sekiau, Kota Baru, Suka Datar en Lubuk Banyau gelden als de belangrijkste moeder-dusun. Met uitzondering van één segment van de Selupu Muda-lineage uit Telun, gelegen in de aangrenzende marga Air Padang, zijn het allemaal rechtstreekse afsplitsingen van subclans en lineages uit het hoogland van Rejang-Lebong.

Alvorens het subdistrict Lais te verlaten is het van belang nog te wijzen op de overeenkomst, die op elk van de onderscheiden niveaus binnen de Jurukalang-clan lijkt te bestaan met betrekking tot de verhoudingen tussen de samenstellende delen. De verhoudingen tussen de lineages binnen ieder van de subclans, de verhouding tussen de Jurukalang-subclan van de marga Bintunan tot die van de marga Lais en tenslotte ook de verhouding van de Jurukalang-hoofdclan tot de andere hoofdclans binnen het omvattende clan-bondgenootschap van de Rejang vertonen opmerkelijke gelijkenis. Binnen iedere subclan afzonderlijk bestaat een tweedeling tussen een oudere en een jongere afstammingslijn. De oudere beroept zich uitsluitend en alleen op diens directe, patrilineale afstamming van de gemeenschappelijke voorouder. Bij de jongere afstammingslijn daarentegen wordt behalve de agnatische verwantschap met de oudere ook rekening gehouden met de afstamming van een voorouder van onduidelijke bovennatuurlijke herkomst (keturunan dewa-dewa, semidang). Dit geldt zowel voor de lineage van Lubuk Bedil in de Jurukalang-subclan van de marga Bintunan als voor de lineage van Taba Baru in de Jurukalang-subclan van de marga Lais. De verhouding tussen de Jurukalang-subclan van de marga Bintunan enerzijds en die van de marga Lais anderzijds vertoont deze structuur ook. Beroept de Jurukalang-subclan van de marga Bintunan zich behalve de verwantschap met Biku Bembo immers ook niet op haar verwantschap met de vorst van Mojopahit? En vervult Putri Darah Putih voor de Jurukalang-hoofdclan niet dezelfde functie als Serunting Sakti, Bujang Tunggal en Dayang Kertas voor de respectievelijke subclans en lineages? Deze hypothese impliceert twee belangrijke conclusies. Ten eerste, in tegenstelling tot de mythische voorstellingen hieromtrent verhoudt de Jurukalang-subclan van de marga Bintunan zich tot die van de marga Lais als de jongere afstammingslijn tot de oudere. Ten tweede, binnen het omvattende clanbondgenootschap vertegenwoordigt de Jurukalang-hoofdclan niet de oudste, maar een jongere afstammingslijn en neemt zij ten opzichte van de andere drie hoofdclans, waarvan de oudsten worden gezien als afstammelingen van de vorsten van Pagarruyung in West-Sumatra, een ondergeschikte positie in. Deze conclusies lijken eerder aan te sluiten bij de gegevens van Steck (1862) met betrekking tot het ontstaan van de clanstructuur in het hoogland van Rejang-Lebong. De mythen over de herkomst en afstamming van de genealogische verbanden in het subdistrict Ketahun wijzen in dezelfde richting.

3.2. Het subdistrict Ketahun

De genealogische verhoudingen in dit deel van het onderzoeksgebied vertonen een merkwaardige inconsistentie. De plaatselijke bevolking beschouwt zichzelf te behoren tot een aparte etnische groep, de Pekal. Haar dialect of taal verschilt van die van de Rejang. De naam Pekal wordt geassocieerd met het woord mekal (mekea/Rejang). Dit verwijst naar de toestand van water dat niet meer ongekookt (mentah) is, maar het kookpunt (matang) ook nog niet heeft bereikt. Deze uitdrukking is bedoeld om het overgangsgebied aan te geven, zowel naar taal als naar adat, tussen de Rejang in het zuiden en de bevolking van Moko-Moko verder naar het noorden. De feitelijke herkomst en de specifieke identiteit van de Pekal is niet met zekerheid bekend. Wat afstamming betreft rekent de bevolking van het subdistrict Ketahun zich tot de Rejang. De in dit gebied voorkomende subclans en lineages worden expliciet met de onderscheiden Rejang-clans in verband gebracht (Bogaardt 1859:35-36). Deze genealogische verbanden behoren evenwel niet tot het Rejang-clanbondgenootschap, de Rejang Empat Petulai (Jaspan 1964:28). De reden hiervan is, dat de subclans en lineages van het subdistrict Ketahun tot de Rejang-hoofdclans in een andersoortige genealogische verhouding staan dan die van het subdistrict Lais. Zij is in een aantal mythen nader uitgewerkt.

3.2.1. De marga Ketahun

In de marga Ketahun zijn twee subclans vertegenwoordigd. De ene is geassocieerd met de Tubeui-clan, de andere met de Bermani-clan. De moeder-dusun van de eerste, Dusun Raja, ligt aan de benedenstroom van de Air Ketahun. De moeder-dusun van de tweede, Muara Santen, ligt aan de bovenstroom in het achterland van deze marga. Omtrent het ontstaan van de Tubeui-subclan in deze marga wordt een uitgebreide mythe verteld, waarvan een vrouw, Putri Rindung Bulan, de hoofdfiguur is. De onderstaande versie is opgetekend in Dusun Raja.

"Pada zaman dahulu muara Ketahun belum ada nama. Sungai Serut namanya. Di Lebong ada tujuh kakak-beradik, keturunan raja-raja dahulu. Enam laki dan satu perempuan. Putri Rindung Bulan namanya. Yang enam laki-laki mau kawin beleket, maka adik perempuan Putri Rindung Bulan disuruh kawin. Akan tetapi Putri Rindung Bulan jatuh sakit koreng-koreng, lantas perundingan itu putus. Kemudian ada calon lain, akan tetapi Putri Rindung Bulan dapat luka, maka putus runding lagi. Lama-kelamaan kakaknya enam beradik tidak sabar lagi. Mereka mau membunuh Putri Rindung Bulan. Kakak laki-laki yang bungsu itu disuruh membunuh adik perempuan itu. Mereka pergi ke tepian sungai. Tempatnya keramat Ulau Da'eus di Lebong sekarang. Disitu dibuat sebuah rakit. Adik perempuan itu dilepas dan seekor anjing dipotong sebagai tanda. Kakak laki-laki bungsu itu memberi tanda luka kepada Putri Rindung Bulan di belakang telinga, dan pada dirinya sendiri di jari telunjuk. Terus rakit bersama Putri Rindung Bulan dihanyutkan. Tiaptiap bermalam menjadi dusun. Dusun Raja demikian pula. Satu tahun lamanya sampai di muara, maka dusun dipinggir muara diberi nama

Setahun, Ketahun sekarang.

Di muara Ketahun rakit itu dinaikkan tepi sungai. Tanda aur licin tumbuh disitu. Putri Rindung Bulan naik tebing dan membuat tempat tinggal, Tepat Masat gelarnya. Putri Rindung Bulan bertempat tinggal disitu lama. Pada suatu waktu raja Indrapura, Raja Tuanku Alam, lewat dan melihat dari kapalnya ada cahaya di muara itu. Maka dia singgah dan bertemu dengan Putri Rindung Bulan. Raja Indrapura diterima olehnya dan dia ikut ke Indrapura. Sampai disitu Raja Indrapura memanggil empat penghulu. Bertanya: 'Bagaimana gadis ini diurus?' Penghulu empat itu minta waktu tiga hari. Keputusan rapat, gadis itu akan dikawinkan lewat bimbang besar. Raja itu telah ada isteri enam. Waktu mau dikawin Putri Rindung Bulan kirim kabar ke Lebong yang diterima oleh kakak enam beradik itu. Mereka datang ke Indrapura, menuntut pada raja bayaran beleket. Raja Indrapura itu minta ditunjuk siapa diantara tujuh perempuan itu adalah adik mereka. Kalau tidak tahu, maka mereka akan dibunuh. Dari enam kakak laki-laki itu hanya yang bungsu bisa tunjuk yang benar. Terus ia menunjukkan luka di jari telunjuknya itu. Sesudah itu raja Indrapura membayar jujur sebesar enam ruas bambu emas. Waktu pulang di tengah laut biduk pecah. Emas yang lima kakak laki-laki punya jatuh ke dasar laut. Hanya adik laki-laki yang bungsu itu masih simpan emasnya. Akhirnya mereka mendarat di Serangai (tersangai). Terus berjalan ke muara Urai. Disana kakak laki-laki minta bagian emas dari adiknya bungsu itu. Timbul perselisihan antara kakak enam beradik itu sampai emas itu jatuh (terurai). Akhirnya emas itu dibagi juga. Yang bungsu pulang ke Muara Aman. Putri Rindung Bulan mendapat anak satu, Raja Bendar Panglimo Koto. Dia minta menjadi raja. Terus disuruh pergi ke daerah Ketahun. Kira-kira sepuluh kilometer dari muara Air Ketahun itu dia membuat dusun, Muara Dua namanya, seberang Kualalangi sekarang. Anak buahnya pindah ke Dusun Raja sekarang." (Informant uit Dusun Raja, marga Ketahun.) (Nederlandse weergave in Bijlage 1: Tekst 5.)

Deze mythe van Putri Rindung Bulan is opgebouwd uit drie delen. Het eerste handelt over een zestal broers, die voor hun huwelijk aangewezen zijn op de jujur van hun jongste zus. Na herhaalde weigering op huwelijksaanzoeken in te gaan besluiten de broers haar te vermoorden. De jongste wordt met de uitvoering hiervan belast. Hij brengt Putri Rindung Bulan naar de oever van de (Ketahun-)rivier, maakt een vlot en laat haar hierop de rivier afzakken. Voor het vertrek echter geeft hij zijn zusje een teken achter het oor en zichzelf aan zijn wijsvinger. Als teken, dat hij zijn zusje gedood heeft, slacht hij een hond. Putri Rindung Bulan vaart de rivier af. Op elke plaats waar zij overnacht vestigt zij een nederzetting. Dusun Raja, de moeder-dusun van de Tubeui-subclan in de marga Ketahun, ontstaat eveneens op deze manier. Na een jaar bereikt Putri Rindung Bulan de monding van de Air Ketahun en sticht ook daar een nederzetting. Het tweede gedeelte verhaalt hoe zij in contact komt met de vorst van Indrapura, die haar meeneemt en tot zijn vrouw wil maken. Nog voor de huwelijkssluiting wordt voltrokken stuurt Putri Rindung Bulan hiervan bericht naar haar broers in Lebong. Deze reizen naar Indrapura en vorderen van de vorst een jujur. De vorst van Indrapura eist van de broers, dat zij hun zusje aanwijzen temidden van de overige vrouwen. Alleen de jongste van de zes broers kan Putri Rindung Bulan aanwijzen. Het laatste deel van de mythe gaat over de terugkeer van de broers. Zij ontvangen van de vorst van Indrapura de gevraagde jujur. Onderweg lijden zij echter schipbreuk. De vijf oudsten verliezen daarbij het door hun ontvangen goud. Alleen dat van de jongste blijft behouden. Nadat zij aan land zijn gegaan ontstaat er onderling ruzie. De oudere broers eisen elk een deel van het goud van de jongste. Uiteindelijk wordt het goud verdeeld. De jongste van de broers keert vervolgens terug naar Muara Aman, de moeder-dusun van zijn clan in het hoogland van Rejang-Lebong. Putri Rindung Bulan krijgt een zoon, die naar de marga Ketahun terugkeert en langs de Air Ketahun een nederzetting sticht, Muara Dua, later veranderd in Dusun Raja.

Ook deze mythe wordt met allerlei variaties en uiteenlopende literaire wendingen voorgedragen. Van bijzondere betekenis in dit verband is de versie, die De Raedt van Oldenbarneveldt (1888) heeft opgetekend. Zij geeft op een aantal punten belangrijke aanvullingen. Hij spreekt van een vorst van Pagarruyung, Raja Jungur, oudste van de Tubeui-clan, die een zoon had, Tuan Raja Mawang. Deze laatste, op zijn beurt, had vijf zonen en een dochter, Ki Geto, Ki Tago, Ki Geting, Ki Jenaing, Ki Jeni Krania en Putri Srindung Bulan. De laatstgenoemde zakt op een vlot de rivier af. Op haar reis neemt zij een viertal attributen mee: een hond, een kip, gestampte rijst en een slijpsteen. Bij de monding aan zee sloeg het vlot door de hoge branding om en viel zij met alle attributen in het water. De hond veranderde in een haai (hiu kumbang), de kip in een visarend (burung lang), het touw aan de poot van de kip in een ketting, de rijst in rode garnalen (seguguh) en de slijpsteen in een magische steen (batu kumbang). Putri Srindung Bulan klimt op de rechteroever uit het water en sticht de nederzetting Ketahun. Zij maakt een nieuw vaartuig en vertrekt naar de Pagai-eilanden. Haar volgelingen bleven achter. De vorst van Indrapura, raja Setio Barat, verneemt dat er op de Pagai-eilanden een prinses verblijft en haalt haar af. Hij brengt haar naar Indrapura, huwt haar en krijgt twee zonen, die naar Lebong worden gestuurd. Te Ketahun maken zij zich bekend als de zonen van Putri Srindung Bulan en worden gastvrij ontvangen. De ene wordt raja Benda, de vorst over de zeekust en de andere trekt naar Lebong en wordt daar ook vorst.

Tussen de uiteenlopende versies van de mythe van Putri Rindung Bulan bestaan allerlei verschillen en tegenstrijdigheden. Het aantal broers is in het ene geval vijf of zes, in het andere vier. De in Dusun Raja opgetekende versie plaatst de schaduwzijden van het jujur-huwelijk op de voorgrond. Om zelf te kunnen huwen dwingen de oudere broers hun zusje tot een huwelijk. Afwijzing hiervan wordt met de dood bestraft. In een andere overlevering had deze prinses lepra en werd zij door haar broers verstoten en weggejaagd naar zee (Westenenk 1921:74). Volgens weer een andere versie berust het vertrek van Putri Rindung Bulan op een gevoel van schaamte. Haar jujur alleen zou onvoldoende zijn om al haar broers te laten huwen op de volgens de adat voorgeschreven wijze (Jaspan 1964:113). Volgens dezelfde bron zou zij huwen met Setio Barat, vorst van Indrapura, en niet met raja Tuanku Alam (Jaspan 1964:115). In de ene versie keert een van de broers terug naar Lebong, terwijl de anderen zich elders in de kuststreek van de provincie Bengkulu en in de binnenlanden van Palembang vestigen. De laatstgenoemden zouden zich door het verlies van hun aandeel in de jujur beschaamd hebben gevoeld en niet naar Lebong hebben durven terugkeren. In een andere versie heet het, dat Putri Rindung Bulan twee zonen had, waarvan er een naar Lebong is gegaan terwijl de andere zich in de kuststreek vestigde in Dusun Raja (De Raedt van Oldenbarneveldt 1888:425).

Belangrijker dan deze inconsistenties en verschillen is de genealogische verhouding van de Tubeui-subclan van de marga Ketahun tot de Tubeui-hoofdclan in Muara Aman in het hoogland van Rejang-Lebong. Het gaat hierbij om aanverwantschap. Opmerkelijk is in dit verband de vaststelling, dat deze op het matrilineale principe gebaseerde aanverwantschap met de Rejang belangrijker wordt geacht dan de rechtstreekse patrilineale afstamming van de vorst van Indrapura. Dit roept de gedachte op, dat de positie van de Tubeui-subclan van de marga Ketahun ten opzichte van de Tubeui-hoofdclan in Lebong vergelijkbaar is met die van de Jurukalang-subclan van de marga Bintunan tot de Jurukalang-hoofdclan in het hoogland van Rejang-Lebong. Deze structurele overeenkomst zou hierin bestaan, dat de Tubeui-subclan van de marga Ketahun een ondergeschikte, matrilateraal geassocieerde, genealogische eenheid vertegenwoordigt, die zich bovendien beroept op directe, patrilineale afstamming van de legendarische vorsten van Indrapura. In de mythe van Putri Rindung Bulan komt dezelfde mythologische constructie voor als die in de mythe van de Benuang Sakti werd opgemerkt. De mythe van Putri Rindung Bulan wordt echter geassocieerd met het westen, de mythe van de Benuang Sakti daarentegen met het oosten. Deze mythen laten overigens ook zien, dat binnen een en hetzelfde overkoepelende clanverband zowel het principe van patrilineale als van matrilineale verwantschap tot gelding wordt gebracht.

De tweede in de marga Ketahun voorkomende subclan behoort tot de Bermani-clan. De moeder-dusun van deze genealogische eenheid is Muara Santen in het achterland van deze marga. Deze subclan wordt beschouwd later te zijn ontstaan dan de hierboven behandelde Tubeui-subclan van Dusun Raja. Met betrekking tot het ontstaan van deze Bermani-subclan kon echter geen duidelijke mythe worden verzameld.

Als derde en laatste is ook de Jurukalang-clan in de marga Ketahun vertegenwoordigd met een segment van de Jurukalang-subclan van de aangrenzende marga Bintunan. De moeder-dusun van deze lineage is Gunung Payung. Het ontstaan van deze lineage wordt door de plaatselijke bevolking in verband gebracht met bepaalde verwikkelingen tussen de Tubeui-subclan van Dusun Raja en de Bermani-subclan van Muara Santen, die in een ver verleden zouden hebben plaats gehad. Deze twee subclans waren eens rivalen. De hoofden van Dusun Raja oefenden in het hele gebied van de marga Ketahun het gezag uit. De leden van de Bermani-subclan, die vanuit het hoogland van Rejang-Lebong de marga Ketahun waren binnengedrongen en nederzettingen hadden gesticht in het achterland, wilden zich verder stroomafwaarts vestigen in het gebied waar de leden van de Tubeui-subclan woonden. Er braken vijandelijkheden uit. De leden van de Bermani-subclan stonden onder leiding van het hoofd van Muara Santen. Die van de Tubeui-subclan werden aangevoerd door het hoofd van Dusun Raja. De Tubeui-subclan dreigde de strijd te verliezen. Het hoofd van Dusun Raja zocht steun bij Mastiko Kancil, afstammeling van Serunting Sakti en hoofd van Dusun Sebayur, een vroegere nederzetting aan de bovenloop van de Air Serangai in de marga Bintunan. Met de hulp van Dusun Sebayur kon Muara Santen worden verslagen. Als dank stond het hoofd van Dusun Raja een uitgestrekt en vruchtbaar gebied langs de Air Ketahun af, Tanjung Budi geheten. Een van de zonen van Mastiko Kancil stichtte daar de nederzetting Gunung Payung. In het gebied van de Air Ketahun werd een nieuwe politieke indeling tot stand gebracht. De leden van de Tubeui- en de Bermani-subclan werden in twee aparte suku ondergebracht, Suku VII en Suku IX, elk met een eigen hoofd (pembarab). Gunung Payung diende de twee partijen van elkaar gescheiden te houden en het politieke evenwicht in het gebied te waarborgen. Aan het einde van de 19e eeuw zijn deze twee suku tot de huidige marga Ketahun samengevoegd.

De interne structuur van ieder van deze genealogische verbanden in de marga Ketahun, het bestaan van aparte lineages en hun onderlinge rangverhoudingen, is vooralsnog niet duidelijk vanwege de gebrekkige, vaak inconsistente gegevens. Aanvullend onderzoek zou op dit punt wellicht opheldering kunnen verschaffen.

3.2.2. De marga Seblat

"De marga Seblat is de verst vooruitgeschoven post der Redjangers aan zee (..)" (Westenenk 1917:510). De genealogische verhoudingen in dit deel van het onderzoeksgebied zijn vergelijkbaar met die in de marga Ketahun. De allereerste "settlers" in de marga Seblat en stichters van de moeder-dusun Kerang Melintang (Sukamedan) worden geassocieerd met de Jurukalang-hoofdclan. De mythe hierover vertoont zowel naar opbouw en inhoud als naar verloop grote overeenkomst met die van Putri Rindung Bulan over het ontstaan van de Tubeui-subclan in de marga Ketahun. Op bepaalde punten zijn beide zelfs identiek. In de oorsprongsmythe van de marga Seblat is de hoofdfiguur ook een vrouw, Nurbaiti, die Tapos in het hoogland van Rejang-Lebong eveneens langs de Air Ketahun heeft verlaten. Nurbaiti was met drie oudere broers te paard uit Pagarruyung weggetrokken met het doel gezamenlijk een eigen woongebied te zoeken. Zij trokken door de Bukit Barisan-bergketen naar het zuiden en kwamen in Lebong. Pas aangekomen zakte het paard van de oudste in en ging dood. Het werd begraven en de oudste stichtte ter plaatse een nederzetting, het huidige Muara Aman. Nurbaiti en de twee overgebleven broers reden verder tot Tapos en stichtten in de nabijheid van deze dorpsgemeenschap een nederzetting (talang). Ieder van de twee broers bezat een sacraal voorwerp. De ene had een fluit (seruling), de andere een gevlekte haan. De eerste mocht door een vrouw niet worden aangeraakt, de tweede moest tegen vijanden worden beschermd. Op een dag dat beide broers afwezig waren slachtte Nurbaiti de gevlekte haan. Toen de oudste broer terugkeerde en naar de haan vroeg beweerde zij, dat deze door een arend was opgegeten. Haar leugen werd echter snel ontdekt. Zij raakte hierdoor in grote verlegenheid en besloot onmiddellijk uit Tapos weg te trekken. Voor het vertrek bracht de oudste broer een teken aan achter haar oor. Op het vlot zakte Nurbaiti de Air Ketahun af zonder duidelijke bestemming. Toen de tweede broer terugkeerde en naar zijn zusje vroeg ontstond er tussen beiden een heftig meningsverschil. Uiteindelijk besloten zij Nurbaiti samen te gaan zoeken. Eveneens op een vlot voeren zij de Air Ketahun af. Voor onderweg namen zij een kip en gestampte rijst mee. Na een jaar bereikten zij de monding. De rijst viel in het water en veranderde in garnalen. De kip ontsnapte en werd een visarend. De twee broers trokken zoekend verder en kwamen bij de monding van de Air Kasik, thans Air Seblat geheten. Daar vonden ze één voetafdruk, se lat, en noemden het gebied Seblat. Zij zochten het hele gebied af, maar vonden niemand. De jongste van de twee broers vestigde zich vervolgens in het betrokken gebied en stichtte de nederzetting Lubuk Mucing. De oudste daarentegen zette zijn tocht voort en kwam na lange omzwervingen op het eiland Bangka terecht. Daar ontmoette hij Nurbaiti, die op het punt stond met de daar heersende vorst te huwen. Hij maakt zich bekend als haar oudere broer. De vorst geloofde dit niet en eiste een bewijs. Hij laat dan het teken zien, dat hij achter het oor van Nurbaiti heeft aangebracht. De vorst van Bangka laat Nurbaiti gaan. Zij keert naar het gebied van Seblat terug en sticht de nederzetting Kerang Melintang. Nurbaiti huwt vervolgens met Depatai Gelombang Batang uit de marga Semitul, Sungai Limau. Haar oudere broer vestigt zich opnieuw in Tapos.

De mythe van Nurbaiti vertoont opvallend veel gelijkenis met die van Putri Rindung Bulan. Het is een uit Pagarruyung afkomstige voorouderfiguur, die met haar broers door de Bukit Barisan-bergketen trekt en in Rejang-Lebong terecht komt. Een voorval verstoort de verhouding tot hun respectievelijke broers. Daarna dalen zij over een rivier naar de kustvlakte af. Na lange omzwervingen komen zij beiden in aanraking met een vorst, die met hun wil huwen. De broers volgen hun later ook over dezelfde rivier. In de mythe van Nurbaiti brengt de oudere broer haar terug en wordt zij de stichtster van een nederzetting in de marga Seblat. Deze versie van de mythe van Nurbaiti bevat op een aantal punten ook ongerijmdheden, bijvoorbeeld met betrekking tot de verhouding tussen de afstammelingen van Nurbaiti, die zichzelf binnen de betrokken Jurukalang-subclan als de oudste afstammingslijn beschouwen, tot die van de als 'ouder' aangemerkte broer, die in het gebied van Seblat ook een nederzetting zou hebben gesticht, eerder nog dan Nurbaiti. Gegeven de structurele overeenkomst met de hierboven behandelde mythen lijkt de veronderstelling niet ongerechtvaardigd, dat het ook in dit geval gaat om een mythologische constructie, die de relatie tot uitdrukking brengt tussen een dominante sociaal-politieke ordening en bepaalde lokale structuren en tradities. Deze laatste worden voorgesteld als aparte subclans, die door aanverwantschap met een van de vier Rejang hoofdclans zijn geassocieerd. In het onderhavige geval wordt deze verhouding gedefinieerd als een jongere afstammingslijn binnen de Jurukalang-hoofdclan.

Binnen deze Jurukalang-subclan worden twee lineages onderscheiden. Pengambang, het hedendaagse Pasar Seblat, en Kerang Melintang, thans Sukamedan, zijn de respectievelijke moeder-dusun. De Pengambang-lineage wordt voorgesteld als de jongste tak van de twee, de Kerang Melintang-lineage als de oudste. Ten aanzien van de precieze onderlinge verhouding bestaan tegenstrijdige gegevens.

Naast de Jurukalang-subclan komt in de marga Seblat nog een tweede genealogische eenheid voor. Zij heeft geen duidelijke identiteit. Sommige respondenten beweren, dat de oudsten hiervan ook afkomstig zijn uit Pagarruyung in West-Sumatra, anderen herleiden hun herkomst tot Aceh in Noord-Sumatra. Ook zij zouden door de Bukit Barisan-bergketen naar het zuiden zijn getrokken en langs de Air Seblat naar de kust zijn afgezakt. De eerste vestiging van deze genealogische eenheid wordt Sematung Tinggi genoemd, gelegen nabij de heilige plaats Batu Telang Rindu aan de bovenloop van de Air Seblat, diep in het achterland van deze marga. De vertegenwoordigers van de Jurukalang-subclan beschouwen deze genealogische eenheid als een ondergeschikte groep, omdat zij zich op een later tijdstip in de marga Seblat zou hebben gevestigd.

De verhoudingen tussen de Jurukalang-subclan enerzijds en deze latere genealogische eenheid anderzijds stemmen overeen met die tussen de Tubeui- en Bermani-subclans in de aangrenzende marga Ketahun. Beide bewoonden aanvankelijk verschillende delen van het Seblat-gebied. De Jurukalang-subclan was gevestigd aan de benedenloop van de Air Seblat in de nabijheid van de monding van deze rivier in zee. De andere genealogische eenheid verbleef in het achterland. Beide partijen raakten met elkaar in een strijd verwikkeld. De Semantung Tinggi-groep uit het achterland vocht om toegang te krijgen tot de kust. De Kerang Melintang- en Pengambang-lineages konden de aanvallen niet weerstaan en besloten tot verzoening. Er werd een nieuwe territoriale indeling gemaakt. De uit Sematung Tinggi afkomstige groep kreeg het gebied ten noorden van de Air Seblat toegewezen. Zij verhuisde uit het achterland en vestigde zich langs de Air Senabah. In de loop van de tijd ontstonden daar een aantal dorpsgemeenschappen. Het gebied ten zuiden van de Air Seblat bleef in handen van de Jurukalang-subclan. Tot aan het einde van de vorige eeuw had ieder van deze groepen een eigen hoofd (pembarab). Vlak voor de eeuwwisseling werden zij tot één marga samengevoegd, in 1922 van de afdeling Moko-Moko afgescheiden en onder het districtsbestuur van Lais geplaatst.

Ter afsluiting van dit hoofdstuk zij nogmaals gewezen op het verschil tussen de oorsprongsmythen van de verschillende subclans en lineages van het subdistrict Ketahun enerzijds en die van het subdistrict Lais anderzijds. Ofschoon de bevolking van beide subdistricten haar afstamming herleidt tot de Rejang hoofdclans van het hoogland van Rejang-Lebong, wordt deze genealogische band in elk van deze subdistricten een zeer verschillende betekenis toegekend. Dit neemt overigens niet weg, dat deze "classificatie" van de genealogische verbanden bij elk van de betrokken etnische groepen vanuit precies hetzelfde denk- of referentiekader wordt begrepen. Bij ieder van hen wordt het ontstaan van de clanstructuur geïnterpreteerd in termen van een continu proces van verdeling en opsplitsing van bepaalde oorspronkelijke afstammingslijnen en verwantschapsgroepen. Deze "verklaringswijze" hangt samen met de fundamentele verandering c.q. omzetting van de betekenisstructuur die zich in verband met de opkomst van het Rejang-clanbondgenootschap ten aanzien van deze bevolkingsgroepen heeft voltrokken. Het hierboven gesignaleerde proces van "incorporatie" van etnisch verschillende bevolkingsgroepen door onderschikking en affiliatie, wordt door de representanten van de "onderliggende" sociale structuren en culturele tradities voorgesteld en gedefinieerd als een proces van "expansie" en "verbreiding" van het specifieke cultuurpatroon van de dominante bevolkingsgroep.

Twee aspecten van het ontstaan van de clanstructuur in het onderzoeksgebied zijn in het bovenstaande nog niet aan de orde gesteld. Ten eerste de territoriale betekenis van de genealogische verbanden. Ten tweede de specifieke sociale mechanismen waarop de "culturele expansie" c.q. "structurele incorporatie" van bevolkingsgroepen met andersoortige sociaal-politieke structuren en culturele tradities feitelijk berust. Beide zijn van wezenlijk belang voor het begrijpen van de elementaire endogene maatschappelijke ontwikkelingstendenzen, die aan de samenleving en cultuur van de Rejang en Pekal ten grondslag liggen. Aan deze twee onderwerpen is het volgende hoofdstuk gewijd.

6
DE SUKU

1. *De begripsbepaling*

De in hoofdstuk 5 onderscheiden genealogische verbanden zijn van directe betekenis voor de traditionele sociale structuur van de Rejang en de Pekal in het algemeen en de institutionele verhoudingen binnen de afzonderlijke dorpsgemeenschappen in het bijzonder. Binnen en tussen de dorpsgemeenschappen lopen grenzen van verschillend clan-, subclan- en lineage-lidmaatschap. De ene dorpsgemeenschap wordt uitsluitend geïdentificeerd met één enkel genealogisch verband, in de andere zijn verschillende genealogische verbanden vertegenwoordigd. Deze indeling op basis van genealogische verbondenheid is binnen iedere dorpsgemeenschap afzonderlijk geïnstitutionaliseerd in een suku-structuur. Dorpsgemeenschappen of segmenten daarvan, die behoren tot een en dezelfde clan, subclan of lineage, vormen in veel gevallen een aparte cluster. Voor een nauwkeurige definiëring van de term suku is het noodzakelijk een onderscheid te maken tussen enerzijds de formele en anderzijds de substantieve kenmerken van de suku.

1.1. *De formele betekenis*

De formele kenmerken van de suku komen tot uitdrukking in de wijze waarop deze term in het alledaagse taalgebruik wordt gehanteerd. Ten eerste als aanduiding van een bevolkingsgroep met een specifieke identiteit. Voorbeelden hiervan zijn uitdrukkingen zoals suku Java, suku Dayak en suku Rejang. De bijzondere karakteristieken van deze bevolkingsgroepen worden in het ene geval in positieve zin gedefinieerd, in het andere een negatieve betekenis toegekend. De suku Java bijvoorbeeld ontleent haar identiteit aan de specifiek Javaanse cultuuruitingen op het gebied van literatuur, muziek en dans. Ten aanzien van de suku Dayak daarentegen wordt vaak het onderontwikkelde, het primitieve, het ontbreken van bepaalde gewaardeerde cultuuruitingen benadrukt. Ten tweede heeft de term suku ook de betekenis van een onderdeel van een omvattend geheel. Zeer duidelijk komt dit tot uitdrukking in termen zoals suku cadang (reserve-onderdeel) en suku dinas (suborganisatie binnen een groot bureaucratisch bestel). Hierbij gaat het niet louter en alleen om de onderscheiding tussen het deel en het geheel, maar ook om de bijzondere positie die het onderdeel inneemt binnen het grotere verband. Deze connotaties zijn eveneens verbonden aan de uitdrukking suku bangsa. Een suku bangsa is zowel de aanduiding voor een etnische groep, een aparte eenheid met een specifieke identiteit, als ook voor een geleding binnen het gehele Indonesische volk. De suku die met betrekking tot de Rejang en de Pekal worden onderscheiden binnen de afzonderlijke dorpsgemeenschappen dragen dezelfde formele kenmerken. Het gaat hierbij ook om aparte maatschappelijke geledingen, die aanspraak maken op een eigen identiteit en deel uitmaken van een groter geheel, de dorpsgemeenschap (dusun). In elke dorpsgemeenschap komen tenminste twee suku voor. De identiteit van de suku wordt nu eens in positieve, dan weer in negatieve zin gedefinieerd. Binnen de dorpsgemeenschappen nemen de suku ieder een aparte positie in. Zij vormen tezamen een configuratie. Er bestaat tussen de suku onder meer een rangverhouding.

Deze formele kenmerken van de suku zijn echter onvoldoende om haar van de clans, subclans en lineages te onderscheiden. Hiervoor is het nodig stil te staan bij de substantieve kenmerken van de suku.

1.2. De substantieve betekenis

De clans, subclans en lineages zijn abstracte, sociologische categorieën. Tot dergelijke genealogische verbanden worden diegenen gerekend, die hun afstamming terugvoeren tot een bepaalde gemeenschappelijke voorouder. Bij een clan of subclan is deze afstamming niet (meer) traceerbaar. Bij een lineage is dat vaak nog wel het geval. Het lidmaatschap van een clan, subclan of lineage is niet aan een bepaalde plaats gebonden. Overeenkomstig het huwelijks- en vestigingspatroon wonen de leden van deze genealogische verbanden wijd verspreid. Met betrekking tot de suku daarentegen zijn beide, het afstammings- èn het lokaliteitsprincipe, van betekenis. De suku zijn gegrondvest in de clans, subclans en lineages. De leden van een suku voeren hun afstamming in principe ook tot een of meer gemeenschappelijke voorouders terug. In tegenstelling tot de onderscheiden omvattende genealogische verbanden echter is het lidmaatschap van een suku onlosmakelijk verbonden met dat van een bepaalde dorpsgemeenschap. Met andere woorden, de suku is het segment van een clan, subclan of lineage dat in een bepaalde dorpsgemeenschap is gevestigd.

2. De grondslagen van de suku

Een suku is dus in principe een verwantschapsgroep, waarvan de leden hun afstamming terugvoeren tot een of meer gemeenschappelijke voorouders of oudsten. De suku worden binnen de afzonderlijke dorpsgemeenschappen bewust ingesteld. Zij functioneren elk als een aparte maatschappelijke eenheid. Verwantschap, lokaliteit en institutie zijn de belangrijkste principes, die aan de suku ten grondslag liggen. Elk van deze principes zal in het kort worden toegelicht.

2.1. De verwantschap

Met betrekking tot de afbakening van de suku ten opzichte van elkaar worden twee soorten criteria gehanteerd. In de eerste plaats die welke gelden voor de bepaling van de huwelijksexogamie volgens het Islamitische huwelijksrecht. Uitgangspunt hierbij vormt het wali-schap. "Kalau perwalian, yaitu hak wali, antara beberapa orang masih satu, maka mereka masih tergabung dalam suku yang sama. Kalau antara orang tersebut tidak ada hak menjadi wali lagi, maka bercerailah mereka dan terjadinya suku dua. Kawin suku yang satu sama suku yang lain diperbolehkan, karena mereka sudah terpisah dari hubungan wali." Degenen, die bij het huwelijk van een bepaalde vrouw het recht hebben op te treden als haar 'vertegenwoordiger' (wali), behoren tot dezelfde huwelijksrechtelijke suku. Zijn de betrokkenen van dit recht uitgesloten dan behoren zij tot twee verschillende huwelijksrechtelijke suku. Een huwelijk tussen personen uit twee huwelijksrechtelijke suku is volgens de Islamitische godsdienst niet verboden aangezien er onderling geen wali-verhouding (hubungan wali) bestaat. Voor het wali-schap komen in aanmerking de vader, de broers, de ooms, de grootvader en de neven van de bruid. De onderlinge wali-verhouding wordt uitsluitend patrilineaal bepaald. Bij matrilineale verwantschap wordt de wali-verhouding beschouwd te zijn doorbroken (putus wali). In de tweede plaats geldt als criterium de patrilineale verwantschapsgroep met een overgrootvader (poyang) als gemeenschappelijke voorouder. Deze patrilineale verwantschapsgroep vertegenwoordigt "de kleinst mogelijke maatschappelijke soekoe" (Hazairin 1936:74). Bij de Rejang en de Pekal is met name dit laatste criterium doorslaggevend voor de bepaling van de suku-indeling binnen de dorpsgemeenschappen. De instelling van suku door opsplitsing van een verwantschapsgroep is in principe pas mogelijk nadat zij de omvang van een kelompok poyang heeft bereikt. Hiervoor is het noodzakelijk dat een verwantschapsgroep zich door toetreding en geboorte uitbreidt. Toetreding geschiedt door huwelijk en vestiging. Bij een semendo-huwelijk treedt de man toe tot de suku van zijn vrouw. Dit geldt zowel bij een semendo-huwelijk binnen de dorpsgemeenschap zelf als wanneer iemand in verband hiermee verhuist naar een andere dorpsgemeenschap. De kinderen uit een semendo-huwelijk worden bij uxorilokale vestiging in beginsel gerekend tot de suku van hun moeder. Door geboorte wordt een nieuwe generatie aan de afstammingslijn toegevoegd. Zolang een bepaalde verwantschapsgroep de voor opsplitsing in aparte suku vereiste omvang van een kelompok poyang nog niet heeft bereikt is zij in principe exogaam. Na de opsplitsing gelden ieder van de aldus ontstane suku als exogame eenheden.

2.2. De lokaliteit

Een clan, subclan of lineage wordt gedefinieerd in termen van afstamming van een of meer gemeenschappelijke voorouders. Door huwelijk en vertrek vestigt een deel van de afstammelingen zich elders. De betrokkenen verliezen daardoor het lidmaatschap van dit omvattende genealogische verband niet. Het lidmaatschap van hun suku van oorsprong verliezen zij daarentegen wel. Met andere woorden, een suku vertegenwoordigt het segment van de totale verwantschapsgroep, dat in een bepaalde dorpsgemeenschap is gevestigd.

Een suku omvat echter meer dan het genoemde segment van een bepaald genealogisch verband. Iedereen behoort tot een of andere suku in de dorpsgemeenschap waar hij is gevestigd. Behalve de hierboven genoemde categorie van afstammelingen van de oudsten of stichters van de betrokken dorpsgemeenschap, de suku-genoten in de beperkte zin van het woord, maken ook andere categorieën van personen deel uit van een suku. In de eerste plaats degenen, die uit hoofde van hun semendo-huwelijk rechtstreeks met deze verwantschapsgroep zijn geaffilieerd. In de tweede plaats de van elders afkomstige personen, die zich in de betrokken dorpsgemeenschap hebben gevestigd. Ofschoon tussen deze laatstgenoemde categorie en de andere twee in principe geen verwantschapsverhoudingen hoeven te bestaan, worden ook zij in de regel bij een bepaalde suku ondergebracht. Dit betekent, dat de verwantschapsverhoudingen zich niet noodzakelijk tot alle leden van een suku uitstrekken. Voor elk van de onderscheiden categorieën hebben zij een andere betekenis. Voor de eerstgenoemde categorie is de afstamming van de gemeenschappelijke oudsten of voorouders zeer belangrijk. Voor de laatstgenoemde is zij nominaal. Voor ieder van deze categorieën geldt overigens, dat zij door vestiging elders of ingevolge huwelijk tot een andere suku toetreden en het lidmaatschap van hun suku van oorsprong verliezen.

2.3. *De suku als institutie*

De suku binnen een dorpsgemeenschap worden formeel ingesteld. De suku is dus niet alleen een segment van een genealogisch verband voor zover dat in een bepaalde dorpsgemeenschap is gevestigd, maar ze is ook een institutie (lembaga). Men kan suku oprichten, splitsen, samenvoegen en ook opheffen. De suku worden ingesteld om de adat-structuur van de afzonderlijke dorpsgemeenschappen te formaliseren. Er is pas sprake van een dorpsgemeenschap indien de betrokken gemeenschap van mensen over een dorpshoofd (depati) beschikt èn in twee of meer suku is ingedeeld. Het dorpshoofdschap en de suku zijn de institutionele voorzieningen ten behoeve van het interne bestuur en de bemiddeling bij onderlinge geschillen en conflicten binnen en tussen de dorpsgemeenschappen.

De genealogische verhoudingen zijn het fundament van de op de adat gebaseerde rechtsverhoudingen. Verschillen in afstamming worden beschouwd als de absolute voorwaarde om bij de beslechting van geschillen en conflicten te komen tot een evenwichtige afweging van de uiteenlopende belangen van de betrokken partijen. "Orang mempertahankan keturunan supaya ada perlawanan dalam hal perdamaian di dusun. Suku itu adalah perpisahan dari hukum perkawinan, maka bisa timbul adil. Jadi keadilan baru bisa tercapai kalau ada dua suku." Men houdt aan het afstammingsprincipe vast omdat dit een zeer belangrijke rol speelt bij de beslechting van geschillen en conflicten. Een rechtvaardige oplossing voor een geschil wordt slechts mogelijk geacht indien bij de afweging en besluitvorming twee of meer verschillende en in principe van elkaar onafhankelijke partijen worden betrokken. Indien de regeling van een geschil of conflict in handen zou liggen van personen, die huwelijksrechtelijk zijn verbonden door het wali-schap, is er sprake van partijdigheid. Binnen de suku heerst immers het huwelijksrecht (hukum perkawinan). De leden van een suku zijn verplicht voor de belangen van hun eigen suku-genoten op te komen (sekongkol). Voor een rechtvaardige besluitvorming is derhalve een tegenpartij vereist. Deze aan elkaar tegengestelde partijen worden door de opsplitsing of indeling van een dorpsgemeenschap in aparte suku geconstrueerd. De suku vormen een afsplitsing van het huwelijksrecht. Indien de bemiddeling van een geschil of conflict in handen ligt van personen die tot verschillende suku behoren, vertegenwoordigen zij ook wezenlijk andere belangen en is een rechtvaardige besluitvorming gewaarborgd. In verband hiermee zijn binnen elke dorpsgemeenschap tenminste twee suku vereist.

3. *De suku-structuur van de dorpsgemeenschappen*

De suku in de dorpsgemeenschappen van het onderzoeksgebied vertonen een aanzienlijke verscheidenheid. Uitgaande van de onderlinge genealogische verhoudingen en hun interne structuur kan een indeling worden gemaakt tussen twee typen: 1. de basis-suku; en 2. de contingente suku.

Tot het eerste type behoren de suku, die binnen een bepaalde clan, subclan of lineage een specifieke afstammingslijn vertegenwoordigen en waarvan de leden hun onderlinge verwantschap terugvoeren tot een gemeenschappelijke voorouder of suku-oudste. Op grond hiervan zijn deze suku opgenomen in een uitgebreid netwerk van genealogische verhoudingen, dat hun verbindt met suku, die binnen dezelfde dorpsgemeenschap dan wel in andere dorpsgemeenschappen voorkomen. De contingente suku daarentegen zijn op zichzelf staande categorieën. Zij worden niet met een specifieke afstammingslijn binnen een of andere clan, subclan of lineage geïdentificeerd. Zij zijn derhalve dan ook geheel uitgesloten van of slechts zijdelings geaffilieerd met het omvattende netwerk van genealogische verhoudingen, dat de basis-suku onderling verbindt. In principe komen de contingente suku alleen voor in combinatie met een of meer basis-suku.

De suku binnen de dorpsgemeenschappen staan niet los van elkaar. Zij vormen configuraties. Het spreekt vanzelf, dat zowel binnen als tussen de genoemde hoofdtypen van suku allerlei combinaties mogelijk zijn. De suku-configuraties die voorkomen in de dorpsgemeenschappen van het onderzoeksgebied kunnen in drie categorieën worden verdeeld. In de eerste plaats zijn er de dorpsgemeenschappen waarvan alle suku basis-suku zijn. In de tweede plaats de dorpsgemeenschappen met een suku-configuratie waarin behalve een (of meer) basis-suku ook een (of meer) contingente suku voorkomen. In de derde plaats de dorpsgemeenschappen waarvan de suku-configuratie uitsluitend bestaat uit contingente suku. Met betrekking tot elk van deze drie categorieën afzonderlijk kunnen een aantal specifieke varianten worden onderscheiden. Terwille van de overzichtelijkheid worden zij een voor een in het kort omschreven.

3.1. De configuraties van basis-suku

Overeenkomstig de bijzondere aard van de onderlinge genealogische verhoudingen tussen de basis-suku kunnen binnen deze categorie drie varianten worden onderscheiden.

1. De configuratie van basis-suku, bestaande uit suku, die elk één aparte, in principe patrilineale afstammingslijn vertegenwoordigen binnen een en dezelfde lineage van één bepaalde clan of subclan. De oudsten van deze suku worden voorgesteld als broers (kakak adik) en gelden als directe patrilineale afstammelingen van een gemeenschappelijke voorouder (poyang).

2. De configuratie van suku waarvan iedere suku afzonderlijk ook een in beginsel patrilineale afstammingslijn vertegenwoordigt, maar waarbij de verwantschapsverhouding tussen de stichters of oudsten van de betrokken suku minder nauw zijn dan die bij de bovenstaande configuratie. Het gaat hierbij meestal om configuraties waarin suku zijn vertegenwoordigd uit verschillende lineages binnen dezelfde clan of subclan. De stichters of oudsten van de suku verhouden zich bijvoorbeeld tot elkaar als neven (keponakan) of verre achterneven. De genealogische verhoudingen tussen de betrokken suku onderling zijn in dit geval patrilineaal of patrilateraal.

3. De configuratie van basis-suku samengesteld uit suku, die als zodanig ook verschillende patrilineale afstammingslijnen vertegenwoordigen, maar waarvan de stichters of oudsten van de suku met elkaar verbonden zijn op grond van aan-verwantschap. In deze gevallen worden de betrokken suku geïdentificeerd met lineages, die behoren tot verschillende clans of subclans binnen het Rejang clan-bondgenootschap dan wel met genealogische verbanden, die daarmee zeer nauw zijn geassocieerd.

3.2. De configuraties van basis-suku en contingente suku

Deze categorie van suku-configuraties is zeer heterogeen. Wanneer in deze gevallen twee, drie of nog meer basis-suku voorkomen, dan vormen deze onderling een van de hierboven gespecificeerde varianten van de suku-configuraties van basis-suku. De contingente suku vormen gewoonlijk samen geen aparte configuratie. Zij zijn bijna altijd met een of meer plaatselijk aanwezige basis-suku geassocieerd. De contingente suku kunnen echter in twee subtypen worden onderverdeeld.

1. De contingente suku bestaande uit personen, die in verband met een semendo-huwelijk in de betrokken dorpsgemeenschap zijn gevestigd, maar zich hebben afgesplitst van de (basis-)suku waartoe zij op grond van deze huwelijksvorm eigenlijk behoren. De leden van deze suku zijn lang niet altijd onderling verwant. Zij voeren hun afstamming gewoonlijk ook niet terug tot een bepaalde gemeenschappelijke voorouder. Als categorie zijn zij echter door aanverwantschap met de andere (basis-)suku geassocieerd.

2. De contingente suku waarin de vreemdelingen en buitenstaanders zijn ondergebracht, die zich in een bepaalde dorpsgemeenschap hebben gevestigd. Dergelijke suku vertegenwoordigen geen bepaalde afstammingslijn, noch voeren de leden hun afstamming terug tot een gemeenschappelijke voorouder. In principe bestaat er met de andere (basis-)suku binnen de betrokken dorpsgemeenschap geen enkele genealogische samenhang. Zij vertegenwoordigen in feite een op zichzelf staande categorie.

3.3. De configuraties van contingente suku

De dorpsgemeenschappen waar uitsluitend contingente suku voorkomen zijn uitzonderingsgevallen. Zij zijn ontstaan doordat in het verleden en door bijzondere omstandigheden de basis-suku uit de plaatselijke suku-configuratie zijn verdwenen. De overgebleven contingente suku zijn losse segmenten, die niet door traditionele verhoudingen zijn verbonden.

4. De betekenis van de suku-configuraties

De hierboven onderscheiden suku-configuraties vormen als het ware een reeks, een continuum. Zij verschillen onderling zowel met betrekking tot de wijze waarop als de mate waarin de onderlinge samenhang tussen de betrokken suku is geïnstitutionaliseerd in termen van genealogische verhoudingen. Dit continuum wordt aan de ene kant begrensd door de configuraties van basis-suku, die een aantal afzonderlijke afstammingslijnen vertegenwoordigen binnen een en dezelfde lineage uit één bepaalde clan of subclan. De verhoudingen tussen de betrokken suku onderling zijn alleen maar vastgelegd in termen van patrilineale verwantschapsrelaties. Naarmate binnen de onderscheiden configuraties de genealogische banden tussen de betrokken suku losser worden, treedt het formele, institutionele karakter van de suku steeds duidelijker op de voorgrond. Dit geldt met name voor de suku-configuraties aan de andere kant van het continuum waarin uitsluitend contingente suku voorkomen. Bij deze categorie van suku-configuraties spelen de genealogische verhoudingen voor de onderlinge samenhang in principe geen rol.

Deze verschillen tussen de uiteenlopende typen van suku en suku-configuraties komen ook tot uitdrukking in de betekenis die eraan wordt toegekend. De basis-suku vormen structuurelementen van de traditionele genealogische verbanden. De voorstellingen met betrekking tot hun ontstaan en de specifieke configuraties die zij met elkaar vormen, sluiten onmiddellijk aan bij die welke in het voorgaande hoofdstuk voor de verschillende clans, subclans en lineages zijn uiteengezet. Zij zijn ook in uiteenlopende mythen, afstammingsverhalen en oorsprongsgeschiedenissen vastgelegd. De contingente suku zijn daarentegen niet in de omvattende genealogische verhoudingen van het onderzoeksgebied geworteld. Zij vertegenwoordigen 'ad hoc'-structuren waarvan de betekenis niet boven de lokale verhoudingen uitgaat. In het hierna volgende wordt de betekenis van ieder van de onderscheiden suku-configuraties aan de hand van concrete voorbeelden uit het onderzoeksgebied toegelicht. De configuraties van basis-suku komen het eerst aan de beurt. Daarna volgen die van de contingente suku.

4.1. De patrilineale suku-verhoudingen in Kuro Tidur, marga Lais

De suku-configuratie van de dorpsgemeenschap Kuro Tidur is een zeer duidelijk voorbeeld van patrilineaal geassocieerde basis-suku, die alle tot een en dezelfde lineage van één bepaalde clan behoren (zie diagram 3). De configuratie bestaat uit vier suku: suku Depatai, suku Raden, suku Jemalai en suku Pengucak. De namen van deze suku zijn dezelfde als die van de suku-oudsten. Zij worden voorgesteld als vier broers. Hun gemeenschappelijke voorvader, Muning Duaso, is uit de dorpsgemeenschap Tapos in het hoogland van Rejang-Lebong weggetrokken en heeft zich in het kustgebied van Noord-Bengkulu gevestigd. Muning Duaso en de door de afzonderlijke suku vertegenwoordigde afstammingslijnen worden met de Jurukalang-clan geïdentificeerd. Over het ontstaan van deze suku-configuratie wordt een zeer uitgebreide mythe verteld. De inhoud hiervan is kort samengevat als volgt.

Muning Senyang Sari is een van de vijf kinderen van Rio Setanggai Panjang en kleinzoon van Biku Bembo. Hij woont in de dorpsgemeenschap Tapos in het hoogland van Rejang-Lebong. Zijn vertrek houdt verband met het feit, dat hij een meisje uit dezelfde dorpsgemeenschap huwde. Dit was in strijd met de adat en werd met de dood bestraft. Muning Senyang Sari vlucht uit Tapos weg, achtervolgd door de inwoners. Bij de Gunung Batu, gelegen op de grens met Jambi, wordt hij in het nauw gedreven. Door deze berg met zijn wijsvinger in tweeën te splijten weet hij naar de bovenloop van de Rawas-rivier te ontkomen. Hij zakt deze rivier af tot aan de monding in zee en steekt deze over naar het eiland Roban, het rijk van de geesten. Hij raakt met hun vorst in een strijd gewikkeld waaruit hij als overwinnaar tevoorschijn komt. Hij neemt een oog en een tand van de vorst van het geestenrijk mee als sacrale tekens (pusaka) voor zijn nageslacht. Met de overgebleven geesten sluit hij, eveneens ten behoeve van zijn nageslacht, een bondgenootschap, dat jaarlijks door middel van een rituele maaltijd (kenduri) opnieuw moet worden bekrachtigd. Daarna keert hij over zee terug en komt aan bij de monding van de Air Ketahun. Hij trekt langs deze rivier naar het binnenland en vestigt zich in Dusun Mbong, gelegen aan de Air Ulam. Het bericht van de terugkeer van Muning Senyang Sari bereikt ook Tapos en de inwoners van deze dorpsgemeenschap besluiten de vervolging opnieuw in te zetten. Zij zoeken de verschillende zijrivieren van de Air Ketahun af en vinden tenslotte Dusun Mbong en verzoeken het hoofd van deze dorpsgemeenschap, Megat (Makat, Margat? Westenenk 1917:74), om Muning Senyang Sari uit te leveren. Megat gaat niet direct hierop in. In plaats daarvan stelt hij het gezelschap uit Tapos de vraag of de doodstraf van Muning Suyang Sari door het geven van goud ongedaan kan worden gemaakt. De bewoners van Tapos blijven het antwoord schuldig en keren voor overleg met de oudsten van de vier hoofdclans, de Tiang Empat, naar Lubuk Bedian in het hoogland van Rejang-Lebong terug. De vier clanoudsten stellen vast, dat goud levend is. Dit houdt in, dat de adat inzake huwelijken binnen de dorpsgemeenschappen moet worden gewijzigd. In plaats van de doodstraf komt nu het slachten van een karbouw (kerbau kutai) en de betaling van een bepaalde hoeveelheid goud (mas kutai). Het gezelschap uit Tapos gaat opnieuw naar Dusun Mbong en doet verslag van de uitspraak van de vier clanoudsten. Het huwelijk van Muning Senyang Sari wordt volgens de nieuwe adat bekrachtigd. Daarna sluit Muning Senyang Sari met Megat een bloedbroederschap en keert naar Tapos in het hoogland van Rejang-Lebong terug. Door de inwoners van deze dorpsgemeenschap wordt hij echter niet geaccepteerd. Uit schaamte besluit hij Tapos en het hoogland van Rejang-Lebong voorgoed te verlaten en vertrekt met zijn kinderen naar het kustgebied. Daar ontmoet hij Kedemuan, hoofd van Dusun Balam. Van hem verneemt hij dat een gezelschap van negen personen met een grote hoeveelheid goud door het gebied reist op weg naar Kerinci. Het is in Gunung Sailan aangekomen en heeft het hoofd van deze dorpsgemeenschap, Depatai Agung Genap, om een gids gevraagd, die hen binnendoor langs het hoogland van Rejang-Lebong naar Kerinci kan leiden. Depatai Agung Genap van Gunung Sailan organiseert hiervoor een groot feest (bimbang) waarop Muning Senyang Sari en zijn vier zonen ook zijn uitgenodigd. Bij die gelegenheid wordt op Muning Senyang Sari een beroep gedaan om het gezelschap van negen personen naar Kerinci te begeleiden. De volgende dag gaan zij op weg. Dicht in de buurt van de plaats waar zich nu de dorpsgemeenschap Kuro Tidur bevindt overnacht het gezelschap. Terwijl zij om een vuur zitten begint het negental over hun bovennatuurlijke krachten (kesaktian) te pochen en zij dagen Muning Senyang Sari met zijn vier zonen uit. Er ontstaat dan een heftige woordenwisseling waarbij de naam van Muning Senyang Sari verandert in die van Muning Duaso en zijn vier zonen de titels Depatai, Raden, Jemalai en Pengucak krijgen. De woordenwisseling mondt uit in een gevecht op leven en dood, dat Muning Duaso en zijn zonen dreigen te verliezen. Op het laatste moment wordt dan de hulp van de geesten uit het rijk van Roban ingeroepen. Die steun baat echter niet. Ten einde raad wordt besloten een groot gat te maken en het negental daarin levend te begraven. Dit lukt, zij het met grote moeite. Muning Duaso keert vervolgens met zijn zonen naar Gunung Sailan terug en brengt Depatai Agung Genap het goud, dat op het negental is veroverd. Er wordt opnieuw een groot feest gehouden waarbij Muning Duaso en Depatai Agung Genap bloedbroederschap sluiten. Bij die gelegenheid krijgt Muning Duaso twee mannen en twee vrouwen toegewezen, die hem en zijn nageslacht steeds als ondergeschikten ten dienste zullen staan. Met dit gevolg keert Muning Duaso naar Dusun Balam terug. Het hoofd van deze dorpsgemeenschap, Kedemuan, geeft hem echter te verstaan, dat het beter is een eigen woongebied te zoeken en daar een dorp te stichten opdat het nageslacht van beiden in de toekomst met elkaar in vrede zullen kunnen leven. In aansluiting hierop vraagt Muning Duaso aan Kedemuan een haan en gaat hiermee op zoek naar een geschikte plaats om een nederzetting te stichten. Op verschillende plaatsen wordt de haan losgelaten om te zien of hij daar wil kraaien. Na enkele vergeefse pogingen komt Muning Duaso op een uitgestrekt vlak terrein in de buurt van de huidige dorpsgemeenschap Sukarami. Hij laat de haan los, die na een poosje begint te kraaien. Muning Duaso besluit zich met zijn gevolg op die plek te vestigen. Na verloop van tijd trekken drie van de vier zonen uit deze nederzetting weg met de bedoeling voor zichzelf ook een gebied te zoeken en een nederzetting (talang) te stichten. Alleen Depatai blijft

Diagram 3: De suku-configuratie in de dorpsgemeenschap Kuro Tidur

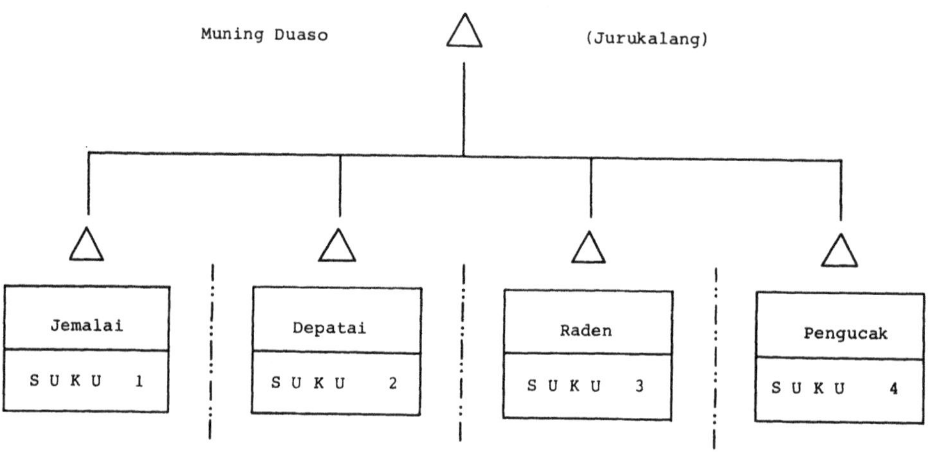

Diagram 4: De suku-configuratie in de dorpsgemeenschap Mesigit

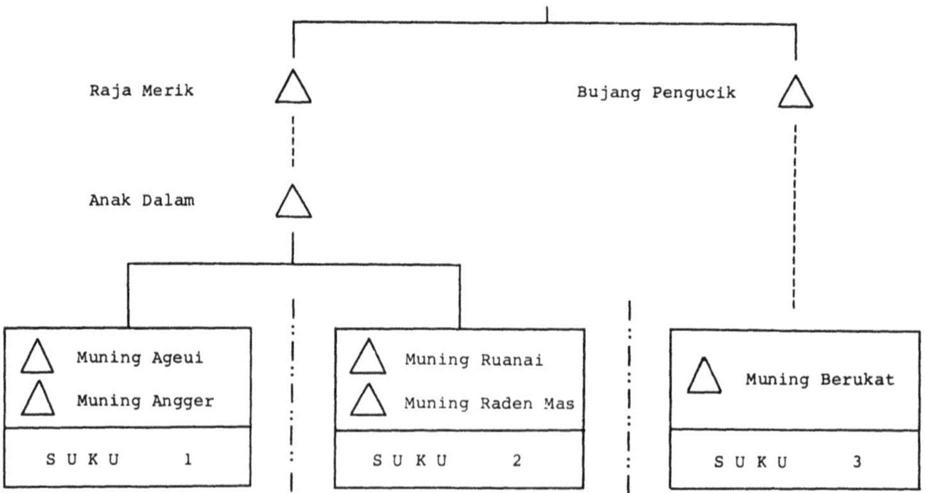

in de moeder-dusun wonen en volgt zijn vader als hoofd op. Later wordt deze nederzetting verplaatst naar de oever van de Air Lais, enkele kilometers verder. Daar hebben de van de moeder-dusun afgescheiden groepen zich opnieuw verenigd. Iedere groep vertegenwoordigt binnen de dorpsgemeenschap een aparte suku. Aan het begin van deze eeuw is deze dorpsgemeenschap opnieuw verplaatst naar de hedendaagse nederzetting Kuro Tidur. De vier-suku-configuratie is tot op heden blijven bestaan.

Deze mythe over het ontstaan van de patrilineale suku-configuratie van Kuro Tidur bevat een aantal elementen, die ook in de mythen van andere dorpsgemeenschappen met een vergelijkbare suku-configuratie steeds terugkeren. Veel van deze oorsprongs- of afstammingsverhalen beginnen met het vertrek van de gemeenschappelijke lineage-oudste (poyang, muloi jijai/Rejang) uit het hoogland van Rejang-Lebong. Overtredingen van de adat inzake exogamie zijn vaak de aanleiding hiertoe. Na het vertrek of de vlucht volgt een periode van omzwervingen gedurende welke bondgenootschappen worden gesloten met andere volken of vreemde wezens en de sacrale voorwerpen (pusaka) worden verkregen die het nageslacht zullen beschermen. Er hebben vaak hevige gevechten plaats tegen schier onoverwinnelijke tegenstanders. Deze onderstrepen de bovennatuurlijke kracht (kesaktian) van deze voorouderfiguren. Er wordt verondersteld, dat zij op de afstammelingen overgaat. Hun titels en namen ontlenen de oudsten meestal aan de heroïsche daden die zij verrichten. De onderlinge rangorde wordt afgeleid van de volgorde waarin zij optreden. Een belangrijk element van deze mythen is verder de stichting van een moeder-dusun door de gemeenschappelijke voorouder. Zijn directe afstammelingen, de oudsten van de onderscheiden suku, hebben zich hiervan afgesplitst om nieuwe nederzettingen te stichten. Zo ontstaat de configuratie van een moederdorp met een aantal genealogisch verbonden bijdorpen (talang). In een latere fase heeft een hergroepering plaats. De eens afgesplitste groepen komen opnieuw bij elkaar en vormen tezamen een aaneengesloten dorpsgemeenschap. Ieder van de samenstellende groepen vormt binnen deze dorpsgemeenschap een aparte suku. Zij vertegenwoordigen de patrilineale afstammingslijn van hun respectievelijke suku-oudste. De structuur van deze mythen en de mythologische constructies die erin zijn verwerkt komen in menig opzicht overeen met die, die ten aanzien van de hoofd- en subclans zijn beschreven.

4.2. De patrilaterale suku-verhoudingen in Mesigit, marga Air Padang

In de dorpsgemeenschap Mesigit komt een suku-configuratie voor waarbij de samenstellende suku verschillende lineages vertegenwoordigen binnen een en dezelfde clan of subclan. Het gaat hierbij om een segment van de Selupu-hoofdclan.

De suku-configuratie omvat drie suku (zie diagram 4). Twee van de drie suku beroepen zich op directe, patrilineale afstamming van een gemeenschappelijke voorouder, Raja Merik, vorst van Taba Baru in de landstreek Lebong. Van deze voorouder wordt verteld, dat hij afkomstig is uit Ogan Komering in de provincie Zuid-Sumatra en naar het hoogland van Rejang-Lebong is getrokken. Hij zou op grond van een semendo ambil anak-huwelijk met de Selupu-hoofdclan zijn geaffilieerd. Een van zijn nakomelingen, een zekere Anak Dalam, trok uit Taba Baru in Lebong weg met het doel zich in het kustgebied van Noord-Bengkulu te vestigen. De beweegredenen hiervoor zijn niet bekend. In de buurt van de huidige dorpsgemeenschap Mesigit stichtte hij de nederzetting Sigiting.

Diagram 5: De suku-configuratie in de dorpsgemeenschap Padangkala

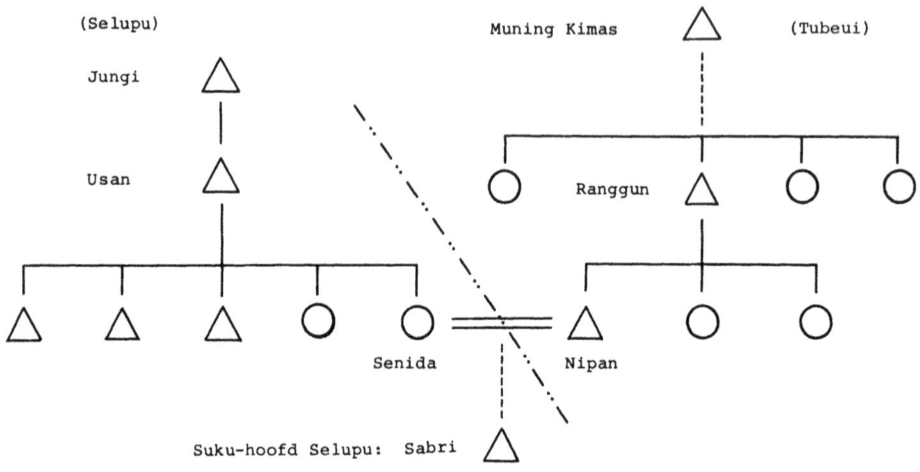

Diagram 6: De suku-configuratie in de dorpsgemeenschap Sekiau

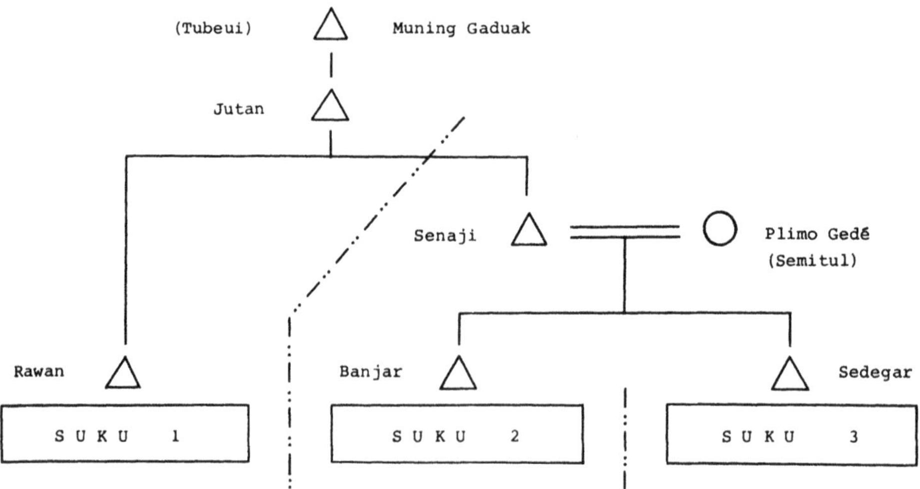

Anak Dalam wordt beschouwd de vader te zijn van een viertal zonen: Patai Ageui, Muning Angger, Muning Ruanai en Muning Raden Mas. De afstammelingen van de eerste twee vormen tezamen één suku. De afstammelingen van de laatste twee vormen de tweede suku van deze dorpsgemeenschap. De derde suku voert zijn afstamming terug tot een voorouder met de naam Berukat, een afstammeling van Bujang Pengucik, de broer van Raja Merik. Berukat geldt als een volle neef van Anak Dalam. Er wordt verteld, dat Bujang Pengucik door zijn vader uit Ogan Komering is weggestuurd om zijn broer Raja Merik uit Taba Baru in Lebong terug te halen. Raja Merik wilde echter niet terugkeren en stelde Bujang Pengucik voor zich ook in Lebong te vestigen. Bujang Pengucik stichtte vervolgens de dorpsgemeenschap Taba Bawah. Berukat zou vanuit deze dorpsgemeenschap naar de kuststreek zijn getrokken om zich bij zijn familie, de afstammelingen van Anak Dalam, aan te sluiten. In de dorpsgemeenschap Mesigit kreeg Berukat een aparte hoek van de nederzetting (sepinjing) toegewezen als woonplaats voor hemzelf en zijn nageslacht.

De suku-configuratie van Mesigit is samengesteld uit twee patrilineaal geaffilieerde suku volgens het hierboven beschreven model van Kuro Tidur in combinatie met één patrilateraal geassocieerde, derde suku van een andere lineage binnen dezelfde clan. Deze derde suku vertegenwoordigt niet alleen een jongere afstammingslijn dan de eerste twee, maar is bovendien de dorpsgemeenschap Mesigit op een later tijdstip binnengekomen.

4.3. De aanverwantschap tussen de suku in Padangkala, marga Air Padang

De suku-configuratie van de dorpsgemeenschap Padangkala bestaat uit vier suku. Zij vertegenwoordigen afstammingslijnen uit lineages van verschillende hoofdclans. Drie van de vier suku worden gerekend tot de Tubeui-hoofdclan. De vierde suku behoort tot de Selupu-hoofdclan. Deze structuur is ontstaan doordat de inwoners van de vroegere nederzetting Datar Kemiri, waarvan de stichter en oudste met de Selupu-hoofdclan wordt geïdentificeerd, naar Padangkala zijn verhuisd. In de laatstgenoemde dorpsgemeenschap hebben zij een eigen suku opgericht. Deze samenvoeging van verschillende afstammingslijnen wordt op twee manieren gelegitimeerd. Ten eerste door de band, die enkele generaties geleden tussen beide dorpsgemeenschappen is ontstaan als gevolg van een jujurhuwelijk tussen een man uit Padangkala en een vrouw uit Datar Kemiri (zie diagram 5). Ten tweede het gevoel van saamhorigheid, dat tussen de Tubeui- en de Selupu-hoofdclan van oudsher bestaat. Dit laatste element houdt verband met de bijstand, die de Selupu-hoofdclan lang geleden aan de Tubeui-hoofdclan heeft verleend ten einde het onrecht te vergelden, dat de laatstgenoemde was aangedaan. De mythe hierover is als volgt.

"Dahulukala ada seorang namanya Bujang Getar Alam, anak raja Tubeui di Lebong. Kakak perempuan Bujang Getar Alam itu kawin di Dusun Sukarsinggah di Sungai Limau, marga Semitul. Nampaknya Bujang Getar Alam itu rindu kepada kakak perempuan di Dusun Sukarsinggah itu. Pada waktu dia pergi ke Dusun Sukarsinggah untuk mengunjungi kakaknya, dia dibunuh oleh ulubalang disitu. Disangka mau ambil isteri raja. Sesudah kabar mati itu diterima di Lebong, orang bermufakat dan bertanya kepada pemimpin pada waktu itu: 'Bagaimana balasan kami akan berita Bujang itu sudah mati?' Keputusan rapat akan menyerang Dusun

Sukarsinggah. Lantas Tuan Mbong Pengaweut, ketua Tubeui, dadanya lebar tiga hasta, bersama rombongan ratusan orang dengan senjata berjalan ke pesisir. Dalam perjalanan mereka mau singgah di suatu dusun, tapi tidak bisa diterima karena banyaknya orang yang dibawa itu. Terus mereka berjalan sampai Gunung Sailan. Disana rombongan itu diterima oleh Depatai Agung Genap, ketua dusun. Sesudah istirahat mereka berangkat lagi menuju Dusun Sukarsinggah. Waktu sampai di dusun itu ternyata mereka tidak bisa masuk. Pagarnya tinggi, berlapis tujuh dan pintunya tertutup. Berasanlah mereka apakah akan berperang autaukah tidak. Keputusan mereka kembali ke Lebong, ingin menemui Tuan Mbong Gicing dari Selupu. Sampai di Lebong rombongan Tubeui itu minta tolong kepada Tuan Mbong Gicing karena sesak, supaya ikut berperang karena mereka pamili satu saudara. Tuan Mbong Gicing ikut sampai di Dusun Sukarsinggah. Pintu tertutup dan mereka tidak bisa masuk. Ketua dari Tubeui dan ketua dari Selupu berunding untuk menentukan langkah berikutnya. Jadi keputusan Mbong Gicing dimasukkan Dusun Sukarsinggah dengan bambu. Akan tetapi dia jatuh diatas senjata. Tiga hari dan tiga malam Mbong Gicing berperang diatas senjata itu tidak kena tanah. Meniru bunyi petir terus semua ulubalang Dusun Sukarsinggah itu melepaskan senjatanya dan dia bisa membuka pintu masuk. Mulailah perang besar-besaran antara rombongan dua belah pihak. Akhirnya raja Dusun Sukarsinggah minta damai, mau menghidupkan Bujang Getar Alam (tebus nyawa) dan membentuk adat. Bujang Getar Alam dibangunkan (ditebus nyawa) pakai ganti uang ditambah seorang laki-laki untuk Tuan Mbong Gicing dari Selupu sebagai tanda pergaulan baik antara dua banggo itu. Dan dibuat upacara adat potong kambing. Bangun Bujang Getar Alam itu tiada habisnya. Kalau orang Selupu pergi ke pesisir apa-apa diperlukan, minta kanan Pelimbing ilir, laut setentang mata. Maksudnya apa orang Selupu mau minta dalam batas wilayah itu tidak dilarang. Dan masuk daerah itu boleh juga, tidak perlu membayar apa-apa." (Informant uit Padangkala, marga Air Padang.) (Nederlandse weergave in Bijlage 1: Tekst 6.)

De mythe handelt over een voorval waarbij een lid van de Tubeui-clan, Bujang Getar Alam (Bujang Gemetar Alam, Westenenk 1917:75) geheten, tijdens een bezoek aan zijn zus in de dorpsgemeenschap Sukarsinggah aan de Sungai Limau in de marga Semitul werd vermoord. Nadat zijn verwanten in Lebong hierover bericht ontvingen, besloten zij de moord te wreken. Er vertrok een grote expeditie naar de kuststreek, doch zij keerde onverrichter zake terug. Er werd besloten de steun in te roepen van Tuan Mbong Gicing, een lid van de Selupu-hoofdclan in Lebong. Vervolgens werd een tweede gezamenlijke expeditie uitgerust om Dusun Sukarsinggah te veroveren en de moord te wreken. Door een list weet Tuan Mbong Gicing van de Selupu-clan Dusun Sukarsinggah binnen te dringen en de toegangspoort te openen. Dan ontstaat er een hevig gevecht. De vorst van Dusun Sukarsinggah raakt aan de verliezende hand en verklaart zich bereid de Tubeui-clan voor de moord op Bujang Getar Alam schadeloos te stellen. Het hoofd van de Tubeui-clan ontvangt als genoegdoening een bepaalde hoeveelheid geld. Het herstel van de onderlinge betrekkingen wordt met een rituele maaltijd bekrachtigd. Tuan Mbong Gicing van de Selupu-hoofdclan krijgt een man toegewezen. Deze is bedoeld om de Selupu-clan getalsmatig te versterken. Bovendien werd bepaald, dat de leden van de Selupu-clan in de marga Semitul bepaalde rechten kunnen doen gelden. Het is vanwege dit gevoel van saamhorigheid en onderling hulpbetoon enerzijds en het bestaan van onderlinge huwelijksrelaties anderzijds, dat in de suku-configuratie van de dorpsgemeenschap Padangkala suku voorkomen, die tot verschillende clans behoren.

4.4. Andere varianten van suku-affiliatie op basis van aanverwantschap

De oudsten van de door aanverwantschap geassocieerde suku worden niet altijd met een bepaalde hoofdclan geïdentificeerd. In een aantal van gevallen komen voorouderfiguren voor, die tot een andere etnische groep of bevolkingscategorie worden gerekend. Zij zouden zich lang geleden in het onderzoeksgebied hebben gevestigd. De suku die niet met een bepaalde Rejang clan worden geïdentificeerd, zijn op een heel andere manier in de betrokken suku-configuratie opgenomen dan die welke wel met een hoofdclan in verband worden gebracht. Terwijl aan de suku-indeling van de dorpsgemeenschap Padangkala een virilokaal jujur-huwelijk ten grondslag ligt, gaat het bij deze soort suku meestal om een uxorilokaal semendo-huwelijk, zoals het vroegere ambil anak- en het semendo mengiring hutang-huwelijk. Twee voorbeelden kunnen de bijzondere structuur van dergelijke suku-configuraties verduidelijken.

De dorpsgemeenschap Sekiau in de marga Bintunan van het subdistrict Lais heeft een suku-configuratie bestaande uit één suku waarvan de oudste tot de Tubeui-clan behoort en twee andere suku, waarvan de gemeenschappelijke oudste uit de marga Semitul afkomstig is. De twee laatstgenoemde suku zijn op grond van een semendo ambil anak-huwelijk van hun gemeenschappelijke voorvader met de eerstgenoemde suku geaffilieerd. De bijzonderheden van dit geval zijn de volgende. De suku Tubeui vertegenwoordigt de oudste afstammingslijn binnen de dorpsgemeenschap. Als oudste geldt Muning Gaduak, die vanuit Teluk Durian in Lebong naar de kuststreek van Noord-Bengkulu is getrokken en de nederzetting Sekiau heeft gesticht (zie ook Westenenk 1916a:75). Een van de afstammelingen, Jutan, kreeg twee kinderen, een zoon, Rawan, en een dochter, Senaji. Rawan zet de afstammingslijn binnen deze suku Tubeui in patrilineale zin voort. Senaji huwde met Plimo Gede uit Pasar Likur aan de Sungai Limau in de marga Semitul op basis van een semendo ambil anak-huwelijk. Deze schoonzoon vestigde zich na het huwelijk in Sekiau. Plimo Gede en Senaji kregen twee zonen, Banjar en Sedegar. Deze broers gelden als de oudsten van de twee geaffilieerde suku in de dorpsgemeenschap Sekiau. De afstammelingen van Banjar zijn in de nederzetting Sekiau gebleven. Die van Sedegar hebben zich afgesplitst en bevinden zich thans in Seberang Tunggal, een bijdorp van Sekiau gelegen aan de Air Bintunan enkele kilometers meer stroomopwaarts (zie diagram 6).

In de dorpsgemeenschap Jagobayo in de marga Lais komt een suku voor, die op basis van een semendo mengiring hutang-huwelijk met de overige suku is geaffilieerd. Deze suku heeft als oudste Kimas Landai, die naar aanleiding van een ernstig misdrijf uit de dorpsgemeenschap Sungai Landai aan de bovenloop van de Air Ketahun zou zijn gevlucht en in Jagobayo bescherming zou hebben gezocht. Geheel verstoken van de hulp van zijn verwanten was Kimas Landai niet in staat de voor een jujur-huwelijk vereiste bruidsprijs te vergaren. Hij besloot zijn verplichtingen in deze in te lossen door voor zijn schoonfamilie te werken (mengiring). Na zijn huwelijk stichtte Kimas Landai een aparte nederzetting. Na de samenvoeging van dit bijdorp met de dorpsgemeenschap Jagobayo is zijn nageslacht in een aparte suku ondergebracht.

Er zijn ook op basis van aanverwantschap geaffilieerde suku waarvan de afstamming wordt teruggevoerd tot voorouders, die volgens de plaatselijke overleveringen slaven (budak) of vreemde boswezens (gugoa) zouden zijn geweest. Als gemeenschappelijke voorouder hebben deze suku bijna altijd een vrouw. In deze gevallen gaat het niet in eerste instantie om de bijzondere huwelijksvorm waardoor deze suku-oudsten zijn geaffilieerd met iemand uit een andere suku binnen de betrokken dorpsgemeenschappen, maar hun specifieke herkomst of afstamming als zodanig.

Het ontstaan van de suku, die hun afstamming terugvoeren tot een slaaf of een slavin, wordt in verband gebracht met de rooftochten, die in het verleden veelvuldig zijn voorgekomen. Daarbij werden andere dorpsgemeenschappen overvallen om meisjes te roven en slaven te maken. Een dergelijke suku heeft bestaan in de vroegere nederzetting Ruyung in de marga Lais. Het hoofd van die dorpsgemeenschap, Muning Garatusan, is een berucht figuur, die rovend en plunderend door het kustgebied trok. Van hem wordt verteld dat hij negen vrouwen en meer dan veertig kinderen had. Op een van zijn strooptochten door Zuid-Bengkulu nam hij uit Serawai een klein meisje mee. Het kind groeide in Ruyung op. Toen het de volwassenheid had bereikt werd het naar Serawai teruggestuurd om daar te huwen. Het meisje voelde zich in Serawai echter niet veilig en keerde naar Muning Garatusan terug. Daar kreeg het een eigen nederzetting als verblijfplaats toegewezen. Uit haar nageslacht is later een aparte suku ontstaan.

In de nederzetting Tanjung Kasai komt een vergelijkbaar geval voor. Het gaat om een suku met als oudste een vrouw, die Muning Sekunar van Talang Rasau kreeg van Rio Pengaweut, hoofd van Muara Aman in Lebong, uit dank voor de bijstand die hij had verleend in de strijd tegen indringers die het hoogland van Rejang-Lebong waren binnengevallen. De nakomelingen van deze vrouw kregen een eigen nederzetting toegewezen. Later zijn zij naar Tanjung Kasai verhuisd en vormen daar een aparte suku.

Een volstrekt andere betekenis wordt toegekend aan de suku, waarvan de oudste met de gugoa of vreemde boswezens worden geïdentificeerd. De hedendaagse voorstellingen over deze gugoa wijken nauwelijks af van die welke Marsden hieromtrent vastlegde. Zij zouden tezamen met de Kubu behoren tot de oudste bevolkingsgroepen van Sumatra (Marsden 1783:35). Volgens de plaatselijke overleveringen leven ze als echtparen samen, spreken een eigen taal, zijn klein van gestalte en hebben een met lang haar bedekte huid. Hun uiterlijk zou nauwelijks verschillen van de mensapen die op het eiland Kalimantan voorkomen (Marsden 1783:35). Omtrent de manier waarop de Rejang met deze boswezens in contact zijn gekomen wordt in de verschillende delen van het onderzoeksgebied telkens dezelfde legende verteld. Er is een vorst, die aan een van zijn onderdanen de opdracht geeft een prauw te maken. Tijdens zijn werkzaamheden diep in het bos ondervindt de maker van deze prauw hinder van onbekenden. Steeds nadat hij de betrokken plaats heeft verlaten komen er bezoekers, die zijn arbeid kennelijk willen voortzetten, maar door onoordeelkundig handelen schade aanrichten. Dit ongerief wordt toegeschreven aan de gugoa die in het dichte oerwoud leven. Zij worden voorgesteld als nieuwsgierige wezens die de neiging hebben de mensen na te bootsen. Van deze eigenschappen maakt men ook gebruik om ze te vangen. De maker gaat in de prauw zitten en trekt op demonstratieve wijze een van rottan gemaakte val aan in de hoop, dat de glurende gugoa zijn voorbeeld zal volgen. Daarna verlaat hij de plek. Als het boswezen in de boot plaatsneemt en in de val verstrikt raakt weet het zich hieruit niet meer te bevrijden. Het wordt daarna meegenomen naar het dorp, in een kooi gezet en onderhouden. Elke dag wordt het met rijstewater besprenkeld totdat het haar van de huid loslaat. De meisjes onder de gugoa zouden een knap uiterlijk en een blank getinte huid hebben. Menig vorst zou met een gugoa-meisje zijn gehuwd. Het nageslacht wordt uit de gemeenschap verstoten en in aparte nederzettingen ondergebracht. Welke dorpsgemeenschappen en welke suku met deze boswezens worden geïdentificeerd kan in dit verband niet nader worden gespecificeerd. De betrokkenen zijn tot op de dag van vandaag gestigmatiseerd. Men zegt dat zij geen afstamming (keturunan) bezitten en daardoor van iedere bovennatuurlijke kracht (kesaktian) zijn verstoken. Zij zouden herkenbaar zijn aan bepaalde fysieke kenmerken en hun grove manier van optreden enerzijds en hun weerloosheid tegenover personen die wel over afstamming beschikken anderzijds. In vroeger tijden waren de nederzettingen die met dergelijke afstammingsgroepen werden geassocieerd volstrekt rechteloos. Het weghalen van hun bezittingen zonder noemenswaardige vergoeding gold, volgens de plaatselijke overleveringen, als een normale zaak.

4.5. De suku-configuraties met contingente suku

In het onderzoeksgebied komen ook een aantal voorbeelden van suku-configuraties voor, waarbij de verhoudingen tussen de samenstellende suku in principe niet op verwantschap zijn gebaseerd, maar die hoofdzakelijk van formele, institutionele betekenis zijn. In de eerste plaats gaat het hierbij om configuraties waarbij de suku worden geassocieerd met een bepaalde rol (tugas) of positie (kedudukan). De configuratie van leider of bestuurder (pemimpin), krijgsman of voorvechter (ulubalang), dienst- of paardeknecht (selamek) en medicijnman of leraar (dukun, guru silat) is in verscheidene dorpsgemeenschappen binnen het onderzoeksgebied vertegenwoordigd, bijvoorbeeld Taba Tembilang in de marga Lais van het subdistrict Lais en Dusun Raja in de marga Ketahun en Sukamedan in de marga Seblat van het subdistrict Ketahun. Opmerkelijk hierbij is, dat elk van deze gevallen de moeder-dusun en bakermat vertegenwoordigt van een segment van een bepaalde subclan of lineage, dat zich in het onderzoeksgebied heeft gevestigd. De oudste afstammingslijn binnen deze configuraties wordt meestal vertegenwoordigd door de suku, die als leider of bestuurder wordt aangemerkt. De andere suku worden hieraan ondergeschikt geacht. De totstandkoming van deze suku-configuraties is vergelijkbaar met die welke uit patrilineaal geassocieerde suku bestaan en die met betrekking tot de dorpsgemeenschap Kuro Tidur zijn toegelicht. Ook in deze gevallen komt de oudste van elders en sticht een nederzetting. Later sluiten zich anderen bij hem aan. Door bepaalde verdiensten verkrijgen zij het recht in de buurt van de moeder-dusun een eigen nederzetting te stichten. In een latere fase volgt de samenvoeging van deze nederzettingen en krijgt elk van de onderscheiden groepen binnen de aaneengesloten dorpsgemeenschap de status van een aparte suku. In een aantal van deze gevallen, waaronder ook Taba Tembilang, is het gescheiden nederzettingspatroon tussen de samenstellende suku blijven bestaan. De dorpsgemeenschap Taba Tembilang zelf vertegenwoordigt de suku pemimpin. De suku selamek bevindt zich in Lubuk Gedang. Deze laatste is inmiddels tot een zelfstandige dorpsgemeenschap uitgegroeid.

Andere suku-configuraties waarin contingente suku voorkomen zijn veel recenter ontstaan. Dit geldt zowel voor de suku samengesteld uit personen, die door een semendo-huwelijk in een bepaalde dorpsgemeenschap zijn komen wonen als die welke bestaan uit vreemdelingen en buitenstaanders. De eerstgenoemde suku, meestal aangeduid als suku semendo, kunnen zich niet beroepen op de afstamming van een gemeenschappelijke voorouder. De leden vertegenwoordigen verschillende genealogische verbanden en zijn afkomstig uit uiteenlopende dorpsgemeenschappen. Niettemin is het streven naar identificatie met een bepaalde clan of subclan in veel gevallen duidelijk waarneembaar. Dit gebeurt soms door deze suku semendo de naam te geven van de clan of subclan waartoe een aanzienlijk deel van de leden behoort. In andere gevallen tracht men dit te bereiken door de opvolging van het suku-hoofdschap aan patrilineale verwantschapsverhoudingen te verbinden. Op deze manier krijgen deze contingente suku de uiterlijke kenmerken van een basis-suku.

Er zijn verschillende omstandigheden die tot de vorming van deze suku semendo aanleiding geven. In de eerste plaats hangt dit samen met de verhouding binnen de dorpsgemeenschappen tussen de orang asal enerzijds en de orang pendatang anderzijds. De door een semendo-huwelijk binnengekomen inwoners van een dorpsgemeenschap ervaren het zich beroepen op de afstamming van legendarische en roemruchte voorouders door de oorspronkelijke inwoners vaak als vernederend (merendahkan). Ook spreekt de laatdunkende houding van deze orang asal ten opzichte van de orang pendatang een hartig woordje mee. In dergelijke gevallen is de vorming van een suku semendo voor beide partijen een bevredigende oplossing. De oorspronkelijke inwoners behouden hierdoor hun eigen identiteit. Voor de binnengekomen semendo-lieden biedt een dergelijke suku enige sociale ruimte om hun eigen belangen te behartigen en verhindert bovendien dat zij, uit onvrede met een deel van de oorspronkelijke inwoners, de betrokken dorpsgemeenschap verlaten. Echter het tegenovergestelde komt ook voor. In de dorpsgemeenschap Lubuk Gedang in de marga Lais bijvoorbeeld heeft men getracht door de oprichting van een suku semendo de van elders afkomstige lieden voor zich in te nemen (ambil hati, tanda suka) en hun gelijkwaardigheid ten opzichte van de oorspronkelijke inwoners tot uitdrukking te brengen. In dit geval spelen echter een aantal bijzondere omstandigheden een rol. Lubuk Gedang behoort tot de Bermani-clan. Binnen de Bermani-clan vertegenwoordigt Lubuk Gedang slechts een ondergeschikte afstammingslijn. Het is niet alleen een afsplitsing, een talang, van de moeder-dusun Taba Tembilang, maar ook de dienstknecht (selamek) van de stichter van die dorpsgemeenschap. Het ligt ingesloten tussen een aantal krachtig ontwikkelde dorpsgemeenschappen, die stuk voor stuk met de Jurukalang-clan worden geassocieerd. Als lieden van deze omringende dorpsgemeenschappen met een meisje uit Lubuk Gedang willen huwen en bovendien bereid zijn zich in de betrokken dorpsgemeenschap te vestigen, heeft men vrijwel automatisch te maken met personen die in hoger aanzien staan dan de oorspronkelijke inwoners (orang asal) zelf. Een andere reden voor de instelling van suku semendo houdt verband met de wens de suku-configuratie van de dorpsgemeenschap in overeenstemming te brengen met het hiervoor geldende ideaal van vier suku. Dit model is afgeleid van de vier clans van het Rejang clan-bondgenootschap. In de dorpsgemeenschap Senali in de marga Lais bijvoorbeeld is naast de drie bestaande suku een vierde ingesteld om het vier-suku-model te verwezenlijken. Deze vertegenwoordigt geen bepaalde categorie binnen de dorpsgemeenschap. In deze dorpsgemeenschap woont een man, die zich daar heeft gevestigd omdat hij niet in het dorp van zijn vrouw, Kuro Tidur, en zij niet in dat van haar man, Taba Tembilang, wilde gaan wonen. Zij besloten zich in Senali te vestigen, omdat deze dorpsgemeenschap precies tussen de twee genoemde dorpsgemeenschappen in ligt. Aan deze man is het hoofdschap van de vierde suku toegewezen. Hij vertegenwoordigt geen achterban. De betekenis van deze suku semendo is nominaal. Tenslotte zijn er ook een aantal dorpsgemeenschappen te noemen waar de instelling van deze soort contingente suku werd geïnspireerd door de behoefte de eigen culturele identiteit als Rejang te benadrukken ten opzichte van de andere aanwezige groepen en specifieke belangen te beschermen, die met de adat inzake huwelijk en rechtspraak nauw verbonden zijn. Dit is met name het geval in de dorpsgemeenschappen Dusun Raja en Durian Daun, beide gelegen in de marga Lais. Deze dorpsgemeenschappen liggen vlakbij Pasar Lais, dat zelf géén suku-indeling kent. Pasar Lais is van oudsher een lokaal bestuurscentrum. Het vertegenwoordigt een zelfstandige marga en is de hoofdplaats van het subdistrict Lais. Er is een weekmarkt, een lagere school, een medisch centrum en een politiepost gevestigd. Er woont een zeer gemengde bevolking met een enigszins verstedelijkt karakter. Een deel hiervan heeft zich in de loop van de tijd gevestigd in de aangrenzende dorpsgemeenschappen Dusun Raja en Durian Daun. Als buitenstaanders trekken zij zich weinig aan van de onder de Rejang geldende adat. De inwoners van Dusun Raja en Durian Daun, die afkomstig zijn uit de omringende dorpsgemeenschappen Gedung Nyawa, Jagobayo, Talang Rasau, Lubuk Mumpo en Mesigit, hebben zich in aparte suku semendo verenigd ten einde hun specifieke identiteit als Rejang te kunnen behouden.

De laatste categorie van suku die in dit verband moet worden behandeld betreft de suku van vreemdelingen, bijvoorbeeld Padangers, Javanen en Chinezen. De suku waarin zij zijn ondergebracht worden soms suku pendatang of suku penumpang dan weer suku melayu in een enkel geval ook suku penampung genoemd. Evenals bij de voorgaande contingente suku gaat het hier om een bestuurlijke regeling, die de categorie van buitenstaanders en vreemdelingen in staat stelt haar eigen belangen te behartigen (tempat mengadu nasib). Dergelijke suku komen eigenlijk alleen voor in plaatsen waar weekmarkten worden gehouden of die vroeger een handelsfunctie hebben vervuld. In het subdistrict Lais zijn dit de dorpsgemeenschappen Gunung Sailan, Tanjung Raman en Sukarami. In Sukarami is de suku pendatang ontstaan in het begin van deze eeuw toen deze dorpsgemeenschap nog een handelsfunctie vervulde. In het subdistrict Ketahun zijn dergelijke suku pendatang of suku melayu aangetroffen in Napal Putih, Tanjung Dalam en Pasar Seblat. De dorpsgemeenschap Napal Putih is sedert de vestiging van mijnbouwmaatschappijen in Lebong Tandai en Lebong Sumpit aan het begin van deze eeuw een belangrijke overslagplaats van goederen en handelscentrum. Er is een aanzienlijk aantal handelaren en ambachtslieden gevestigd. De meeste hiervan zijn afkomstig uit West-Sumatra. Zij zijn ondergebracht in twee suku, die de naam dragen van twee bekende clans van de Minangkabau, namelijk suku Piliang en suku Caniago. Verder is er in deze dorpsgemeenschap nog een derde suku, suku penampung genaamd, waarin personen zijn ondergebracht afkomstig uit de omliggende dorpsgemeenschappen, die vanwege hun semendo-huwelijk of andere redenen in Napal Putih zijn terechtgekomen. Deze derde suku is ontstaan uit de behoefte van de betrokkenen de eigen culturele identiteit te behouden en het streven hun belangen zelfstandig te behartigen. De suku van de oorspronkelijk in deze dorpsgemeenschap woonachtige bevolking, een segment van de Bermani-clan, bestaat niet meer. De meeste leden van deze suku zijn in de loop van de tijd uit Napal Putih weggetrokken en hebben zich in de naburige dorpsgemeenschappen gevestigd. Gespannen verhoudingen met de van elders afkomstige handelaren vormden in veel gevallen de directe aanleiding hiertoe.

De suku pendatang in Tanjung Dalam is op dezelfde manier ontstaan als die van Sukarami in de marga Lais. Tanjung Dalam was rond de eeuwwisseling eveneens een kleine handelsplaats voor bosprodukten. De suku, die in die tijd werd opgericht voor de van elders afkomstige handelaren en ambachtslieden, bestaat nog steeds ondanks het feit, dat deze dorpsgemeenschap haar handelsfunctie geheel heeft verloren.

De suku penampung van Pasar Seblat tenslotte zijn ingesteld nadat deze dorpsgemeenschap met een aantal nieuwe wijken is uitgebreid. Tussen 1973 en 1975 zijn in het kader van een "resettlement project" een vijftigtal huishoudens uit de dorpsgemeenschap Talang Gelumpang in Pasar Seblat gevestigd. Aangemoedigd door de resultaten hiervan heeft in 1977 een tweede uitbreiding plaatsgevonden. Aangezien in de overige dorpsgemeenschappen van deze marga weinig animo meer bestond om naar Pasar Seblat te verhuizen, heeft men getracht zoveel mogelijk lieden van buiten aan te trekken, onder andere uit Ipuh, Moko-Moko, Ketahun, Lais, Rejang-Lebong, West-Sumatra en Java. Deze nieuwe groepen zijn in twee afzonderlijke suku pendatang ondergebracht.

5. *De rangorde in de suku-structuur*

De verschillen tussen de hoofdtypen van suku en ieder van de daarbij behorende varianten komen niet alleen tot uitdrukking in de institutionele structuur van de dorpsgemeenschappen, maar ook in de bestaande rangverhoudingen. Het gaat hierbij in de eerste plaats om een rangschikking van de suku van hoog naar laag gebaseerd op de waardering van het aanzien of prestige en de positie in de configuratie waarvan zij deel uitmaken. In de tweede plaats richt deze waardering zich ook op de specifieke samenstelling van de suku-configuraties als zodanig.

5.1. *De rangverhoudingen binnen de suku-configuraties*

De criteria aan de hand waarvan de rangorde van de suku binnen en tussen de uiteenlopende suku-configuraties wordt bepaald zijn als volgt. In de eerste plaats de aard van de suku zelf, dat wil zeggen betreft het een basis-suku of een contingente suku. Een suku die een bepaalde afstammingslijn vertegenwoordigt en een segment vormt van een of andere genealogische eenheid geniet meer aanzien en neemt in principe een hogere positie in dan een contingente suku bestaande uit semendo-lieden, vreemdelingen of buitenstaanders. In de tweede plaats de genealogische verhoudingen tussen de betrokken suku en hun positie binnen de afstammingschronologie van de betrokken hoofd- of subclan. Op grond hiervan wordt bepaald welke suku de oudere (tua) en welke de jongere (muda) afstammingslijn vertegenwoordigt. Een suku die een oudere afstammingslijn vertegenwoordigt neemt in beginsel een hogere positie in dan die welke een jongere afstammingslijn vertegenwoordigt. Indien de betrokken suku met elkaar zijn verbonden door een bepaalde huwelijksrelatie, nemen de binnengekomen suku steeds een lagere of ondergeschikte positie in. In de derde plaats wordt hierbij rekening gehouden met de volgorde waarin de suku zijn ontstaan, dat wil zeggen welke suku eerder en welke later zijn ingesteld.

Welke van deze criteria in een bepaald geval worden gebruikt voor de vaststelling van de rangorde tussen de suku is afhankelijk van de specifieke samenstelling van de configuratie waarvan zij deel uitmaken. In een configuratie bestaande uit patrilineaal geassocieerde suku behorende tot één bepaalde lineage van een en dezelfde hoofd- of subclan worden de onderlinge rangverhoudingen gewoonlijk vastgesteld aan de hand van het onderscheid tussen de oudere en jongere afstammingslijnen. In configuraties met suku uit verschillende lineages binnen een en dezelfde hoofd- of subclan wordt de onderlinge rangorde zowel afgeleid van de aard van de onderlinge genealogische verhoudingen als van de volgorde van vestiging of instelling in de betrokken dorpsgemeenschap. In gevallen waarbij de suku tot verschillende clans behoren of met verschillende etnische groepen of bevolkingscategorieën worden geassocieerd is het criterium van de volgorde van vestiging vaak al voldoende. In suku-configuraties samengesteld uit basis-suku èn contingente suku nemen de laatstgenoemde per definitie een ondergeschikte positie in. Slechts wanneer de basis-suku uit de betrokken configuratie zijn verdwenen, zoals in Napal Putih in de marga Ketahun bijvoorbeeld, komen omgekeerde rangverhoudingen voor.

De rangschikking van een suku op basis van het ene criterium stemt niet noodzakelijkerwijs overeen met die volgens een ander criterium. Een suku bijvoorbeeld die binnen een bepaalde lineage een jongere afstammingslijn vertegenwoordigt, bezet uit hoofde daarvan niet vanzelfsprekend ook een lage positie binnen de suku-configuratie van de dorpsgemeenschap waartoe zij behoort. De rangorde binnen de suku-configuraties wordt gewoonlijk aangegeven door middel van het onderscheid tussen de 'oorspronkelijke' suku van de betrokken dorpsgemeenschap, de suku asli, enerzijds en de later gevestigde of 'inwonende' suku, de suku numpang of de suku semendo, anderzijds. Deze classificatie valt gedeeltelijk samen met de onderscheiding tussen basis-suku en contingente suku. In veel dorpsgemeenschappen zijn suku, behorende tot de categorie van basis-suku, in feite inwonend (numpang) naast andere suku van dezelfde soort, die als oorspronkelijk (asli) worden aangemerkt.

5.2. *De rangverhoudingen tussen de suku-configuraties*

Behalve een rangschikking tussen de verschillende suku afzonderlijk bestaat er ook een duidelijke waardering voor de suku-configuraties als geheel. Hierbij zijn twee aspecten van bijzonder belang. Ten eerste de specifieke combinatie van suku waaruit de verschillende suku-configuraties zijn opgebouwd. Ten tweede de numerieke samenstelling, dat wil zeggen het aantal suku dat in de configuratie voorkomt. Wat het eerstgenoemde punt betreft bestaat een suku-configuratie bij voorkeur uit basis-suku waarvan de oudsten elkaars broers zijn en tevens de (klein-) zonen van een gemeenschappelijke voorvader (poyang). Dergelijke suku vertegenwoordigen zelfstandige en tot op zekere hoogte autonome eenheden binnen de institutionele structuur van de dorpsgemeenschappen. Zij worden beschouwd gelijktijdig te zijn ingesteld. Uit hoofde hiervan zijn deze suku in beginsel gelijkwaardig en niet op grond van bepaalde onderlinge huwelijksrelaties en andere criteria aan elkaar ondergeschikt. Deze soort van suku-configuraties zijn geconcipieerd overeenkomstig de traditionele voorstellingen met betrekking tot het Rejang clan-bondgenootschap, de Rejang Empat Petulai. Suku-configuraties van patrilateraal geassocieerde basis-suku behorende tot verschillende lineages binnen dezelfde hoofd- of subclan verschillen van het bovenstaande model niet principieel. In configuraties bestaande uit suku, die ofwel tot verschillende clans behoren, ofwel met een andere etnische groep of bevolkingscategorie worden geïdentificeerd, liggen de verhoudingen heel anders. Hierbij worden de verhoudingen tussen de betrokken suku niet langer uitsluitend bepaald door de genealogische verhouding tot een gemeenschappelijke voorouder, maar worden zij afgeleid van de soort huwelijksrelatie waardoor zij met elkaar zijn verbonden. Opmerkelijk is in dit verband, dat in configuraties met suku uit verschillende Rejang hoofdclans de onderlinge verhoudingen worden gedefinieerd in termen van virilokale jujur-huwelijksrelaties, terwijl het bij suku geassocieerd met een andere etnische groep of bevolkingscategorie steeds om een uxorilokale semendo-huwelijksvorm gaat. Tegenover dit verschil staan een aantal belangrijke overeenkomsten. Ten eerste vertegenwoordigen beide varianten in principe ook patrilineale afstammingslijnen. Ten tweede berust de verhouding tot de andere suku binnen de betrokken configuraties in beide gevallen op aanverwantschap. Ten derde nemen deze op grond van een bepaalde huwelijksrelatie geaffilieerde suku steeds een afhankelijke en ondergeschikte positie in. Nog verder verwijderd van het eerste type zijn de configuraties waarin suku voorkomen, die hun afstamming terugvoeren tot een vrouwelijke voorouderfiguur. Deze suku komen met de voorgaande typen nog wel in zoverre overeen, dat zij eveneens een bepaalde patrilineale afstammingslijn vertegenwoordigen, maar verschillen daarvan echter ook weer doordat zij met de andere suku binnen de betrokken configuraties niet noodzakelijk door een bepaalde huwelijksrelatie zijn verbonden. Zij vormen als het ware op zichzelf staande eenheden. Zij zijn niet opgenomen in het omvattende netwerk van genealogische verhoudingen, dat de basis-suku binnen en tussen de dorpsgemeenschappen met elkaar verbindt. Dit laatste aspect komt nog duidelijker tot uitdrukking bij de categorie van contingente suku. In de eerste plaats bij configuraties waarvan elk van de samenstellende suku wordt geïdentificeerd met een bepaalde rol of positie. Hoewel ook deze suku in principe een patrilineale afstammingslijn vertegenwoordigen, zijn zij noch door afstamming van een gemeenschappelijke voorouder, noch door een bepaalde huwelijksrelatie met elkaar geaffilieerd. De betrokken suku vertegenwoordigen bepaalde waardigheden (pangkat), die in een traditioneel geïnstitutionaliseerd patroon met elkaar zijn verbonden. Bij de andere voorbeelden van contingente suku is ook het aspect van een patrilineale afstammingslijn afwezig. De suku bestaande uit semendolieden, vreemdelingen of buitenstaanders vertegenwoordigen niet veel meer dan een sociologische categorie. Het gaat hierbij hoofdzakelijk om een formeel institutionele of bestuurlijke regeling binnen de betrokken dorpsgemeenschappen als zodanig. Suku-configuraties waarin uitsluitend contingente suku voorkomen nemen in deze hiërarchie de laagste positie in.

Wat de numerieke samenstelling van de suku-configuraties betreft bestaat er een opmerkelijk verschil tussen het subdistrict Lais enerzijds en het subdistrict Ketahun anderzijds. Bij de Rejang in het subdistrict Lais bestaat in 47% van de dorpsgemeenschappen de suku-configuratie uit vier suku. Bij de Pekal van het subdistrict Ketahun is een suku-configuratie met twee suku het meest vertegenwoordigd (44%).

Dit verschil met betrekking tot de numerieke samenstelling van de suku-configuraties hangt onmiskenbaar samen met de betekenis, die aan het traditionele clan-bondgenootschap van de Rejang wordt toegekend voor de inrichting van de institutionele structuur binnen de afzonderlijke dorpsgemeenschappen. In het subdistrict Lais en bij de Rejang in het algemeen staat het vier-clan-systeem model voor de plaatselijke suku-indeling. In het subdistrict Ketahun daarentegen is de identificatie met de Rejang Empat Petulai-configuratie veel minder expliciet. Ten dele houdt dit verband met de specifieke genealogische verhoudingen, die in dit deel van het onderzoeksgebied op het niveau van de onderscheiden hoofd- en subclans en lineages voorkomen. Ten dele hangt dit samen met de veranderingen, die de verbreiding van het semendo-huwelijk in de loop van de tijd in de institutionele verhoudingen binnen de dorpsgemeenschappen heeft bewerkstelligd. Er zijn duidelijke aanwijzingen, dat in het subdistrict Ketahun in het verleden de vier-suku-configuratie in meer dorpsgemeenschappen was vertegenwoordigd dan heden ten dage het geval is.

Tabel 1

De numerieke samenstelling van de suku-configuraties in de dorpsgemeenschappen van het onderzoeksgebied naar subdistrict.

Aantallen suku/Subdistrict:	Lais		Ketahun		Totaal	
	Abs.	%	Abs.	%	Abs.	%
Geen suku-configuratie	3 [1]	6	1 [2]	4	4	6
Een suku-configuratie	-	-	2 [3]	8	2	3
Twee suku-configuratie	8	17	11	44	19	26
Drie suku-configuratie	7	15	3	12	10	14
Vier suku-configuratie	22	47	5	20	27	37
Vijf suku-configuratie	2	4	2	8	4	6
Zes of meer suku-configuratie	5	11	1	4	6	8
Totaal	47	100	25	100	72	100

[1] Pasar Lais, Pal 30 en Lubuk Lesung.

[2] Lebong Tandai.

[3] Pubuk Tenggulai, Tanjung Alai.

6. *De veranderde betekenis van de suku*

De classificatie van de in het onderzoeksgebied voorkomende suku-configuraties weerspiegelt de veranderingen, die de suku als structuurelement in de loop van de tijd heeft ondergaan. Uit de ontstaansmythe van de dorpsgemeenschap Kuro Tidur blijkt, dat in het verleden een suku ontstond door het stichten van een nieuwe nederzetting. De stichter beoogde hiermee een woongebied te verwerven voor zichzelf en zijn nageslacht (Hazairin 1936:14-15). Het ging hierbij steeds om afsplitsingen van reeds bestaande nederzettingen of dorpsgemeenschappen in het hoogland van Rejang-Lebong of in de kuststreek van Noord-Bengkulu zelf. Door huwelijken en geboorten nam het aantal inwoners van de nieuwe nederzetting toe en breidde het netwerk van genealogische relaties zich geleidelijk uit. In een later stadium vonden opnieuw afsplitsingen van personen of groepen plaats. Zij verlieten de moeder-dusun om elders op enige afstand een eigen woongebied te verwerven en een nieuwe dorpsgemeenschap te stichten. Ofschoon deze afsplitsingen gelden als nieuwe suku, blijven de genealogische banden met de oorspronkelijke moeder-dusun voortbestaan.

Tot aan het begin van de 19e eeuw gingen de verwantschapsverhoudingen binnen de afzonderlijke nederzettingen en dorpsgemeenschappen zelden boven die van een gemeenschappelijke overgrootouder uit. De huwelijken vonden bovendien bijna uitsluitend plaats tussen personen afkomstig uit verschillende nederzettingen of dorpsgemeenschappen. De suku vormden in die tijd territoriaal gescheiden, exogame eenheden. Dorpsexogamie betekende tevens suku-exogamie. Gegeven de algemene gangbaarheid van het jujur-huwelijk vertegenwoordigden de afzonderlijke suku c.q. dorpsgemeenschappen de belangrijkste verwantschapscategorieën en waren zij ingebed in een netwerk van elementaire of structurele (plichts-)relaties. De suku als aanduiding voor een zelfstandig clansegment, dat een onderdeel vormde van een uitgebreidere suku-configuratie bínnen de afzonderlijke dorpsgemeenschappen komt in de literatuur uit die tijd nog nergens voor.

In de loop van de 19e eeuw heeft het hierboven beschreven (grond-) patroon een aantal belangrijke veranderingen ondergaan. Er heeft een proces plaatsgevonden waarbij twee of meer aparte nederzettingen tezamen aaneengesloten dorpsgemeenschappen gingen vormen. In een groot aantal gevallen verliep dit proces overeenkomstig de bestaande traditionele genealogische relaties tussen de betrokken nederzettingen. Soms keerden de afgesplitste nederzettingen tot hun moeder-dusun terug, in andere gevallen ging de moeder-dusun samen met een of meer andere genealogisch verbonden nederzettingen op in een van de bij- of satelliet-dorpen. De hierboven besproken dorpsgemeenschap Kuro Tidur is een voorbeeld van de eerste soort. Ook kwam zeer vaak de samenvoeging voor van nederzettingen, die elk met een verschillende (sub-)clan worden geïdentificeerd. In al deze gevallen ontstond binnen de betrokken dorpsgemeenschappen een onderscheid tussen de oorspronkelijke en de later binnengekomen suku (suku asli, suku pendatang). De term suku doet in verband hiermee ook zijn intrede.

Hoewel door dit samengaan van nederzettingen het patroon van territoriaal gescheiden suku 'optisch' voor een groot deel verloren ging en er bovendien dorpsgemeenschappen ontstonden waarin segmenten van twee of meer verschillende (sub-)clans waren vertegenwoordigd, veranderde hierdoor de aard en betekenis van de suku niet principieel. Binnen de aldus ontstane dorpsgemeenschappen werd het patroon van territoriaal gescheiden suku in de vorm van aparte hoeken of familiewijken (Van Vollenhoven 1918:274) gehandhaafd. Bovendien zijn deze suku tot ver in de twintigste eeuw blijven gelden als exogame huwelijksklassen. Ook ging de afsplitsing van personen en groepen van bestaande nederzettingen en dorpsgemeenschappen met het doel nieuwe suku te vormen, ondanks het proces van samentrekking, gewoon door. Tenslotte kon de traditionele, in patrilineale verwantschapsverhoudingen uitgedrukte, institutionele structuur zowel door het nog steeds veelvuldig voorkomende jujur-huwelijk als door het semendo balik jurai-huwelijk worden gecontinueerd. Het samengaan van verschillende nederzettingen in grotere aaneengesloten dorpsgemeenschappen betekende wel de doorbreking van de dorpsexogamie. Dit had vergaande gevolgen voor de tot dan toe bij het semendo ambil anak-huwelijk geldende aanspraken en rechten op de kinderen en de gemeenschappelijke huwelijkse goederen. Bij dorpsendogame semendo ambil anak-huwelijken maakten de strikt matrilineale verwantschapsaffiliatie en de toewijzing van de kinderen en de huwelijkse goederen bij echtscheiding of vererving aan de moeder geleidelijk plaats voor ambilaterale verhoudingen. In het onderzoeksgebied komt deze verschuiving in de tweede helft van de 19e eeuw tot uitdrukking in de snelle verbreiding van het semendo beradat-huwelijk. Alleen bij huwelijken tussen personen uit verschillende, gewoonlijk verafgelegen dorpsgemeenschappen bleven de unilineale verhoudingen in de vorm van semendo balik jurai-huwelijken voortbestaan. Maar ook deze huwelijksvorm komt sedert het begin van deze eeuw in het onderzoeksgebied bijna nergens meer voor.

Als gevolg van de dorpsendogame huwelijken zijn in de loop van deze eeuw de traditionele suku-grenzen vervaagd. Door de verbreiding van het semendo-huwelijk zijn bovendien de interne samenstelling en de verhoudingen binnen en tussen de suku ingrijpend gewijzigd. In samenhang hiermee is binnen de dorpsgemeenschappen in het onderzoeksgebied ook de suku-exogamie doorbroken. Ten dele is dit een direct uitvloeisel van het ontstaan van omvangrijke permanente dorpsgemeenschappen, ten dele weerspiegelt dit de gevolgen van de doorbreking van de dorpsexogamie en de verbreiding van het semendo-huwelijk op de traditionele institutionele structuur. De vier generaties omvattende kern-familiegroep, de tobo of kelompok poyang, neemt in dit verband een sleutelpositie in. Deze verwantschapscategorie geldt als de basis-eenheid van de suku. Zij vertegenwoordigt een exogame huwelijksklasse en onderscheidt zich als zodanig van de meer omvattende genealogische verbanden. Tussen personen die verder verwant zijn dan een gemeenschappelijke overgrootouder (poyang) bestaat in principe geen enkele huwelijksrechtelijke betrekking. Met andere woorden, (sub-)clangenoten die tot verschillende kelompok poyang behoren kunnen in beginsel met elkaar huwen. In de grote permanente dorpsgemeenschappen zijn de genealogische verhoudingen binnen de afzonderlijke suku in de loop van de tijd boven die van een kelompok poyang uitgegroeid. Suku-endogame huwelijken zijn derhalve niet 'a priori' verboden. Dergelijke huwelijken brengen evenwel de opsplitsing van de betrokken suku met zich mee. Hieruit is de onderscheiding ontstaan, die door Hazairin (1936) wordt gehanteerd, tussen de maatschappelijke suku enerzijds en de door de opsplitsing ontstane huwelijksrechtelijke (sub-)suku anderzijds. De doorbreking van de suku-exogamie is echter niet bij de vier-generatie-kernfamiliegroep gestopt. Terwijl huwelijken binnen de kelompok poyang voor de Tweede Wereldoorlog hoogst zelden voorkwamen, zijn zij heden ten dage in het onderzoeksgebied eerder regel dan uitzondering geworden. Afhankelijk van de aard van de verwantschapsrelatie tussen de betrokkenen is er sprake van een pecah suku of een pecah periuk-huwelijk. Bij dergelijke huwelijken is de opsplitsing van deze specifieke huwelijksklasse uitdrukkelijk vereist. De (verwantschaps-)band tussen de betrokkenen en hun gemeenschappelijke voorouder moet worden verbroken. Door deze opsplitsing ontstaat een verdere onderverdeling in huwelijksrechtelijke suku. De magisch-religieuze betekenis van het omvattende maatschappelijke suku-verband wordt hierdoor als zodanig niet aangetast. Als oorzaak van deze voortschrijdende inbreuk op de traditionele exogamieregels wordt herhaaldelijk de verbreiding van de Islamitische godsdienst genoemd. Aangezien dit verschijnsel zich pas sedert een jaar of vijftien op ruime schaal voordoet, lijkt deze verklaring weinig aannemelijk.

Belangrijker in dit verband is wellicht de sterk gewijzigde betekenis van de suku als element en hoeksteen van de traditionele institutionele structuur van de dorpsgemeenschap. De suku is geen territoriaal gescheiden exogame groep meer. Ook vertegenwoordigt zij niet langer een bepaald segment of een specifieke (verwantschaps-)categorie binnen de dorpssamenleving. Het netwerk van onderliggende, elementaire, structurele relaties tussen de suku wordt als gevolg van het verdwijnen van het jujur-huwelijk niet langer onderhouden en doorgezet. De vervaging van de suku-grenzen en de uitholling van haar traditionele identiteit hebben in een aantal dorpsgemeenschappen reeds geleid tot de vermindering van het aantal suku, in enkele gevallen zelfs tot de opheffing van de suku-indeling als zodanig. Het formele institutionele karakter van de suku treedt hierbij steeds duidelijker op de voorgrond. In de eerste plaats komt dit tot uitdrukking in de oprichting van suku voor de van elders afkomstige semendo-lieden en buitenstaanders. In de tweede plaats blijkt dit uit de verandering van de positie van het suku-hoofd. Deze is in veel gevallen niet meer de representant van een specifieke achterban. De suku-hoofden worden op verschillende plaatsen in het onderzoeksgebied reeds gezien als assistenten van het dorpshoofd. De taken van het suku-hoofd worden steeds specifieker en formeler van aard. Zij houden vaak alleen nog verband met de bevestiging van huwelijken en de regeling van geschillen binnen de dorpsgemeenschap. Bij de keuze van suku-hoofden wordt in principe alleen nog gekeken naar de huwelijksrechtelijke betrekkingen tussen de betrokken kandidaten. Echter, het komt ook al voor dat neven, ja zelfs broers het suku-hoofdschap vervullen. Deze verschuivingen hebben alle bijgedragen tot een versterking van de rol en de positie van het dorpshoofd binnen de dorpsgemeenschap en zijn niet zonder gevolgen voor de verhoudingen van de dorpsbewoners, de orang dusun, tot de overheid.

De veranderde betekenis van de suku kan niet los worden gezien van het ontstaan en de ontwikkeling van de dorpsgemeenschappen in het onderzoeksgebied. Voor het begrijpen van de implicaties daarvan kan de sociaal-politieke structuur ook niet buiten beschouwing worden gelaten. Aan deze punten wordt in de volgende hoofdstukken aandacht geschonken.

7
VAN NEDERZETTING TOT DORPSGEMEENSCHAP

In dit hoofdstuk staan twee begrippen centraal: 1. de nederzetting; en 2. de dorpsgemeenschap. Elk verwijst naar één specifiek aspect van het hedendaagse nederzettingspatroon. Het eerste wordt gebruikt ter aanduiding van de woon- of dorpskernen in hun fysiek-ruimtelijke betekenis. Het tweede heeft betrekking op een meer abstracte sociologische categorie, namelijk de sociaal-politieke formatie die een nederzetting of dorpskern vormt, afzonderlijk of in combinatie met een of meer andere. Tussen beide facetten bestaat een zeer nauwe samenhang. Uit kleine vestigingen of nederzettingen kunnen grote zelfstandige dorpsgemeenschappen voortkomen. Door afsplitsing van personen en groepen van bestaande dorpsgemeenschappen kunnen op hun beurt nieuwe nederzettingen ontstaan. Tussen de sociaal-politieke structuur van de dorpsgemeenschappen en het nederzettingspatroon bestaat een dynamisch verband.

In het hierna volgende worden eerst de structuur en indeling van de hedendaagse nederzettingen in het onderzoeksgebied beschreven. De nadruk ligt daarbij op hun fysiek-ruimtelijke kenmerken. Vervolgens wordt het nederzettingspatroon vanuit verschillende gezichtspunten bekeken. De culturele definitie van het nederzettingspatroon komt het eerst aan bod. Daarna wordt ingegaan op de ontwikkeling die het nederzettingspatroon heeft doorgemaakt. In dit verband wordt een korte schets gegeven van de verschillende historische en maatschappelijke achtergronden waaruit de nederzettingen in het onderzoeksgebied zijn voortgekomen en de groei en het verval, die het nederzettingspatroon in de loop van deze eeuw heeft gekend. In aansluiting hierop wordt ingegaan op de dorpsgemeenschap als zodanig. Na een korte begripsbepaling wordt allereerst gekeken naar de proportionele verhouding tussen het aantal nederzettingen en dorpsgemeenschappen in het onderzoeksgebied. Er bestaat in dit opzicht een markant verschil tussen het subdistrict Lais en het subdistrict Ketahun, dat slechts ten dele op grond van de geografische, infrastructurele en economische verhoudingen in elk van deze subdistricten kan worden verklaard. Des te belangrijker blijkt in deze samenhang de inwerking van de suku-structuur op de maatschappelijke verhoudingen binnen de afzonderlijke dorpsgemeenschappen, met name in het subdistrict Lais. Uitvoerig wordt daarna besproken op welke wijze in een aantal gevallen nederzettingen zich tot zelfstandige dorpsgemeenschappen hebben ontwikkeld. Het laatste onderwerp van dit hoofdstuk betreft het proces van dorpsvorming. De in de literatuur gangbare voorstellingen hieromtrent worden met gegevens uit het onderzoek vergeleken.

1. De nederzettingen

Een nederzetting vertegenwoordigt een min of meer duidelijk onderscheiden fysiek-ruimtelijke eenheid binnen het vestigingspatroon van een bepaalde bevolkingsgroep. Tot een nederzetting behoren onder meer de woningen, opstallen en andere bouwvoorzieningen, die een bepaalde gemeenschap inricht en tot haar beschikking heeft voor de bewoning van een bepaald gebied, bijvoorbeeld de openbare gebouwen, wegen, bruggen, putten, dammen, irrigatiekanalen, aanlegplaatsen, pleinen en velden. Een nederzetting in deze betekenis wordt aangeduid als kampung.

1.1. Het grondpatroon van de nederzettingen

De nederzettingen in het onderzoeksgebied kunnen in twee hoofdtypen worden verdeeld. Ten eerste de lintdorpen, waarbij de huizen in een dubbele rij aan weerszijden van een weg of pad staan opgesteld en waarvan de tuinen en erven door heggen van elkaar zijn gescheiden. De weg of het pad door het midden van deze nederzettingen is meestal afgezoomd met een rij klapperbomen. De lengte van de nederzettingen varieert al naar gelang de omvang van de bevolking. Sommige nederzettingen bestaan slechts uit enkele huizen. Andere daarentegen zijn zeer groot en strekken zich uit over een afstand van meer dan een kilometer. De gemiddelde lengte van de nederzettingen bedraagt ongeveer 250 tot 500 meter. Ten tweede de pleindorpen. Hierbij staan de huizen rond een vierkant of rechthoekig plein geschaard. De bebouwing is vaak zo dicht, dat er geen afgesloten of gescheiden erven en tuinen voorkomen.

Ten aanzien van deze hoofdvormen doen zich allerlei variaties voor. Bij de lintdorpen komt als gevolg van de bevolkingstoename achter de eerste rij huizen direct langs het pad of de weg een tweede, soms zelfs een derde rij voor. Deze achteraf staande huizen zijn ook vaak met de voorkant gericht op het pad of de weg, die de nederzetting doorkruist. In sommige gevallen heeft deze uitbreiding geleid tot de aanleg van zij- en parallelpaadjes en weggetjes. Bij de pleindorpen vindt de uitbreiding van de nederzetting meestal plaats in de vorm van lintbebouwing langs de weg of wegen die er naar toe voeren. In een enkel geval komt bewuste dorpsontwikkeling voor. Om de oude bestaande dorpskern heen worden nieuwe wijken en uitbreidingen gepland, bijvoorbeeld in Pasar Seblat.

1.2. De huizenbouw

Ten aanzien van de behuizing van de Rejang en de Pekal in het onderzoeksgebied kunnen eveneens twee hoofdtypen worden onderscheiden. Het eerste is de traditionele paalwoning (rumah panggung) (zie omslag). Zij heeft een langwerpige vorm en staat gewoonlijk dwars op de weg of het pad, dat door de nederzetting loopt. Aan de voorzijde voert een trap naar een overdekte veranda. Daar bevindt zich ook de ingang naar het eigenlijke woonhuis, bestaande uit een voorkamer, meestal gevolgd door een tussenkamer en een of meer slaapvertrekken. Aan de achterkant is een keuken. Het voorvertrek (ruang tengah), de slaapvertrekken (bilik) en de keuken (dapur) zijn langszij verbonden door een gang of tussenkamer, zodat men van de ingang recht naar de keuken kan doorlopen. Het gehele huis bestaat uit een constructie van stijlen en balken die op palen rust. De buitenmuren en de wanden tussen de vertrekken, de vloeren en plafonds zijn gewoonlijk gemaakt van houten planken (papan). Het dak is geheel of gedeeltelijk afgedekt met zinken golfplaten, aangevuld met gras- of bladbedekking (atap rumbia, puar, benal, alang-alang). De keuken is gewoonlijk slechts een aanbouwsel en afgedekt met gras of bladeren. In sommige gevallen staat de keuken apart en is zij met het woonhuis verbonden door een overloop (garang). Vlakbij de keuken is ook een trapje om het water, brandhout en andere benodigdheden gemakkelijker te kunnen aandragen. In de meeste huizen is een deel van de vertrekken afgedekt met een zoldering (pagu) waarop matten (tikar), manden (beronang), allerlei gereedschap en de sacrale voorwerpen (pusaka nenek moyang) worden bewaard. De ruimte onder het huis (kolong) is de bergplaats voor brandhout en alles wat verder in het huis geen plaats kan vinden, bijvoorbeeld bouwmaterialen (kayu pokok), een karbouwenslede (bubut), koffie- en rijststampers (alur) en rijstblokken (lesung). Het andere hoofdtype wordt gevormd door gelijkvloerse woningen (rumah lantai). Deze bouwwijze heeft pas sedert een jaar of vijftien zijn intrede gedaan. De betrokken huizen zijn in de meeste gevallen ruim en groots van opzet. Het bouwwerk heeft een cementen of betegelde vloer en is opgetrokken langs een houten frame, waarvoor de betere houtsoorten zijn gebruikt. De muren zijn tot aan de vensters opgetrokken uit baksteen. De ruimten tussen de stijlen en balken daarboven zijn dichtgemaakt met pleisterwerk, dat is aangebracht op een vlechtwerk van bamboe. De muren en wanden zijn meestal witgekalkt. Het huis is afgedekt met een hoog opstekend, glinsterend golfplaten dak. Naar vorm en indeling zijn deze woningen geïnspireerd door de huizenbouw in de lokale centra en de hoofdplaats Bengkulu.

De vorm, grootte en soort bouwmaterialen van de huizen worden in hoge mate bepaald door de welstand van de betrokkenen. De recent gebouwde, dure paalwoningen zijn vergeleken met het hierboven beschreven type zeer afwisselend van vorm en hebben een meer gevarieerde indeling. Zij staan vaak parallel aan de weg en hebben bijna altijd een zinken golfplaten dak. De paalwoningen van de minder gegoeden en armen daarentegen zijn niet alleen aanzienlijk kleiner dan het geschetste type, maar ook gemaakt van eenvoudiger bouwmaterialen. Zij zijn lager en het frame bestaat slechts uit rondhout (kayu bulat). De wanden en vloeren zijn gemaakt van bamboelatten (bilek, pelupuh). Soms treft men ook nog het gebruik van boomschors (kulit kayu) aan. Deze huisjes staan meestal achteraf of aan de rand van de nederzetting.

De verschillen in welstand komen ook tot uitdrukking in de inrichting van de huizen. In de huizen van de rijken zijn verhoudingsgewijs veel voorzieningen: meubels, bedden, matrassen en kussens, huisraad en keukengerei, porcelein, bestek en glazen, wandversieringen, spiegels, een muurklok, radio, fiets en soms televisie en een motorfiets. In de huishoudens van de armen ontbreekt dit alles vrijwel geheel. Daar slaapt men op matjes en heeft men slechts één enkel bankje en een provisorisch in elkaar getimmerd tafeltje. De rest van de huisraad is eveneens uiterst beperkt.

Voor en achter de woningen liggen het erf en de tuin. De voorkant langs het pad is meestal met een hek afgezet. Ook staan er vaak enkele klapperbomen. Het erf wordt in de regel goed schoon gehouden. Naast of vlak achter het huis staat soms een rijstschuurtje (rengkiang), gebouwd op palen en van een eenvoudige, vierkante constructie, afgedekt met een dakje van gras, bladeren of zink. Verder is er veelal een kippen- en geitenhok. Soms zijn die onder het huis gebouwd, soms apart en op palen. Helemaal achteraan in de tuin staat dan een grote verscheidenheid van bomen en struiken.

1.3. De gemeenschapsvoorzieningen

Bij de nederzettingen behoren uiteenlopende voorzieningen. In het centrum staat meestal een moskee (mesjid, mesigit). Zij bestaat uit een vierkant gebouw met een gelaagd puntdak. In het voorportaal staat een grote trom opgesteld en bevindt zich een grote bak met water waarmee de gelovigen voor de godsdienstoefeningen hun handen, gezicht en voeten wassen. Behalve voor godsdienstoefeningen doet de moskee ook dienst als plaats waar de jeugd wordt onderricht in het lezen van de Koran (mengaji). Indien een nederzetting te klein is om een eigen Islamitische geloofsgemeenschap op te richten treft men alleen een klein bidhuisje (langgar) aan. In een aantal gevallen staat midden in de nederzetting ook nog een dorpshuis (balai dusun). Het is een overdekte ruimte waarvan de zijwanden open zijn en die wordt gebruikt voor ontspanning en dansoefeningen van de jeugd en het houden van bijeenkomsten, die voor de gehele dorpsgemeenschap van belang zijn. De meeste hiervan komen voor in het subdistrict Ketahun. Enigszins afzijdig en aan de rand van de nederzettingen liggen de schoolgebouwen. De scholen in het onderzoeksgebied zijn bijna allemaal nieuw en gebouwd in het kader van speciale, presidentiële ontwikkelingsprogramma's (INPRES). Het zijn langwerpige gebouwen met diep overhangende daken, die uit twee of meer klassen bestaan. De ramen zijn met gaas overspannen openingen in de zijwanden. De vloeren zijn van cement. De banken en de stoelen zijn betrekkelijk eenvoudig. Voor de school ligt een groot open terrein, dat wordt gebruikt voor recreatie en sportbeoefening. Ergens aan de rand of in de nederzetting is vaak ook enige ruimte gereserveerd voor badminton en volleybal. De nederzettingen liggen steeds in de directe nabijheid van een stroompje of rivier, die voor drinkwater en hygiënische doeleinden wordt gebruikt. Aan het water heeft men bepaalde plaatsen voor het baden en wassen, tepian of pemandian genaamd, die meestal slechts met grote moeite via steile, glibberige paadjes langs de diep uitgesneden of verzakte rivieroevers kunnen worden bereikt. In de bevaarbare delen van de rivieren liggen hier ook de prauwen (sampan, biduk) en vlotten (rakit) gemeerd. Buiten de nederzettingen tenslotte ligt een begraafplaats (kuburan). De graven worden gemarkeerd door een steen aan het hoofd- en voeteneind van de overledenen. De begraafplaatsen geven de indruk van verwaarlozing en zijn meestal overwoekerd door struiken en planten en overschaduwd door reusachtige wilde rubberbomen. De graven van de vooraanstaanden worden wel voorzien van een cementen afdekking en met een ijzeren hekwerk afgezet. In enkele gevallen zijn de graven met een golfplaten dakje getooid. Op de graven plant men gewoonlijk ook enkele kleurige heesters (puding).

1.4. Het dorpsareaal

De omgeving van de nederzettingen wordt op velerlei wijze geclassificeerd. De landbouwgronden worden verdeeld in droogland (ladang, humai), natland (sawah rawa-rawa, sawah pengairan) en tuinen (kebun palawija, kebun kopi en kebun karet). Verder onderscheidt men bamboecomplexen (rumpun bambu) en boomgroepen van wilde rubber (karet hutan), durian en andere boomsoorten. In enkele delen van het onderzoeksgebied kent men ook aparte weidegronden (padang hewan).

De natuurlijke vegetatie wordt eveneens op uiteenlopende wijze geclassificeerd. Het oude, nog nooit in cultuur gebrachte primaire bos noemt men rimba gedang. De secundaire vegetatie wordt onderscheiden overeenkomstig het stadium van regeneratie waarin zij zich bevindt. Een pas verlaten ladang met opschietende planten en heesters heet jerami. Wanneer de boomgroei de overhand krijgt noemt men zo'n stuk sesok. Is er een echte bosvegetatie dan spreekt men van belukar. Deze laatste wordt al naar gelang de stand van het bos onderscheiden in jonge en oude belukar. Op plaatsen waar na de bebouwing van een stuk bos alleen nog maar gras wil groeien spreekt men van een padang alang-alang of een padang lalang.

Voor de beschrijving van de bodemgesteldheid en allerlei topografische eigenschappen van het gebied beschikt de bevolking ook over een zeer uitgebreide nomenclatuur van begrippen en uitdrukkingen.

1.5. Het woonpatroon

De bevolking verblijft afwisselend in de woonkern en op de wijd verbreid liggende velden, afzonderlijk of in kleine groepjes. Behalve een permanent woonhuis in de nederzetting beschikken de meesten ook over een tijdelijk onderkomen op de velden (pondok). Deze bouwsels zijn klein en zeer eenvoudig. Zij dienen de bevolking tot woonverblijf in de tijd, dat zij op de velden moeten verblijven om het opgroeiende gewas te onderhouden, te bewaken en te oogsten. In geval van de traditionele ladangrijstbouw worden deze hutten gebruikt voor een periode van slechts een of twee jaar en worden daarna verlaten. Bij meer permanente vormen van landbouw, bijvoorbeeld de geïrrigeerde rijstbouw of de koffieteelt, woont men vier, vijf jaar of zelfs nog langer in dezelfde pondok. In dergelijke gevallen worden deze hutjes geleidelijk uitgebreid en verfraaid. De huizen in de vaste nederzettingen zijn in vergelijking hiermee veel duurzamer. Zij gaan 25, 30, in sommige gevallen zelfs wel 50 jaar mee.

De tijd die een gezin of huishouding in de loop van het jaar doorbrengt in de verschillende woonvormen, hangt sterk af van de economische activiteiten en de afstand tot de nederzetting. De grote meerderheid van de bevolking brengt tenminste een deel van het jaar in een ladang-huisje door. De duur van dit verblijf varieert van enkele maanden tot bijna het hele jaar. Slechts in enkele gevallen bezitten de betrokkenen géén huis in de permanente nederzetting en verblijven zij voortdurend in de hutten op de ladang of in de koffietuinen.

2. Het nederzettingspatroon

2.1. De culturele definitie van het nederzettingspatroon

Het hedendaagse nederzettingspatroon is het produkt van een eeuwenlange ontwikkeling. Reeds voor de komst van de Rejang en de Pekal was het kustgebied van Noord-Bengkulu bevolkt door (semi-)nomadische bevolkingsgroepen. Van hun herkomst en sociaal-economische organisatie is weinig bekend. Zij waren voor hun bestaan bijna volledig afhankelijk van het gegeven natuurlijke milieu. Verzamelen, jacht, visserij en misschien ook landbouw vormden de belangrijkste middelen van bestaan. De technische hulpmiddelen waren nog betrekkelijk eenvoudig. Steen, hout en been vormden de belangrijkste grondstoffen voor de vervaardiging van gebruiksvoorwerpen. Over de nederzettingsvormen van deze groepen is evenzeer nauwelijks iets met zekerheid bekend. Er bestaan slechts globale aanwijzingen, dat de betrokken groepen veelvuldig migreerden en omzwervingen maakten over zeer uitgestrekte gebieden (Wellan 1932, Westenenk 1921).

De eerste verwijzingen naar nederzettingen hebben betrekking op de Rejang Sawah, een bevolkingsgroep, die wordt beschouwd als de onmiddellijke voorganger van de hedendaagse Rejang. Van hen wordt in uiteenlopende dorpsgenealogieën verteld dat zij in nederzettingen woonden, zich hoofdzakelijk bezighielden met visvangst achter door henzelf in de rivieren opgeworpen dammen, jacht maakten op wilde dieren, primitieve vormen van landbouw beoefenden en gebruik maakten van stenen bijlen en voorwerpen. Uit dezelfde verhalen blijkt, dat zij door de binnendringende Rejang geleidelijk uit het kustgebied van de provincie Bengkulu zijn verdreven, niet zelden nadat zij op bloedige wijze waren verslagen.

In het huidige nederzettingspatroon komt geen enkele nederzetting voor, die haar ontstaan terugvoert op deze voorgangers van de Rejang. Dit is op zichzelf een belangrijk gegeven. Het betekent namelijk, dat de Rejang de ontwikkeling van het nederzettingspatroon beschouwen vanuit hun eigen cultuur-historisch perspectief. De ontwikkeling van het nederzettingspatroon wordt wat dat betreft in verband gebracht met de opkomst en verbreiding van hun specifieke sociaal-politieke organisatie en cultuurpatroon.

2.2. De maatschappelijke grondslagen van het nederzettingspatroon

De samenhang en diversiteit binnen het hedendaagse nederzettingspatroon is voortgekomen uit een wisselend samenspel van uiteenlopende maatschappelijke krachten. Het ontstaan van een clanstructuur in het hoogland van Rejang-Lebong en de uitbreiding hiervan in het kustgebied van Noord-Bengkulu neemt in dit verband een belangrijke plaats in. Zij is gebaseerd op het traditionele bondgenootschap tussen de vier Rejang clans. Het vertegenwoordigt een min of meer coherente politieke ordening, die lange tijd zijn stempel heeft gedrukt op de sociale structuur van deze etnische groep. Het ontstaan hiervan wordt toegeschreven aan politieke krachten van buiten. Voorzover de nederzettingen in het onderzoeksgebied in het omvattende clanverband zijn opgenomen, wordt hun oorsprong zonder uitzondering teruggevoerd tot een van de nederzettingen, die de clanoudsten in het hoogland van Rejang-Lebong hebben gesticht. Nederzettingen, afstammingslijnen en politieke verhoudingen die historisch gezien behoren tot de hieraan voorafgaande perioden zijn uit de genealogieën verdrongen of ondergeschikt gemaakt aan de collectieve voorstelling van de instelling van het clan-bondgenootschap en het gemeenschappelijke referentiepunt van de eerste 'moeder'-dorpen.

Het ontstaan van het grootste deel van de nederzettingen in het onderzoeksgebied wordt in verband gebracht met de vestiging van personen en groepen afkomstig uit het hoogland van Rejang-Lebong. Zij zijn in opeenvolgende golven het kustgebied binnengedrongen en hebben er kleine nederzettingen gesticht. Het verloop van dit proces is nog grotendeels onopgehelderd. Volgens de dorpsgenealogieën omspant dit proces een tijdsperiode van twintig tot vijfentwintig generaties. Deze uitstroming uit het hoogland van Rejang-Lebong ging met veranderingen gepaard. "Deze menschen, die zich uit winzucht, religietwisten of andere omstandigheden van de moederstammen hadden afgescheurd, zakten successievelijk naar deze kust, en vestigden zich hier en daar in kleine maatschappijen, onder eenen regeeringsvorm naar de voorvaderlijke instellingen en gebruiken, doch tevens gewijzigd naar zoodanige omstandigheden als tot hunne verhuizing hebben aanleiding gegeven, en tot waarborg van hunne regten noodzakelijk werden geacht" (Francis 1842:434). Ook natuurrampen hebben tot deze migratie aanleiding gegeven (Westenenk 1916a:76). Als gevolg hiervan ontstond er in het kustgebied van Noord-Bengkulu een nederzettingspatroon, dat, in tegenstelling tot het hoogland van Rejang-Lebong, geen territoriale indeling op basis van clans kende. De nederzettingen vormden zelfstandige, tot op zekere hoogte zelfs autonome eenheden van elkaar onderscheiden door verschillen in clan- en lineage-lidmaatschap. Door toename van de bevolking vond er opdeling plaats, vermeerderde zich het aantal gemeenschappen en ontstonden er clusters van nederzettingen, die betrekkelijk losse banden met elkaar onderhielden.

Een andere maatschappelijke kracht, die op de ontwikkeling van het nederzettingspatroon heeft ingewerkt, wordt vertegenwoordigd door een reeks van kleine politieke machtscentra, die in de loop der eeuwen langs de kusten van de provincie Bengkulu zijn opgekomen en in veel gevallen ook weer zijn ten ondergegaan. In de eerste plaats geldt dit voor een aantal nederzettingen, die hun ontstaan terugvoeren tot de Atjehse periode uit de geschiedenis van deze provincie (Dusun Raja in de marga Lais en Padan Erang nabij Pasar Bintunan in de marga Bintunan, beide in het subdistrict Lais). In de tweede plaats het vorstendom Sungai Limau. De raja-raja van Balai Buntar worden door de Rejang beschouwd als de 'primus inter pares' van de vier Rejang clans. De hieraan ontleende voorstelling van de "vier clans vijf met de vorst" staat model voor de structuur van de samenleving en dorpsgemeenschappen van de Rejang als geheel. Bovendien lag in de kuststreek van Noord-Bengkulu het hoogste gezag bij deze vorsten en oefenden zij een zekere invloed uit op het (dorps-)bestuur en de rechtspraak van de bevolking. In de derde plaats hebben de vorstendommen van Indrapura (West-Sumatra) en het latere sultanaat Anak Sungai in Moko-Moko in het nederzettingspatroon van het onderzoeksgebied ook bepaalde sporen achtergelaten, met name in de Pekal-marga van het subdistrict Ketahun.

Bij de uitzwerming van de Rejang uit het hoogland van Rejang-Lebong naar het kustgebied èn de vestiging van een aantal kleine politieke machtscentra langs de kust hebben overzeese handelsrelaties voor de afzet van peper en opium ook een belangrijke rol gespeeld. Eerst liepen deze via Banten en Indrapura, later direct met de Hollanders en de Engelsen (1685-1820). De aanwezigheid van een reeks van pasarplaatsen langs de kust houdt hiermee verband. De plaats Pasar Lais in het subdistrict Lais heeft in deze samenhang steeds een vooraanstaande positie ingenomen. Ook de komst van bepaalde groepen uit het hoogland van Rejang-Lebong en vestiging in het kustgebied wordt door de plaatselijke bevolking met de pepercultuur in verband gebracht. Met name geldt dit voor de vestiging van de Tubeui in de marga Air Padang en de marga Air Besi aan weerszijden van de monding van de Air Lais. Volgens verschillende afstammingsverhalen is er op andere plaatsen in het onderzoeksgebied strijd gevoerd tussen de in het achterland gevestigde groepen en die, welke langs de kust de mondingen (muara) van de belangrijkste rivieren beheersten ten einde ook toegang te krijgen tot de zee(-routes). Zeer markant tekent zich dit af in de geschiedenis van de marga Ketahun. De in het achterland gevestigde Bermani-groepen werden verslagen door een alliantie tussen de aan de benedenstroom van de Air Ketahun gevestigde Tubeui van Dusun Raja en de Jurukalang van Dusun Sebayur in de marga Bintunan. In de marga Seblat is deze strijd tussen de groepen in het achterland en die aan de riviermondingen aan de kust verlopen in het voordeel van de achterlanders. Zij slaagden erin een positie langs de kust te veroveren, zij het iets ten noorden van de Air Seblat langs de Air Senabah.

Door deze trek naar het kustgebied en als respons op de externe handelsrelaties ontstond er parallel aan de kustlijn langs de belangrijkste rivieren op een afstand van 10 tot 15 km landinwaarts een keten van nederzettingen: Talang Rasau aan de Air Lais, Sukomano aan de Air

Serangai, Dusun Raja aan de Air Ketahun, Sukamedan aan de Air Seblat en Senabah aan de Air Senabah. De ligging van deze nederzettingen sluit zeer goed aan bij de geografische gesteldheid van het onderzoeksgebied. De afstand tot de kust bood zowel de mogelijkheid tot beoefening van de traditionele landbouw en het verzamelen van bosprodukten als ook tot deelname aan het externe handelsverkeer. Deze nederzettingen vertegenwoordigen verschillende van de Rejang clans en vormden de bakermat voor een groot aantal andere nederzettingen binnen de marga.

Enkele nederzettingen zijn ontstaan op strategische of anderszins belangrijke plaatsen. Een van de bekendste en tevens oudste nederzettingen in het onderzoeksgebied is Muara Suwoh, gelegen in het achterland van de marga Ketahun op de plaats waar de Air Suwoh uitmondt in de Air Ketahun. Het lag daar langs een pad, dat via een natuurlijke doorgang naar het hoogland van Rejang-Lebong voerde. Dit pad is eeuwenlang de belangrijkste verbinding geweest tussen het hoogland van Rejang-Lebong en de kustgebieden van Noord-Bengkulu. Na de aanleg van een wegverbinding van de hoofdplaats Bengkulu naar het hoogland van Rejang-Lebong langs Taba Penanjung en Kepahiang raakte dit pad in onbruik en is de betrokken nederzetting verplaatst naar het tegenwoordige Muara Santen. Een andere oude nederzetting is Gunung Sailan in de marga Lais van het gelijknamige subdistrict. Dit is vrijwel de enige nederzetting in het hele onderzoeksgebied die nooit van plaats is veranderd. Ze ligt aan hetzelfde pad bij de oversteekplaats van de Air Lais. Thans bestaat ze nog steeds.

De laatste factor die in dit verband nog moet worden genoemd is het Nederlandse koloniale bestuur. De uitbreiding en consolidatie van het koloniale gezag over het hele gebied van Bengkulu in de eerste helft van de 19e eeuw maakte een einde aan de veelvuldige invallen en rooftochten van groepen uit de hooglanden van Rejang-Lebong en Pasemah. Dit bracht verandering in het nederzettingspatroon in die zin, dat de op hoge bergtoppen gelegen en compact gebouwde, met bamboeversperringen omringde nederzettingen plaats maakten voor ruimer opgezette en bij voorkeur op vlakke terreinen aangelegde nederzettingen, zoals die heden ten dage algemeen voorkomen (ter vergelijking met de ontwikkeling in Rejang-Lebong: Swaab 1916a:57-69). Hierbij vond tevens de verschuiving plaats van plein- naar lintdorpen. In de tweede helft van de 19e eeuw kreeg de economische ontwikkeling ook nieuwe impulsen. De traditionele handelsroutes over zee maakten plaats voor verbindingen over het land. De bestaande voetpaden ontwikkelden zich tot ruiterpaden en karresporen. Bosprodukten zoals hout, wilde rubber, biga, damar en rotan werden belangrijke handelsprodukten. Ook de betekenis van koffie, kaneel, kruidnagel en vanille nam sterk toe. In verband hiermee werden door de bevolking op grote schaal nieuwe tuinen aangelegd. Als gevolg van de toenemende handel zijn er op verschillende plaatsen in het achterland verzamelplaatsen en markten voor bosprodukten ontstaan, bijvoorbeeld Talang Gelumpang in de marga Seblat, Tanjung Dalam in de marga Ketahun en Sukarami in de marga Lais. Uit lokale overleveringen blijkt verder, dat in verband hiermee nieuwe groepen uit het hoogland van Rejang-Lebong naar de kuststreek trokken en zich vestigden in de uitgestrekte bosgebieden aan de voet van de Bukit Barisan-bergketen achter de reeds in het kustgebied woonachtige bevolking. Voorbeelden hiervan zijn onder meer de nederzettingen Jobong in de marga Air Padang, Lubuk Banyau in de marga Bintunan en Sekandau in de marga Ketahun. Ook vonden er migraties plaats in de kuststreek zelf met de bedoeling van deze nieuwe economische ontwikkelingskansen te profiteren. De nederzettingen Senali, Taba Tembilang en Gunung Besar in het achterland van de marga Lais zijn op deze wijze ontstaan. De stichters van deze nederzettingen waren afkomstig van Aur Gading in de marga Palik. Deze ontwikkelingen brachten ook een sterke talang-vorming met zich mee. De inwoners trokken uit de bestaande nederzettingen weg om op aanzienlijke afstand tuinen aan te leggen en bosprodukten te verzamelen. Zij bleven vaak een aantal jaren in kleine groepjes op een bepaalde plaats wonen en zo ontstond er in veel gevallen een nederzettingspatroon bestaande uit een kerndorp of nederzetting van oorsprong, een aantal bijdorpen (talang) en talrijke afzonderlijke en wijd verspreid gelegen velden (ladang) en tuinen (kebun). Het hoofddorp ontwikkelde zich tot een min of meer permanente nederzetting en trad in toenemende mate naar voren als centrum (pusat) van het lokale sociale en culturele leven. Parallel hieraan veranderde de sociaal-politieke structuur van de plaatselijke gemeenschappen. De suku-structuur werd een onderdeel van de dorpsgemeenschappen zelf. Tot het midden van de 19e eeuw was de suku-indeling in principe territoriaal, dat wil zeggen elke suku vormde steeds een afzonderlijke nederzetting met een eigen hoofd (ketua). In de tweede helft van de 19e eeuw wordt de samenstelling van een nederzetting c.q. dorpsgemeenschap uit een aantal suku algemeen.

2.3. Aspecten van groei en verval

Het hedendaagse nederzettingspatroon kreeg grotendeels zijn beslag aan het einde van de 19e eeuw en het begin van de 20e eeuw. In die periode zijn de al bestaande ruiterpaden en karresporen verbeterd tot onverharde of met steenslag verharde wegen. Het wegennet in het onderzoeksgebied omvatte behalve de weg langs de kust naar het noorden ook in elke marga een weg die naar het achterland voerde. De nederzettingen, die van oudsher vlak langs de rivieren waren gelegen, werden vrijwel allemaal naar de wegkant verplaatst. In gevallen waar dit niet gebeurde, scheidde zich meestal wel een deel van de betrokken gemeenschap af om langs de wegverbinding een nieuwe nederzetting in te richten. Als gevolg van vergelijkbare ontwikkelingen in het hoogland van Rejang-Lebong nam de uitstroming vanuit dit gebied naar de kuststreek van Noord-Bengkulu snel af. Het onderzoeksgebied veranderde in dit tijdsbestek van een arme, geïsoleerde en met allerlei epidemieën besmette streek, tot een rijst exporterend gebied met redelijk goede wegverbindingen, die bijna alle dorpen bereikbaar maakten en waar een efficiënte gezondheidsdienst en landbouwvoorlichting bestond. Bovendien waren er overal schooltjes. Dit alles heeft bijgedragen tot een consolidatie van het nederzettingspatroon in het onderzoeksgebied.

De economische crisis van de jaren dertig en de omvangrijke politieke verschuivingen in het midden van deze eeuw hebben op de hierboven geschetste toestand diep ingewerkt. De economische crisis betekende een ingrijpende verandering in het toenmalige agrarische produktiepatroon. Koffie, wilde rubber, damar en biga waren van weinig betekenis meer. Een groot deel van de bevolking was voor zijn bestaan bijna volledig afhankelijk van de traditionele rijstbouw. De Japanse bezetting in het begin van de jaren veertig was een tijd van voedselschaarste en extreme verpaupering. Have en goed werd door de bezetter gevorderd en talrijke dorpelingen als dwangarbeiders afgevoerd. De bevolking heeft in die tijd enkele jaren rondgelopen in kleren gemaakt van boomschors. Zij at verder alles uit de directe omgeving wat maar enigszins eetbaar was. De Tweede Wereldoorlog werd gevolgd door de Nederlandse politionele acties

(1947-1949), de PRRI-beweging (1958-1959) en in geringere mate de PKI-revolutie (1965-1966). Hierdoor werden de meeste wegverbindingen met het onderzoeksgebied verbroken en had de bevolking het zwaar te verduren van zowel de opstandelingen als het Indonesische leger (TNI). Verder werd het gebied enkele malen getroffen door ernstige klimatologische catastrofes (1961-1963) en werd het geplaagd door een reeks van misoogsten in de loop van de jaren zeventig.

De opeenvolgende crises en politieke omwentelingen hebben het sociaal-economische leven lange tijd ontregeld. De gevolgen van de economische depressie van de jaren dertig en de Japanse bezetting heeft de bevolking begrijpelijkerwijs trachten af te wentelen op de beschikbare natuurlijke hulpbronnen. Zij trachtte door verkorting van de veldwisselbouwcyclus de geleden verliezen goed te maken. Dit leidde tot roofbouw op grote schaal, overigens zonder de verwachte resultaten. De landbouwgronden zijn hierdoor in het hele onderzoeksgebied sterk verarmd en de opbrengsten zijn aanzienlijk gedaald. Door de verbreking van de wegverbindingen in de jaren vijftig vielen de afzetmogelijkheden voor de agrarische en bosprodukten eveneens weg. Bovendien werd het hele voorzieningen- en dienstenapparaat hierdoor ernstig ontregeld. Personen werkzaam in de nijverheid en dienstverlenende beroepen en degenen, die onderwijs hadden genoten of over technische vaardigheden beschikten, verlieten het onderzoeksgebied in grote getale met bestemmingen zoals de hoofdplaats Bengkulu, Palembang, Jakarta en andere delen van de Indonesische archipel. Een deel van hen trok ook naar het hoogland van Rejang-Lebong, dat vermaardheid bezat vanwege de verhoudingsgewijs vruchtbare landbouwgronden en gunstiger economische vooruitzichten. De landbouwvoorlichting werd gestaakt en de gezondheidszorg had onder de heersende toestanden ernstig te lijden. In deze periode van achteruitgang groeide een generatie bijna geheel van onderwijs verstoken op. Er zijn bovendien onevenwichtige marktverhoudingen ontstaan en de ongeletterde landbouwers worden vaak afgezet en bedrogen. Onder omstandigheden van schaarste treedt er op veel plaatsen in het onderzoeksgebied verschulding op.

Deze ontwikkelingen hebben ook in het nederzettingspatroon doorgewerkt. In de meest geïsoleerde delen van het onderzoeksgebied, met name in de marga Seblat en de marga Ketahun, zijn tussen 1950 en 1970 een groot aantal nederzettingen uiteengevallen in wijd verspreide ladang en talang. Ook in de andere delen van het onderzoeksgebied bleef de bevolking langdurig op hun ladang wonen en raakten de permanente nederzettingen in een vergaande staat van verval.

Aan het einde van de jaren zestig gaf de uitvoering van het eerste vijfjarenplan voor wederopbouw (REPELITA I) een krachtige impuls aan het economisch herstel in het onderzoeksgebied. De wegverbindingen werden hersteld en talrijke maatregelen werden genomen om de landbouwproduktie te stimuleren. Er is nauwelijks een nederzetting te noemen die niet op de verbetering van de wegverbindingen heeft gereageerd. In de marga Seblat is het nederzettingspatroon als gevolg van plannen tot de aanleg van een nieuwe wegverbinding door de marga van Pasar Seblat aan de kust naar het achterland helemaal veranderd. Alle nederzettingen zijn verplaatst van de oevers van de Air Seblat naar het hoger gelegen tracée van de nieuwe marga-weg. Op vergelijkbare wijze zijn in het achterland van de marga Ketahun grote aaneengesloten complexen koffietuinen ontstaan langs de wegen, die enkele bosbouwmaatschappijen daar in verband met hun werkzaamheden hebben aangelegd. Vergelijkbare ontwikkelingen hebben zich voorgedaan en doen zich ook nu nog voor ten aanzien van de in het achterland van het onderzoeksgebied geprojecteerde verbindingsweg met de noordelijke delen van het district Noord-Bengkulu (Talang Berantai in de marga Ketahun), en de wegen en kruispunten in de pas ontsloten gebieden voor de vestiging van transmigranten (Kuro Tidur en Sukarami in de marga Lais, Teluk Ajang, Dusun Balam en Talang Tua in de marga Air Padang en bij Lubuk Banyau in de marga Bintunan). In al deze gevallen hebben de inwoners van deze nederzettingen langs de nieuwe wegen op grote schaal velden en tuinen aangelegd. In een paar gevallen wordt overwogen de hele nederzetting naar een nieuwe plaats te verhuizen. De verbetering van de wegverbindingen heeft ook de afzetmogelijkheden hersteld. Onder invloed van de prijsstijgingen voor koffie en rubber op de wereldmarkt in 1977 is het areaal van koffie- en rubbertuinen binnen enkele jaren sterk uitgebreid. Dit heeft de bevolking op veel plaatsen in staat gesteld haar behuizing te verbeteren en een hogere levensstandaard te bereiken. Het woonpatroon is hierdoor echter nog niet veel veranderd. De meeste huishoudens brengen nog steeds een aanzienlijk deel van het jaar door op de soms veraf gelegen velden en tuinen. Met overheidshulp zijn overal in het onderzoeksgebied nieuwe scholen gebouwd of de bestaande gebouwen gerehabiliteerd. In de lokale centra zijn verder medische centra (Puskesmas) of posten (Balai pengobatan) gevestigd. De inspanningen van de overheid om door middel van voorlichting, kredietverschaffing, boerenorganisaties, coöperatievorming, de distributie van kunstmeststoffen en uitbreiding van het landbouwareaal de produktie van rijst te stimuleren hebben eveneens op enkele plaatsen in het onderzoeksgebied tot vooruitgang geleid.

3. *De dorpsgemeenschap*

Niet elke nederzetting is een dorpsgemeenschap. Een aantal nederzettingen kan tezamen een dorpsgemeenschap vormen. In dit verband wordt een onderscheid gemaakt tussen hoofd- en bijdorp(en). Het hoofddorp noemt men bij voorkeur de dusun. Een bijdorp duidt men aan met talang. "Het onderscheid tussen een doesoen en een talang is gelegen in het al dan niet een zelfstandig hoofd bezitten. Zoolang de talang nog onderworpen is aan het gezag van een of meer hoofden van zelfstandige doesoen, zoolang is zij talang. Krijgt de talang haar eigen zelfstandig hoofd dan is daarmee de talang tot een doesoen verheven" (Hazairin 1936:12).

Bij de term dorpsgemeenschap, dusun, ligt het accent op de maatschappelijke positie van de betrokken bevolkingsgroep. Er is pas sprake van een dorpsgemeenschap (dusun) als aan bepaalde criteria wordt voldaan. Ten eerste de oprichting van een aantal suku. Voor de opsplitsing van een bepaalde bevolkingsgroep in suku moet zij in verwantschapstechnische zin de omvang hebben bereikt van een kelompok poyang. Ten tweede de oprichting van een religieuze geloofsgemeenschap (jema'ah of jemuah). Het gaat hierbij om een Islamitische geloofsgemeenschap van tenminste 40 huishoudens. Bij een dergelijk aantal kunnen de betrokkenen een moskee (mesjid, mesigit) oprichten en de benodigde functionarissen (imam, chatib, bilal en garim) aanstellen. Ten derde de verkiezing van een dorpshoofd (depati) en de formalisering van zijn benoeming door het districtsbestuur. Nadat een gemeenschap de omvang heeft bereikt van een kelompok poyang en in staat is een aparte geloofsgemeenschap op te richten, moeten haar vertegenwoordigers via het marga- en subdistrictsbestuur een verzoek richten tot het districtsbestuur om een eigen dorpshoofd te mogen kiezen en de status van dorpsgemeenschap te formaliseren. De verkiezing van een dorpshoofd geschiedt onder toezicht van het marga- en subdistrictsbestuur, nadat de lijst van kandidaten op districtsniveau is goedgekeurd. De opdeling van de gemeenschap in suku, de keuze van de suku-hoofden en de aanstelling van de functionarissen van de moskee geschieden door de betrokken gemeenschap zelf.

Het dorpshoofdschap en de suku(-hoofden) tezamen vertegenwoordigen de adat-structuur van de dorpsgemeenschap. Het aantal suku is tenminste twee. Bij de Rejang in het subdistrict Lais komen binnen de dorpsgemeenschappen vaak vier suku voor. De suku-structuur wordt in dit deel van het onderzoeksgebied gezien als de voortzetting van het traditionele bondgenootschap tussen de vroegere Rejang clans in associatie met de vorsten van Balai Buntar aan de Sungai Limau, marga Semitul. De indeling en vestiging van een dergelijke configuratie binnen de afzonderlijke dorpsgemeenschappen noemt men de adat tiang empat lima dengan raja.

3.1. Het aantal nederzettingen en dorpsgemeenschappen

Het aantal nederzettingen in het onderzoeksgebied, de transmigrantennederzettingen buiten beschouwing gelaten, bedraagt precies 100. Hiervan liggen er 28 in het subdistrict Ketahun en 72 in het subdistrict Lais. Belangrijker dan het absolute aantal nederzettingen is echter de proportionele verhouding in elk van deze subdistricten tussen het aantal nederzettingen aan de ene kant en het aantal dorpsgemeenschappen aan de andere kant. Tegenover de genoemde 100 nederzettingen staat een totaal van 72 dorpsgemeenschappen. Hiervan liggen er 25 (35%) in het subdistrict Ketahun en 47 (65%) in het subdistrict Lais. Van de in totaal 72 dorpsgemeenschappen bestaan er 21 (29%) uit meer dan één nederzetting. De verdeling van deze uit verschillende nederzettingen samengestelde dorpsgemeenschappen tussen beide subdistricten is zeer opmerkelijk. Van de 21 gevallen liggen er maar drie in het subdistrict Ketahun, de overige 18 in het subdistrict Lais. In percentages uitgedrukt betekent dit, dat in het subdistrict Ketahun slechts 12% van de dorpsgemeenschappen uit meer dan één nederzetting bestaat tegenover 38% van de dorpsgemeenschappen in het subdistrict Lais. Het aantal dorpsgemeenschappen met meer dan één nederzetting is in het subdistrict Lais meer dan drie maal zo groot als in het subdistrict Ketahun.

Er zijn twee belangrijke oorzaken als gevolg waarvan een dorpsgemeenschap uit meer dan één nederzetting is samengesteld. In de eerste plaats is dit een gevolg van de afsplitsing van personen en groepen uit de bestaande nederzettingen met het doel zich elders te vestigen en een nieuwe nederzetting te stichten. De betrokkenen behoren nog steeds tot dezelfde dorpsgemeenschap en blijven ondergeschikt aan de plaatselijke hoofden. In de tweede plaats hangt dit samen met bestuurlijke maatregelen van de zijde van de overheid, dat wil zeggen de samenvoeging van twee of meer aparte nederzettingen tot één dorpsgemeenschap.

Van deze twee oorzaken is de afsplitsing van personen en segmenten van de bestaande nederzettingen de meest belangrijke. Een viertal factoren speelt ten aanzien hiervan een rol: 1. de geografische en ecologische verhoudingen in het onderzoeksgebied; 2. de dominante agrarische produktiewijze; 3. de aard en omvang van de infrastructurele voorzieningen; en 4. de sociale structuur van de dorpsgemeenschappen.

De eerste drie bepalen in sterke mate de mogelijkheden om de in het gebied aanwezige natuurlijke hulpbronnen tot ontwikkeling te brengen en vertegenwoordigen de objectieve voorwaarden voor het ontstaan van grote, aaneengesloten nederzettingen. De voor landbouw geschikte arealen, de bossen, de minerale bodemschatten, de rivieren en de zee zijn de belangrijkste natuurlijke hulpbronnen van het onderzoeksgebied. Het merendeel van de bevolking is voor zijn bestaan aangewezen op de eerste twee categorieën. De mogelijkheden om deze te exploiteren zijn in vele gevallen beperkt. Vanwege de gefragmenteerde en zeer grillige topografie van het onderzoeksgebied is het zeer moeilijk om uitgestrekte en aaneengesloten landbouwarealen te ontwikkelen. Er is in een aanzienlijk aantal gevallen zelfs onvoldoende ruimte voor de uitbreiding van de nederzettingen. De toepassing van traditionele landbouwtechnieken noopt tot veelvuldige verplaatsing van de velden en maakt uitgebreide landreserves noodzakelijk. De infrastructurele voorzieningen zijn in grote delen van het onderzoeksgebied gebrekkig. Tot voor kort verhinderde de toestand van de wegen een geregelde en efficiënte afzet van de landbouw- en bosprodukten. Om diezelfde reden was het zeer moeilijk om geldkapitaal en produktiemiddelen te verkrijgen. Onder de gegeven omstandigheden is de bevolking wel gedwongen in kleine groepen te opereren hetgeen een wijd verspreid woonpatroon met zich meebrengt.

De tot nu toe besproken factoren alleen zijn voor de verklaring van de ongelijke verdeling van het aantal nederzettingen in verhouding tot het aantal dorpsgemeenschappen in het onderzoeksgebied niet toereikend. In het subdistrict Ketahun zijn de omstandigheden op genoemde punten in menig opzicht ongunstiger dan in het subdistrict Lais. Het aantal dorpsgemeenschappen dat uit meer dan één nederzetting bestaat, is er niettemin aanzienlijk kleiner. De reden hiervan is, dat de maatschappelijke verhoudingen binnen de dorpsgemeenschappen ook van invloed zijn op het nederzettingspatroon. De Rejang van het subdistrict Lais leggen verhoudingsgewijs grote nadruk op de traditionele verwantschapsverhoudingen. Binnen de meeste dorpsgemeenschappen zijn de onderscheidingen tussen de suku op basis van afstamming en herkomst tamelijk scherp. De tegenstellingen en spanningen die dit binnen de dorpsgemeenschappen met zich meebrengen, resulteren maar al te vaak in het wegtrekken uit de dorpsgemeenschap van vestiging na het huwelijk naar de dorpsgemeenschap van oorsprong, het langdurig verblijven op de eigen ladang en het stichten van nieuwe talang ten einde deze door suku-vorming tot zelfstandige dorpsgemeenschappen te doen uitgroeien. Bij de Rejang in het subdistrict Lais is de suku-vorming voor de uiteenlopende categorieën van de bevolking nog steeds een belangrijk middel om hun status en positie binnen de dorpsgemeenschap te vestigen of te handhaven. Bij de Pekal van het subdistrict Ketahun daarentegen heeft de suku-vorming veel van haar betekenis voor de sociale structuur verloren. In de eerste plaats zijn de verschillen tussen de suku in termen van afstamming en herkomst grotendeels vervaagd als gevolg van de veelvuldig voorkomende, dorpsendogame semendo-huwelijken. In de tweede plaats zijn in veel dorpsgemeenschappen door uiteenlopende omstandigheden suku samengevoegd en is hun aantal verminderd. De bijzondere (genealogische) verhouding van de Pekal tot het clan-bondgenootschap van de Rejang enerzijds en de vroegtijdige afsplitsing hiervan en onderschikking aan het gezag van de vorsten van Moko-Moko anderzijds hebben deze ontwikkeling waarschijnlijk begunstigd.

3.2. De vorming van dorpsgemeenschappen

De heden ten dage in het onderzoeksgebied voorkomende dorpsgemeenschappen zijn niet het produkt van een eenvormig, onomkeerbaar ontwikkelingsproces. Voorbeelden uit verschillende delen van het onderzoeksgebied laten zien, dat de dorpsgemeenschappen op geheel verschillende manieren zijn ontstaan. Hierbij wordt bovendien duidelijk dat achteruitgang en verval van dorpsgemeenschappen evengoed voorkomen als groei en ontwikkeling. Hoe het ook zij, de essentie van de vorming van een dorpsgemeenschap bestaat uit het tot stand brengen en formaliseren van de voor de betrokken etnische groepen karakteristieke sociaal-politieke adat-structuur binnen de dorpsgemeenschappen.

3.2.1. Van ladang tot dusun: Kembang Manis

De dorpsgemeenschap Kembang Manis in de marga Air Padang van het subdistrict Lais is ontstaan uit één ladang. In 1957 legde Setar een ladang aan op een plek waar plannen bestonden voor de aanleg van een nieuwe wegverbinding van Padangkala in de marga Air Padang naar Lubuk Lesung nabij Pasar Lais. Setar zelf was afkomstig uit de voormalige dorpsgemeenschap Sungai Pering en had daar verschillende functies bekleed. Eerst was hij imam geweest en later dorpshoofd (depati). Het dorpje Sungai Pering dreigde in die tijd in isolement te raken, omdat de oude marga-weg van Padangkala langs Mesigit naar Gedung Nyawa aan de kust onbruikbaar was geworden door het instorten van een aantal bruggen. Nadat hij enkele jaren op zijn ladang had gewoond wist hij een aantal van zijn verwanten over te halen zich bij hem in de buurt te vestigen. Zo ontstond er een kleine talang, Genting Manis genaamd. In 1966 waren er pas 10 huishoudens. Setar en zijn verwanten behoorden allen tot de Tubeui-clan. Zij vormden geen aparte suku en behoorden nog steeds tot de dorpsgemeenschap Sungai Pering.

De redenen waarom het initiatief van Setar in het begin weinig navolging vond hingen samen met het feit, dat een groot aantal inwoners van de dorpsgemeenschap Sungai Pering kort tevoren in een heel andere richting nieuwe velden en tuinen had aangelegd, waarvan men eerst de opbrengst wilde afwachten. Het voorbeeld van Setar volgen zou een aanzienlijk verlies betekenen. Bovendien brengt een verhuizing kosten met zich mee en ook daarvoor moest eerst nog worden gespaard.

Het initiatief van het voormalige dorpshoofd enerzijds en het wegtrekken uit Sungai Pering van een aantal van zijn verwanten enkele jaren later anderzijds, bleven echter niet zonder gevolgen. Het werd door velen ervaren als een aantasting van de leefbaarheid in de gemeenschap. Als reactie ging een groot aantal dorpelingen in hun pondok wonen op de pas aangelegde velden en tuinen. Anderen, die nog geen ladang hadden, sloten zich hierbij aan. De nederzetting Sungai Pering maakte in die periode een verlaten indruk.

In 1966 had een ommekeer plaats. Onder leiding van Sulaiman sloot een nieuwe groep huishoudens zich bij die van Setar aan. Deze Sulaiman, vertegenwoordiger van de Selupu-clan, kwam uit Jobong, een vroegere talang van Sungai Pering, die ten tijde van het Nederlandse koloniale bestuur aan deze dorpsgemeenschap was toegevoegd. Het totale aantal huishoudens in Genting Manis steeg hierdoor tot ongeveer dertig. Het was noodzakelijk de talang naar een aanzienlijk ruimer terrein uit te breiden. In hetzelfde jaar is het dorpshoofdschap ook van Sungai Pering naar Genting Manis overgeplaatst en werd in de nieuwe nederzetting bovendien een moskeetje gebouwd. Het suku-hoofdschap werd eveneens geregeld: één voor de Tubeui-groep en één voor de Selupu-groep. Tenslotte werd de naam Genting Manis veranderd in Kembang Manis.

In 1974 werd het aantal suku van twee op vier gebracht. Men deed dit in navolging van andere dorpsgemeenschappen met als doel de adatstructuur compleet te maken (memperlengkapi syarat dusun). Aangezien er binnen de dorpsgemeenschap geen buitenstaanders voorkwamen waarvoor men een aparte suku kon oprichten, werd besloten de twee bestaande suku op te splitsen. De instelling van de nieuwe suku en de aanstelling van de suku-hoofden vond plaats in een grote dorpsraad. Bij de bepaling wie voor het suku-hoofdschap in aanmerking konden komen werd uitgegaan van de regels, die gelden voor het lidmaatschap van de dorpsraad (aturan adat baseun). Men zocht niet alleen personen die op grond van hun kennis, ervaring en gezag binnen de gemeenschap voor de vervulling van deze functie geschikt leken, maar men lette bovendien op de onderlinge verwantschapsverhoudingen. Suku-hoofden die onderling nauw verwant zijn, bijvoorbeeld senenek, worden niet in staat geacht rechtvaardig te oordelen over de belangen en aangelegenheden die verschillende suku aangaan. Zij behoren tot een en dezelfde suku en worden beschouwd als elkaars broers (kakak-adik, seperadik). Bij geschillen en conflicten wordt van hun verwacht, dat zij elkaar steunen (sekongkol). De besluiten van dergelijke suku-hoofden roepen vanzelfsprekend wantrouwen op van degenen, die zich niet tot hun verwanten rekenen (kena curiga). De suku-hoofden die uiteindelijk zijn aangesteld waren niet nader verwant dan een gemeenschappelijke betovergrootvader (satu muning).

3.2.2. Van talang tot dusun: Talang Tua

De dorpsgemeenschap Talang Tua, eveneens gelegen in de marga Air Padang van het subdistrict Lais, voert zijn ontstaan terug op drie broers en een zus, Melakin, Sedin, Meradin en Sangio, die in 1914 besloten met hun gezinnen gezamenlijk een talang te maken (buka talang) op acht kilometer afstand van hun dorp van oorsprong, Teluk Ajang genaamd. Zij wilden op die plaats hun ladang aanleggen en de in die tijd veel gevraagde wilde rubber (karet hutan) verzamelen. Het was hun bedoeling hiermee te laten zien, dat zij in staat waren op eigen benen te staan, hun kracht te tonen en om rijkdom te vergaren. Aanvankelijk speelde bij hun de overweging mee in een later stadium naar hun dorp van oorsprong terug te keren en dit door het bouwen van een aantal nieuwe woningen groter en rijker te maken. Op de talang kon men de hiervoor vereiste hoeveelheden hout (kayu pokok) en voorraden rijst verzamelen.

De stichters van deze talang legden hun velden gezamenlijk aan en dicht bij elkaar in de buurt. Enkele jaren later kwam een tweede groepje huishoudens. Dit bestond ook uit drie broers en een zus: Jiwa, Senarwa, Jina en Katin. Zij sloten zich bij de eerste groep aan en vormden tezamen een kelompok lumbung, dat wil zeggen een groep landbouwers die gezamenlijk een rijstschuur bouwde en deze beschermde tegen de in die tijd nog vaak voorkomende aanvallen van troepen olifanten. Aan deze gezamenlijke rijstschuur, in het Redjangs tuoak genaamd, ontleent deze dusun zijn huidige naam.

De eerste tijd behoorde Talang Tua nog integraal tot de dorpsgemeenschap Teluk Ajang. Toen evenwel duidelijk werd dat men niet meer wilde terugkeren naar het dorp van oorsprong, richtte men in de talang een eigen suku op. Sedin, de oudste broer van de eerste vier "settlers", werd suku-hoofd. In feite betekende de vorming van deze suku de vervolmaking van de suku-structuur van de dorpsgemeenschap Teluk Ajang. In deze dorpsgemeenschap bestonden reeds drie suku, namelijk suku Teluk Ajang, suku Pidau en suku Datar Manggus. Met de suku Talang Tua erbij kwam het totaal op vier suku.

In de jaren dertig vond er een drastische wijziging plaats. Talang Tua werd van Teluk Ajang losgemaakt en bij de dorpsgemeenschap Dusun Balam gevoegd. Als bijdorp van Dusun Balam mochten de inwoners van Talang Tua iemand aanwijzen tot assistent-dorpshoofd (pemangku). Deze herverdeling bracht ook verandering in de suku-structuur. In Talang Tua werd naast de al bestaande suku Sedin een tweede opgericht, bestaande uit de tweede groep huishoudens en hun afstammelingen. De oudste van deze groep, Jiwa, kreeg het suku-hoofdschap. Na deze opsplitsing had de dorpsgemeenschap Dusun Balam in totaal vier suku.

In de dorpsgemeenschap Teluk Ajang werd het wegvallen van de suku Talang Tua opgevangen doordat een andere talang, Turan Lanting, aan haar werd toegevoegd. Door in deze talang een nieuwe suku op te richten, bleef het aantal suku in de dorpsgemeenschap Teluk Ajang ook vier.

Bij het samengaan van Talang Tua met Dusun Balam speelden dorpspolitieke verhoudingen een zeer belangrijke rol. De samenvoeging volgde op de keuze van Aliasin, geboren in Talang Tua maar gehuwd met een meisje uit Dusun Balam, tot dorpshoofd van deze dorpsgemeenschap. Dit was niet alleen aanleiding om Talang Tua los te maken van Teluk Ajang, maar bovendien voor een deel van de inwoners van Talang Tua om weg te trekken en zich in Dusun Balam te vestigen. De oprichting van de tweede suku in Talang Tua hangt verder samen met het feit, dat Aliasin behoorde tot de groep van Jiwa. Door deze groep de status van zelfstandige suku te geven kregen de verwanten van het dorpshoofd in Talang Tua meer aanzien.

De suku van Sedin was met deze ontwikkeling weinig ingenomen en wilde dat Talang Tua een zelfstandige dorpsgemeenschap zou worden met een eigen dorpshoofd. Er werd aangevoerd, dat de afstand tot Dusun Balam veel bezwaren inhield voor een effectief dorpsbestuur. De afscheiding werd met de inwoners van Dusun Balam overlegd en in 1956 een feit. In verband hiermee moest de suku-structuur van beide dorpsgemeenschappen opnieuw worden aangepast. Het benoemen van Aliasin tot dorpshoofd van Dusun Balam had bijna alle afstammelingen van de groep van Jiwa naar dat dorp gelokt. Zij waren in Dusun Balam nu zo talrijk, dat zij er een eigen suku konden oprichten. Bovendien werd gezocht naar een mogelijkheid om nog een vierde suku in te stellen. Hierbij werd gekozen voor een contingente suku. In Dusun Balam worden Muning Warito en Muning Layar als dorpsoudsten (poyang) beschouwd en de afstammelingen van elk vormen een aparte suku. In het verleden is er nog een derde figuur geweest, Muning Merea, die door de eerste twee als aanverwant (ponakan) in hun midden was opgenomen. Deze Muning Merea en zijn afstammelingen hadden aanvankelijk een eigen talang. In de loop van de tijd zijn zij echter allemaal naar Dusun Balam verhuisd en in de daar bestaande suku opgenomen. Nu zich het probleem voordeed een vierde suku te maken, is deze oude afstammingslijn opnieuw tot leven gebracht en zijn degenen, die zich nog tot de nazaten van Muning Merea konden rekening in een aparte suku ondergebracht. In Talang Tua was door het wegtrekken van de meerderheid van de groep van Jiwa tussen de twee suku een ongelijke verhouding ontstaan. Er waren alleen nog maar enkele kleinkinderen van Jiwa overgebleven. Er werd besloten de suku-indeling te wijzigen en af te stemmen op de groep van personen die zich ter plaatse het eerste had gevestigd. Er werden vier suku opgericht. Sedin, Melatin en Meradin werden de oudsten van drie van de vier suku. De vierde was een contingente suku van semendo-lieden uit Teluk Ajang, de moeder-dusun, en andere naburige dorpsgemeenschappen. De kleinkinderen van Jiwa, die tot dan toe een eigen suku hadden gevormd, werden bij een andere ondergebracht. Een van de kleinkinderen van Jiwa was gehuwd met een kleinzoon van Melakin uit de groep van Sedin. Op grond hiervan zijn de kleinkinderen van Jiwa samengevoegd met die van Melakin tot één suku. Sedert 1956 is er in de suku-verhoudingen van de dorpsgemeenschap Talang Tua niets meer veranderd.

3.2.3. Dorpsvorming door opsplitsing: Dusun Kali I en II
De nederzettingen Dusun Kali I en II liggen in de marga Lais van het subdistrict Lais. Beide nederzettingen vormen nog steeds één dorpsgemeenschap, hoewel de plannen en voorbereidingen voor splitsing in twee aparte dorpsgemeenschappen reeds in een vergevorderd stadium verkeren. De ontwikkelingsgang van deze dorpsgemeenschap wijkt in een aantal opzichten sterk af van de hierboven behandelde gevallen. De nederzettingen Dusun Kali I en II zijn voortgekomen uit een vroegere nederzetting, eveneens Dusun Kali (lama) geheten. Deze voormalige nederzetting had al een dorpshoofd en er waren twee suku. De suku-oudsten waren Depatai Janggot en Depatai Tuai. De afstammelingen van deze voorouders beschouwen zich te behoren tot de Jurukalang clan. De aanleg van een wegverbinding tussen Tanjung Agung in de marga Palik en Tanjung Raman in de marga Lais was de aanleiding, dat de oude nederzetting werd verlaten om zich langs de nieuwe weg te vestigen. Elk van de suku besloot echter een eigen nederzetting te stichten. De onderlinge afstand tussen deze twee woonkernen bedraagt ongeveer anderhalve kilometer. Beide nederzettingen bleven echter onder hetzelfde dorpshoofdschap verenigd. In het begin van deze eeuw werd op instigatie van Pasirah Ilias (1918-1920) de suku-samenstelling gewijzigd. In plaats van de twee bestaande suku kwamen er acht, dat wil zeggen in iedere woonkern vier suku. Om de inwoners van elk van deze nederzettingen in vier suku te kunnen verdelen, greep men in de genealogieën terug op een oudere generatie van voorouders dan die waartoe Depatai Janggot en Depatai Tuai behoorden en eveneens met een oudere nederzetting dan Dusun Kali (lama) kon worden geassocieerd. Het gaat hier om een groep van zeven voorouders, Muning tujuh beradik genoemd, te weten Muning Jamak, Muning Jaman, Muning Jadai, Muning Jilun, Muning Jitanalai, Muning Mesut en Muning Mangeuak. Depatai Janggot en Depatai Tuai, de stichters van Dusun Kali (lama), zijn de zonen van Muning Jamak, de oudste van deze zeven voorouders. De suku van de nederzetting Dusun Kali I worden genoemd naar de eerste vier voorouders, suku Jamak, suku Jaman, suku Jadai en suku Jilun. Drie van de vier suku in Dusun Kali II dragen de namen van de overige voorouders, suku Jitanalai, suku Mesut en suku Mengeuak. De vierde suku in deze nederzetting wordt suku semendo genoemd en is gevormd uit een aantal personen, dat zich na hun huwelijk ter plaatse heeft gevestigd.

In de loop van de tijd is het inwonertal van deze nederzettingen sterk toegenomen. Vanwege de grootte wordt het wenselijk geacht dat elk over een eigen dorpshoofd beschikt. Tot nu toe heeft Dusun Kali I het dorpshoofdschap (gelar depati) en Dusun Kali II het assistentschap van het dorpshoofd (pemangku). Dusun Kali I maakt aanspraak op het dorpshoofdschap uit hoofde van de voorrangspositie binnen de afstammingschronologie. Dusun Kali II wil echter niet langer voor alles van

Dusun Kali I afhankelijk zijn. Het dorpshoofd en de suku-hoofden van Dusun Kali I worden verweten zich niet voldoende in te zetten voor de problemen en belangen van Dusun Kali II. De grootte van Dusun Kali II en de afstand tot Dusun Kali I worden ook hier als argumenten aangevoerd ten einde de zaken die deze nederzetting betreffen zelf te willen regelen.

De toename van het aantal inwoners en de veelvuldig voorkomende semendo-huwelijken binnen de betrokken gemeenschappen zelf hebben de suku-indeling vervaagd. De suku-hoofden gelden niet langer als vertegenwoordigers van duidelijke facties binnen de gemeenschap, maar treden op als assistenten van het dorpshoofd (pembantu depati), die bemiddelen bij geschillen en andere tegenstellingen tussen de dorpelingen onderling.

Aan het marga- en subdistrictsbestuur is reeds voorgesteld om deze twee dorpskernen te scheiden en van Dusun Kali II een nieuwe dorpsgemeenschap te maken. De uitvoering gaat echter met bepaalde problemen gepaard. De overheid wil, dat in de nieuwe dorpsgemeenschap behalve Dusun Kali II ook nog een kleine talang wordt opgenomen, die weliswaar vlak naast Dusun Kali II ligt, maar bij de aangrenzende dorpsgemeenschap Air Merah behoort. De vertegenwoordigers van de betrokken nederzettingen hebben over deze samenvoeging inmiddels overeenstemming bereikt. De dorpshoofden en suku-hoofden van Dusun Kali I en Air Merah zijn het over de afsplitsing van deze nederzettingen van hun respectievelijke dorpsgemeenschappen ook eens geworden. Men wacht thans op de formele beslissing van hogerhand alvorens de splitsing definitief te voltrekken. Rest nog voor de nieuwe dorpsgemeenschap een naam te vinden, die voor alle betrokken partijen aanvaardbaar is. In Dusun Kali II is men van plan na de formalisering van de dorpsgemeenschap de verdeling van de suku-hoofdschappen aan te passen aan de gewijzigde omstandigheden.

3.2.4. Verdwijning door opsplitsing: Genting

Genting was een dorpsgemeenschap in de marga Air Padang van het subdistrict Lais, die vanwege conflicten tussen de dorpelingen onderling is uiteengevallen en als zelfstandige dorpsgemeenschap heeft opgehouden te bestaan. Van de stichter van deze dorpsgemeenschap, Sanai, wordt verteld dat hij uit Tanjung Aur komt, een nederzetting in de marga Lais. Hij legde ter plaatse een ladang aan, die in de loop van de tijd uitgroeide tot een talang en later een zelfstandige dusun is geworden. In het begin van deze eeuw waren er in Genting drie suku. Deze indeling is afgeleid van drie broeders, die in rechte lijn afstamden van de stichter. Omstreeks 1930 deden zich tussen deze drie suku ernstige moeilijkheden voor. Toen verschillende bemiddelingspogingen niet tot een oplossing leidden, trokken de suku een voor een uit Genting weg. De eerste uittocht had plaats in 1932. De betrokken suku stichtte een nieuwe talang, Retes geheten, en zocht aansluiting bij de vlakbij gelegen dorpsgemeenschap Mesigit. Zij werd ondergebracht bij een van de drie suku waaruit de dorpsgemeenschap Mesigit is samengesteld. Niet lang daarna verliet de tweede suku de dorpsgemeenschap Genting. Zij sloot zich bij de eerste suku aan en vestigde zich eveneens in Retes. Zij werd op gelijke wijze met dezelfde suku uit de dorpsgemeenschap Mesigit geaffilieerd als de eerste. In Genting bleef dus nog maar één suku over en er werd niet meer voldaan aan het voor een dorpsgemeenschap minimaal vereiste van twee suku. De resterende inwoners van Genting bleken echter niet bereid voor het behoud van hun dorpsgemeenschap op te komen (mempertahankan gelar depati), bijvoorbeeld door de overgebleven suku op te splitsen. Zij besloten eveneens uit deze nederzetting weg te trekken. Dit gebeurde in 1936. Zij vestigden zich een stuk voorbij Mesigit in wat nu Talang Hulu heet. Deze laatste groep huishoudens uit Genting zocht op haar beurt ook aansluiting bij de dorpsgemeenschap Mesigit. Zij werd echter met een andere suku van deze dorpsgemeenschap geaffilieerd dan de eerste twee. Daarmee kwam aan Genting formeel een einde. Het dorpshoofdschap en de suku-hoofdschappen gingen verloren. De nederzettingen Retes en Talang Hulu waren niet meer dan een talang en de inwoners waren ondergeschikt aan het gezag van het dorpshoofd en de suku-hoofden van Mesigit. Het betekende ook een onderschikking aan vertegenwoordigers van een andere clan. De suku van de dorpsgemeenschap Mesigit vertegenwoordigen de Selupu-clan; die van de dorpsgemeenschap Genting behoorden tot de Jurukalang-clan.

De dorpsgemeenschap Mesigit bestaat nog steeds uit het hoofddorp Mesigit en de bijdorpen Retes en Talang Hulu. Beide laatstgenoemde beschikken elk over een assistent-dorpshoofd (pemangku). Beide talang nemen ten opzichte van het hoofddorp een tamelijk zelfstandige positie in. Dit geldt voor Talang Hulu in sterkere mate dan voor Retes. Talang Hulu is in de loop van de tijd wat inwonertal betreft aanzienlijk gegroeid. Het aantal huishoudens bedraagt thans bijna veertig. Voor een deel is dit te danken aan de komst van een aantal families uit Talang Lekat, een bijdorp van de voormalige dorpsgemeenschap Sungai Pering. Talang Lekat beschikte vroeger over een eigen moskeetje, dat tegelijkertijd naar Talang Hulu is overgebracht. Op grond van het inwonertal en de aanwezigheid van een moskee trachten de vooraanstaanden van deze kleine gemeenschap de status van zelfstandige dorpsgemeenschap te verkrijgen en een eigen dorpshoofd aan te stellen. Wat de suku-indeling betreft stelt men zich voor het aantal suku tot twee te beperken, één voor de groep huishoudens die uit het vroegere Genting is gekomen, en één voor de huishoudens die in het voormalige Talang Lekat hebben gewoond. In beide gevallen geldt als belangrijkste motief, de eigen voorouderlijke afstammingslijn opnieuw tot leven te brengen (menghidupkan garis keturunan lama) en maatschappelijk aanzien te geven.

3.2.5. Inkrimping door migratie en samenvoeging: Sukabaru

De dorpsgemeenschap Sukabaru in de marga Seblat van het subdistrict Ketahun is ontstaan uit de voormalige nederzetting Talang Gelumpang. Deze oude nederzetting bestond al vóór de instelling van de marga (1862). In de tweede helft van de 19e eeuw kreeg zij enige betekenis als verzamelpunt en marktplaats van bosprodukten. Er vestigden zich handelaren en zij oefenden aantrekkingskracht uit op een aantal verspreid liggende, kleine nederzettingen. Deze trokken achtereenvolgens naar Talang Gelumpang, dat als gevolg hiervan uitgroeide tot een grote aaneengesloten dorpsgemeenschap. Ten tijde van pasirah Junuk (1921-1926) waren in Talang Gelumpang negen afzonderlijke nederzettingen samengetrokken, die alle een aparte suku vormden.

In het begin van de 20e eeuw nam de economische betekenis van de bosprodukten zeer snel af. Een deel van de inwoners trok in verband hiermee weg naar de goudmijnen van Lebong Tandai in de marga Ketahun of naar andere delen van de provincie Bengkulu. Door deze teruggang stierven twee suku bijna uit en werden opgeheven. De enkele overgeblevenen sloten zich aan bij de overige suku: suku Air Nihak, suku Talang Pandan, suku Semaheuw, suku Baginde Gedang, suku Baginde Tenggerai, suku Talang Balai en suku Air Dingin. Maar de getalssterkte van deze suku liep ook geleidelijk achteruit. De economische depressie van de jaren dertig bracht voedselschaarste in het betrokken gebied. Bovendien deed er zich een pokkenepidemie voor. Twee van de zeven suku, suku Baginde Tenggerai en suku Talang Balai, werden hierdoor zwaar getroffen. De betrokken suku werd kort daarna opgeheven. De resterende vijf suku zijn tot de jaren zeventig blijven bestaan. In 1973-1974 viel de dorpsgemeenschap Talang Gelumpang in stukken uiteen. In verband met een "resettlement-project" in Pasar Seblat trok een deel van de inwoners uit Talang Gelumpang weg. Een ander deel zocht aansluiting bij de dorpsgemeenschap Sukamaju, een nieuwe nederzetting langs het tracée van een nieuwe wegverbinding door de marga Seblat op enkele kilometers afstand van Talang Gelumpang. Deze groep richtte in de dorpsgemeenschap Sukamaju een eigen suku op met als naam suku Talang Gelumpang.

Door deze verhuizingen was de suku-structuur van de dorpsgemeenschap Talang Gelumpang zelf onoverzichtelijk geworden. Toen bovendien ook nog een ander deel van de resterende inwoners van plan was uit de nederzetting weg te trekken om een eigen, nieuwe nederzetting te stichten, Sukabaru (1974), werd besloten de dorpsgemeenschap dan maar helemaal te verplaatsen en tegelijkertijd de suku-indeling te wijzigen. Van de vijf suku bleven er maar twee over, namelijk suku Air Dingin en Air Nihak. De rest is opgeheven (dimatikan namanya).

3.2.6. Een mislukte poging tot dorpsvorming: Gunung Sari

De nederzetting Gunung Sari in de marga Lais van het subdistrict Lais is een bijdorp van Kalbang. Deze nederzetting is ontstaan uit een ladang, aangelegd door Bakir, de vader van het huidige assistent-dorpshoofd (pemangku). De reden hiervoor was, dat zowel de ouders van Bakir als diens schoonouders het niet eens konden worden over de plaats waar hij zich met zijn vrouw na het huwelijk zou vestigen. Bakir kwam uit Gunung Sailan, zijn vrouw uit Kalbang. De ouders van Bakir waren er tegen, dat hij zich in de Kalbang zou vestigen. De ouders van zijn vrouw wilden niet, dat hun dochter naar Gunung Sailan zou gaan. Uiteindelijk werd besloten, dat het jonge echtpaar op een ladang zou gaan wonen tussen beide dorpsgemeenschappen in. In die tijd was er nog geen wegverbinding en de ladang lag in een groot stuk oud secundair bos (belukar tua).

Enkele jaren later (omstreeks 1905) werd dwars door de marga Lais een weg aangelegd. De ladang van Bakir lag langs het betrokken tracée. Dit wekte bij hem de aspiratie zijn eenzame, afgelegen ladang tot een zelfstandige dorpsgemeenschap te ontwikkelen. Bakir stond op goede voet met het toenmalige marga-hoofd, die zijn plannen ten volle steunde. Zij spraken af dat het marga-hoofd uit Gunung Sailan naar Gunung Sari zou verhuizen en dat beiden hun familie en verwanten zouden overhalen zich bij hen aan te sluiten. De markt werd ook van Gunung Sailan naar Gunung Sari verplaatst. De inspanningen bleven niet zonder resultaat. In korte tijd groeide de ladang van Bakir uit tot een nederzetting van 25 huishoudens. Het tij keerde evenwel nog voordat Gunung Sari de status van zelfstandige dorpsgemeenschap kon verwerven. De verplaatsing van de markt naar Gunung Sari had bij de bevolking van Gunung Sailan veel kwaad bloed gezet. Bij de marga-hoofdverkiezingen, enkele jaren later, stemden de inwoners van Gunung Sailan 'en bloc' op een eigen kandidaat om het gevoerde beleid weer ongedaan te maken. De markt en het marga-hoofdschap zijn inderdaad weer naar Gunung Sailan teruggebracht. De nederzetting Gunung Sari verloor daarna snel aan betekenis en is tot op heden een bijdorp van Kalbang gebleven.

4. *Het proces van dorpsvorming*

Het ontstaan van de dorpsgemeenschappen wordt in de bestaande antropologische literatuur over het onderzoeksgebied voorgesteld als een cyclisch proces (Van Hasselt 1882; Hazairin 1936; Jaspan 1964). Uit een ladang ontstaat een talang en uit die talang voorts een dusun. De dusun is de bakermat voor nieuwe nederzettingen (talang), die elk op hun beurt tot dorpsgemeenschappen kunnen uitgroeien. De afsplitsing van personen en groepen geldt in dit verband als de belangrijkste oorzaak voor het ontstaan van nieuwe dorpsgemeenschappen. Hazairin wijst ten aanzien hiervan op het verschil tussen het zomaar aanleggen van een ladang en het stichten van een nederzetting (menyusuk). Aan de stichting van een nieuwe nederzetting gaat een bepaald ritueel vooraf, de adat tebas of tabeus. Hiermee beoogt de stichter een magisch-religieuze band te vestigen tussen hem en zijn nageslacht, dat wil zeggen zijn suku in de specifieke betekenis van dit woord enerzijds en de betrokken plaats met de daar voorkomende bovennatuurlijke krachten anderzijds (Hazairin 1936:14). Jaspan daarentegen benadrukt de samenhang tussen het proces van dorpsvorming en de verwantschapsstructuur. In de eerste fase van ontwikkeling vormt een nieuwe nederzetting een verwantschapsgroep, die nog niet is opgesplitst en waarvan de leden behoren tot een van de bestaande suku in de moeder-dusun. Om een zelfstandige dorpsgemeenschap te worden is het nodig binnen haar eigen gelederen een indeling naar suku aan te brengen. Dit wordt bereikt door de verwantschapsgroep op te splitsen. Dit laatste gebeurt volgens Jaspan bij de Rejang in een bepaalde volgorde. Eerst heeft een tweedeling plaats, in een latere fase gevolgd door een vierdeling. Een dorpsgemeenschap bestaande uit vier suku is een volwaardige en volwassen dorpsgemeenschap. Als dit punt eenmaal is bereikt, volgt de afsplitsing van personen en groepen met het doel elders nieuwe nederzettingen en dorpsgemeenschappen te ontwikkelen. Het proces herhaalt zich vervolgens opnieuw (Jaspan 1964:192-195).

De analyse van de veranderingen die zich hebben voorgedaan ten aanzien van het nederzettingspatroon, reikt ook niet verder dan het hierboven geschetste ontwikkelingsmodel. Hazairin stelt in het begin van de jaren dertig vast, dat het proces van dorpsvorming bijna geheel tot stilstand is gekomen (Hazairin 1936:36). In de jaren zestig spreekt Jaspan van een proces van samentrekking. "The concentric residential system of a nuclear village, its outlying monolineal talang and isolated swidden huts is now tending towards contraction through the gradual elimination of the talang. A majority of the villages now have no talang (..)." (Jaspan 1964:200-201). De verdwijning van de talang als specifiek nederzettingstype uit het nederzettingspatroon brengt Jaspan in verband met de verandering van de huwelijksvormen. Sinds de verbreiding van het semendo-huwelijk bestaat er een latent conflict tussen de vaders en hun schoonzonen. De laatstgenoemden geven de voorkeur aan een verblijf in hun ladang-huisjes, die een grotere mate van onafhankelijkheid bieden, boven inwoning bij hun schoonouders in een talang of dorp. Indien zij van plan zijn een eigen woning te bouwen, doen zij dit liever in het hoofddorp dan in een talang. "In a village a semendo-man may acquire the status of an independent householder and homeowner more easily than in a talang" (Jaspan 1964:200-201). Hierbij neemt Jaspan aan, dat zowel het proces van afsplitsing als dat van samentrekking overeenkomstig de bestaande suku-verhoudingen verloopt. Een talang is een buitenpost van een suku in het hoofddorp. Met het verdwijnen van de talang uit het nederzettingspatroon wordt het proces van dorpsvorming voortijdig afgebroken en komt er ook een einde aan de oprichting van nieuwe suku.

Aan deze voorstelling van het proces van dorpsvorming ligt een zeer specifieke definitie van de traditionele sociale structuur ten grondslag. De suku zijn volgens Jaspan strikt unilineale, exogame verwantschapsgroepen. Indien een verwantschapsgroep in een aantal suku wordt opgesplitst verhouden deze zich ten opzichte van elkaar eveneens als unilineale exogame huwelijksklassen (Jaspan 1964:257). De hierboven behandelde voorbeelden uit het onderzoeksgebied tonen echter aan, dat de mogelijkheden tot dorpsvorming niet beperkt zijn tot die welke in de aldus gedefinieerde traditionele sociale structuur liggen besloten. De ontwikkeling van een ladang tot een zelfstandige dorpsgemeenschap verloopt niet rechtlijnig langs specifiek unilineale verwantschapsverhoudingen. Het proces van dorpsvorming is in feite veel gevarieerder en ingewikkelder. Er spelen een zeer groot aantal factoren en omstandigheden een rol, die het proces in elke fase in een andere richting kunnen sturen.

De processen van afsplitsing en samentrekking lijken aan elkaar tegengestelde ontwikkelingen. In de praktijk heffen zij elkaar echter niet volledig op. Indien bepaalde personen of groepen er naar streven door afsplitsing een nieuwe nederzetting te stichten en een zelfstandige dorpsgemeenschap te ontwikkelen, kunnen andere niet-suku-genoten zich hierbij aansluiten. Het is hierbij zeer wel mogelijk, dat de betrokkenen tot verschillende clans behoren. Deze verschillen in clan-affiliatie kunnen op een later tijdstip bij de indeling in suku tot uitdrukking worden gebracht. Het kan evengoed gebeuren dat hieraan wordt voorbijgegaan. In het laatste geval wordt de afstammingslijn van de ene groep of categorie personen ondergeschikt gemaakt aan dan wel patri- of matrilateraal geaffilieerd met die van een andere. Dit betekent niet, dat deze afstammingslijnen voor het verdere proces van suku-vorming zijn uitgeschakeld. Als de behoefte daartoe bestaat kunnen deze ondergeschikte afstammingslijnen in een later stadium alsnog tot gelding worden gebracht en de betrokkenen in een nieuwe afzonderlijke suku worden verenigd. Het proces van samentrekking betekent ook niet zonder meer dat de inwoners van de talang terugkeren naar hun dorpsgemeenschap van oorsprong. Zij kunnen zich in andere nederzettingen vestigen, ook als deze niet tot dezelfde clan behoren. Vestigen zij zich bijvoorbeeld in een andere talang, dan kan door de komst van de nieuwe inwoners het proces van dorpsvorming zelfs worden versneld. Nieuwe dorpsgemeenschappen kunnen ook ontstaan doordat twee of meer bestaande nederzettingen worden samengevoegd. Het initiatief hiertoe kan uitgaan van de overheid, maar ook van de betrokkenen zelf. Elk van de samenstellende delen krijgt binnen de dorpsgemeenschap de status van een afzonderlijke suku toegewezen. Een dergelijke samenvoeging van verschillende, reeds bestaande nederzettingen tot een zelfstandige dorpsgemeenschap met een eigen adat-structuur betekent niet noodzakelijkerwijs het opgaan in één woonkern. In de meeste gevallen gebeurt dit na verloop van tijd wel.

In het nederzettingspatroon van het onderzoeksgebied zijn alle fasen van het proces van dorpsvorming vertegenwoordigd. Enkele bijdorpen (talang) bevinden zich nog in het eerste stadium. Zij vormen verwantschapsgroepen die nog niet de vereiste grootte van een kelompok poyang hebben bereikt om een op verwantschapsverhoudingen gebaseerde suku-indeling te kunnen maken. Hierbij gaat het om Seberang Tunggal in de marga Bintunan en Turan Jagobayo in de marga Lais. Een aantal andere talang staan op het punt zich van de moeder-dusun af te scheiden. Behalve met Talang Hulu en Dusun Kali II is dit ook het geval met Talang Baru (Kualalalangi) in de marga Ketahun en Karanganyar (mudik) in de marga Lais. Dusun Kali II neemt in dit verband een bijzondere plaats in, omdat dit bijdorp reeds uit vier suku bestaat nog voordat het als zelfstandige dorpsgemeenschap is erkend.

Dit voert naar het laatste punt van dit hoofdstuk: de verschillen in aantallen suku tussen de suku-configuraties van de dorpsgemeenschappen in het subdistrict Lais en die in het subdistrict Ketahun. In het subdistrict Ketahun bestaan de meeste dorpsgemeenschappen uit niet meer dan twee of drie suku. In het subdistrict Lais komt daarentegen een indeling in vier suku veelvuldig voor. Dit onderscheid tussen beide subdistricten hangt niet samen met een of ander principieel verschil wat betreft het proces van dorpsvorming of adat-structuur, maar met de ontwikkeling die deze gebieden in de loop van de 20e eeuw hebben doorgemaakt. In een groot aantal dorpsgemeenschappen van het subdistrict Lais is de aanwezigheid van het vier-suku-model een ontwikkeling van latere datum dan de verbreiding van de adat-structuur van een dorpshoofd met een aantal suku als zodanig. Het model van de tiang empat lima dengan raja is namelijk in het subdistrict Lais aan het begin van de 20e eeuw door een aantal marga-hoofden bewust ingevoerd. Vandaag de dag wordt de adat tiang empat lima dengan raja in dit deel van het onderzoeksgebied voorgesteld als een specifiek Rejangse adat. In het subdistrict Ketahun heeft na de crisis van de jaren dertig, maar nog sterker na de Japanse bezetting, een ware exodus plaats gehad. Het aantal inwoners daalde in dat gebied in korte tijd met meer dan de helft. Bovendien zijn de suku-grenzen als gevolg van frequente dorps- en suku-endogame semendo-huwelijken grotendeels vervaagd. In verband hiermee is op veel plaatsen in dit subdistrict niet alleen het aantal suku verminderd, maar in enkele gevallen de suku-indeling ook als zodanig opgeheven. Het suku-hoofd heeft zijn rol als vertegenwoordiger van een bepaalde factie uit de dorpsgemeenschap gaandeweg verloren. Een vergelijkbare ontwikkeling van inkrimping en verschrompeling van de adat-structuur doet zich sinds een jaar of tien ook in andere delen van het onderzoeksgebied voor. Zeer opmerkelijk zijn in dit verband de veranderingen, die in de marga Seblat hebben plaatsgevonden na de aanleg van de nieuwe marga-weg, de uitvoering van een "resettlement-project" in het begin van de jaren zeventig en de verplaatsing van bijna alle nederzettingen. Minder opvallend maar niettemin vergelijkbaar hiermee zijn de recente ontwikkelingen in de marga Bintunan van het subdistrict Lais.

8
DE SOCIAAL-POLITIEKE STRUCTUUR

De dorpsgemeenschap (dusun of dusun laman) vertegenwoordigt een aparte samenlevingsvorm. Hoewel bijna elk element en iedere dimensie ervan bepaalde veranderingen heeft ondergaan, is het met betrekking tot de vroegere huwelijksvormen beschreven patroon van elementaire sociale relaties, waarin zij liggen ingebed, (nog) niet (geheel) verloren gegaan en heeft de dorpsgemeenschap haar specifieke traditionele identiteit die zij hieraan ontleent, tot op heden ook (nog) weten te behouden. De uiteenlopende maatschappelijk-culturele invloeden die in de loop van de tijd op de dorpsgemeenschappen hebben ingewerkt, zijn ten dele afgeweerd, ten dele gemitigeerd of tot aanvaardbare proporties gereduceerd. De specifieke samenlevingsvorm die de dorpsgemeenschap vertegenwoordigt, wordt hier omschreven met de term adat-verband. In dit hoofdstuk worden eerst de betekenis van deze term nader gepreciseerd en de verschillende dimensies ervan beschreven. Daarna wordt aangegeven op welke wijze de voorstelling van de dorpsgemeenschap als adat-verband in de hedendaagse sociaal-politieke verhoudingen tot uitdrukking komt, met name in de leiderschapsstructuur binnen de afzonderlijke dorpsgemeenschappen en in de verhouding tussen de dorpsgemeenschappen enerzijds en de omvattende bestuursstructuur anderzijds.

1. De dorpsgemeenschap als adat-verband

Een dorpsgemeenschap (dusun) is geen zelfstandige autonome bestuurseenheid. Zij is een onderdeel van een marga, samen met een aantal andere dorpsgemeenschappen. De marga is de eigenlijke bestuurlijk-administratieve eenheid. Aangezien de dorpsgemeenschappen binnen de marga wijd verspreid liggen, zijn bepaalde aspecten van het bestuur gedelegeerd aan personen op het niveau van de dorpsgemeenschap. Een dorpsgemeenschap is evenmin een door de overheid scherp afgebakende territoriale eenheid. Dit komt onder meer tot uiting in de wijze waarop de benaming van de dorpen is aangebracht. Het naambord van een dorp staat niet aan het begin en einde van de nederzetting of het gebied dat tot de dorpsgemeenschap wordt gerekend, maar midden in de nederzetting zelf aan een paal bevestigd of opgehangen aan een kabel, die daar over de weg of het pad is gespannen. Voor zover van een officiële territoriale afbakening kan worden gesproken, houdt die verband met het 19e eeuwse stelsel van herendiensten. In die tijd kreeg elke dorpsgemeenschap het onderhoud van een bepaald deel van de wegverbindingen toegewezen. De plaats waar de herendienst-verplichtingen van de ene dorpsgemeenschap ophouden en overgaan in die van de volgende wordt wel voorgesteld als de officiële begrenzing van de dorpsgemeenschappen.

Een en ander betekent niet, dat er tussen de dorpsgemeenschappen en marga een volledig vrij personenverkeer mogelijk is. In de eerste plaats zijn de verschillende marga door duidelijke territoriale grenzen van elkaar gescheiden. Ingezetenen van de ene marga kunnen zich niet in een andere marga vestigen of een ladang aanleggen zonder de toestemming van het betrokken marga-hoofd. Wat de afzonderlijke dorpsgemeenschappen betreft bestaat er in de meeste gevallen een traditionele verdeling van de landbouwarealen gebaseerd op de plaatselijke suku-verhoudingen. Dit betekent, dat noch de inwoners van de ene dorpsgemeenschap, noch de leden van de ene suku zich zomaar elders kunnen vestigen of een ladang aanleggen in het gebied waar een andere suku van dezelfde of een andere dorpsgemeenschap aanspraak op maakt. In die gevallen is overleg met en de toestemming van de hoofden van die andere suku of dorpsgemeenschappen vereist.

Hoewel een dorpsgemeenschap bestuurlijk en territoriaal geen scherp afgebakende eenheid vormt, bezit zij wel degelijk een eigen identiteit. Onder het Nederlandse koloniale bestuur gold zij als een min of meer autonome rechtsgemeenschap. Zij was de kleinste eenheid binnen het toenmalige adat-rechtstelsel. Formeel gesproken is dit nog steeds zo. Echter, de 'bovenbouw' van het vooroorlogse adat-rechtelijke en 'inlandse' bestuurssysteem is sinds de onafhankelijkheid van de Republiek Indonesië zo ingrijpend gewijzigd, dat de betekenis van de dorpsgemeenschap als zelfstandige rechtsgemeenschap grotendeels is uitgehold. Hiermee is overigens niet gezegd, dat de dorpsgemeenschap daardoor ook haar identiteit geheel zou hebben verloren. De adat-rechtelijke status vertegenwoordigt slechts één facet van de dorpsgemeenschap. De betekenis van het begrip dorpsgemeenschap is breder. Zij vertegenwoordigt een zelfstandig en tot op zekere hoogte autonoom adat-verband, dat wil zeggen een aparte maatschappelijke eenheid, geconcipieerd in termen van een reeks van traditionele voorstellingen en waarbinnen specifieke gebruiken, voorschriften en regels voorkomen, die op alle leden van toepassing zijn. Het gaat om de dorpsgemeenschap als sociaal-culturele entiteit.

1.1. Het begrip adat

Adat is een veelzijdig begrip. In het wijsgerige systeem van de Rejang en de Pekal is het begrip adat synoniem met eenheid, ondeelbare totaliteit. De adat kan niet ondergeschikt worden gemaakt. Hij is autonoom en authentiek tegelijk. "Tak lapuk kena hujan, tak lekang kena panas. Kembang bauk seratau mudik, kembang bauk seratau hilir. Itulah pegangan kami. Digundam tidak pecah, dipanggang tidak hangus." De adat is gelijk hout dat door de regen niet verrot, noch barst door de zon. Hij is van een algemene geldigheid. Hij kan niet worden gespleten, noch worden verschroeid. Tevens is de adat een reële en beleefde werkelijkheid. Mensen en groepen identificeren zich ermee. Zij rekenen de adat tot hun bezit (punya adat), gebruiken hem als een middel of instrument (pakai adat) of beschouwen hem als een houvast of uitgangspunt (memegang adat). De betrokkenen zien er zichzelf en hun culturele waarden in weerspiegeld. De adat wordt verder de betekenis toegekend van een morele orde. De adat wordt gezien als uitdrukking van de verbondenheid en saamhorigheid tussen de mensen onderling. Wie haar miskent of geweld aandoet wordt er door gebrandmerkt. "Dasar adat berbadan bulat dan hitam, terbang terus menerus. Siapa tergisau menjadi coreng, siapa memijak akan dicoreng." De adat, tenslotte, geldt ook als een exclusieve mannenaangelegenheid. "Yang menguasai adat adalah laki-laki, yang mengeluarkan alat adat adalah perempuan." Alleen de mannen kunnen uiteindelijk bepalen welke regels zullen gelden. Indien de vrouwen de adat zouden beheersen, zou dat groot onheil met zich meebrengen. Deze orde wordt geacht door de clanoudsten te zijn ingesteld.

De inhoud van de adat is heterogeen. Wat tot de adat wordt gerekend heeft betrekking op zeer uiteenlopende aspecten van de cultuur en de samenleving van de Rejang en de Pekal. Het begrip adat wordt in verband gebracht met uiteenlopende gebruiken, die gelden ten aanzien van gasten (adat bertamu), specifieke cultuuruitingen zoals dans, zang en kleding (adat seni tari, adat seni suara, adat berpakaian). Talrijk zijn de elementen van de adat, die betrekking hebben op de inrichting van de samenleving, bijvoorbeeld in verband met huwelijk (adat tunangan, adat semendo), de structuur van de dorpsgemeenschap (adat suku), de regeling van dorpsaangelegenheden door overleg (adat baseun). Verder de oplossing van geschillen en conflicten door verzoening (adat perdamaian) en de classificatie van de sociale verhoudingen tussen de verschillende categorieën van verwanten (adat beradik-badik sanak). Tot de adat rekent men ook de rituele aspecten van de samenleving, bijvoorbeeld de ceremoniële gebruiken bij de vooroudervering (adat kenduri) en de stichting van een nieuwe nederzetting (adat tabeus). Zelfs het samenlevingspatroon van georganiseerde dorpsgemeenschappen wordt als adat aangemerkt (adat dusun laman). Al deze elementen tezamen vertegenwoordigen geen statisch, a-historisch patroon. De adat is voortdurend in ontwikkeling. In de loop van de tijd zijn er nieuwe elementen bijgekomen, de uit het verleden overgeleverde gebruiken en gewoonten zijn veranderd of verdwenen.

De veelvormigheid van de adat brengt met zich mee, dat niet aan alle elementen dezelfde waarde wordt toegekend. De regels en bepalingen, die als absoluut en onveranderlijk worden beschouwd, bijvoorbeeld het huwelijk, vertegenwoordigen de adat benar adat. Zij worden geacht door hogere machten te zijn ingesteld. Hun betekenis wordt wel voorgesteld als die van de oerelementen water, vuur, wind en aarde. Andere gebruiken en voorschriften noemt men adat istiadat. Deze elementen zijn ontstaan door onderling overleg (musyawarah) en gemeenschappelijke besluitvorming (mufakat) en toegevoegd aan de bestaande, door de voorouders overgeleverde adat. De specifieke uitdrukking hiervoor is: "Dirobah dengan mufakat, diangkat dengan mufakat." De gewoonten en gebruiken die zijn voortgekomen uit het alledaagse gebeuren noemt men de adat teradat. Het ontstaan hiervan is onbedoeld. Zij kunnen van dorp tot dorp verschillen. De adat yang diadatkan tenslotte heeft betrekking op de normen en gebruiken die elders zijn ontstaan, bijvoorbeeld in de pasar-plaatsen, maar door de plaatselijke bevolking zijn overgenomen en tot adat zijn gemaakt.

De opvattingen over wat tot de ene en wat tot de andere categorie behoort lopen sterk uiteen. Zelfs de indeling als zodanig is niet uniform. Er worden niet alleen andere omschrijvingen gebruikt, maar ook zeer verschillende betekenissen naar voren gebracht. Niet zelden komen hierbij voorstellingen uit de Islamitische godsdienst voor. Er zijn bijvoorbeeld respondenten, die vinden dat de adat benar adat de 'door God (Allah) gewilde orde' betekent.

1.2. De adat als normatieve orde

De Rejang en de Pekal maken een onderscheid tussen drie soorten adat. Elke adat heeft betrekking op een specifieke categorie van normen en leefregels en vertegenwoordigt een aparte normatieve orde. Deze drie soorten adat worden aangeduid als: 1. de adat Datuk Temenggungan; 2. de adat Raja Ciung Mergageuak Imam Bergalo, ook wel genoemd de adat Singo Dirajo (Jaspan 1964:34); en 3. de adat Nenek Patih Sabatang. Deze namen verwijzen naar drie legendarische Minangkabausche figuren uit het vroegere rijk van Pagarruyung, die door de Rejang en de Pekal als vorsten worden voorgesteld. Iedere adat afzonderlijk heeft betrekking op een specifiek deel van de totale maatschappelijke orde. De adat Datuk Temenggungan wordt gezien als de adat van de dorpsgemeenschap (dusun) als een aparte samenlevingsvorm. De adat Raja Ciung Mergageuak Imam Bergalo wordt geassocieerd met het oerwoud en plaatsen waar geen rechtspraak (hukum) bestaat. De adat Nenek Patih Sabatang tenslotte wordt in verband gebracht met de bestuurders en overheersers. Alle drie soorten adat tezamen vormen de adat bersila tiga.

De adat Temenggungan is de grondslag van de dorpssamenleving. Saamhorigheid en het elkaar bijstaan in nood zijn de waarden, die zij vertegenwoordigt: "Berat sama dipikul, ringan sama dijinjing. Pahit sama dibuang, manis sama diminum. Panas sama panas, hujan sama hujan. Kalau terampai sama kering, kalau terendam sama basah." Het recht (hukum adat) neemt binnen de dorpssamenleving een centrale plaats in. Het dorpshoofd is ervoor verantwoordelijk, dat het recht op de juiste wijze wordt gehanteerd. De grondbeginselen hiervan zijn als volgt: "Hutang dibayar, piutang diterima. Undang-undang dipakai, janji ditepati. Itulah adat dipegang Rejang Empat Petulai". Schulden worden betaald en vorderingen aanvaard. De geldende regels en wetten toegepast en beloften ingelost. De Rejang en de Pekal beschouwen de adat Datuk Temenggungan als hun eigen bezit. De identificatie met deze adat gaat zelfs zover, dat beide aan elkaar worden gelijkgesteld. De Rejang en de Pekal beschouwen zichzelf dorpsbewoners (orang dusun) en de dusun wordt beheerst door de adat Datuk Temenggungan. Hierbij hindert het hen niet dat deze adat aan een vorst van de Minangkabau wordt toegeschreven.

De adat Raja Ciung Mergageuak Imam Bergalo ofwel de adat Singo Dirajo is het tegenovergestelde van de adat van de dorpsgemeenschap. Deze adat maakt geen gebruik van rechtspraak (hukum). De grondgedachte is, dat het recht van een ander het mijne is (hak orang itulah hak saya). In verband hiermee wordt deze adat ook genoemd de adat meraja lanang of de adat madura kelam. De macht berust bij de sterkste: "Siapa keras dia diatas, siapa lemah dia mati. Pada hukum tidak adil. Piutang mau menerima, hutang tidak mau membayar. Berlaku di hutan besar, di grombolan perampok." De adat Singo Dirajo heeft binnen de dorpsgemeenschappen als specifieke samenlevingsvorm geen plaats. Hij hoort thuis in het oerwoud en geldt op plaatsen waar overvallers zich schuil houden.

De adat Nenek Patih Sabatang tenslotte ligt in handen van de bestuurders en overheersers. Hij wordt gewoonlijk geassocieerd met een handelwijze van volslagen willekeur. "Yang dipakai yang cocok saja, yang semaunya saja." De betrokkenen handelen overeenkomstig hetgeen hen zelf goed uitkomt, naar eigen goeddunken. De adat Nenek Patih Sabatang wordt wel in verband gebracht met het optreden van de traditionele vorsten (raja-raja) en het voormalige Engelse en Nederlandse koloniale bestuur.

1.3. Traditionele voorstellingen rond de dorpsgemeenschap

De definitie van de dorpsgemeenschap als een zelfstandig adat-verband houdt meer in dan een maatschappelijke eenheid waarbinnen rechtspraak (hukum) bestaat. Zij vertegenwoordigt ook een eenheid binnen de kosmische orde. In deze betekenis omvat de term dorpsgemeenschap (dusun) drie elementen: 1. een bepaalde plaats (tempat); 2. de dorpsbewoners (penghuni); en 3. enkele specifieke symbolen (tanda). De plaats heeft betrekking op een nederzetting. De dorpsbewoners bestaan uit twee categorieën, de zichtbare (orang kasar) en de onzichtbare (orang halus). De mensen zijn de zichtbare bewoners van een dorpsgemeenschap. De voorouders, overledenen en een reeks van geesten (semat, jin) worden gerekend tot de onzichtbare bewoners. De kokos- (kelapa) en pinang-palm symboliseren de dorpsgemeenschap. "'Beneath the coconut and areca palms' is a metaphoric formula for (dusun) sadeui (R), with the added nuance of a place of refinement and proper governement in contrast to the forest, highways and swidden farms beyond the village boundaries" (Jaspan 1964:202). De nederzetting, haar bewoners en de specifieke symbolen vormen tezamen een eenheid, het adat-verband (kesatuan adat).

De relatie tussen de inwoners van een dorpsgemeenschap enerzijds en hun gemeenschappelijke voorouders (nenek-moyang) anderzijds vormt het kernstuk van de voorstelling van de dorpsgemeenschap als zelfstandig adat-verband. Deze relatie wordt gespecificeerd in de afstammingschronologieën (silsilah keturunan), die in de ontstaansgeschiedenissen van elke dorpsgemeenschap voorkomen. Met andere woorden, het begrip adat-verband heeft betrekking op de traditionele genealogische verbondenheid van de inwoners van een dorpsgemeenschap met hun magisch-religieus beleefde verleden. De opvatting dat personen en groepen van buiten zich bij de vestiging in de dorpsgemeenschap moeten onderwerpen aan de ter plaatse geldende adat hangt ten nauwste hiermee samen. Hierin komt namelijk niet alleen tot uitdrukking dat de voorstelling van de dorpsgemeenschap als adat-verband is afgeleid van de genealogische band tussen de oorspronkelijke inwoners en het verleden, maar bovendien dat de specifieke identiteit van de dorpsgemeenschappen als adat-verband de feitelijke grondslag vormt van de lokale sociaal-politieke structuur. Dit laatste aspect is voor het begrijpen van de hedendaagse verhoudingen in het onderzoeksgebied wellicht nog belangrijker dan het eerste.

De traditionele genealogische band met het verleden betekent niet voor elke dorpsgemeenschap hetzelfde. Er bestaan verschillen, die verband houden met de soort voorouders waarop de afstamming wordt teruggevoerd. De voorouders (nenek moyang) worden in twee categorieën verdeeld. Ten eerste de voorouders die op heilige plaatsen (keramat) worden vereerd. Deze worden voorgesteld als heldenfiguren, die zijn toegerust met sterke bovennatuurlijke, magische krachten (kesaktian). Zij gelden als de stichters (muloi jijai, roh arwah) van de oudste nederzettingen in het onderzoeksgebied. Zij vormen de apex van de subclans en lineages, die binnen de afzonderlijke hoofdclans worden onderscheiden. Hun betekenis strekt zich ook uit over de dorpsgemeenschappen en nederzettingen, die in latere tijd door afsplitsing zijn ontstaan. De keramat is de plaats waar zij worden herdacht. Zij zijn daar niet begraven. Deze voorouders worden beschouwd niet te zijn overleden (mati), maar ter plaatse op mysterieuze wijze te zijn verdwenen (raib). Ten tweede de voorouders waarvan men weet of op grond van overleveringen aanneemt, dat zij werkelijk hebben geleefd en ter plaatse zijn overleden. Het gaat hierbij meestal om degenen, die als de stichter en de oudste van een bepaalde nederzetting of dorpsgemeenschap worden beschouwd. Zij worden herdacht op hun graven (kuburan). Binnen de omvattende genealogische verhoudingen geldt deze categorie van voorouders als afstammelingen van de eerste categorie van voorouders in het onderzoeksgebied zelf dan wel uit het hoogland van Rejang-Lebong.

De voorouders die op de keramat en kuburan worden herdacht,

gelden allen als beschermers van de adat. De adat wordt een kracht (kekuatan) toegekend, die hij ontleent aan de specifieke relatie tussen de zichtbare bewoners en tekens van de dorpsgemeenschap enerzijds en de onzichtbare wereld van de voorouders anderzijds. Overtredingen van de adat worden opgevat als een verstoring van de magisch-religieuze orde in het algemeen en de relatie tot de voorouders in het bijzonder. Dit geldt met name voor overtredingen ten aanzien van de exogamieregels en gevallen van buitenechtelijk sexueel verkeer. Het niet herstellen van de relatie met de voorouders, een toestand die wordt omschreven als ada kesalahan, houdt een directe bedreiging in voor het gehele bestaan. Men vreest dat de natuur hierdoor haar levenskracht verliest, de kokos- en pinangpalm, de symbolen van het adat-verband, zullen verdorren en dat de rijst geen vrucht meer zal dragen. De voorouders worden in staat geacht zich te wreken door ziekte, dood, misoogsten en natuurrampen te veroorzaken. Nauw verbonden hiermee is de opvatting, dat tijgers en krokodillen optreden als agenten van de voorouders om de betrokkenen te straffen.

1.4. Rituele gebruiken rond de dorpsgemeenschap

De inwoners van een dorpsgemeenschap, in het bijzonder de orang asal, zijn uit hoofde van hun genealogische verbondenheid met de voorouders opgenomen in een omvattende, cosmische orde. De rituele gebruiken bij de stichting van een nieuwe nederzetting en de betekenis van bepaalde sacrale voorwerpen (pusaka) voor de gehele dorpsgemeenschap illustreren dit duidelijk.

Om een nieuwe nederzetting te stichten (menyusuk) wordt eerst een geschikte plaats gezocht. Hiervoor kiest men bij voorkeur een vlak stuk grond, dat is gelegen op een lange, aaneengesloten heuvelrug (pematang panjang tidak putus). Verder let men op de aanwezigheid van waterbronnen en verkent men de omgeving zowel stroomopwaarts (mudik, hulu) als stroomafwaarts (ilir) om vast te stellen of er bijzondere natuurlijke verschijnselen voorkomen, bijvoorbeeld het overhellen van een boom landinwaarts in plaats van over het water of een zijriviertje waarvan de monding stroomopwaarts naar de hoofdrivier is gericht in plaats van stroomafwaarts zoals gebruikelijk. Nadat de omgeving zorgvuldig is geobserveerd en een bepaalde plaats is uitgekozen, verricht een 'shamaan' (dukun) een ritueel. Eerst loopt hij om de betrokken plek heen en maakt vervolgens met een kapmes een klein stukje vrij (tebas, tabeus) ter grootte van één vierkante depa (1,5 x 1,5 m). Op die plaats brengt hij een offer (kenduri), dat is samengesteld uit een zwarte kip, vijf lemang-vruchten, zaaigoed van de zwarte rijst (bibit ketan hitam) en sirih. Tijdens dit offer brandt hij een beetje wierook en vraagt aan de in de omgeving werkzame krachten toestemming om te verhuizen. Hij roept de geesten (semat-semat), duivels, engelen en de bewakers (penunggu) van de grond, bomen en waterbronnen aan evenals de lineage-oudsten (poyang) van de naburige heilige plaatsen (keramat) en de voorouders (arwah-arwah nenek moyang), die in de afstammingschronologie van de betrokken dorpsgemeenschap voorkomen. Daarna keert de dukun naar het dorp terug en wacht op een droom (impian) of een bepaald voorteken. Bij een slechte droom of een ongunstig voorteken gaat de stichting van een nieuwe nederzetting op de betrokken plaats niet door. Bij de interpretatie van de droomvoorstellingen en voortekens laten de dukun zich leiden door de tegenstelling tussen koud en warm (dingin-panas). Alle elementen uit de droom of van het voorteken worden op dit punt onderzocht. Koude elementen betekenen dat er geen problemen of slechte voortekenen zijn (tidak ada wara-wiri) en de betrokken plaats veilig is. Alles waarbij vuur en hartstocht voorkomen wordt met warm geassocieerd. Dergelijke voortekenen houden in, dat de nieuwe nederzetting zal worden gekenmerkt door onderlinge verdeeldheid (pecahbelah) en twist (ribut). In het geval van Datarruyung in de marga Lais kreeg de plaatselijke dukun een droombeeld van een waringin-boom waarvan de vruchten werden opgegeten door een grote verscheidenheid van vogels. Deze voorstelling werd uitgelegd als een gunstig voorteken. Indien alle voortekens gunstig zijn kunnen de voorbereidingen voor de verhuizing beginnen. Het is gebruik om bij de verhuizing een handvol aarde uit de oude nederzetting mee te nemen en die op de nieuwe vestigingsplaats uit te strooien.

De kosmische dimensie van de dorpsgemeenschap als adat-verband komt ook tot uitdrukking in bepaalde sacrale voorwerpen (pusaka), die worden beschouwd als de zichtbare tekens van de magisch-religieuze band tussen de inwoners van een dorpsgemeenschap en hun voorouders. Deze voorwerpen, bijvoorbeeld een zwaard, staf, gong, schaal of kledingstuk, vertegenwoordigen een bijzondere magische kracht (kesaktian). In geval van een grote natuurramp, een tijgerplaag die veel offers vraagt of een zeer ernstige overtreding van de adat worden dergelijke voorwerpen tevoorschijn gehaald om de crisis af te wenden of groter onheil te voorkomen. Hun gebruik is met uitgebreide voorschriften en strikte taboes omgeven en gaat met veel ritueel gepaard. Zij symboliseren de eenheid van het adat-verband in de ruimste betekenis van dit woord. Een zeer markant voorbeeld hiervan werd aangetroffen in Taba Tembilang en Lubuk Sahung, twee dorpsgemeenschappen in de marga Lais.

De inwoners van Taba Tembilang voeren hun afstamming terug op een zekere Muning Sapau. Volgens de afstammingsgeschiedenis huwde deze voorouder binnen zijn dorp met de dochter van zijn oudere broer. Hij was hierdoor in overtreding met de regels ten aanzien van de huwelijksexogamie en werd overeenkomstig de toenmalige adat bestraft met het slachten van een karbouw en het geven van een hoeveelheid goud gelijk aan de inhoud van een grote bamboekoker (emas sebanyak seruas bambu talang). Dit geldt ook voor heel zijn nageslacht. Wanneer zijn afstammelingen onderling huwen binnen dezelfde dorpsgemeenschap (sedusun) moeten zij eerst aan deze voorwaarden voldoen. In de loop van de tijd is deze adat gewijzigd en teruggebracht tot het slachten van een geit (kambing kutai) en het betalen van een kleine hoeveelheid geld (mas kutai).

De dorpsgemeenschap Lubuk Sahung ligt op enkele kilometers afstand van Taba Tembilang. Zij is in het begin van deze eeuw ontstaan doordat een aantal personen uit Taba Tembilang wegtrok met de bedoeling langs de toen pas aangelegde marga-weg een nieuwe nederzetting te stichten. In de jaren twintig vestigden zich in de nog kleine nederzetting ook een aantal families afkomstig uit het vroegere Datarruyung (lama). Omstreeks 1930 werd Lubuk Sahung een zelfstandige dorpsgemeenschap en kreeg een eigen dorpshoofd en suku-indeling. De uit Datarruyung (lama) afkomstige huishoudens werden in een aparte suku ondergebracht. Het inwonertal van Lubuk Sahung is in de loop van de tijd gestadig toegenomen. Vanwege de weekmarkt vervult deze dorpsgemeenschap de functie van een verzorgingscentrum voor de omringende nederzettingen en dorpsgemeenschappen.

Het bijzondere is, dat de adat die door de inwoners van Taba Tembilang bij dorpsendogame huwelijken in acht genomen moet worden in soortgelijke gevallen ook geldt voor de inwoners van de dorpsgemeenschap Lubuk Sahung. Zelfs de inwoners van Lubuk Sahung, afkomstig uit Datarruyung (lama) zijn bij een huwelijk met een meisje uit hetzelfde dorp de kambing kutai en mas kutai verschuldigd. Bij een huwelijk van een persoon uit Taba Tembilang met iemand uit Lubuk Sahung spelen deze adat-voorwaarden echter géén rol. De reden waarom de inwoners van het voormalige Datarruyung (lama) moeten voldoen aan dezelfde adat-voorwaarden als de oorspronkelijke inwoners van Lubuk Sahung is, dat zij zich in deze dorpsgemeenschap zijn komen vestigen (numpang) en uit hoofde daarvan zich moeten onderwerpen aan de ter plaatse geldende adat. Dat deze adat ook van toepassing is in de inmiddels zelfstandige dorpsgemeenschap Lubuk Sahung houdt verband met het feit, dat het adat-verband met Taba Tembilang nog niet is verbroken. De adat-voorwaarden voor dorpsendogame huwelijken in Lubuk Sahung kunnen alleen ongedaan worden gemaakt als de traditionele sacrale voorwerpen (pusaka) van Taba Tembilang tussen beide dorpsgemeenschappen worden verdeeld. Zolang dit nog niet heeft plaats gehad, bestaat er ten aanzien van deze pusaka een gemeenschappelijk recht (hak bersama). In deze zin zijn de pusaka het symbool van het gehele adat-verband. Het feit dat deze adat-voorwaarden geen rol spelen bij huwelijken tussen deze twee dorpsgemeenschappen toont aan, dat elk een afzonderlijke rituele eenheid vertegenwoordigt en dat de voorstelling van de dorpsgemeenschap als adat-verband is afgeleid van de onderlinge genealogische verhoudingen. Vestiging in een andere dorpsgemeenschap houdt in de regel in, dat de betrokkenen overgaan van het ene adat-verband in het andere. Zij moeten zich onderwerpen aan de ter plaatse geldende adat. Bij het jujur-huwelijk is reeds vastgesteld, dat deze overgang als zodanig nog geen incorporatie betekent. Door suku-vorming kunnen de nieuwkomers hun eigen identiteit tot uitdrukking brengen. Zij geven daarmee uitdrukking aan hun eigen specifieke verbondenheid met de wereld van de voorouders.

1.5. Facetten van het traditionele wereldbeeld

Bij de beschrijving van de dorpsgemeenschap als adat-verband kan een enkele opmerking ten aanzien van het traditionele wereldbeeld niet achterwege blijven. Het wereldbeeld van de Rejang en de Pekal is geheel doortrokken van het afstammingsprincipe. Het ontstaan van de planten en dieren, de kosmos, de verschillende talen en volkeren, de afzonderlijke cultuurelementen en kunstuitingen worden allemaal in een genealogisch perspectief geplaatst. Dit gebeurt ook met de voorstellingen die aan de Islamitische godsdienst zijn ontleend. Zo staat de figuur van Adam aan de apex van menige afstammingsgeschiedenis (tembo), gevolgd door een reeks van profeten en hun leerlingen. Daarna komen de clanoudsten en hun afstammelingen aan de beurt voor zover zij voor de betrokkenen in kwestie van belang zijn. Op vergelijkbare wijze zijn de Islamitische godsdienstvoorstellingen over het ontstaan van de bewoonbare wereld in het traditionele wereldbeeld ingepast. De Rejang gaan ervan uit, dat er aan het begin van de wereldgeschiedenis vier grote eilanden hebben bestaan, gevormd uit het schuim van de zee aan het einde van de zondvloed van de profeet Noah. Elk van deze eilanden werd bestuurd door een van de vier eerste vorsten: Raja Meram, Raja Merum, Raja Tahta Guling Sakti en Raja Segenar Bertanduk. Deze vorsten hadden één vader (bapak), die nu eens Dewa Wawat dan weer Dewa Wat wordt genoemd. Dewa Wawat is het opperwezen, de ketua dewa, ongeboren en ontsproten uit het licht van de zon, dat de eerste vorsten heeft onderricht (memberi kenyataan). Het bevindt zich ergens diep in het oerwoud op een plaats, die is gelegen tussen de vier vorsten en hun rijken in. Deze voorstellingen van de vier rijken met de vier vorsten en het opperwezen als magisch symbool in hun midden wordt als volgt weergegeven: "Dewa Wawat suatu tunggal, siak pedito mengelano. Mengetalang di Rimbo jauh, ulak pinang sekapung. Ke ilo matelang Mejopahit, ke ulona dusun Pagarruyung. Ke kiri Rum, ke kanan Batam." De vier vorsten worden voorts geassocieerd met bepaalde windrichtingen, kleuren en landen. Het geheel tezamen heeft de betekenis van een classificatieschema. De vierdeling komt in allerlei cultuurelementen terug, bijvoorbeeld de inrichting van de huizen waarin vroeger de grote vruchtbaarheidsrituelen (kejai) werden gehouden, de indeling van de clans en de suku-structuur van de dorpsgemeenschappen, het traditionele grondpatroon van de nederzettingen en de classificatie van de adat-regels. Deze vierdeling wordt ook geïnterpreteerd als een schema, dat de historische ontwikkeling waarmee de Rejang zich nauw verbonden voelen in de vorm van één grote, ronddraaiende beweging weergeeft. Aan het begin hiervan staat het rijk van Mojopahit op Java in het oosten. De goden zouden aan de vorst van dit rijk de wetten (undang-undang) en de adat hebben gegeven, die later door de Rejang zijn overgenomen. Na het verval van het rijk van Mojopahit heeft een macht uit het noorden zijn invloed op de geschiedenis doen gelden. De naam China wordt in dit verband vaak naar voren gebracht. Daarna volgt in het westen Pagarruyung, het rijk van de Minangkabau in West-Sumatra. Dit rijk maakt op zijn beurt plaats voor de invloed vanuit het zuiden, van overzee. De Engelsen en de Nederlanders worden hiermee geassocieerd. In de moderne tijd is de cirkel in het oosten gesloten door de vestiging van de onafhankelijkheid op Java, de erfgenaam van het rijk van Mojopahit. Binnen deze configuratie is de tegenstelling tussen Mojopahit en Pagarruyung de belangrijkste. Deze as verbindt de twee rijken waaraan de Rejang zowel de oorsprong van hun adat als de herkomst van de rijst (padi) toeschrijven. De oorsprong van de adat voeren de Rejang terug op het rijk van Mojopahit, de herkomst van de rijst aan de vorsten van Pagarruyung. Dit blijkt uit de rites, waarmee de traditionele ladangrijstbouw in het onderzoeksgebied ook nu nog wordt omgeven. Na het openleggen van een stuk bos wordt voor de rijstgodin (Nyang Serai) in westelijke richting een offerplaats (penai) ingericht. Dit laatste houdt verband met de opvatting, dat het rijstritueel als zodanig aan de vorsten van Pagarruyung toebehoort (pegang urusan padi dahulu) en in westelijke richting zich bovendien de kracht bevindt, die over ziekte heerst (ketua penyakit ada di barat). De tegenstelling Mojopahit en Pagarruyung valt samen met die tussen oost en west, zonsopgang en zonsondergang. Zij omspant als het ware het hele gebied waar de Rejang zich in het kustgebied van Noord-Bengkulu hebben gevestigd en wordt gemarkeerd door twee belangrijke heilige plaatsen, de keramat Ulau Nuatai bij Taba Penanjung in het oosten en de keramat Serunting Sakti in de marga Bintunan in het westen.

2. Het leiderschap binnen de dorpsgemeenschap

De identiteit van de dorpsgemeenschap als adat-verband komt op vele manieren tot uitdrukking. De reeds genoemde verwachting, dat nieuwkomers in een dorpsgemeenschap zich onvoorwaardelijk dienen neer te leggen bij de ter plaatse geldende regels en gebruiken is één voorbeeld hiervan. De wijd verbreide opvatting, dat de ontwikkeling en vooruitgang naar de dorpsgemeenschappen toe moet komen, hoe klein, geïsoleerd en onbelangrijk zij ook zijn, kan in dezelfde geest worden uitgelegd. Wat echter de dorpsgemeenschap als adat-verband binnen de hedendaagse sociaal-politieke verhoudingen in het onderzoeksgebied feitelijk betekent kan worden vastgesteld aan de hand van de leiderschapsstructuur binnen de dorpsgemeenschappen. Het leiderschap kan in twee typen worden verdeeld: 1. het publieke leiderschap; en 2. het geestelijke leiderschap. Ieder van deze soorten leiderschap is in de dorpsgemeenschappen op tweeërlei wijze vertegenwoordigd. Het publieke leiderschap ligt zowel in handen van het dorpshoofd (depati) als van de suku-hoofden. Het geestelijke leiderschap komt behalve van de zijde van de imam ook van de plaatselijke dukun.

Diagram 7: De leiderschapsstructuur binnen de dorpsgemeenschappen

	Publiek leiderschap	Geestelijk leiderschap	
Adat	Suku-hoofd	Dukun	Rite
Overheid	Depati	Imam	Godsdienst

De suku-hoofden en de dukun zijn de representanten van de dorpsgemeenschap als adat-verband. De suku-hoofden oefenen toezicht uit op de normatieve orde. De dukun treden op in rites om te bemiddelen tussen de leden van de dorpsgemeenschap en de krachten, die de kosmische orde beheersen. Beide vormen van leiderschap vullen elkaar aan en gaan uit van hetzelfde traditionele wereldbeeld. Het dorpshoofd (depati) vertegenwoordigt de dorpsgemeenschap ten opzichte van het marga-bestuur en de nationale overheid. De imam is de leider van een geloofsgemeenschap binnen de Islamitische wereldgodsdienst. Het onderscheid tussen de twee laatstgenoemde komt formeel overeen met dat tussen de suku-hoofden en de dukun. Het dorpshoofd is de representant van de staatsrechtelijke normatieve orde, de imam van de godsdienstige ceremoniële orde. De voorstellingen waarop deze laatste twee soorten leiderschap zijn gebaseerd zijn echter principieel verschillend.

2.1. Het dorpshoofd

Het dorpshoofd is de officiële vertegenwoordiger van de dorpsgemeenschap naar buiten. Hij wordt in principe door algemene verkiezingen aangesteld. Verkiesbaarheid is afhankelijk van kandidaatstelling en 'screening' op subdistrictsniveau. Alfabetisme en elementair onderwijs gelden onder meer als voorwaarden om voor kandidaatstelling in aanmerking te komen. De feitelijke benoeming vereist een benoemingsbesluit van de zijde van het subdistrictsbestuur. De termijn waarvoor iemand tot dorpshoofd wordt aangesteld bedraagt in principe acht jaar.

De taken van het dorpshoofd omvatten in de eerste plaats het bijhouden van de bevolkingsadministratie. In de tweede plaats is hij verantwoordelijk voor de inning van de belastingen en de uitvoering van de ontwikkelingsprogramma's van de overheid voor zover zij op de dorpsgemeenschap betrekking hebben. In de derde plaats is het zijn taak de inwoners te helpen bij het verkrijgen van officiële documenten en het vastleggen van belangrijke koop- en verkooptransacties. In de vierde plaats is hij initiatiefnemer en coördinator van collectieve activiteiten ten behoeve van het schoonhouden van de nederzetting(en), het onderhoud van de wegen en bruggen en de voorbereiding van bepaalde feestelijke gebeurtenissen. Tenslotte treedt hij ook op als adat-hoofd (kepala adat). De adat-zaken die de suku-hoofden niet kunnen oplossen worden naar het dorpshoofd doorverwezen met de bedoeling alsnog een regeling tot stand te brengen.

Bij de uitvoering van zijn taken wordt het dorpshoofd bijgestaan door een of meer assistenten (pemangku). Er zijn gewoonlijk evenveel assistent-dorpshoofden als het aantal nederzettingen waaruit de dorpsgemeenschap bestaat. Het assistent-dorpshoofd treedt op als vervanger en waarnemer van het dorpshoofd. De betrokkene wordt meestal door het dorpshoofd zelf gekozen. De aanstelling moet door het marga-hoofd schriftelijk worden bevestigd. Soms ontmoet men ook de instelling van kemit en alingan. De kemit is iemand die het dorpshoofd ter beschikking staat voor de uitvoering van allerlei diensten. Hem kan worden gevraagd personen van afgelegen ladang te roepen, voor bezoekers als gids op te treden en het dorp te bewaken als de meeste inwoners in verband met de oogsttijd afwezig zijn. Deze taak wordt bij toerbeurt verricht. Alle mannen tot 45 jaar komen hiervoor in aanmerking. De alingan, de dorpsomroeper, komt nog maar zelden voor.

Het dorpshoofd is ook de voorzitter (ketua) van de Lembaga Sosial Desa (LSD). Dit orgaan is bij de wet geregeld en is bedoeld om de activiteiten van alle verenigingen en organisaties op dorpsniveau te coördineren en te integreren en de lokale bevolking aan het proces van besluitvorming deel te laten nemen. In de praktijk blijkt de Lembaga Sosial Desa niet als zodanig te functioneren. De verschillende functies blijken uiteindelijk door dezelfde personen te worden bezet. Het dagelijkse bestuur ligt in handen van het dorpshoofd, bijgestaan door zijn assistenten. De Lembaga Sosial Desa beschikt niet over een aparte ruimte, noch over de benodigde administratieve middelen. Voor alle belangrijke aangelegenheden worden dorpsvergaderingen belegd. Daaraan kunnen behalve de suku-hoofden, de functionarissen van de moskee en andere vooraanstaanden, in principe alle inwoners van de dorpsgemeenschap deelnemen.

Ten aanzien van de uitoefening van de functie van dorpshoofd bestaan in de praktijk duidelijke beperkingen. In de eerste plaats wordt het dorpshoofdschap beschouwd als een pusaka, een waardigheid, die toebehoort aan de dorpsgemeenschap als adat-verband. In dorpsgemeenschappen waar de genealogische verhoudingen nog een belangrijke rol spelen is het dorpshoofdschap voorbehouden aan een bepaalde suku. In de dorpsgemeenschap Sukamedan in de marga Seblat bijvoorbeeld behoort het dorpshoofdschap (gelar depati) toe aan de oudste suku, Malalo Diri genaamd. Indien het dorpshoofdschap wordt toegewezen aan een persoon uit een andere suku van deze dorpsgemeenschap moet deze laatste de titel van dorpshoofd van de eerstgenoemde lenen. Soms echter valt het dorpshoofdschap om andere redenen steeds aan een bepaalde suku toe. In Sukarami, een dorpsgemeenschap in de marga Lais, wordt het dorpshoofdschap altijd bekleed door een vertegenwoordiger van de suku Jurukalang. Dit hangt samen met de positie die deze suku binnen de dorpspolitieke verhoudingen inneemt. Deze dorpsgemeenschap bestaat uit twee nederzettingen, Sukarami atas en Sukarami bawah. In Sukarami bawah komt de suku Bermani voor. In Sukarami atas zijn drie suku vertegenwoordigd: de suku Jurukalang, de suku Tanjung Agung en de suku Manna. De suku Bermani en de suku Jurukalang zijn basis-suku. De andere twee zijn contingente suku. Als basis-suku maken zowel de suku Bermani als de suku Jurukalang aanspraak op het dorpshoofdschap. De drie suku van Sukarami atas hebben zich in de loop van de tijd sterk vermengd en vormen de meerderheid binnen de dorpsgemeenschap. Bij de opeenvolgende dorpshoofdverkiezingen heeft de suku Jurukalang steeds de steun gehad van de twee contingente suku. In weer andere dorpsgemeenschappen rouleert het dorpshoofdschap tussen de verschillende suku. In al deze gevallen komt de kandidaatstelling voor het dorpshoofdschap tot stand door gemeenschappelijk overleg binnen de dorpsgemeenschap en moet de betrokkene uitdrukkelijk rekening houden met de daaraan verbonden belangen. Verkiezingen vinden alleen dan plaats wanneer er verschillende personen zijn, die onafhankelijk van elkaar naar de positie van dorpshoofd dingen.

In de tweede plaats legt de functie van dorpshoofd als zodanig ook bepaalde beperkingen op aan het daarmee verbonden leiderschap. Het dorpshoofdschap legt zoveel beslag op de betrokkene, dat het niet meer met de uitoefening van een volledig landbouwbedrijf valt te combineren. Langdurige afwezigheid uit het dorp om het opgroeiende gewas te bewaken kan in de meeste gevallen niet meer. Echter, het is erg moeilijk om in de nederzettingen zelf voldoende werk en inkomen te vinden. De functie van dorpshoofd is onbezoldigd. Het geld dat hem van de zijde van het marga-bestuur als honor toekomt, ongeveer Rp. 1.000 per maand, wordt vaak maar voor een deel of zelfs helemaal niet uitgekeerd. De heffingen waarop de dorpshoofden uit hoofde van hun functie recht hebben, bijvoorbeeld bij het tot stand komen van een contract, de koop en verkoop van grond, vee en huizen, de sluiting van een huwelijk en de bemiddeling voor het verkrijgen van officiële documenten, zijn onvoldoende om in het levensonderhoud van hemzelf en zijn gezin te kunnen voorzien. Zelfs wordt van het dorpshoofd verwacht, dat hij de kosten voor de ontvangst van gasten en bezoekers aan de dorpsgemeenschap uit eigen middelen betaalt. De redenen dat het dorpshoofdschap desondanks wordt geambieerd, zijn tweeërlei. Ten eerste vanwege het machtselement dat aan deze positie is verbonden (memegang kekuasaan), en de relaties met hogere autoriteiten (orang tinggi of orang yang berkuasa) die daaruit voortvloeien. Ten tweede vanwege de materiële voordelen die ervan worden verwacht. De meeste dorpshoofden treden op als tussenhandelaar (perantara) of subcontractor (pemborong). De benodigde kredieten ontvangen zij van handelaren of geldschieters uit de hoofdplaats Bengkulu. Deze verhouding heeft voor beide partijen voordelen. De dorpshoofden beschikken over een betere kennis van de plaatselijke bevolking. Door hun financiële gebondenheid zijn zij genoodzaakt zich in te spannen en het verkregen geld winstgevend aan te wenden. Zij zijn daardoor niet alleen zorgvuldig bij de keuze wie zij voor zich laten werken, maar zijn ook in staat hun machtspositie aan te wenden om wanprestaties te voorkomen en achterstallige betalingen te bestrijden. Succes in deze brengt de betrokkene in een gunstiger positie ten opzichte van de geldschieters en handelaren en verhoogt hun kans op persoonlijke verrijking en verbetering van de materiële welstand. Bij de plaatselijke bevolking echter roept dit een ambivalente, vaak zelfs een zeer negatieve houding op ten aanzien van de persoon en het gezag van het dorpshoofd. Zij gaat gewoonlijk uit van de opvatting dat het dorpshoofdschap niet zozeer rechten als wel plichten met zich meebrengt. Hieronder valt niet alleen de verantwoordelijkheid (kewajiban) van het dorpshoofd aan buitenstaanders en gasten de volgens de adat vereiste gastvrijheid te verschaffen, maar ook bij de uitvoering van collectieve activiteiten dient hij, om zijn dorpsgenoten aan te sporen, zelf voorop te gaan en een grotere arbeidslust aan de dag te leggen dan de anderen. Als lid van de dorpsgemeenschap wordt van hem verlangd de inwoners tegen overmatige inmenging en pressie van de zijde van de overheid af te schermen.

2.2. De suku-hoofden

De suku binnen de dorpsgemeenschappen worden ieder geleid en vertegenwoordigd door een suku-hoofd (ketua suku, tuai kutai/Rejang, penghulu kaum/Pekal). Het suku-hoofdschap is een veelzijdige functie. In zijn hoedanigheid neemt het suku-hoofd deel aan de besprekingen tussen de wederzijdse families die aan een huwelijk voorafgaan en beslist hij over de praktische tenuitvoerlegging van de voorbereidingen hiervoor. In zake de landbouw spoort hij zijn suku-genoten aan zoveel mogelijk op dezelfde tijd te planten en te oogsten. Verder organiseert hij de bewaking van het dorp als de inwoners langdurig op hun velden verblijven. Bij een sterfgeval ziet hij toe op de voorbereiding en afwikkeling van de begrafenis. In veel gevallen treden de suku-hoofden op als een informele leider, een oudste of Bapak, die zich het wel en wee (nasib baik dan buruk) van zijn eigen suku-genoten (anak buah) aantrekt. Hij let erop dat allen een sawah of ladang kunnen aanleggen en in het dorp een huis bezitten en dit onderhouden. Hij staat zijn suku-genoten bij met raad, vermaant ze hun gemoed in te tomen, zich in hun woordgebruik te beheersen, anderen niet te belasteren (memfitnah), uit te dagen (mengadu domba) of grof te behandelen. Hij spoort ze aan de godsdienstige voorschriften en leefregels te gehoorzamen en zich niet tegen de (plaatselijke) overheid te verzetten. Ook let hij op het schoolbezoek van de kinderen en stimuleert hun tot het leren lezen van de Koran. Hun positie binnen de dorpsgemeenschap en mate waarin zij zich van deze taken kwijten verschilt aanzienlijk van dorpsgemeenschap tot dorpsgemeenschap, de leeftijd van de betrokken suku-hoofden, hun opleidingsniveau en de economische omstandigheden waarin zij verkeren.

In de meeste dorpsgemeenschappen staat het suku-hoofdschap in principe open voor iedere volwassen mannelijke inwoner. Ondanks dit algemene, door de respondenten aangegeven criterium is het in feite zo, dat lang niet iedereen voor de positie van suku-hoofd in aanmerking kan komen. Ten eerste zijn voor de uitoefening van het suku-hoofdschap bepaalde eigenschappen vereist. De betrokkene moet een bekwaam leider zijn. Voorts moet hij beslissingen kunnen nemen en in staat zijn bij geschillen verzoening tot stand te brengen. Welstand, een geestelijk overwicht op de andere inwoners van de dorpsgemeenschap en goede contactuele eigenschappen (pergaulan) gelden vaak als aanvullende criteria. Ten tweede is het suku-hoofdschap in verreweg de meeste gevallen uitsluitend voorbehouden aan de orang asal (stautin/Rejang), de kernleden van een suku. Dit zijn de patrilineale afstammelingen van de stichters van de dorpsgemeenschap of van de oudsten waarop de suku-indeling is gebaseerd. Zij worden onderscheiden van de orang numpang, de randleden, die door huwelijk en vestiging in de suku zijn opgenomen.

Ten derde zijn de randleden van de suku vaak zeer terughoudend om het suku-hoofdschap op zich te nemen (malu bicara keras kepada orang asli).

In bijna de helft van de dorpsgemeenschappen van het onderzoeksgebied is de opvolging van het suku-hoofdschap patrilineaal. Hierbij heeft een jongere broer binnen dezelfde generatie voorrang op een zoon in de volgende generatie. De in leeftijd oudste vertegenwoordiger van de oudste afstammingslijn binnen de suku komt als eerste voor het suku-hoofdschap in aanmerking. Alleen wanneer de betrokkene zich niet beschikbaar stelt of niet over de benodigde capaciteiten beschikt kan hij worden overgeslagen. In bijna alle dorpsgemeenschappen bepalen de leden van iedere suku afzonderlijk in onderling overleg wie hun nieuwe hoofd zal worden. Wanneer hieruit slechts één opvolger naar voren komt, wordt deze gewoonlijk direct als suku-hoofd aangesteld. Zijn er meer kandidaten of is er geen overeenstemming dan vinden verkiezingen plaats. De meerderheid van stemmen geldt. Dit overleg vindt ook plaats indien de opvolging voor het suku-hoofdschap strikt patrilineaal geschiedt. In vier gevallen worden de suku-hoofden gekozen door alle inwoners van de dorpsgemeenschap. Het betreft Muara Santen, Teluk Anggung, Tanjung Alai en Pasar Ketahun in de marga Ketahun. De suku-hoofden worden in deze dorpsgemeenschappen beschouwd als assistenten van het dorpshoofd bij aangelegenheden zoals huwelijkssluiting en de regeling van conflicten en geschillen. De reden hiervoor is, dat in elk van deze gevallen het suku-hoofdschap zijn vertegenwoordigende functie ten opzichte van een specifieke achterban heeft verloren.

Er bestaan duidelijke opvattingen over de verdeling van de bevoegdheden tussen het dorpshoofd aan de ene kant en de suku-hoofden aan de andere kant. De bevoegdheid om in zaken de adat betreffende regelend en beslissend op te treden berust in eerste instantie bij de suku-hoofden. Een dorpshoofd kan zich alleen dan met de adat-aangelegenheden binnen de dorpsgemeenschap direct bemoeien als de suku-hoofden niet in staat zijn een regeling tot stand te brengen. Dit betekent overigens niet, dat de suku-hoofden geheel onafhankelijk kunnen handelen. Het dorpshoofd geldt binnen de dorpsgemeenschap als adat-hoofd (kepala adat). In verband hiermee zijn de suku-hoofden verplicht alle adat-aangelegenheden aan het dorpshoofd te rapporteren. Deze verdeling van bevoegdheden heeft gevolgen voor de verhouding tot de inwoners van de dorpsgemeenschappen. Zij impliceert namelijk, dat het dorpshoofd zich uitsluitend en alleen bij de tenuitvoerlegging van zijn bestuurlijke taken en opdrachten van de zijde van de overheid rechtstreeks tot de dorpsbewoners kan richten. Voor alle andere zaken is het dorpshoofd afhankelijkheid van de steun en medewerking van de suku-hoofden.

Een vergelijkbare verdeling van bevoegdheden bestaat ook met betrekking tot de gewoonterechtspraak binnen de afzonderlijke dorpsgemeenschappen. Normovertredingen, vergrijpen en misdrijven worden in twee categorieën verdeeld: 1. de criminele; en 2. de niet-criminele zaken. De grens tussen beide ligt bij doodslag. De suku-hoofden zijn alleen bevoegd zaken te behandelen waarbij géén doodslag in het geding is. Gevallen van doodslag moeten rechtstreeks door het dorpshoofd worden behandeld.

Behalve dit verschil in bevoegdheden tussen het dorpshoofd en de suku-hoofden bij de gewoonterechtspraak binnen de dorpsgemeenschappen bestaat er ook een essentieel onderscheid tussen deze gewoonterechtspraak, de adat perdamaian, enerzijds en de officiële, op het staatsrecht gebaseerde rechtspraak, dat wil zeggen de adat perhukuman, anderzijds. De eerstgenoemde is afgestemd op wederzijdse verzoening. Bovendien is er geen rechter (hakim). Of en op welke wijze een zaak moet worden behandeld houdt ten dele verband met de aard van de overtreding, ten dele wordt dit bepaald door degenen die er zelf bij betrokken zijn. Een overtreding of misdrijf wordt meestal pas een zaak (perkara) of een geschil (perselisihan) als zij bij de suku-hoofden of het dorpshoofd wordt aangebracht (ada yang menuntut atau mengadu). Dit kan zowel worden gedaan door een van de betrokken partijen als door een van de inwoners uit de dorpsgemeenschap. Zolang dit niet gebeurt worden gewoonlijk geen stappen ondernomen.

De behandeling van een geschil of overtreding van de adat geschiedt door middel van een zitting van de dorpsraad (sidang, baseun/Rejang) ten huize van het dorpshoofd of een van de suku-hoofden. Zij bestaat uit het dorpshoofd, twee of meer suku-hoofden, de religieuze leiders en enkele dorpsoudsten. Alle dorpelingen kunnen dergelijke zittingen bijwonen en hebben recht van spreken. Het dorpshoofd neemt aan de zitting deel als getuige (saksi). De behandeling van een zaak doorloopt drie stadia: 1. het onderzoek (menilik); 2. de afweging (menimbang); en 3. de besluitneming (memutus). Bij het onderzoek worden de bij het geschil betrokken partijen ondervraagd en eventueel getuigen gehoord. Bij de afweging wordt nagegaan hoe de belangen tussen beide partijen zijn verdeeld (timbang berat ringan dua belah pihak). Bij de besluitneming tenslotte wordt bepaald op welke manier verzoening tot stand kan worden gebracht. Bij de vaststelling hiervan gelden de volgende richtlijnen: "Pegangan ketua suku dalam hal perkara: Kalau bengkak atau berdarah atau batas pinggul bawah, kalau ada orang besar atau kecil: Bengkak berdarah harus dimaaf-maafkan; kalau bitul pakai punjung dan sirih; kalau luka kena papas; kalau pembunuhan pakai kambing seekor dan 80 real". De suku-hoofden gebruiken bij geschillen de volgende uitgangspunten: indien er sprake is van een kneuzing of bloeding of een letsel beneden de gordel, geldt zowel bij volwassenen als bij kinderen, dat de betrokkenen elkaar verontschuldigingen moeten aanbieden, ingeval van een lichte verwonding moeten zij een rijst-punjung en sirih bereiden, bij ernstige verwondingen een kip slachten, een rijst-punjung bereiden en de kosten van medische verzorging vergoeden. en bij doodslag een geit slachten en 80 realen geld betalen. Gewoonlijk wordt gekozen voor de lichtste oplossing.

Bij dit overleg wordt steeds gezocht naar een beslissing die algemene instemming (mufakat, daseun/Rejang) heeft. De aanwezigen worden hieromtrent naar hun mening gevraagd. Bestaat er geen overstemming, dan beslist de meerderheid van stemmen. Het dorpshoofd is van deze stemming uitgesloten. Een eenmaal genomen beslissing moet door de betrokken partijen worden aanvaard. Zoniet, dan verwijzen de suku-hoofden de zaak door naar het dorpshoofd. Het dorpshoofd is echter bij alle verdere pogingen tot verzoening gebonden aan de beslissing van de suku-hoofden. Wordt in tweede instantie ook geen overeenstemming bereikt, dan kan het dorpshoofd de zaak doorverwijzen naar het marga-hoofd of zelfs de politie of de justitie inschakelen. Dit laatste gebeurt slechts bij hoge uitzondering.

Tenslotte moet in dit verband nog worden gewezen op de invloed van deze (gewoonte-)rechtspleging op de verhoudingen binnen de dorpsgemeenschappen. Als uitgangspunt gebruikt men de vuistregel: "Yang benar disalahkan sedikit, yang salah dibenarkan sedikit". Terwille van de minnelijke schikking en wederzijdse verzoening wordt degene, die een overtreding heeft begaan enigszins in het gelijk gesteld en degene, die hiervan nadeel of schade heeft ondervonden met betrekking tot zijn aanspraken op genoegdoening enigszins in het ongelijk gesteld. De boetes (denda) zijn hoofdzakelijk bedoeld om de verzoening op de volgens de adat voorgeschreven wijze te bekrachtigen. De gevolgen van dit perdamaian-systeem zijn tweeledig. In de eerste plaats stelt het de bevolking in staat zich van het nationale rechtsstelsel af te schermen en zich aan politietoezicht en juridische vervolging te onttrekken. Volgens de wet is het niet toegestaan, dat bijvoorbeeld criminele zaken of ernstige zedendelicten op dorpsniveau worden behandeld. Toch worden dergelijke gebeurtenissen vaak voor de buitenwereld verborgen gehouden. In de tweede plaats kan men zich tegen verhoudingsgewijs lichte straffen nogal ernstige overtredingen permiteren. De veroordelingen variëren van het elkaar verontschuldigingen aanbieden in de lichte gevallen, tot de veroordeling een rijst-punjung te bereiden, een kip of een geit te slachten en de kosten te vergoeden voor de schade, het verlies of de medische behandeling van de benadeelde partij in de ernstigste gevallen.

2.3. De dukun

De dukun zijn de bewakers van de traditie. De verering van de voorouders neemt daarbij een centrale plaats in. Een aantal auteurs heeft deze geduid als zijnde van Boeddhistische oorsprong (Francis 1842:100, Jaspan 1964:77). De lokale bevolking zelf echter onderkent hierin géén specifieke godsdienst. Zij omschrijft het geheel van traditionele voorstellingen, ceremoniële gebruiken en riten als het 'oude geloof' (kepercayaan lama), dat betrekking heeft op de 'tijd van de goden' (zaman dewa-dewa).

Dukun zijn er in twee typen. Ten eerste degenen, die het produkt zijn van schoolvorming. Zij hebben hun kennis (ilmu) en kunde bij een andere dukun, een leraar (guru), geleerd en dragen deze op hun beurt over aan hun leerlingen (anak buah). De dukun van Padangkala en Talang Hulu in de marga Air Padang bijvoorbeeld zijn leerlingen van de dukun van Lubuk Mumpo in dezelfde marga. Deze laatstgenoemde is op zijn beurt weer een leerling van een bekende dukun uit de dorpsgemeenschap Dusun Raja uit de marga Ketahun. Op deze wijze wordt de specifiek Rejangse traditie steeds weer overgedragen en voortgezet. Ze omvat behalve de reeds genoemde ceremoniële gebruiken en rituele handelingen, die voorkomen bij de herdenking van de voorouders, ook een grote verscheidenheid aan afstammingsverhalen (tembo), vooroudergeschiedenissen (ceritera sejarah), magische spreuken (idau, jampi-jampi) en bezweringsformules (isin-isin), verhalen (andai-andai), zegswijzen (kece) en epische gedichten over bepaalde cultuurhelden (bedulah, guritan, berenai). Ten tweede de dukun, die zijn opgekomen op grond van bepaalde charismatische eigenschappen en gegroeid door persoonlijke overtuigingskracht en introspectie, zonder leraar. Een zeer markant voorbeeld hiervan werd aangetroffen in de persoon van een dukun uit de dorpsgemeenschap Pasar Ketahun. Voor beide categorieën is het element van erkenning (akuan) van hun bijzondere gaven en bekwaamheden door de gemeenschap doorslaggevend. De dukun van de dorpsgemeenschap Lubuk Mumpo bijvoorbeeld heeft bekendheid verworden als guru silat. Hij is afkomstig uit de voormalige dorpsgemeenschap Genting in de marga Air Padang, die generaties lang in het gehele gebied bekende dukun en guru silat heeft voortgebracht. De erkenning van zijn bijzondere bekwaamheden volgde op zijn heldhaftig optreden tijdens de arbeidersonlusten in de goudmijnen van Lebong Tandai ten tijde van de Japanse bezetting. Hij wist de strijdende partijen alleen te scheiden en met elkaar te verzoenen en represailles van de zijde van de Japanse soldaten te voorkomen. De genoemde dukun uit Pasar Ketahun ontdekte zijn bijzondere gaven door de betrouwbaarheid van zijn voorspellingen op grond van eerdere droomvoorstellingen en van zijn hulp aan zieken. Opmerkelijk is verder, dat veel van de in het onderzoeksgebied voorkomende dukun afkomstig zijn uit arme, sociaal misdeelde milieus. Bovendien kon worden vastgesteld, dat de betrokkenen vaak een of ander niet al te ernstig lichamelijk gebrek vertonen, bijvoorbeeld een deformatie aan een hand of een been of voet. Zij zijn hierdoor nog wel in staat zelfstandig te werken, maar kunnen zich niet ten volle met de andere meten. Opmerkelijk is in dit verband het geval van een dukun uit de dorpsgemeenschap Mesigit in de marga Air Padang, die zelf een boekje heeft geschreven over zijn uiterst armoedige kindertijd en jeugd waarin perioden van extreme voedselschaarste en ernstige ziekten voorkwamen.

2.4. De imam

De Rejang en de Pekal behoren vrijwel zonder uitzondering tot de Islam. De verbreiding van deze godsdienst in het kustgebied van de provincie Bengkulu is begonnen in de 17e eeuw (Jaspan 1964:76). Het heeft echter tot het begin van de 19e eeuw geduurd alvorens zij op geruime schaal in het onderzoeksgebied ingang kreeg. Godsdienstleraren bezochten in die tijd de dorpen en stichtten er de eerste moskeeën en bidhuisjes. Aan het einde van de 19e eeuw kwam in de hoofdplaats Bengkulu een aantal godsdienstige bewegingen voor, dat ook in het onderzoeksgebied invloed uitoefende. De bekendste hiervan is de Sarekat Islam (Pijper 1934). In de loop van deze eeuw zijn een aantal nieuwe organisaties ontstaan, zoals de Muhammadiyyah en de Ibtidayah, die op verschillende plaatsen in het onderzoeksgebied schooltjes en verenigingen hebben opgericht.

Het religieuze leven binnen de dorpsgemeenschappen speelt zich in hoofdzaak af in de moskee. In elke dorpsgemeenschap is er tenminste één. De leider van de plaatselijke religieuze geloofsgemeenschap is de imam. Hij is gewoonlijk iemand van de plaatselijke bevolking zelf, die op basis van een bepaalde scholing kennis bezit van de Islamitische godsdienst en de daarbij behorende godsdienstige praktijken. Hij is bij de wekelijkse vrijdagsdienst de voorganger van de gelovigen en spreekt hen bij die gelegenheid meestal toe (chotbah). Bij verschillende gebeurtenissen, een huwelijk, een besnijdenis, een sterfgeval wordt de imam ook bij de mensen thuis gevraagd om in gebed voor te gaan en bepaalde religieuze handelingen te verrichten. De imam wordt in zijn functie bijgestaan door een chotib, bilal en garim. Deze functionarissen vervullen bepaalde taken binnen de moskee en nemen deel aan het godsdienstonderwijs aan de jeugd. In vrijwel alle dorpen bestaan groepjes jongens en meisjes, die zich onder leiding van de imam of iemand anders toeleggen op het leren lezen van de Koran (kelompok mengaji).

In de dorpsgemeenschappen vlak langs de kust heeft de Islamitische godsdienst de grootste aanhang en wordt zij het zuiverst beoefend. Bij de bevolking in het achterland nemen de traditionele voorstellingen en de daarbij behorende rituele offers (kenduri) verhoudingsgewijs nog een belangrijke plaats in. In de laatste tien jaar echter is de actieve deelname aan de godsdienstoefeningen in het hele onderzoeksgebied aanzienlijk teruggelopen. Dit geldt zowel voor het bezoek aan de vrijdagsdienst als voor de deelname van de jongeren aan de studie van de Koran.

Behalve de reeds genoemde Islamitische organisaties en de functionarissen van de plaatselijke moskeeën zijn er op een aantal plaatsen in het onderzoeksgebied ook godsdienstleraren werkzaam, die zich in het bijzonder inzetten voor de verbreiding van de Islamitische godsdienst. Deze personen zijn op een enkele uitzondering na allen afkomstig van buiten het onderzoeksgebied. Zij hebben bij speciale instituten in de hoofdplaats Bengkulu of Padang, de hoofdplaats van de provincie West-Sumatra, een godsdienstige opleiding gekregen. Onder deze godsdienstleraren zijn verschillende stromingen binnen de Islam vertegenwoordigd. Bij de lokale bevolking staan zij bekend onder de naam chalipah of wali.

2.5. *Adat versus Islam*

De adat en de Islam zijn de twee belangrijkste maatschappelijk-culturele tradities in het onderzoeksgebied. Tussen beide bestaan behalve tegenstellingen ook vormen van vermenging. De specifieke identiteit van de dorpsgemeenschap als adat-verband treedt ook ten aanzien hiervan duidelijk naar voren.

De vermenging van de adat en de Islam heeft vrijwel uitsluitend betrekking op de verhoudingen binnen de afzonderlijke dorpsgemeenschappen. "So completely has Islam become linked with the religious and customary life of the Redjang, that it now constitutes a pivotal part of their complex system of political and social control. (..) no communal decision or legal verdict may be reached without the concurrence of the iman and khotib. (..) Birth, marriage and death become valid in law and ritual only if the appropriate Islamic rites have been carried out." (Jaspan 1964:266). Dit blijkt onder meer uit de wijze waarop bij uiteenlopende gelegenheden de traditionele rituele maaltijd (kenduri) wordt uitgevoerd. Een markant voorbeeld hiervan is het zogenaamde bayar niat-ritueel. Het komt vaak voor, dat in geval een kind ernstig ziek is de vader aan de voorouders de belofte doet een kip of geit te slachten en een rijst-punjung te bereiden als het van de ziekte herstelt. De niat heeft betrekking op de wens of het verlangen van de vader op beterschap van zijn kind. Dergelijke beloften worden ook gedaan in de hoop een goede rijst- of koffieoogst te krijgen en daardoor in staat te zijn in het dorp een nieuw huis te bouwen of een vrachtauto te kopen. Deze beloften worden meestal gericht tot de voorouders waarmee de betrokkene patrilineaal verwant is. Bij vervulling hiervan is hij verplicht de belofte aan de voorouders na te komen (bayar) op straffe van sancties zoals een ziekte, een misoogst of de dood van de betrokkene of een ander lid van zijn huishouding.

Om de belofte in te lossen gaat het hoofd van de betrokken huishouding alleen of met zijn gezin naar zijn familie of dorpsgemeenschap van oorsprong en belegt daar in zijn (voor-)ouderlijk huis een bijeenkomst (pertemuan). Zijn verwanten, het dorpshoofd (depati), een of meer suku-hoofden, de dukun en de imam worden allen hiervoor uitgenodigd. De dukun opent de bijeenkomst met het aanroepen van de voorouders terwijl hij wierook (kemenyan) brandt. Bij eenvoudige gelegenheden volstaat de dukun met het aanroepen van de directe voorouders van de familie in kwestie tot in de vierde of vijfde generatie (poyang of muning). Op een iets belangrijkere gelegenheid roept hij behalve de voorouders van de familie in kwestie ook de oudsten van de betrokken dorpsgemeenschap (poyang dusun) aan. Bij grote gelegenheden tenslotte wendt de dukun zich bovendien ook nog tot de oudsten van een bepaalde (sub-)clan of lineage op een of andere verafgelegen, belangrijke, heilige plaats (keramat). In de eerste twee gevallen kan bij de voorbereiding van het rituele offer worden volstaan met het slachten van een kip. In het laatste geval echter is tenminste een geit vereist. Na het aanroepen van de voorouders en het uiteenzetten van de bedoeling van de bijeenkomst worden onder leiding van de imam bepaalde Koran-teksten gezongen, gevolgd door een gezamenlijke maaltijd met alle aanwezigen. Voor deze maaltijd worden een grote hoeveelheid rijst en allerlei bijgerechten klaargemaakt. De benodigdheden voor het rituele offer bestaan uit een grote rijst-punjung en een kip of geit, die op speciale wijze is bereid. Het hart, de lever en een stuk vlees van het dier zijn apart genomen en zonder zout gekookt. Het is het voorrecht van de dukun deze bestanddelen tijdens de maaltijd te verorberen. Na afloop gaat degene, die zijn belofte jegens de voorouders wil inlossen met enkele familieleden en verwanten naar de heilige plaats of het graf van de voorouder om daar een offer te brengen in de vorm van een rijst-punjung en er de rituele maaltijd af te ronden. Ter plaatse worden de voorouders nogmaals aangeroepen en verzocht hun bescherming te verlenen en de bestaande niat-verhouding in het reine te brengen (supaya selamat dan tidak ada kesalahan). Bij deze plechtigheid wordt door de aanwezigen van het meegebrachte voedsel een weinig genuttigd en soms worden ook nog enkele witte duiven losgelaten.

De aanwezigheid van de imam en de godsdienstige gezangen vormen een vast onderdeel van het traditionale bayar niat-ritueel. In de dorpsgemeenschappen waar de Islam de traditionele gebruiken en voorstellingen grotendeels heeft verdrongen is het bayar niat niet langer gericht op de voorouders maar op God (Allah). In die gevallen komt het ook voor, dat de gezamenlijke maaltijd wordt aangeboden aan de moskeegangers na afloop van de vrijdagsdienst. In een enkel geval vindt zij zelfs helemaal plaats in de moskee. In welke vorm dan ook, het bayar niat-ritueel neemt binnen het gemeenschapsleven van de Rejang en de Pekal nog steeds een zeer belangrijke plaats in. Ook de bezoeken aan de heilige plaatsen en de graven van de voorouders komen in het gehele onderzoeksgebied nog veelvuldig voor.

De tegenstellingen tussen de adat en de Islam daarentegen komen tot uitdrukking in de verhouding tussen de vertegenwoordigers van deze tradities op dorpsniveau, de dukun en de suku-hoofden, enerzijds en hun respectievelijke representanten van buiten de dorpsgemeenschappen, de in het onderzoeksgebied werkzame godsdienstleraren (chalipah, wali) en de marga-hoofden, anderzijds.

De godsdienstleraren vallen de dukun vaak heftig aan met verwijten, dat zij zich met geestenverering bezighouden en hun traditionele, rituele handelingen in strijd zijn met de Islamitische godsdienst. De dukun merken ten aanzien hiervan op, dat het hun uitsluitend gaat om de instandhouding van de nagedachtenis van de eigen historische voorouders en als zodanig met de verering van geesten helemaal niets te maken heeft. Daar komt bij dat de meeste dukun zich houden aan allerlei Islamitische voorschriften en gebruiken. Niet alleen de dukun, ook de bevolking heeft moeite de leerstellingen te accepteren die deze godsdienstleraren haar voorhouden. Een aanzienlijk aantal respondenten verzette zich bijvoorbeeld nadrukkelijk tegen een voorstelling van zaken waarbij verschillen in materiële rijkdom en welstand uiteindelijk zouden berusten op een wilsbeschikking van de zijde van een bovennatuurlijke macht (Allah), of ook de opvatting, dat deze materiële ongelijkheid bepaalde categorieën van mensen, de rijken, juist in staat stelt 'goed' te doen door een deel van hun bezittingen aan de armen af te staan of als vrijwillige bijdrage aan de plaatselijke moskee te schenken. De betrokkenen zijn van mening, dat de menselijke inspanningen om voor zichzelf en het eigen gezin een zekere mate van rijkdom te vergaren of een bepaalde welstand te bereiken door dergelijke opvattingen worden ontkracht. Verder neemt men aanstoot aan de wijze waarop deze godsdienstleraren zich soms tegenover de bevolking opstellen. Het is enkele malen gebleken dat zij hun godsdienstige praktijken aanwenden om persoonlijk voordeel te verwerven, bijvoorbeeld door na een sterfgeval een deel van de erfenis te vragen. De lokale bevolking is ook afkerig van hun sterke aandrang op de strikte naleving van de godsdienstige verplichtingen.

De tegenstellingen tussen de adat en de Islam treden op verschillende plaatsen in het onderzoeksgebied ook naar voren in de verhouding tussen de suku-hoofden binnen de afzonderlijke dorpsgemeenschappen en het marga-bestuur, in het bijzonder het marga-hoofd. De ontwikkelingen binnen de marga Seblat van het subdistrict Ketahun in de periode na 1975 zijn een goed voorbeeld hiervan. In verband met de uitvoering van het tweede en derde vijfjarenplan (REPELITA II-III) drong het toenmalige marga-hoofd bij de bevolking sterk aan op vernieuwing. Afschaffing van de op de adat gebaseerde traditionele maatschappelijke en bestuurlijke verhoudingen binnen de dorpsgemeenschappen gold in dit verband als een van de belangrijkste doeleinden. Volgens zijn overtuiging waren deze de oorzaak van de achterstand in economische ontwikkeling en andere maatschappelijke problemen, die in het betrokken gebied bestonden. Het traditionele, op vooroudervoorstellingen gebaseerde adat-verband zou moeten plaats maken voor een sociaal-politieke orde gebaseerd op de beginselen van de Islamitische godsdienst (agama Islam) en het daarbij behorende recht (hukum saraq). Het betrokken marga-hoofd confronteerde de lokale bevolking met de plicht tot nauwgezette naleving van de godsdienstige verplichtingen. In dit verband werd onder meer grote druk uitgeoefend om de 'vrijwillige' bijdrage (zakat) aan de moskee in te voeren. Degenen, die zich aan de godsdienstige verplichtingen wilden onttrekken, werden met uitsluiting uit de gemeenschap bedreigd. Deze en andere maatregelen leidden in een aantal dorpsgemeenschappen tot heftige uiteenzettingen en scherpe tegenstellingen. Er ontstonden rivaliserende facties, waarvan de grenzen grotendeels samenvielen met de bestaande suku-indelingen en die door hun respectievelijke suku-hoofden werden geleid. De facties die de vernieuwingstrend afwezen beriepen zich op de door de adat gelegitimeerde verhoudingen en rechten, die vergaande beperkingen inhouden inzake de directe inmenging van het marga-hoofd in de aangelegenheden van de afzonderlijke dorpsgemeenschappen. Zij zetten hun suku-genoten onder druk en mobiliseerden hun achterban om voor de eigen traditionele rechten op te komen. De tegenstelling breidde zich uit tot de afwijzing van het gebruik van agrarische vernieuwingen zoals nieuwe ziektebestendige rijstsoorten, kunstmest en landbouwvoorlichting door deelname aan boerengroepen (kelompok tani). De facties die zich ten aanzien van het door het marga-hoofd geëntameerde beleid positief opstelden, profiteerden wel van de agrarische vernieuwingen. Hun voormannen werden bovendien in de betrokken dorpsgemeenschappen als dorpshoofd aangesteld. Uit het verdere verloop is gebleken, dat de facties die zich tegen de vernieuwingen keerden, uiteindelijk aan het kortste eind trokken. Door de afwijzing van de agrarische vernieuwingen bereikten de betrokkenen in de daarop volgende jaren een verhoudingsgewijs lage rijstproduktie. Sommigen hadden zelfs een totale misoogst. Om aan de druk van de eigen suku-hoofden te ontkomen zijn velen uit hun dorp weggetrokken en hebben zich elders gevestigd. De andere partij legt deze economische problemen uit als een gerechtvaardigde straf voor de koppigheid en onwil van de betrokkenen zich bij de vernieuwingen aan te sluiten en oude gewoonten en voorstellingen los te laten.

De tegenstelling tussen het 'oude geloof' (kepercayaan lama) en de godsdienst (agama) enerzijds en die tussen de hukum adat en de hukum saraq anderzijds komen thans in elke marga op de een of andere manier voor. Beide hebben betrekking op een en hetzelfde vraagstuk, namelijk de specifieke identiteit en zelfstandigheid van de dorpsgemeenschap als adat-verband.

3. De verhouding tot de marga

De specifieke identiteit en zelfstandigheid van de dorpsgemeenschappen als adat-verband hangen ten nauwste samen met het voortbestaan van de traditionele machtsstructuur binnen de dorpsgemeenschappen in het algemeen en de invloed van de onderscheiden typen van leiders op het maatschappelijk-culturele leven in het bijzonder. De veranderingen die de dorpsgemeenschappen in het onderzoekgsgbied in dit opzicht hebben ondergaan, komen tot uiting in de verhouding tot de marga. De marga zelf is geen maatschappelijke constante, evenmin als de dorpsgemeenschap. Alvorens in te gaan op de verhouding tussen de dorpsgemeenschappen en de marga, wordt eerst aangegeven welke veranderingen de marga in de loop van de tijd heeft ondergaan en welke betekenis het marga-hoofdschap heden ten dage toekomt.

3.1. De betekenis van de marga

De marga zijn in 1862 door het Nederlandse koloniale bestuur ingesteld. Zij vertegenwoordigden het 'inlandse' bestuur nadat de traditionele gezagsdragers van regenten en vorsten waren afgelost. De marga-indeling sloot zowel aan bij de toenmalige sociaal-politieke structuur als bij de adat-rechtelijke autonomie van de dorpsgemeenschappen en lokale traditie van gemeenschappelijke besluitvorming. Wat het eerste aspect betreft werden de in die tijd bestaande en op genealogische verhoudingen gebaseerde sociaal-politieke eenheden omgevormd tot territoriale gemeenschappen. Het traditionele pembarab-schap maakte plaats voor het marga-hoofdschap (pasirah). Wat het tweede aspect aangaat werd gestreefd naar uniformering van de adat-regels en standaardisering van de procedures bij de adat-rechtspraak. Ten behoeve van het bestuur en beslechting van conflicten en geschillen werden op marga-niveau officiële raden ingesteld. De rechten van de traditionele hoofden op een bepaald gedeelte van de opbrengsten en heffingen bij onder meer gronduitgifte, de verkoop van bosprodukten en bij de koop en verkoop van onroerend goed en vee, werden aan de marga-hoofden overgedragen. Het marga-hoofd bekleedde bovendien de functie van adat-hoofd van de betrokken marga. Hij moest toezien op de juiste toepassing van de adat-regels (Simboer Tjahaja Bangkahoeloe 1868, Van den Berg 1894), de goede uitoefening van de adat-rechtspraak en zelf beslissingen nemen in geval bij conflicten en geschillen op dorpsniveau geen oplossing kon worden gevonden. Met andere woorden, de marga functioneerde als een overkoepelende organisatie, die de zelfstandigheid en de adat-rechtelijke autonomie van de afzonderlijke dorpsgemeenschappen legitimeerde en continueerde binnen het omvattende koloniale bestuurssysteem.

Sedert de onafhankelijkheid van de Republiek Indonesië heeft de marga veel van haar vroegere betekenis en invloed verloren. Een groot aantal bestuurlijke en rechterlijke taken en bevoegdheden zijn van het marga-bestuur afgenomen en overgedragen aan het subsdistrictsbestuur, de politie en de justitie. De marga-raad heeft haar functie als volksvertegenwoordiging moeten inruilen voor die van een overlegorgaan (Badan Musyawarah Marga, BMM). Ook de positie van marga-hoofd heeft belangrijk aan waarde ingeboet. In principe wordt het marga-hoofd nog steeds op grond van algemene verkiezingen onder de marga-ingezetenen aangesteld. Evenals bij de dorpshoofden het geval is, worden de kandidaten voor het marga-hoofdschap onderworpen aan sociaal-politieke 'screening' op districtsniveau. Voor kandidaatstelling worden eisen gesteld met betrekking tot het niveau van onderwijs, de maatschappelijke ervaring en de houding van de betrokkene ten aanzien van de hedendaagse politieke orde (orde pancasila). In vier van de vijf marga evenwel zijn de marga-hoofden rechtstreeks door het districtsbestuur benoemd (pasirah pejabat). Het traditionele adat-hoofdschap, dat met het marga-hoofdschap was verbonden, stelt ook weinig meer voor. De raad van adat-hoofden, waarin deze rol van het marga-hoofd tot uitdrukking zou moeten komen, bestaat helemaal niet meer. Indien geschillen en conflicten op dorpsniveau niet tot een oplossing kunnen worden gebracht, moeten zij weliswaar naar het marga-hoofd worden doorverwezen, maar deze kan niet veel meer doen dat te trachten de betrokken partijen met elkaar te verzoenen op basis van de uitspraken, die het lokale dorpshoofd reeds heeft gedaan, dan wel de zaak naar de politie of justitie door te verwijzen. Daar komt nog bij, dat een deel van de huidige, rechtstreeks benoemde marga-hoofden langdurig elders in de provincie Bengkulu heeft gewoond en feitelijk weinig of geen kennis bezit van de in het onderzoeksgebied geldende adat-regels. De overkoepelende en legitimerende rol van de marga is onder invloed hiervan zeer sterk uitgehold. Zij integreert niet langer de sociale processen, die zich binnen de afzonderlijk dorpsgemeenschappen afspelen. Een en ander houdt verband met plannen tot afschaffing van de marga-organisatie in het kader van een bestuurshervorming. De wettelijke voorbereidingen hiervoor hebben tussen 1976 en 1979 plaatsgehad. De doorvoering hiervan heeft in 1982 en 1983 haar beslag gekregen. De dorpsgemeenschappen zijn voor de handhaving van hun zelfstandigheid en de continuering van de interne traditionele machtsstructuur bijna uitsluitend aangewezen op de binnen haar eigen gelederen werkzame sociale mechanismen. Ten opzichte van de overkoepelende sociaal-politieke structuren staan de dorpsgemeenschappen heden ten dage tamelijk geïsoleerd. Zij kunnen gemakkelijk tegen elkaar worden uitgespeeld. Het is onder deze omstandigheden dan ook bijzonder moeilijk de verschillende invloeden van buiten effectief te weren en de specifieke identiteit van de dorpsgemeenschap als adat-verband te behouden.

3.2. Het marga-hoofdschap

Het marga-hoofd was ten nauwste bij het overheidsbestuur op subdistricts- en districtsniveau betrokken. De belangrijkste taken waren onder meer het bijhouden van een bevolkingsadministratie, het toezien op de openbare orde, leiding geven aan de uitvoering van de ontwikkelingsprojecten van de overheid en de inning van de belastinggelden. In de marga-hoofdplaats (ibu kota marga) stond hem kantoorruimte en een dienstwoning ter beschikking. Bij zijn werkzaamheden werd het marga-hoofd bijgestaan door een secretaris. Deze voerde de marga-administratie, verrichtte de lopende zaken en trad op als vervanger en vertegenwoordiger van het marga-hoofd.

Met één uitzondering waren de marga-hoofden allen afkomstig uit de betrokken marga zelf. In drie van de vijf gevallen hadden de betrokkenen een beroepsmatige achtergrond in het militaire apparaat (ABRI). In de twee overige gevallen waren zij werkzaam geweest in het onderwijs.

Bij de uitoefening van hun functies stonden de marga-hoofden voor een reeks van problemen. Ten eerste bemoeilijkten het diffuse nederzettingspatroon en de gebrekkige verbindingen een geregeld bestuur en regelmatig toezicht op de uitvoering van de overheidstaken. De dorpsgemeenschappen werden slechts zelden door de marga-hoofden regelmatig bezocht. Ten tweede kampten alle marga met financiële tekorten. De financiële middelen van de marga moesten door de ingezetenen zelf worden opgebracht. Aangezien deze slechts met grote moeite konden worden bijeengebracht, waren de marga-hoofden niet in staat hun administratieve en representatieve functies naar behoren te vervullen. Ten derde speelde de verhouding tussen het marga-hoofd en zijn secretaris een belangrijke rol. Hun onderlinge verhouding was van directe invloed op het reilen en zeilen van het marga-bestuur. Tussen beide deden zich vaak fricties voor. Zij hielden in de meeste gevallen verband met de salariëring van de secretaris, het beheer van de marga-financiën en inmenging in de bestuurstaken. De salarissen van de secretarissen werden niet zelden bekort of te laat betaald. Zij waren daardoor ook aangewezen op inkomen uit aanvullend werk. Dit kwam hun taakvervulling en beschikbaarheid voor het publiek niet ten goede. De secretarissen vertoonden bovendien de neiging op de feitelijke gang van zaken binnen de marga invloed uit te oefenen en een deel van de macht naar zich toe te trekken. De secretarissen waren meestal beter op de hoogte met de plaatselijke omstandigheden dan de marga-hoofden, die lange tijd een functie of een dienstbetrekking buiten het onderzoeksgebied hadden vervuld. Als gevolg hiervan vervulden de secretarissen de rol van tussenpersoon tussen de plaatselijke bevolking en het marga-hoofd. Dit werd verder in de hand gewerkt doordat de marga-hoofden vaak afwezig waren en de meesten van hen bij de marga-ingezetenen weinig vertrouwen genoten. Ten vierde de wijze waarop de marga-hoofden aan hun functie inhoud gaven. De functie van marga-hoofd was in principe onbezoldigd. De betrokkenen hadden slechts recht op bepaalde traditionele heffingen en een klein percentage van de belastingopbrengsten in de marga. De marga-hoofden oefenden dan ook allen deze functie uit met het behoud van hun vroegere salaris. Zij waren in feite vanwege het marga-hoofdschap van hun eigenlijke dienst of werk vrijgesteld. In hun positie als marga-hoofd bewandelden zij allerlei wegen om hun inkomen te vergroten. Vaak traden zij op als bemiddelaar of subcontractor bij de aanbesteding van kleinere overheidsprojecten, bedreven handel in landbouw- en bosbouwprodukten of leidden een transportbedrijfje. Om de kosten van het marga-bestuur te dekken vroegen zij de bevolking regelmatig bijdragen in geld of natura. Het inkomen van de marga-hoofden was vergeleken met dat van de bevolking niet onaanzienlijk. Zij genoten dan ook een verhoudingsgewijs grote materiële welstand. De drijfveren om het marga-hoofdschap te ambiëren sloten onmiddellijk hierbij aan. Alle marga-hoofden zagen zich in hun vroegere werkkring geplaatst voor zeer beperkte toekomstmogelijkheden. De marga-hoofden met een militaire achtergrond behoorden tot de lagere rangen, die op 55-jarige leeftijd met een klein pensioen hun dienstverband beëindigen. De betrokken onderwijzers zouden weliswaar op een iets oudere leeftijd met pensioen gaan, maar maakten geen kans meer op verdere promotie. Zij ondervonden in hun werkomstandigheden bovendien weinig bevrediging. Het marga-hoofdschap bood in vergelijking hiermee betere kansen. Het verschafte een zekere macht en bestuurlijke invloed over een uitgestrekt gebied. De omgang met de gezagsdragers op subdistricts- en districtsniveau, het ontvangen van functionarissen en de betrokkenheid bij projecten en programma's verschafte de betrokkene prestige en werd met privileges en materiële voordelen aangevuld. Het element van machtsuitoefening en de economische mogelijkheden die het marga-hoofdschap met zich meebrengen waren voor de betrokkenen het belangrijkste.

3.3. De verhouding tot de bevolking

Tussen de marga-hoofden en de bevolking bestonden aanzienlijke tegenstellingen. Deze hielden onder meer verband met de voorstellingen bij de bevolking over het leiderschap van het marga-hoofd. Tot in alle uithoeken van het onderzoeksgebied werd gesteld, dat het marga-hoofd de belangen van de plaatselijke bevolking moet dienen, niet omgekeerd. De marga-hoofden, in het bijzonder degenen die rechtstreeks door de overheid waren aangesteld, golden niet langer als vertegenwoordigers van het volk. Zij werden gezien als een verlengstuk van de overheid (pemerintah). De verhouding tot het marga-hoofd, en in meer algemene zin tot de overheid, werd ervaren als die van het betalen van belasting en het leveren van onbetaalde arbeidsdiensten in ruil voor bepaalde vormen van repressie en besnoeiingen op voor de dorpsgemeenschappen bestemde overheidsgelden. "Atasan itu hanya masuk dusun untuk ambil pajak IPEDA (Iuran Pembangunan Daerah) ataukah untuk menekan rakyat disuruh bekerja secara gotong-royong tanpa ada bayaran." Of ook: "Di depan rakyat atasan selalu menyuruh rakyat bekerja keras dan mengabdi diri kepada negara dan bangsa, akan tetapi uang PMD (Pembangunan Masyarakat Desa) tidak pernah dikeluarkan penuh kepada rakyat untuk melaksanakan pembangunan itu."

De belastingen en de collectieve activiteiten zijn voor de Rejang en de Pekal twee gevoelige zaken. Ofschoon de te betalen bedragen beslist niet zeer hoog zijn, zij variëren van ongeveer Rp. 1.000 tot Rp. 5.000, geeft de inning ervan steeds weer aanleiding tot allerlei fricties en spanningen. De uitvoering van de collectieve activiteiten ten behoeve van het onderhoud van de wegen en bruggen en het schoonhouden van de nederzettingen laten in het algemeen ook veel te wensen over. In beide punten schuilt echter zowel een vorm van lijdzaam verzet, alsook een gebrek aan saamhorigheid en leiderschap binnen de dorpsgemeenschappen zelf.

De fricties en spanningen tussen de marga-hoofden en de bevolking spitsten zich meestal toe in situaties waarbij het gezag en het prestige van de marga-hoofden onmiddellijk in het geding kwam, bijvoorbeeld bij de plotselinge komst van hoge overheidsfunctionarissen. Dergelijk gebeurtenissen dreigden de beperkte invloed van de marga-hoofden, hun gebrek aan vertrouwen bij de bevolking en de verwaarlozing van hun functie aan het licht te brengen. De marga-hoofden vertoonden dan de neiging rechtstreeks in te grijpen in de aangelegenheden van de afzonderlijke dorpsgemeenschappen door de leiding van bepaalde werkzaamheden op zich te nemen en de uitvoering hiervan af te dwingen, desnoods met gebruikmaking van hun persoonlijke macht of door de hulp van de politie in te roepen. Dergelijke gebeurtenissen gaven aanleiding tot heftige reacties van de zijde van de bevolking. Zij wees de rechtstreekse bevelen van de zijde van de marga-hoofden zonder meer af. Er werd in dit verband opgemerkt, dat zij, de dorpelingen, alleen aan hun eigen dorpshoofd (depati) gehoorzaamheid verschuldigd zijn. Het dorpshoofd geldt als de verantwoordelijke voor de uitvoering van de overheidsprogramma's en komt als eerste in aanmerking om aan de werkzaamheden leiding te geven. Het marga-hoofd is de representant van de overheid en staat als zodanig geheel buiten de dorpsgemeenschap als adat-verband.

De geschetste verhoudingen tussen de marga-hoofden en de lokale bevolking hingen ten dele ook samen met de positie van de marga als zodanig binnen de algemene bestuursstructuur. Het nationale bestel gaat eigenlijk uit van de dorpsgemeenschap (desa) als kleinste administratieve en territoriale bestuurseenheid. Op provinciaal niveau bestonden reeds plannen om de bestuursstructuur van de provincie Bengkulu hierbij aan te passen. Zij waren erop gericht de marga geheel af te schaffen en een nieuwe indeling in dorpsgemeenschappen in te voeren. De marga-hoofden waren aangesteld om deze periode te overbruggen.

9
DE VERANDERING IN CULTUUR-SOCIOLOGISCH PERSPECTIEF

De voorgaande hoofdstukken over huwelijk en verwantschap, de genealogische verbanden en de dorpsgemeenschap geven een systematische analyse van drie essentiële elementen van de samenleving en cultuur van de Rejang en de Pekal. Ten aanzien van elk is uiteengezet wat hun specifieke betekenis is en op welke manier zij zich in de loop van de tijd hebben gemanifesteerd. In dat verband is reeds opgemerkt, dat de uiteenlopende verschijningsvormen van deze elementen de onmiddellijke weerspiegeling zijn van de veranderingen, die elk afzonderlijk heeft ondergaan.

Deze slotbeschouwing heeft de samenhang tussen de uiteenlopende veranderingen tot onderwerp. Zij begint met een samenvattend overzicht van de belangrijkste veranderingen, zoals die zich ten aanzien van de hierboven gespecificeerde elementen hebben voorgedaan. In dat verband wordt aangegeven op welke manier de uiteenlopende veranderingen bij elkaar aansluiten. Daarna komen de macrosociale veranderingsprocessen waarbij de Rejang en de Pekal in de loop van de afgelopen 200 jaar steeds meer betrokken zijn geraakt aan de orde. Bijzondere aandacht wordt hierbij besteed aan de inwerking van de omvattende, staatkundige structuur op de samenleving en cultuur van deze etnische groepen. Deze uiteenzetting houdt een verklaring in voor de samenhang tussen de uiteenlopende veranderingen in het algemeen en de differentiatie van de huwelijksvormen tussen de kuststreek van Noord-Bengkulu en het hoogland van Rejang-Lebong in het bijzonder. Tot slot worden de verschillende theoretische vooronderstellingen uiteengezet waarop deze verklaring is gebaseerd.

1. De verscheidenheid van veranderingen

De veranderingen die de samenleving en cultuur van de Rejang en de Pekal sedert het einde van de 18e eeuw hebben ondergaan, zijn zeer ingrijpend geweest. Bijna geen enkel aspect of element is onberoerd gebleven. De huwelijksvormen, de genealogische verbanden en de dorpsgemeenschap nemen bij dit alles een centrale positie in. De veranderingen ten aanzien van de huwelijksvormen zijn op zeer verschillende terreinen voelbaar. Zij beïnvloeden onder meer de verhoudingen tussen de sexen en de leeftijdsgroepen binnen en tussen de afzonderlijke gezinnen en huishoudens en in wijder verband. Voorts hebben zij gevolgen voor de verdeling en overdracht van goederen en bezittingen, de aard van de samenwerkingsvormen en de opvolging en toewijzing van politiek en ritueel leiderschap. Tenslotte zijn zij ook van directe betekenis voor het socialisatiepatroon, de heersende rechtsverhoudingen en de samenlevingsvorm in het algemeen. De traditionele genealogische verbanden zijn niet minder belangrijk. Zij vertegenwoordigen de uit het verleden voortgekomen, geïnstitutionaliseerde verhoudingen. Zij geven de maatschappelijke kaders of 'sociale ruimtes' aan waarbinnen de betrokken etnische groepen zich ten dele bewegen en de traditionele maatschappelijke functies, die binnen de samenstellende groepsverbanden en categorieën beschikbaar zijn. In deze betekenis lijken de genealogische verbanden geen factor van sociale verandering "sui generis" te zijn. Zij zijn echter geenszins onveranderlijke, a-historische structuurelementen. De genealogische verbanden geven het bereik aan van de op een bepaald moment bestaande machtsverhoudingen en de verdeling van de sociale controle. Deze twee aspecten spelen met betrekking tot de verklaring van de differentiatie van de huwelijksvormen een zeer belangrijke rol. De veranderingen ten aanzien van de genealogische verbanden hebben onmiddellijke gevolgen voor de institutionele context waarin de onderscheiden huwelijksvormen zijn opgenomen. De dorpsgemeenschap, tenslotte, is ook geen maatschappelijk constante. Zij is de territoriaal gelokaliseerde, sociaal-culturele eenheid waarbinnen de veranderingen ten aanzien van de huwelijksvormen en de genealogische verbanden zich feitelijk hebben voltrokken. Het karakter van de dorpsgemeenschappen is in samenhang hiermee ook ingrijpend gewijzigd.

1.1. De verandering van de huwelijksvormen

De huwelijksvormen vertegenwoordigen een zeer specifieke categorie van sociale relaties. Zij regelen de betrekkingen tussen de echtgenoten, hun mogelijke kinderen en de wederzijdse verwantschapsgroepen. Bij de Rejang en de Pekal worden twee hoofdtypen onderscheiden: 1. het jujur- of bruidsprijshuwelijk; en 2. het semendo-huwelijk zonder bruidsprijs. Tussen het jujur- en het semendo-huwelijk bestaat een tweetal essentiële verschillen. In de eerste plaats met betrekking tot de specifieke sociale relaties die ermee zijn verbonden. Aan de hand van de verschillende gewoonten en gebruiken bij het jujur-huwelijk is aangetoond, dat bij deze huwelijksvorm tussen de betrokken wederzijdse families en verwantschapsgroepen een duurzame band ontstaat, die het karakter van een plichtsrelatie draagt. Deze plichtsrelatie heeft een algemeen maatschappelijke betekenis. Zij is een geïnstitutionaliseerde verhouding, die de betrekkingen regelt tussen de vrouw-gevende en vrouw-ontvangende partij. De huwelijksrelatie is hierdoor met de onderliggende, elementaire sociale structuur direct verbonden. Bij het semendo-huwelijk bestaat een dergelijke, als plichtsrelatie geïnstitutionaliseerde, duurzame verhouding tussen de betrokken wederzijdse families en verwantschapsgroepen niet. In de tweede plaats verschillen het jujur- en het semendo-huwelijk inzake de verwantschapsaffiliatie van de kinderen. Bij het jujur-huwelijk vindt patrilineale verwantschapsaffiliatie plaats. Deze berust niet op de 'incorporatie' van hun moeder in de clan, subclan en lineage van hun vader, maar op het feit, dat de (verwantschaps-)band tussen hun moeder en haar kern-familiegroep (tobo, kaum) van oorsprong wordt beschouwd te zijn verbroken. In geval van een semendo-huwelijk vindt in principe matrilineale verwantschapsaffiliatie plaats. Niettemin kunnen op grond van bepaalde 'prestaties' van de man en zijn familie aan die van de vrouw, de pelapik semendo, een of meer kinderen uit een semendo-huwelijk als balik jurai met de verwantschapsgroep van hun vader worden geaffilieerd. Deze met (dubbel-)unilineale verwantschapsaffiliatie gepaard gaande variant van het semendo-huwelijk is, althans tot het midden van de jaren dertig, in het hoogland van Rejang-Lebong algemeen gebruikelijk geweest. In de jaren zestig schijnt de balik jurai bijna niet meer voor te komen en is er sprake van een semendo-huwelijk waaraan vrijwel uitsluitend matrilineale implicaties verbonden zijn. Bij het semendo-huwelijk in de kuststreek van Noord-Bengkulu komt de toewijzing van de kinderen aan de verwantschapsgroep van de moeder dan wel van de vader niet (meer) voor en gelden ambilaterale verhoudingen.

Het jujur-huwelijk heeft over een periode van 200 jaar eigenlijk nauwelijks enige verandering ondergaan. Van het semendo-huwelijk daarentegen zijn een aantal varianten en subtypen bekend. Tussen deze varianten en subtypen bestaat een diachronische samenhang. Hun opeenvolging geeft in grote lijnen de veranderingen aan, die de samenleving en cultuur van de Rejang en de Pekal sedert het begin van de 19e eeuw hebben ondergaan. De numerieke verhouding tussen het jujur- en het semendo-huwelijk is in de loop van de tijd drastisch veranderd. Tot het midden van de 19e eeuw was het jujur-huwelijk bij de Rejang en de Pekal de meest gebruikelijke huwelijksvorm. Sinds de jaren dertig van deze eeuw is het zo goed als geheel verdwenen. Het semendo-huwelijk is sedertdien de enige nog voorkomende huwelijksvorm.

De verschuiving van jujur- naar semendo-huwelijken vond het eerst plaats bij de Pekal in de noordelijke delen van het kustgebied van Noord-Bengkulu in het midden van de 19e eeuw. Rond de eeuwwisseling deed dezelfde ontwikkeling zich voor in de zuidelijke en door de Rejang bewoonde delen van het kustgebied van Noord-Bengkulu. In het hoogland van Rejang-Lebong voltrok de verschuiving van jujur- naar semendo-huwelijken zich omstreeks de jaren dertig. Een belangrijk aspect hierbij betreft de manier waarop het jujur-huwelijk uit de samenleving van de Rejang en de Pekal is verdwenen. Deze huwelijksvorm is geen 'cultureel residu', dat in de laagste sociale strata is terechtgekomen en daar geleidelijk in onbruik is geraakt. Zij bleef het langst in zwang bij de "aanzienlijken en vermogenden" vanwege de functie, die zij voor deze sociale categorie vervulde, namelijk de bestendiging van het privilege hoofdschappen en andere leidinggevende functies patrilineaal te kunnen vererven (Bogaardt 1859:33-35, Van Hasselt 1882:291).

Parallel aan deze verschuiving in de numerieke verhouding tussen het jujur- en het semendo-huwelijk heeft ten aanzien van de laatstgenoemde huwelijksvorm een differentiatie van de verwantschapsverhoudingen plaatsgevonden. De in het kustgebied van Noord-Bengkulu voorkomende variant, het semendo beradat-huwelijk, gaat in principe samen met ambilaterale verwantschapsverhoudingen. De in het hoogland van Rejang-Lebong algemeen gebruikelijke variant, het "oude" of semendo an-huwelijk, vertoont hoofdzakelijk matrilineale kenmerken. Deze differentiatie ten aanzien van het semendo-huwelijk houdt rechtstreeks verband met de verandering van de omvang en structuur van de bij het huwelijk betrokken wederzijdse families en verwantschapsgroepen. In dit verband is gewezen op het verschil in betekenis van de suku, het zelfstandige clansegment, tussen de onderscheiden vestigingsgebieden van de Rejang en de Pekal. Jaspan (1964) omschrijft de suku als een exogame, unilineale en patrifokale verwantschapscategorie. Het "oude" of semendo an-huwelijk in het hoogland van Rejang-Lebong heeft de manifeste functie de suku van de vrouw te continueren. De semendo-man wordt voor dit doel, als het ware, in de familie en verwantschapsgroep van zijn vrouw "geadopteerd". Het semendo beradat-huwelijk in de kuststreek van Noord-Bengkulu vervult een dergelijk functie niet (meer). In dit gebied is niet de maatschappelijke suku de belangrijkste sociologische categorie, maar de beperkte, vier generaties omvattende kern-familiegroep (tobo, kaum), dat wil zeggen de huwelijksrechtelijke suku. De maatschappelijke suku is niet langer een exogame verwantschapscategorie en de unilineale verhoudingen hebben voor ambilaterale plaatsgemaakt.

Het semendo beradat-huwelijk onder de Rejang en de Pekal in het kustgebied van Noord-Bengkulu enerzijds en het bij de Maleise bevolkingsgroep gebruikelijke semendo mardika-huwelijk anderzijds, vertonen op een aantal punten overeenkomst. Dit is niet in eerste instantie een gevolg van acculturatie tussen deze etnische groepen, maar van de veranderingen die de suku als structuurelement binnen de samenleving en cultuur van de Rejang en de Pekal heeft ondergaan. Het semendo-huwelijk in het algemeen en ieder van de specifieke varianten ervan in het bijzonder zijn met de traditionele suku-structuur ten nauwste verbonden. Het semendo mardika-huwelijk komt uitsluitend voor in een maatschappelijke context zonder suku, namelijk in de urbane en lokale centra.

1.2. De verandering van de genealogische verbanden

De omvattende, genealogische verbanden zijn geen territoriaal gelokaliseerde eenheden, maar sociologische categorieën, waarvan de oorsprong wordt teruggevoerd tot bepaalde legendarische of mythische voorouderfiguren. In het algemeen wordt een onderscheid gemaakt tussen de hoofdclans, de subclans en de lineages. Zij vertegenwoordigen abstracte maatschappelijke kaders, die bij de analyse en verklaring van de veranderingsprocessen binnen de samenleving en de cultuur van de Rejang en de Pekal niet buiten beschouwing kunnen worden gelaten. Zij zijn uitdrukking van de specifieke, maatschappelijke ontwikkelingstendenzen, die daarin besloten liggen.

De hoofdclans, vier in getal, vormen tezamen een aparte sociaal-politieke structuur. Het ontstaan hiervan wordt door brede lagen van de bevolking in verband gebracht met het vellen van een heilige Benuangboom ten einde land en volk van ziekte en onheil te bevrijden, een mythische gebeurtenis die in een ver verleden zou hebben plaatsgehad. Volgens andere overleveringen zijn de hoofdclans ontstaan door de herhaalde opsplitsing van een en dezelfde moeder-clan. Volgens weer andere verklaringen vertegenwoordigen de hoofdclans verschillende bevolkingsgroepen, die in opeenvolgende migratiestromen het hoogland van Rejang-Lebong zijn binnengetrokken en zich daar tot een politiek autonoom clan-bondgenootschap, de Rejang Empat Petulai, hebben aaneengesloten. Hoe dan ook, het clan-bondgenootschap markeert een aparte fase in de sociaal-politieke geschiedenis van het betrokken gebied. Dit komt in de mythe hieromtrent duidelijk tot uiting. Zij begint met een 'negatieve definitie' van het verleden, dat aan het ontstaan ervan is voorafgegaan. De legitimiteit van het clan-bondgenootschap wordt afgeleid van de verhouding tot bepaalde vorsten, die van Mojopahit op Java in het oosten en die van Pagarruyung of Minangkabau in West-Sumatra in het westen. Een en ander geeft aanleiding tot de veronderstelling, dat hierbij een proces van onderschikking en geleidelijke incorporatie van oudere, lokale culturele tradities en samenlevingsverbanden heeft plaatsgehad. In de 16e eeuw is het clan-bondgenootschap van de Rejang, op zijn beurt, in een uitgebreidere politieke constellatie opgegaan. Het wordt ondergeschikt aan het gezag van een uit Minangkabau afkomstige vorst. Deze nieuwe structuur, de adat tiang empat lima dengan raja, staat ook heden ten dage nog model voor de sociaal-politieke structuur van de dorpsgemeenschappen in het onderzoeksgebied.

De subclans en lineages in het onderzoeksgebied worden beschouwd als afsplitsing van de hoofdclans. Hun oudsten zouden uit het hoogland van Rejang-Lebong zijn weggetrokken met het doel in het kustgebied van Noord-Bengkulu een eigen woongebied te zoeken en nieuwe nederzettingen te stichten. Binnen de afzonderlijke subclans komen vaak tweedelingen voor tussen verschillende, tot op zekere hoogte rivaliserende lineages. De ene lineage vertegenwoordigt meestal de oudere afstammingslijn en zet deze in patrilineale zin voort. De andere lineage vertegenwoordigt bijna altijd een jongere afstammingslijn. De leden van deze laatstgenoemde beroepen zich in veel gevallen behalve op de afstamming van de gemeenschappelijke oudste van de betrokken subclan, ook op die van bepaalde legendarische of mythische voorouderfiguren zonder duidelijke herkomst. De latente tegenstellingen tussen deze lineages hebben bij uiteenlopende politieke ontwikkelingen een belangrijke rol gespeeld.

Binnen het onderzoeksgebied bestaat een opmerkelijk verschil met betrekking tot de manier waarop de subclans tot de hoofdclans zijn gerelateerd. Dit verschil valt samen met de etnische indeling van het onderzoeksgebied. Bij de Rejang in het subdistrict Lais gelden de oudsten van de subclans als patrilineale afstammelingen van de oudsten van de hoofdclans (Biku). Uit hoofde hiervan vormen deze genealogische verbanden een intrinsiek onderdeel van het overkoepelende clan-bondgenootschap. Bij de Pekal in het subdistrict Ketahun is de relatie tussen de oudsten van de verschillende subclans en die van de hoofdclans gebaseerd op aanverwantschap. De oudsten van deze subclans zijn vrouwelijke voorouderfiguren, die om uiteenlopende redenen het hoogland van Rejang-Lebong hebben verlaten, maar waarvan mannelijke afstammelingen naar het betrokken gebied zijn teruggekeerd. Deze genealogische verbanden maken geen deel uit van het clan-bondgenootschap van de Rejang. Wellicht is dit een van de omstandigheden die ertoe heeft bijgedragen, dat het jujur-huwelijk in het noordelijke deel van het onderzoeksgebied reeds in een betrekkelijk vroeg stadium is verdwenen en de verbreiding van het semendo-huwelijk heeft begunstigd.

De omvattende, genealogische verbanden in het algemeen en het clanbondgenootschap van de Rejang in het bijzonder, hebben in de loop van de tijd hun betekenis voor de traditionele sociaal-politieke structuur zo goed als geheel verloren. In plaats daarvan is de suku op de voorgrond getreden. Een suku vertegenwoordigt slechts een klein segment van een bepaalde (sub-)clan of lineage. Zij bestaat in principe alleen uit degenen, die zijn gevestigd in de dorpsgemeenschap waar zij is ontstaan. Deze verschuiving is het gevolg van een proces van inperking, door de tijd heen, van de op endogene, maatschappelijke krachten gebaseerde sociaal-politieke structuur.

De suku heeft sedert het begin van 19e eeuw ook grote veranderingen ondergaan. Zij was aanvankelijk een aparte, territoriaal gelokaliseerde en exogame verwantschapscategorie. Suku-exogamie betekende tevens dorpsexogamie. Binnen de traditionele, op unilineale verwantschapsverhoudingen gebaseerde institutionele structuur vormde zij een zeer belangrijk structuurelement. In de loop van de 19e eeuw is eerst het principe van de dorpsexogamie doorbroken. Dit geschiedde ten dele doordat twee of meer verschillende, in aparte nederzettingen gevestigde suku zich tot nieuwe omvangrijke dorpsgemeenschappen hebben aaneengesloten, met behoud van hun exogame karakter. Ten dele was dit ook het gevolg van de opsplitsing van een bepaalde suku in twee of meer nieuwe suku, die zich eveneens als exogame huwelijksklassen tot elkaar verhouden. In een later stadium is ook de suku-exogamie doorbroken. Dit heeft ertoe geleid, dat de suku geen duidelijk afgebakende verwantschapscategorieën meer zijn. Verwantschap, als structuur-principe, speelt nog slechts een ondergeschikte rol. Het formele, institutionele aspect van de suku heeft daarentegen een grotere betekenis gekregen. Deze principiële veranderingen zijn in de structuur van de hedendaagse suku-configuraties duidelijk herkenbaar. In dat verband kan een onderscheid worden gemaakt tussen de basis-suku en de contingente suku. De eerste vertegenwoordigen een specifieke afstammingslijn en een segment van een bepaalde (sub-)clan of lineage. Op grond daarvan zijn zij opgenomen in het omvattende netwerk van genealogische verhoudingen en nauw verbonden met soortgelijke suku uit andere dorpsgemeenschappen. De tweede soort suku hebben deze structurele kenmerken niet. Het zijn 'ad hoc'-structuren, die slechts zijn bedoeld om aan specifieke categorieën binnen de betreffende dorpsgemeenschappen, zoals semendo-lieden en vreemdelingen, een institutioneel kader te verschaffen. Bovendien speelt hierbij een rol het verschil tussen de suku, die door de stichting van een bepaalde nederzetting of dorpsgemeenschap zijn ontstaan, de oorspronkelijke suku, en die welke afsplitsingen zijn of door latere vestiging in de dorpsgemeenschap zijn opgenomen, de inwonende suku. Deze verschillen ten aanzien van de suku-configuraties impliceren rangorde-verhoudingen zowel binnen als tussen de afzonderlijke dorpsgemeenschappen. Hun betekenis komt onder meer tot uitdrukking in het nederzettingspatroon en de lokale sociaal-politieke structuur.

1.3. De verandering van de dorpsgemeenschap

De dorpsgemeenschap, tenslotte, is de eenheid waarbinnen zich de veranderingen van de huwelijksvormen en de genealogische verbanden hebben voltrokken. Twee aspecten zijn in deze samenhang van bijzonder belang. Ten eerste de fysiek-ruimtelijke kenmerken zoals die in de nederzetting en het nederzettingspatroon tot uiting komen. Ten tweede de maatschappelijk-culturele betekenis van de dorpsgemeenschap in het algemeen en de sociaal-politieke structuur in het bijzonder.

De nederzettingen in het onderzoeksgebied hebben met betrekking tot hun omvang, ligging, indeling en soort bebouwing sedert het begin van de 19e eeuw ingrijpende veranderingen ondergaan. Technologische, demografische en economische factoren hebben hiertoe evenzeer bijgedragen als sociale en politieke. Het hedendaagse nederzettingspatroon is het produkt van een eeuwenlange ontwikkeling. In de voorstelling van de plaatselijke bevolking bestaat er tussen de vestiging van de Rejang in het kustgebied van Noord-Bengkulu en de verbreiding van hun specifieke sociaal-politieke organisatie en cultuurpatroon een directe samenhang. Migratie uit het hoogland van Rejang-Lebong of elders naar de kuststreek en de afsplitsing van personen en groepen van bestaande nederzettingen en dorpsgemeenschappen hebben het nederzettingspatroon gestalte gegeven. Suku-vorming is in dit verband de belangrijkste, endogene, maatschappelijke kracht. Suku-vorming en de stichting van nieuwe nederzettingen en dorpsgemeenschappen gingen in de loop van de tijd steeds hand in hand. Exogene maatschappelijke krachten hebben hierbij ook een rol gespeeld. Het belangrijkste in dit verband zijn de politieke invloed van de vroegere vorstendommetjes langs de kust, de pre-koloniale overzeese handelsrelaties, de economische en bestuurlijke politiek van de Europese koloniale machten en de politieke ontwikkelingen en economische ontwikkelingsprogramma's na de onafhankelijkheid van de Republiek Indonesië. Zij hebben de ontwikkeling van het nederzettingspatroon in de kuststreek van Noord-Bengkulu ten dele gestimuleerd, ten dele hieraan richting gegeven. Factoren zoals epidemieën, natuurrampen en economische crises hebben ook hun sporen in het nederzettingspatroon achtergelaten.

De maatschappelijk-culturele betekenis van de dorpsgemeenschap heeft voornamelijk betrekking op haar sociaal-politieke status. Deze komt in de eerste plaats tot uitdrukking in een suku-indeling. Deze bestaat tenminste uit twee, bij voorkeur echter uit vier suku. Behalve een indeling in suku is de verkiezing van een dorpshoofd en de formalisering van zijn benoeming door de overheid vereist. Tenslotte is de oprichting van een Islamitische geloofsgemeenschap en het bouwen van een eigen moskee van belang. Deze drie elementen vertegenwoordigen de structuur van de dorpsgemeenschap. Ieder afzonderlijk speelt een belangrijke rol ten aanzien van het proces van dorpsvorming. De opsplitsing in suku en de oprichting van een geloofsgemeenschap zijn twee belangrijke motieven om ernaar te streven het aantal inwoners en huishoudens in de nederzetting door huwelijken en vestigingen te vergroten en haar, door economische inspanningen, meer aanzien te geven. Aan de formalisering door de overheid ontleent de dorpsgemeenschap haar status als zelfstandige, tot op zekere hoogte (rechts-)autonome, maatschappelijke eenheid. De inwoners zijn slechts verantwoording verschuldigd aan het door henzelf gekozen dorpshoofd. Door de indeling in suku en de aanstelling van suku-hoofden ligt de regeling van geschillen en de bekrachtiging volgens de adat van besluiten bij huwelijk, vererving en anderszins in handen van vertegenwoordigers uit hun eigen verwantschapsgroep.

Er bestaan aanzienlijke verschillen met betrekking tot de wijze waarop deze sociaal-politieke structuur in de dorpsgemeenschappen van het onderzoeksgebied tot stand is gekomen. Dit geldt in het bijzonder voor de suku-indeling. Deze kan in principe op twee manieren ontstaan. Ten eerste door de samenvoeging tot één aaneengesloten dorpsgemeenschap van twee of meer nederzettingen die elk een verschillende suku vertegenwoordigen. Ten tweede door de bewuste opsplitsing van een bepaalde suku in twee of meer nieuwe. Wat deze laatste vorm betreft bestaan er twee specifieke varianten. De ene is de opsplitsing van een en dezelfde moeder-suku. De nieuw gevormde suku behoren tot dezelfde (sub-)clan of lineage en zijn gewoonlijk onderling door patrilineale verwantschapsverhoudingen verbonden. Met andere woorden, de oorspronkelijke, gemeenschappelijke afstammingslijn wordt verder opgesplitst. Deze manier van suku-indeling is de vanoudsher gebruikelijke en past in de traditionele, op patrifokale verwantschapsverhoudingen gebaseerde sociaal-politieke structuur. De andere mogelijkheid is, dat bij de indeling in suku afstammingslijnen uit verschillende (sub-)clans en lineages tot gelding worden gebracht. De betrokken afstammingslijnen zijn in de meeste gevallen op basis van aanverwantschap met elkaar verbonden. Deze laatste mogelijkheid is ontstaan als gevolg van de veranderingen, die zich in het onderzoeksgebied ten aanzien van de huwelijksvormen en de betekenis en samenstelling van de suku hebben voltrokken. In de oorspronkelijke suku van de afzonderlijke nederzettingen en dorpsgemeenschappen zijn, als gevolg van de verbreiding van het semendohuwelijk, in toenemende mate mannen opgenomen die tot andere (sub-) clans en lineages behoren. Bij de opsplitsing van deze oorspronkelijke suku kan een zodanige indeling worden gekozen, dat twee, drie of zelfs alle vier Rejang hoofdclans daarin zijn vertegenwoordigd en het traditionele clan-bondgenootschap symboliseren. Deze mogelijkheid is in het begin van de 20e eeuw met name in het subdistrict Lais in verschillende dorpsgemeenschappen benut.

Het bovenstaande geeft aan, dat de mogelijkheden tot dorpsvorming niet zijn beperkt tot die, welke binnen de voorstelling van een traditionele, op unilineale verwantschapsverhoudingen gegrondveste sociale structuur zijn gegeven. Het proces van dorpsvorming is in feite gevarieerder en ingewikkelder. De verandering van de huwelijksvormen en de suku-structuur bergen nieuwe mogelijkheden in zich. Welke richting dit proces uitgaat en welke specifieke mogelijkheden hierbij worden benut, hangt ten dele ook af van de traditionele voorstellingen omtrent de betekenis van de dorpsgemeenschap en de leiderschapsstructuur die daarbinnen voorkomt. De dorpsgemeenschap heeft voor alles de betekenis van adat-verband. Dit is in principe een kosmisch-religieuze voorstelling. De (genealogische) band tussen de inwoners van de dorpsgemeenschap en hun gemeenschappelijke voorouders vormt het kernstuk hiervan. Zij komt tot uitdrukking in de rituele en ceremoniële gebruiken waarmee de dorpsgemeenschap wordt omringd. De voorstelling van de dorpsgemeenschap als een specifieke "normatieve orde" of (adat-)rechtsgemeenschap is hiervan afgeleid. Zij ligt als zodanig in de meer omvattende, kosmisch-religieuze voorstelling van de dorpsgemeenschap opgesloten. In hoeverre echter de kosmisch-religieuze voorstellingen in de normatieve orde doorwerken, hangt voor een belangrijk deel af van de leiderschapsstructuur binnen de dorpsgemeenschap in het algemeen en de machtsverhoudingen tussen de verschillende categorieën van hoofden en leiders in het bijzonder. Binnen de leiderschapsstructuur is met name de positie van de traditionele publieke en geestelijke leiders, de suku-hoofden en de dukun, aan verandering onderhevig.

De suku-hoofden zijn de representanten van de traditionele, normatieve orde. Deze vooronderstelt een op afstamming en (sub-)clan- of lineage-saamhorigheid gebaseerde suku-structuur. De grenzen tussen de suku zijn door de verbreiding van het semendo-huwelijk en de doorbreking van de dorps- en de suku-exogamie vervaagd. Dit geldt zelfs in die mate, dat de clan- en lineagestructuur, die de suku vertegenwoordigen, nog slechts met moeite kan worden gereconstrueerd. De representatieve functie van het suku-hoofd ten opzichte van een specifieke achterban is hierdoor goeddeels verloren gegaan. Dit maakt het voor de suku-hoofden bijzonder moeilijk hun oordeelvorming aan 'objectieve' belangentegenstellingen te verbinden en hun beslissingen op basis van een traditionele adat-structuur te legitimeren. Hieraan zit het gevaar, dat zij bij geschillen tegen elkaar worden uitgespeeld en feitelijk ondergeschikt raken aan het gezag en de invloed van het dorpshoofd. In het subdistrict Ketahun, maar ook elders in het onderzoeksgebied, is deze tendens reeds duidelijk waarneembaar. De afschaffing van de marga-organisatie zal haar wellicht nog versterken. Wat de positie van de dukun binnen de dorpsgemeenschap aangaat liggen de verhoudingen niet veel anders. Zij zijn de bewakers van de traditie. In hun handen ligt de zorg voor de herdenking (peringatan) van de voorouders. Zij verrichten ook rituele en ceremoniële handelingen om te bemiddelen tussen de leden van de dorpsgemeenschap en de krachten die de kosmische orde beheersen. Als representanten van het traditionele wereldbeeld en uitvoerders van magisch-spirituele gebruiken ontmoeten de dukun veelvuldig kritiek. Zij ervaren, dat hun kennis en handelingen in toenemende mate worden getoetst aan opvattingen en voorstellingen, die met de Islamitische godsdienst zijn verbonden of aan een moderne wereldoriëntatie zijn ontleend, en dat zij aan betekenis inboeten. Van een omwenteling is echter nog geen sprake. Afhankelijk van de stimulering van het godsdienstige leven, met name door de intensivering van de contacten met religieuze instellingen in de urbane en lokale centra, en de verbetering van het onderwijssysteem raken de traditionele voorstellingen en gebruiken niettemin steeds meer op de achtergrond. Een belangrijke factor bij dit alles is ook de verhouding tot de overheid. Tot nu toe werd de invloed van de overheid voor een belangrijk deel door de marga-organisatie afgezwakt of afgeweerd. Deze organisatie is ingesteld als overkoepelend adat-verband. Als zodanig heeft zij tot de bestendiging van de zelfstandigheid en (rechts-)autonomie van de dorpsgemeenschappen bijgedragen. De afschaffing van de marga-organisatie zal de invloed van de nationale overheid op de dorpssamenleving waarschijnlijk versterken.

2. De maatschappelijke context van de veranderingen

De samenhang tussen de veranderingen die de huwelijksvormen, de genealogische verbanden en de dorpsgemeenschappen hebben ondergaan, is niet onmiddellijk zichtbaar. Het is niet zonder meer duidelijk in welke omvattende veranderingsprocessen zij zijn opgenomen. Wat dit betreft gaat het om de geleidelijke incorporatie en onderschikking van de specifieke culturele tradities en samenlevingsvormen van de Rejang en de Pekal in grotere maatschappelijke en staatkundige verbanden. De gevolgen die de traditionele sociaal-politieke structuur van deze etnische groepen hiervan heeft ondergaan, nemen in dit verband een zeer belangrijk plaats in. Zij vormen het kernstuk van de verklaring van de onderlinge samenhang tussen de uiteenlopende veranderingen.

2.1. De aantasting van het clan-bondgenootschap van de Rejang

De traditionele sociaal-politieke structuur van de Rejang en de Pekal bestond uit een clan-bondgenootschap. Volgens verschillende bronnen en overleveringen deed dit zijn invloed gelden in alle door de Rejang bewoonde gebieden en daarbuiten onder aanverwante etnische groepen zoals de Pekal (Marsden 1783; Helfrich 1923; Hassan en Delais 1933). In het verre verleden beschikte dit clan-bondgenootschap waarschijnlijk over volledige politieke autonomie en zelfstandigheid. Sedert de 16e en 17e eeuw is de politieke invloed van het clan-bondgenootschap geleidelijk teruggedrongen en de staatkundige betekenis ervan steeds verder ingeperkt. De oudste gegevens hieromtrent hebben betrekking op bepaalde onderhorigheidsverplichtingen van de lokale hoofden uit het gebied van Bengkulu ten opzichte van de vorsten van Banten en Indrapura. Het politieke centrum van deze rijken lag echter buiten het grondgebied van Bengkulu. Met de komst van enkele vorstentelgen uit Minangkabau in West-Sumatra ontstonden op verschillende plaatsen langs de kustlijn van Bengkulu kleine centra van politiek gezag. De bestuurders van Balai Buntar aan de Sungai Limau, iets ten noorden van de hoofdplaats Bengkulu, sloten met de vertegenwoordigers van het clan-bondgenootschap van de Rejang een verdrag, dat de onderlinge staatkundige verhouding regelde. De positie van de vorsten van Balai Buntar ten opzichte van het clan-bondgenootschap werd vanaf de 17e eeuw nog versterkt door hun binding met het Engelse bestuur. In de loop van de tijd breidde hun politieke invloed zich over de door de Rejang bewoonde kuststreken van Noord-Bengkulu uit. In het hoogland van Rejang-Lebong daarentegen bleef de politieke autonomie van het clan-bondgenootschap tot het midden van de 19e eeuw vrijwel onaangetast. In 1859 maakte een militaire expeditie van het Nederlandse koloniale bestuur hieraan een einde en verdween het clan-bondgenootschap van het politieke toneel.

De gevolgen van het Nederlandse koloniale bestuur voor de traditionele sociaal-politieke structuur van de Rejang waren veel ingrijpender dan die van de vroegere vorstenbesturen en de inmenging van de Engelsen. Tussen de vorsten van Balai Buntar en het clan-bondgenootschap van de Rejang heeft altijd een bijzondere relatie bestaan. De vorst werd beschouwd als de "primus inter pares" van de hoofden van de vier hoofdclans en had een symbolische en legitimerende betekenis voor het clan-bondgenootschap. Hierdoor hadden de vorsten een zekere, zij het beperkte invloed op de verhoudingen tussen en binnen de clans. De inmenging van het Nederlandse koloniale bestuur had tot gevolg, dat het vorstenbestuur als staatkundige structuur werd afgeschaft en het clan-bondgenootschap als specifieke sociaal-politieke structuur werd uitgeschakeld. Bovendien werd de door de Engelsen begonnen politiek, gericht op de afschaffing van de gangbare huwelijksvormen en de overgeleverde rechtsverhoudingen, voortgezet.

2.2. De replicatie van de traditionele institutionele structuur

De uitschakeling van het clan-bondgenootschap betekende geenszins de vernietiging van de traditionele sociaal-politieke structuur. Het Nederlandse koloniale bestuur heeft zelfs in belangrijke mate ertoe bijgedragen, dat de traditionele institutionele verhoudingen konden blijven voortbestaan en de op afschaffing van bepaalde huwelijksvormen en rechtspraktijken gerichte maatregelen hun effect grotendeels misten. De koloniale overheid streefde ernaar de lokale bevolking in haar rechten, gewoonten en instellingen te laten. De 'sociale ruimte' die zij hiervoor kreeg toegewezen, was de dorpsgemeenschap. Deze werd gezien als een aparte, tot op zekere hoogte zelfstandige (adat-)rechtsgemeenschap. De marga-organisatie werd in 1862 als overkoepelende bestuurseenheid ingesteld. De betrekkingen tussen de dorpsgemeenschappen waren geconcipieerd in termen van bestuurlijk-administratieve en formeel juridische verhoudingen, die deel uitmaakten van het koloniale staatkundige bestel. De wijze waarop de lokale bevolking de haar toegemeten 'sociale ruimte' structureerde is door de koloniale overheid helemaal niet voorzien. Binnen de dorpsgemeenschappen ontwikkelde zich een institutionele structuur conform het model van het traditionele clan-bondgenootschap. De suku zijn de structurele elementen hiervan.

Het op de voorgrond treden van een suku-structuur binnen de dorpsgemeenschappen hangt ten nauwste samen met de maatschappelijke implicaties van de aantasting van de traditionele sociaal-politieke structuur. De omvattende, genealogische verbanden van de Rejang vormden heterogene sociale categorieën. Zij bestonden uit een verscheidenheid aan verwantschapsgroepen, gebaseerd op uiteenlopende afstammingslijnen, soms van zeer verschillende herkomst. Bovendien blijkt uit een aantal bronnen uit de 18e en de 19e eeuw, dat binnen deze omvattende genealogische verbanden gestratificeerde standen werden onderscheiden, de 'vrijen' en de 'onvrijen' (Commentative Digest 1913:304). De betrekkingen binnen en tussen deze heterogene sociale formaties werden voor een belangrijk deel beheerst en gereguleerd in termen van huwelijksrelaties. Met name het jujur-huwelijk speelde in dat verband een zeer grote rol. De traditionele sociaal-politieke structuur overkoepelde en verhulde deze interne differentiatie naar buiten met een netwerk van patrilineale verwantschapsverhoudingen tussen de afzonderlijke structuurelementen. Het door de Engelsen aan het einde van de 18e eeuw en begin 19e eeuw gevoerde beleid, gericht op de vrijmaking van de slaven en pandelingen en, in samenhang daarmee, de bestrijding van de traditionele huwelijksvormen, het ambil anak- en het jujur-huwelijk, impliceerde niet alleen de loskoppeling van de macrosociale samenhang tussen de verschillende groepen en categorieën, maar ook de ontvlechting van de aldus geïnstitutionaliseerde maatschappelijke krachten. De interne differentiatie op grond van verwantschap en herkomst en de stratificatie naar standen werden onmiddellijk zichtbaar. Voor de regulering en beheersing van de sociaal-politieke krachten binnen deze ontkoppelde substructuren beschikte de bevolking over geen andere voorstellingen en modellen dan die waarop het voormalige clan-bondgenootschap is gebaseerd. De institutionele structuur, die voorheen op het niveau van het clan-bondgenootschap tot stand was gebracht en de bevolking van een geografisch uitgestrekt gebied omspande, werd nu na de aantasting en uitschakeling daarvan binnen de afzonderlijke dorpsgemeenschappen herhaald en in de vorm van een suku-structuur op kleinere schaal voortgezet.

2.3. *De maatschappelijke en culturele betekenis van de suku-structuur*

De suku-structuur betekent voor elke dorpsgemeenschap zoveel als de drager van het traditionele cultuur-patroon en is de exponent van de daaraan ten grondslag liggende maatschappelijke ontwikkelingstendenzen. Zij is geconcipieerd als een configuratie van onderling samenhangende clan- of lineagesegmenten. Voor de instelling van een suku-structuur is de opsplitsing van een bepaalde verwantschapsgroep of -categorie in een aantal afzonderlijke afstammingslijnen een structureel vereiste. De specifieke implicaties hiervan komen het duidelijkst naar voren bij de opdeling van een vier generaties omvattende kern-familiegroep (tobo, kaum of kelompok poyang) in afzonderlijke afstammingslijnen of suku. Deze verwantschapscategorie geldt als een exogame huwelijksklasse. Indien men hierin toch een huwelijk wil doen plaatsvinden is de opsplitsing in afzonderlijke afstammingslijnen, c.q. huwelijksrechtelijke suku vereist. Deze zijn in termen van huwelijksrechtelijke betrekkingen weliswaar exogaam en verschillend, maar op grond van een gemeenschappelijke voorouder niettemin tot elkaar gerelateerd. Dit mechanisme wordt veelvuldig gebruikt om binnen een nederzetting of dorpsgemeenschap een suku-structuur tot stand te brengen. De aldus ontstane maatschappelijke suku zijn derhalve de voortzetting van de op een bepaald moment binnen de verwantschapsstructuur aangebrachte indeling naar in principe exogame en op unilineale verwantschapsaffiliatie gebaseerde, huwelijksrechtelijke suku. De structurele principes die aan een huwelijksrechtelijke suku ten grondslag liggen en het specifieke patroon van sociale relaties dat zij vertegenwoordigt, worden door de instelling van maatschappelijke suku op de algemeen maatschappelijke verhoudingen getransponeerd. In de praktijk komt dit neer op de toepassing, en in samenhang daarmee ook de handhaving, van de regels en verplichtingen in zake exogamie en verwantschapsaffiliatie ten aanzien van personen en categorieën, die volgens strikt huwelijksrechtelijke criteria daaraan eigenlijk niet zijn gebonden of op grond van hun afstamming en herkomst niet tot de betrokken verwantschapsgroep behoren.

De instelling van een suku-structuur impliceert de uitbreiding en uitdijing van een configuratie van specifiek huwelijksrechtelijke betrekkingen. Naar analogie van het traditionele clan-bondgenootschap kan ook hier worden gesproken van een overkoepelend netwerk, dat meestal uit patrilineale verwantschapsverhoudingen bestaat en de interne heterogeniteit naar buiten toe verhult. De suku-structuur van de afzonderlijke dorpsgemeenschappen is dus in essentie een geïnstitutionaliseerd mechanisme van sociale beheersing. De legitimiteit van de suku-structuur wordt afgeleid van de authenticiteit waarmee zij de traditionele verwantschapsverhoudingen representeert en symboliseert.

Het Nederlandse koloniale bestuur noch de studies van de adat-regels en het gewoonterecht hebben de voorstellingen van de lokale bevolking met betrekking tot de suku-structuur en de betekenis ervan in termen van sociale beheersing begrepen en doorgrond. De 'sociale ruimte' waarin zij voorkomt werd eenzijdig voorgesteld als een adat-rechtskring. Vergeleken met de bovendorpse verhoudingen leken die op dorpsniveau oneigenlijk. Het daar gebruikelijke stelsel van onderlinge verzoening en wederzijdse genoegdoening, het perdamaian-systeem, werd geïnterpreteerd als een vorm van "onwettige", dat wil zeggen niet op wetgeving gebaseerde rechtspraak (Ter Haar 1915:5). De maatschappelijke betekenis van dit stelsel reikte echter veel verder dan de verhoudingen binnen de afzonderlijke dorpsgemeenschappen alleen. Het beheerste de betrekkingen tussen de dorpsgemeenschappen onderling bijna volledig. Dit blijkt onder meer hieruit, dat de door het Nederlandse koloniale bestuur geëntameerde dorps-justitie tot op de dag van vandaag eigenlijk nooit heeft gewerkt en de marga-justitie tot 1913 evenmin (Wink 1928b:418, 1928a:486).

De cultuur-antropologische studies met betrekking tot de Rejang en de Pekal hebben, met uitzondering van die van Hazairin (1936), de betekenis van de suku-structuur voor de voortzetting van de traditionele institutionele verhoudingen ook onvoldoende onderkend. Deze kritiek richt zich in het bijzonder op de door Jaspan (1964) gesuggereerde "transformatie"-hypothese. De vooronderstelling daarvan, dat de huwelijksvormen en verwantschapsverhoudingen zijn veranderd òmdat de traditionele patrilineale clanstructuur is aangetast, behoeft nadere kwalificatie en precisering. Genoemde factor heeft wèl in zekere zin bijgedragen tot de uitkristallisering van een suku-structuur binnen de dorpsgemeenschappen, maar is als zodanig beslist ontoereikend voor de verklaring van de verandering van de huwelijksvormen en de verwantschapsverhoudingen, laat staan de verschillen die hierbij zijn ontstaan tussen het hoogland van Rejang-Lebong en de kuststreek van Noord-Bengkulu. De suku-structuur is een replicatie van het voormalige clanbondgenootschap op dorpsniveau en de exponent van de endogene, maatschappelijke ontwikkelingstendenzen. Zij is de structurele respons op de sociaal-politieke ruimte, die binnen het proces van onderschikking en incorporatie van de traditionele, op patrilineale verwantschapsverhoudingen gebaseerde sociaal-politieke structuur werd geboden. Binnen de suku-structuur van de dorpsgemeenschappen zijn de traditionele institutionele verhoudingen blijven voortbestaan. Zij verschaft als zodanig de noodzakelijke structurele voorwaarden waaronder de omzetting van patri- in matrilinealiteit en de voortzetting van de unilineale verwantschapsverhoudingen kunnen plaatsvinden. Dit gebeurt echter alleen in het geval de suku zich ondanks de verbreiding van het uxorilokale semendo-huwelijk zònder bruidsprijs als een exogame huwelijksklasse weet te handhaven. Zoniet, dan zijn ambilaterale verhoudingen onvermijdelijk en gaat de unilinealiteit als vanzelfsprekend verloren. In ieder van deze twee gevallen is de betekenis van de suku-structuur als legitiem en effectief mechanisme van sociale beheersing in zake de toepassing van de regels van huwelijksexogamie en de unilineale verwantschapsaffiliatie beslissend. Dit punt brengt de plaats van de suku-structuur in de macro-sociale verhoudingen in het geding.

2.4. De positie van de suku-structuur in de macro-sociale verhoudingen

De suku-structuur binnen de dorpsgemeenschappen markeert een maatschappelijk en cultureel grens- en breukvlak. Aan de ene kant de suku-structuur als een zelfstandige en binnen de traditionele patrilineale institutionele verhoudingen tot op zekere hoogte onafhankelijke substructuur. Aan de andere kant de dorpsgemeenschap als een onderdeel van de omvattende, staatkundige structuur waarbinnen de onderlinge samenhang berust op bestuurlijk-administratieve en juridische verhoudingen. Deze scheidslijn is ontstaan als gevolg van een proces van opsplitsing van de traditionele institutionele verhoudingen overeenkomstig de door de vorstenbesturen en koloniale machten gedefinieerde, sociaal-politieke kaders. De traditionele macro-sociale verbanden tussen de suku-structuren van de dorpsgemeenschappen zijn door de politiek van adat-rechtelijke dorpsautonomie ernstig geschaad, in menig opzicht zelfs volledig verbroken. De suku-structuren vertegenwoordigen op zichzelf staande fragmenten van de vroegere clan-structuur. Binnen de omvattende, staatkundige bestuursstructuur nemen zij ten opzichte van elkaar een tamelijk geïsoleerde positie in. De macro-sociale verbanden zijn niet meer, in termen van sociale logica, de voortzetting van de sociale relaties en processen die aan iedere suku-structuur ten grondslag liggen.

De endogene, maatschappelijke krachten, waarop de suku-structuren als zodanig zijn gebaseerd, worden door deze overkoepelende bestuursstructuur ten dele beïnvloed, ten dele ook beheerst. De mogelijkheid hiertoe is gegeven door het feit dat het Nederlandse koloniale bestuur, na de afschaffing van het vorstenbestuur en de uitschakeling van het clan-bondgenootschap, gaandeweg meer invloed kon uitoefenen op het proces waardoor de adat-regels en het gewoonterecht worden gevormd. Als overkoepelende, sociaal-politieke structuur beïnvloedde zij de ontwikkeling hiervan enerzijds door een vergaande uniformering van de adat-regels en formalisering van de rechtspraakprocedures, anderzijds door de bewuste invoering van veranderingen. In navolging van de Engelsen werd onder andere het jujur-huwelijk steeds verder aan banden gelegd en tenslotte formeel verboden (Simboer Tjahaja Bangkahoeloe 1868, III, art. 60, Van den Berg 1894). De feitelijke naleving hiervan kon pas in de periode na 1913 effectief worden afgedwongen. De onmogelijkheid zich bij geschillen over een bruidsprijs recht te verschaffen op een hoger niveau dan de dorpsgemeenschap, heeft tot de snelle afname en uiteindelijke verdwijning van het jujur-huwelijk in de eerste decennia van deze eeuw veel bijgedragen. Jaspan komt wat dit betreft tot dezelfde conclusie (Jaspan 1964:278-280). De samenstelling en betekenis van de suku zijn ook niet zonder toedoen van het Nederlandse koloniale bestuur veranderd. Op grond van haar bevoegdheid dorpshoofden aan te stellen kon zij de voortdurende afsplitsing van personen en groepen van bestaande nederzettingen en dorpsgemeenschappen en de stichting van steeds weer nieuwe nederzettingen tegengaan ten gunste van de vorming van grote, aaneengesloten en permanente dorpsgemeenschappen (Europeesche Oendang-Oendang 1856, art. 2, 4). Hierdoor werd het proces van dorpsvorming sterk afgeremd en werd op indirecte wijze en geheel onbedoeld de vorming van een suku-structuur binnen de afzonderlijke dorpsgemeenschappen bevorderd. Deze ontwikkeling impliceerde behalve de mogelijkheid tot dorps-endogame huwelijken ook de uitdijing van het netwerk van verwantschapsverhoudingen tot voorbij het punt waarbij huwelijken tussen suku-genoten als vanzelfsprekend zijn verboden, noch door een verdere opsplitsing van deze suku in een aantal nieuwe suku kunnen worden voorkomen.

De invloed van het Nederlandse koloniale bestuur op de verdwijning van het jujur-huwelijk en het proces van dorpsvorming heeft in de verandering van de huwelijksvormen en verwantschapsverhoudingen doorgewerkt. De verschuiving van viri- naar uxorilokale vestiging na het huwelijk is een onmiddellijk gevolg van de verdwijning van het jujur-huwelijk als huwelijksvorm. Alleen een bruidsprijs (jujur) verplicht een vrouw tot virilokale vestiging na het huwelijk. Een huwelijksvorm zònder bruidsprijs is daarom per definitie uxorilokaal. De omzetting van viri- in uxorilokaliteit is dus geen direct gevolg van de aantasting van de traditionele institutionele structuur, niet op het niveau van het clanverband, noch op dat van de suku-structuur in de afzonderlijke dorpsgemeenschappen, maar van het buiten werking stellen van de plicht tot virilokale vestiging na het huwelijk, dat wil zeggen het bruidsprijs- of jujur-huwelijk. De verklaring van de differentiatie van de verwantschapsverhoudingen sluit onmiddellijk hierbij aan. Zolang een aanzienlijk deel van de huwelijken nog op basis van een jujur kon worden gesloten, bleven de gevolgen van de doorbreking van de dorpsexogamie en de uitbreiding van de exogame huwelijksklassen overeenkomstig de uitdijing van de suku voor de unilinealiteit van de verwantschapsverhoudingen beperkt. De exogamie en unilinealiteit werden immers door het jujur-huwelijk geïnstitutionaliseerd en in termen van een plichtsrelatie tussen de betrokken wederzijdse families en verwantschapsgroepen geconsolideerd. Voor zover behalve het jujur-huwelijk ook semendo-huwelijken voorkwamen, vond bij deze huwelijksvorm in principe eveneens unilineale verwantschapsaffiliatie plaats. Bij ontstentenis van het jujur-huwelijk echter is het voortbestaan van de unilineale verwantschapsverhoudingen geheel afhankelijk van de legitimiteit van de suku-structuur als mechanisme van sociale beheersing en de effectiviteit waarmee de suku-exogamie kan worden afgedwongen. De mogelijkheden hiertoe waren in het hoogland van Rejang-Lebong veel gunstiger dan in het kustgebied van Noord-Bengkulu. Voor zover de gegevens reiken hebben de suku in het hoogland van Rejang-Lebong hun betekenis als exogame huwelijksklassen zeker tot het midden van de jaren zestig behouden omdat zij territoriaal gescheiden deelgemeenschappen vormden (Jaspan 1964:210-211). In verband hiermee vond bij de verbreiding van het semendo-huwelijk behalve een verschuiving van viri- naar uxorilokale vestiging na het huwelijk ook een omzetting van patri- in matrilinealiteit plaats. Deze "transformatie" is echter lang niet in alle opzichten even uitgesproken. De verwantschapsaffiliatie is matrilineaal met dien verstande, dat in principe een of meer kinderen uit een semendo an-huwelijk naar de verwantschapsgroep (suku) van de vader kunnen terugkeren. Er vindt matrilineale vererving van de (voor-)ouderlijke bezittingen (harta pusaka, hak tua) plaats, maar de mannelijke erfgenamen behouden bepaalde rechten hierop en kunnen door verdeling ook een bepaald deel hiervan toegewezen krijgen. Ten aanzien van de overdracht van het politieke en rituele leiderschap volgt de "transformatie" ook niet één vast patroon. De opvolging en overdracht hiervan geschiedt vaak matrilineaal, soms echter ook patrilineaal (Jaspan 1964:236). In het kustgebied van Noord-Bengkulu daarentegen hebben de suku hun betekenis als territoriale deelgemeenschappen reeds in de loop van de 19e eeuw grotendeels verloren. Bovendien begon de verschuiving van het jujur- naar het semendo-huwelijk in deze streek ook op een veel vroeger tijdstip. Het zijn met name de dorps-endogame semendo beradat-huwelijken geweest, die de loslating van het principe van unilinealiteit hebben bewerkstelligd. Een belangrijk aspect hierbij was de doorbreking van de suku-exogamie. Hierdoor konden er binnen en tussen de onderscheiden suku ambilaterale verhoudingen ontstaan. De unilinealiteit heeft haar betekenis echter niet voor alle aspecten van de sociale structuur verloren. De verbreiding van ambilaterale verhoudingen maakte de plicht van de man bij een semendo beradat-huwelijk tot uxorilokale vestiging en het principe van matrilineale verwantschapsaffiliatie niet ongedaan. Wel kwam hierin verandering in de zin, dat de uxorilokale vestiging na het huwelijk een zeer tijdelijk karakter kreeg en de suku-affiliatie werd bepaald aan de hand van de vestigingsplaats van de echtelieden. Ofschoon de mannelijke erfgenamen na uittreding uit het (voor-)ouderlijk huis hun rechten op de (voor-)ouderlijke bezittingen niet verliezen, worden deze vaak doelbewust matrilineaal vererfd. Met betrekking tot de opvolging en overdracht van politieke en rituele leiderschapsfuncties, tenslotte, hebben patrilineale verwantschapsverhoudingen hun betekenis ten dele ook nog behouden. Zij worden nog steeds van belang geacht voor de continuering van de traditionele, patrifokale, institutionele verhoudingen enerzijds en voor de legitimering van de allocatie van macht en bevoegdheden in zake de gewoonterechtspraak anderzijds.

Bovenstaande verklaringswijze van de verbreiding van de ambilaterale verwantschapsverhoudingen in de kuststreek van Noord-Bengkulu heeft vergaande implicaties voor de theoretische reikwijdte van de "transformatie"-hypothese. De vergelijking tussen de verandering van de huwelijksvormen en verwantschapsverhoudingen in het hoogland van Rejang-Lebong en die in de kuststreek van Noord-Bengkulu toont aan, dat de door de "transformatie"-hypothese veronderstelde omzetting van patri- in matrilinealiteit is gebonden aan specifieke, structurele voorwaarden. Deze structurele voorwaarden houden niet alleen beperkingen in met betrekking tot de geldigheidsaanspraken van de "transformatie"-hypothese, maar roepen ook vragen op ten aanzien van de theoretische uitgangspunten waarop de gevolgtrekkingen van deze hypothese zijn gebaseerd. Deze worden in de volgende paragraaf nader uitgewerkt.

3. De theoretische uitgangspunten

Het kernstuk van de hypothesen omtrent de verandering van de verwantschapsverhoudingen bij de Rejang en de Pekal is de relatie tussen de huwelijksvormen enerzijds en de macro-sociale structuur anderzijds. De "transformatie"- en de "differentiatie"-hypothese verschillen zeer nadrukkelijk met betrekking tot de theoretische uitgangspunten, die zij ten aanzien van deze samenhang postuleren. De conclusies die daaruit worden afgeleid omtrent de aard en betekenis van de veranderingen zijn in menig opzicht aan elkaar tegengesteld. Drie aspecten nemen in deze samenhang een heel bijzondere plaats in: 1. de definitie van de traditionele sociale structuur waaraan de verandering van de huwelijksvormen en de verwantschapsverhoudingen worden verbonden; 2. de samenhang, die tussen de afzonderlijke structuurelementen wordt verondersteld; en 3. de culturele principes die aan de traditionele sociale structuur ten grondslag liggen.

3.1. De definitie van de traditionele sociale structuur

De "transformatie"-hypothese vooronderstelt, dat tussen de aantasting van de traditionele, patrifokale, institutionele structuur en de verbreiding van matrilineale verwantschapsverhoudingen een directe samenhang bestaat. Deze hypothese staat of valt derhalve met de identificatie van de traditionele sociale structuur met een specifiek, patrilineaal verwantschapssysteem en de definitie van de genealogische verbanden als eenzijdig unilineale verwantschapscategorieën. Deze voorstelling van de traditionele sociale structuur van de Rejang en de Pekal wijkt principieel af van de opvattingen van Hazairin hieromtrent. Deze auteur wijst elke definitie van de omvattende, genealogische verbanden in termen van eenzijdig unilineale verwantschapsverhoudingen als onjuist van de hand. Al naar gelang de huwelijksvorm zijn de verwantschapsverhoudingen wisselend unilineaal, soms ook bilateraal (Hazairin 1936:3). Dit verschil in definitie van de traditionele sociale structuur houdt verband met de eenheid van analyse, die ieder van deze auteurs als uitgangspunt neemt. Jaspan neemt de omvattende, genealogische verbanden, de clans, subclans en lineages als uitganspunt. Hazairin beschouwt de beperktere, slechts vier generaties omvattende kern-familiegroep als de belangrijkste verwantschapscategorie.

De auteur van deze studie over de verandering van de huwelijksvormen en de verwantschapsverhoudingen sluit zich op dit punt in principe bij de opvattingen van Hazairin aan. De sociaal-politieke betekenis van bepaalde genealogische verhoudingen impliceert niet, dat de traditionele macro-sociale structuur met een unilineaal, patrifokaal verwantschapsstelsel kan worden geïdentificeerd. Deze voorstelling gaat voorbij aan de feitelijke complexiteit van de verhoudingen binnen de traditionele macro-sociale structuur. De analyse van de verandering van de huwelijksvormen en de verwantschapsverhoudingen dient, op analytische gronden althans, uit te gaan van een onderscheid tussen het verwantschapsstelsel enerzijds en de institutionele structuur anderzijds. Dit onderscheid maakt een andersoortige verklaringswijze mogelijk.

De "differentiatie"-hypothese gaat er vanuit, dat de traditionele, patrifokale institutionele structuur van de Rejang en de Pekal niet het verwantschapsstelsel, maar de traditionele sociaal-politieke structuur voorstelt. Deze interpretatie impliceert, dat de veranderingen van de huwelijksvormen en de verwantschapsverhoudingen níet kunnen worden verklaard als een rechtstreeks gevolg van de aantasting van de unilineale, patrifokale verwantschapsverhoudingen als zodanig, maar van de veranderingen, die de traditionele, in termen van patrifokale verwantschapsverhoudingen geïnstitutionaliseerde, sociaal-politieke structuur heeft ondergaan. Deze samenhang wordt bedoeld met de opmerking, dat de verbreiding van de matrilineale en de ambilaterale verwantschapsverhoudingen wel tot de patrifokale verwantschapsverhoudingen zijn gerelateerd, maar hieruit slechts op indirecte manier kunnen worden verklaard.

3.2. De samenhang tussen de structuurelementen

De "transformatie"-hypothese benadrukt ten aanzien van de samenhang tussen de huwelijksvormen enerzijds en de traditionele macro-sociale structuur anderzijds in eerste instantie de functionele interdependenties. Het virilokale jujur-huwelijk en het complementaire, uxorilokale (semendo) ambil anak-huwelijk zijn de functionele mechanismen, die de traditionele, patrifokale institutionele structuur in stand hielden en voortzetten (Jaspan 1964:123). Deze voorstelling van onderling samenhangende en wederzijds afhankelijke structuurelementen staat in scherp contrast tot de visie van de participanten van de betrokken cultuur zelf op de positie, die de omvattende, genealogische verbanden binnen de traditionele macro-sociale structuur innemen. Zij kennen deze structuurelementen behalve een grote mate van zelfstandigheid ook tot op zekere hoogte (adat-)rechtelijke autonomie toe. De interpretatie van de huwelijksvormen en verwantschapsverhoudingen in termen van sociale beheersing en de analyse van hun verandering in relatie tot de traditionele sociaal-politieke structuur, waarvan zij een onderdeel zijn, laat de principes en sociale mechanismen zien waaraan de onderscheiden structuurelementen hun zelfstandigheid en relatieve onafhankelijkheid binnen de traditionele macro-sociale structuur ontlenen. Deze houden onmiddellijk verband met de wijze waarop de verdeling van de maatschappelijke rechten en verplichtingen daarbinnen is geconcipieerd. Kenmerkend voor deze samenhang is, dat de verdeling van de maatschappelijke rechten, zowel in materiële als in immateriële zin, binnen de macro-sociale verhoudingen wordt beheerst en telkens geblokkeerd door specifieke, maatschappelijke verplichtingen. Het principe van sociale beheersing dat ten grondslag ligt aan de macro-sociale samenhang is níet de verdeling van bepaalde maatschappelijke rechten als zodanig, maar de toewijzing en handhaving van specifieke, cultureel gedefinieerde, maatschappelijke verplichtingen. De toewijzing en verwerving van deze rechten is een direct uitvloeisel van de vervulling van de verplichtingen. Het sociale mechanisme binnen de traditionele sociale structuur, dat deze samenhang tussen maatschappelijke rechten en verplichtingen reguleerde en institutionaliseerde was, hoe kan het eigenlijk ook anders, het jujur-huwelijk.

Zowel bij het aangaan als het verbreken van een jujur-huwelijk is de verwerving van maatschappelijke rechten telkens weer een rechtstreeks gevolg van eerder vervulde verplichtingen. De jujur is de maatschappelijke verplichting, die de bruidgevende groep stelt aan de bruidontvangende. Zolang hieraan niet is voldaan blijft de (verwantschaps-)band tussen de vrouw en haar kern-familiegroep bestaan en komt in haar rechtspositie geen verandering. Pas nadat de jujur is gegeven kunnen de man en zijn familie aanspraak maken op hun maatschappelijke rechten, te weten de virilokale vestiging van de vrouw, de patrilineale affiliatie van de kinderen, de patrilineale vererving van de bezittingen en de patrilineale overdracht van de politieke en rituele leiderschapsfuncties. Bij de verbreking van het jujur-huwelijk is de terugkeer van de vrouw naar haar familie en verwantschapsgroep pas mogelijk nadat de jujur geheel of gedeeltelijk aan de man of zijn familie is teruggegeven. Deze verplichtingen over en weer houden direct verband met de aanspraken van ieder van de betrokken wederzijdse families en verwantschapsgroepen op een zelfstandige, tot op zekere hoogte zelfs onafhankelijke positie binnen de traditionele macro-sociale structuur. Van een volledig symmetrische en reciproke verhouding is echter geen sprake. In de eerste plaats maakt de overgang van de vrouw in het familieverband van de man haar beslist niet rechteloos. Bij het jujur-huwelijk wordt verondersteld, dat er tussen de betrokken wederzijdse families en verwantschapsgroepen een eenzijdige, duurzame plichtsrelatie ontstaat. De man en zijn familie zijn aansprakelijk voor het levensonderhoud en welzijn van de vrouw. Indien zij ten aanzien daarvan in ernstige mate in gebreke blijven kan de vrouw echtscheiding vragen en de huwelijksrelatie verbreken. In de tweede plaats is de samenhang tussen de maatschappelijke rechten en verplichtingen bij het jujur-huwelijk volstrekt onomkeerbaar. Immers, bij deze huwelijksvorm is uitsluitend patrilineale verwantschapsaffiliatie mogelijk. Hierin manifesteert zich het principiële verschil tussen het jujur- en het semendo ambil anak-huwelijk. Bij de laatstgenoemde huwelijksvorm wordt de man in het familieverband van zijn vrouw opgenomen zonder dat de betrokken wederzijdse families en verwantschapsgroepen een duurzame, als plichtsrelatie gedefinieerde verhouding aangaan. In verband hiermee is het mogelijk door aanvullende 'prestaties' voor een of meer kinderen de matrilineale verwantschapsaffiliatie om te zetten in patrilineale en zodoende ook de patrilineale vererving van bezittingen en de patrilineale overdracht van leiderschapsfuncties te bewerkstelligen. Zelfs de status van het semendo ambil anak-huwelijk kon in die van een jujur-huwelijk worden omgezet door op een later tijdstip aan de familie van de vrouw alsnog een jujur te geven. Met andere woorden, de duurzame, als plichtsrelatie gedefinieerde band tussen de bruidontvangende en bruidgevende groep bij het jujur-huwelijk institutionaliseert unilineale, patrifokale verwantschapsverhoudingen. De unilinealiteit van de traditionele macro-sociale verhoudingen is het structurele effect van de duurzame plichtsrelaties, die de wederzijdse families en verwantschapsgroepen bij het jujur-huwelijk aangaan. De aanspraken van de betrokken wederzijdse families en verwantschapsgroepen op zelfstandigheid en relatieve autonomie worden ook hierdoor gelegitimeerd.

De maatschappelijke en culturele implicaties van het jujur-huwelijk reiken zeer ver. Aan de ene kant is deze huwelijksvorm, als sociaal mechanisme, bij uitstek geschikt om de unilinealiteit van de institutionele verhoudingen uit te breiden tot andere, omvangrijkere verwantschapscategorieën. Een jujur-huwelijk sluit bovendien direct aan bij het overkoepelende netwerk van geïnstitutionaliseerde, patrifokale verwantschapsverhoudingen en biedt de betrokken personen en groepen de mogelijkheid om binnen de traditionele sociaal-politieke structuur en overeenkomstig de aan deze huwelijksvorm intrinsieke, culturele principes een nieuwe afstammingslijn of suku te stichten. Dit laatste is vanouds de manier waarop personen en groepen binnen de traditionele sociale structuur hun sociale positie bepalen en ten opzichte van elkaar tot uitdrukking brengen. Aan de andere kant impliceert de verdwijning van het jujur-huwelijk niet alleen het wegvallen van de traditionele, als plichtsrelaties gedefinieerde samenhang tussen de onderscheiden structuurelementen, maar ook de "de-institutionalisering" van de bijzondere samenhang tussen de maatschappelijke rechten en verplichtingen. Het jujur-huwelijk wordt derhalve niet ten onrechte beschouwd als de hoeksteen van de traditionele sociale structuur (Hazairin 1936:59; Jaspan 1964:118).

Bovenstaande interpretatie van de samenhang tussen de afzonderlijke structuurelementen en de specifieke rol van het jujur-huwelijk hierbij berust op de vooronderstelling, dat tussen de maatschappelijke rechten onderling geen direct en functioneel verband bestaat, het ene maatschappelijke recht ten behoeve van het andere, maar een indirect en structureel verband door middel van de sociale verplichtingen. De maatschappelijke rechten specificeren als zodanig niet de samenhang tussen de onderscheiden structuurelementen, maar markeren de grenzen van de onderlinge plichtsrelaties. Zij geven aan tot hoever de verplichtingen van de ene partij gaan ten opzichte van de andere. De maatschappelijke rechten bepalen de sociaal-politieke reikwijdte van de plichtsrelaties. Met andere woorden, de traditionele sociaal-politieke structuur behoort niet te worden geanalyseerd en verklaard als een stelsel van juridische of gewoonterechtelijke verhoudingen, maar als een configuratie van plichtsrelaties. De macro-sociale samenhang tussen de uiteenlopende verwantschapscategorieën en groepen is hierin structureel verankerd. De maatschappelijke rechten geven aan in hoeverre zij zich ten opzichte van elkaar verhouden als zelfstandige en tot op zekere hoogte ook onafhankelijke eenheden. De visie van de participanten van de betrokken cultuur op de positie en sociale status van de verschillende verwantschapsgroepen en -categorieën als zelfstandige en tot op zekere hoogte autonome structuurelementen weerspiegelt hun plaats binnen de configuratie van plichtsrelaties en hun verhouding tot de traditionele, overkoepelende sociaal-politieke structuur.

3.3. De culturele principes van de traditionele sociale structuur

De "transformatie"- en de "differentiatie"-hypothese verschillen ook met betrekking tot de culturele principes, die zij als grondslag van de traditionele sociale structuur postuleren. De "transformatie"-hypothese vertegenwoordigt op dit punt een opvatting, die niet alleen in allerlei studies van de adat-regels en het gewoonterecht voorkomt, maar bovendien wordt aangetroffen in uiteenlopende cultuur-antropologische studies van Zuid-Sumatra in het algemeen en die van de Rejang en de Pekal in het bijzonder. Zij houdt in dat de traditionele sociale structuur van deze etnische groepen uitdrukking is van de principes van onderlinge solidariteit en collectieve aansprakelijkheid (Van Hasselt 1882:227; Wilken 1912, IV:460; Van Vollenhoven 1918:286, e.a.). Deze voorstelling van zaken past geheel binnen een structuur-functionalistische interpretatie van de traditionele sociale structuur. De "differentiatie"-hypothese gaat van enigszins andere vooronderstellingen uit. Zij interpreteert de relatieve onafhankelijkheid van de als structuurelementen onderscheiden verwantschapsgroepen en -categorieën en de aanspraken op (adat-)rechtelijke autonomie als uitdrukking van hun principiële sociale gelijkwaardigheid. De onderlinge solidariteit en collectieve aansprakelijkheid vertegenwoordigen niet de principes waarop de macro-sociale samenhang tussen de afzonderlijke structuurelementen is gebaseerd, maar wel die hun sociale gelijkwaardigheid binnen de macro-sociale verhoudingen bevestigen en de aanspraken op zelfstandigheid en autonomie legitimeren. Genoemde principes zijn een functioneel vereiste met betrekking tot de positie van de afzonderlijke structuurelementen binnen de macro-sociale structuur. Zij zijn een logisch gevolg van een sociaal-politieke structuur, die in een stelsel van plichtsrelaties is geworteld.

De relatieve zelfstandigheid van de structuurelementen en de aanspraken op een bepaalde mate van autonomie kunnen niet los worden gezien van het geloof in de fundamentele 'gelijkheid' van de participanten van de betrokken cultuur als zodanig. Deze culturele waarde is in de traditionele sociale structuur van de Rejang en de Pekal als het ware uitgebeeld of uitgedrukt in de vorm van patrifokale, institutionele verhoudingen. De 'uni'-linealiteit van de verwantschapsverhoudingen is in dit verband van essentiële betekenis. De verwantschapsverhoudingen vertegenwoordigen namelijk de structurele dimensie in termen waarvan het geloof in de fundamentele gelijkheid van de participanten van de betrokken cultuur, jong en oud, man en vrouw, tot betekenisvolle sociale gedragingen wordt geoperationaliseerd en in de vorm van specifieke, cultureel bepaalde gedragpatronen tot gelding kunnen worden gebracht. De traditionele huwelijksvormen zijn de sociale mechanismen, die de omzetting van deze culturele waarde in specifieke gedragspatronen bewerkstelligen en de unilinealiteit van de verwantschapsverhoudingen gestalte geven en institutionaliseren. De functionele betekenis van het vroegere uxorilokale (semendo) ambil anak-huwelijk zonder bruidsprijs doet hierbij in principe niet voor die van het virilokale bruidsprijs- of jujur-huwelijk onder (Hazairin 1936:2-3). Beide huwelijksvormen zijn functionele vereisten van de traditionele sociaal-politieke structuur. De sociale gelijkwaardigheid van de uiteenlopende verwantschapsgroepen en -categorieën ten opzichte van elkaar is hun structurele effect.

De hierboven gespecificeerde, theoretische uitgangspunten zijn de vooronderstellingen waarop de verklaring van de samenhang tussen de veranderingen binnen de samenleving en cultuur van de Rejang en de Pekal is gebaseerd. De veranderingen die zich bij deze etnische groepen ten aanzien van de huwelijksvormen en verwantschapsverhoudingen hebben voorgedaan, zijn een onderdeel van het historisch aanwijsbare proces waarbij de traditionele sociaal-politieke structuur op verschillende niveaus en op uiteenlopende levensterreinen is uitgeschakeld. Zij worden verklaard als een direct gevolg van de aanpassingen en verschuivingen, die het stelsel van plichtsrelaties onder invloed van de verandering van de traditionele sociaal-politieke structuur heeft ondergaan. Met deze verklaringswijze geeft de auteur zich rekenschap van de culturele principes en sociale mechanismen, die met name aan de ontwikkeling en uitkristallisering van de traditionele institutionele structuur ten grondslag liggen. Zij plaatst de samenhang tussen huwelijk en verwantschap enerzijds en de traditionele sociale structuur anderzijds in een cultuursociologisch perspectief.

Bijlage 1
TEKSTEN

Tekst 1. De mythe van de heilige Benuang-boom

"Lang geleden stond er in Pagarruyung een heilige Benuang-boom. Hij werd bewoond door een gibbon met witte handen. Als hij schaterde in de richting waar de zon opkomt werden daar veel mensen ziek of gingen dood. Schaterde hij in de richting waar de zon ondergaat dan werden aan die kant veel mensen ziek of gingen dood. Kortom, in welke richting de aap ook schaterde steeds verspreidde hij ziekte en dood.

Volgens berichten van oude mensen kwamen de vorsten van Pagarruyung bijeen om over deze zaak te overleggen. Zij besloten de heilige Benuang-boom om te kappen en de aap, die in de boom woonde, te vangen. Er werd een aantal lieden gezocht, die bereid waren de boom te vellen. Nadat zij waren gevonden, werd met het kappen van de heilige Benuang-boom onmiddellijk een begin gemaakt. Bij de eerste pogingen de boom om te kappen wilde deze niet omvallen; bij de tweede keer werd hij zelfs dikker. De aap boven in de boom schaterde luid en zei, dat zonder Putri Darah Putih (een prinses met wit bloed in de aderen) als onderpand de boom niet kon worden geveld. De vier lieden, die de heilige Benuang-boom wilden omkappen, overlegden met elkaar over hetgeen hun te doen stond. Zij besloten met z'n vieren naar Jawa te reizen en aan de vorst van Mojopahit een Putri Darah Putih te vragen.

Zij verzochten de vorst van Mojopahit om een Putri Darah Putih als onderpand voor het vellen van de heilige Benuang-boom. Eerst werd echter een afspraak gemaakt. De vorst van Mojopahit was alleen bereid een Putri Darah Putih mee te geven op voorwaarde, dat deze op geen enkele wijze schade zou worden berokkend. Nadat overeenstemming was bereikt namen de vier lieden Putri Darah Putih, dochter van de vorst van Mojopahit mee naar Pagarruyung als onderpand voor de heilige Benuang-boom.

Na hun terugkeer overlegden de vier op welke manier kon worden voorkomen, dat de prinses gekwetst of gewond zou raken. Zij besloten haar in een met zware boomstammen afgedekte kuil te begraven. Op deze manier zou Putri Darah Putih bij het omvallen van de boom niet gewond of gekwetst raken. De prinses werd vervolgens levend begraven. Het gat was 9 depa (1,5 m), 9 hasta (0,3 m) en nog eens 9 vingers diep. Uit vrees dat de heilige Benuang-boom bij het omvallen Putri Darah Putih zou doden werd het gat daarna door Bembo met zware boomstammen afgedekt. Na de voltooiing hiervan bereidde Bermano voor de betrokkenen eten. Het eten bestond uit beram manis, een zoete lekkernij.

Hierna werd de heilige Benuang-boom gekapt. Na een tijd brak hij eindelijk af, viel over het graf, stortte door alle boomstammen heen in de kuil tot er nog net een afstand van negen vingers tot het lichaam van de prinses overbleef. Putri Darah Putih bleef dus ongedeerd. De heilige Benuang-boom lag helemaal om. Sepanjang Jiwo beklom vervolgens de stam. Bejenggo snelde naar de kruin van de boom om de gibbon met witte handen te vangen als deze zou proberen te ontsnappen. Echter, van de gibbon was geen spoor meer te bekennen. Bij die gelegenheid werden de namen en de verdeling van de clans bepaald. Jij Bembo hebt onder de boom een gat gemaakt en bent uit hoofde daarvan Biku Bembo, oudste van de Jurukulang-clan. Jij Bermano hebt een zoete lekkernij klaargemaakt en heet voortaan Biku Bermano, oudste van de Bermani-clan. Jij Sepanjang Jiwo bent op de stam van de Benuang-boom geklommen en draagt vanaf nu de titel Biku Sepanjang Jiwo, oudste van de Selupu-clan. Jij Bejenggo snelde naar de kruin van de boom om de gibbon met witte handen tegen te houden en heet daarom Biku Bejenggo, oudste van de Tubeui-clan. Dat is de oorsprong van de clans, de vier Rejang broers (Rejang Empat Petulai), tot op de dag van vandaag.

De heilige Benuang-boom stortte bijna helemaal in. Grote en kleine takken braken af en de bladeren dwarrelden in het rond. Putri Darah Putih werd ongedeerd uit haar graf gehaald. Alleen hield zij een bloem in haar hand als teken, dat zij in verwachting was. De gibbon met de witte handen was verdwenen. De vier clan-oudsten overlegden over wat hun nu te doen stond en wie van hen zich ten aanzien van de vorst van Mojopahit zou verantwoorden. Zij spraken af, dat Biku Bembo deze taak op zich zou nemen. Vervolgens reisden ze naar Mojopahit. Daar aangekomen verantwoordt Biku Bembo zich ten overstaan van de vorst. De vorst van Mojopahit antwoordt hierop: 'Als het zo is dat ik een schoonzoon en kleinkind ga krijgen blijft Biku Bembo maar hier wonen. De drie anderen kunnen naar Pagarruyung terugkeren.' De drie anderen keerden daarna naar Pagarruyung terug. Biku Bembo bleef in Mojopahit, werd de schoonzoon van de vorst en woonde bij Putri Darah Putih in. Op een dag zei Biku Bembo tot Putri Darah Putih: 'Mocht je kind een zoon zijn, dan hoort hij mij toe en heet hij Serunting Sakti (heilige onverwekte) omdat jij in verwachting bent geraakt bij het vellen van de heilige Benuangboom. Als het kind een dochter is, behoort het jou toe en is de keus aan jou, want ik ga terug naar de landstreek Rena Kelawai (Rejang-Lebong). Wanneer het kind is opgegroeid en mij wil volgen, dan ben ik te vinden op de plaats waar aarde van Mojopahit is gestrooid.' Biku Bembo liet vervolgens zijn staf en een ring bij Putri Darah Putih achter met de bedoeling, dat zijn kind, in geval het een zoon is, deze voorwerpen zou ontvangen en meenemen als het op zoek zou gaan naar zijn vader.

Biku Bembo nam daarna wat aarde uit Mojopahit in een buidel mee. Hij trok door uitgestrekte bossen, bereikte na verloop van tijd Rena Kelawai en ging naar de dorpsgemeenschap Lubuk Bedian. Daar woonde het hoofd van de Rejang Sawah, vorst Siang geheten. Biku Bembo huwde met diens dochter en volgde vorst Siang op. Na de opvolging van de vorst van Lubuk Bedian werd een nieuwe dorpsgemeenschap gesticht, tot op heden Tapos geheten. Daar werd de aarde van Mojopahit begraven. Biku Bembo kreeg zeven zonen: Rio Tahan, Rio Menahan, Rio Apai, Rio Mueun, Rio Tebuan, Rio Baking en Rio Stanggai Panjang.

In Mojopahit op Jawa bracht Putri Darah Putih een zoon ter wereld. Toen deze was opgegroeid noemde men hem een vaderloos kind. Serunting Sakti ondervroeg zijn moeder omtrent de vader. Hij kreeg als antwoord: 'Je hebt wel een vader, maar hij is uit Mojopahit weggetrokken'. Na dit te hebben vernomen besloot de zoon op zoek te gaan naar zijn vader en nam diens geschenken, de staf en de ring, mee. Hij zwierf door de bossen en stak de zee over. Na lange tijd bereikte hij de landstreek Rena Kelawai en stuitte bij Tapos op zeven mannen. Het leek alsof zij vijanden opwachtten. Toen ze hem naar zijn naam vroegen antwoordde hij: 'Ik ben de zoon van Biku Bembo'. Hierna brak tussen de zeven mannen en Serunting Sakti een hevig gevecht uit. Geen enkel wapen bleek doeltreffend. De zeven mannen berichtten vervolgens aan Biku Bembo, dat Serunting Sakti Tapos wilde binnentrekken. Serunting Sakti werd gevraagd binnen te komen om met zijn eigen vader de strijd aan te binden. Nadat was bewezen, dat Serunting Sakti inderdaad over magische krachten beschikte, werd hij door Biku Bembo aangenomen. De zeven anderen echter weigerden Serunting Sakti tot hun gebied toe te laten. In verband hiermee werd besloten tot een opsplitsing. Serunting Sakti werd teruggestuurd naar Jawa. Onderweg kwam hij langs Palembang, huwde daar en werd een luilak. De vorst van Palembang was op een dergelijke schoonzoon helemaal niet gesteld en beraamde een plan om hem te vermoorden. Hij riep veertig krijgers bij zich. 's Ochtends vroeg echter werd Serunting Sakti door zijn vrouw verteld, dat hij in de morgen zou worden gedood. Daarop verliet Serunting Sakti onmiddellijk zijn woonvertrekken en liep de tuin in. De krijgers waren daar reeds verzameld. Serunting Sakti trok toen eerst aan zijn ene oor en maakte er zijn slaapmat van en trok vervolgens aan het andere, zodat het zijn deken werd. Daarna ging hij op de grond liggen en daagde zijn belagers uit hem te doden. Toen de krijgers de magische kracht van Serunting Sakti hadden gezien, durfden zij niet dichterbij te komen. De vorst was zeer teleurgesteld, riep zijn krijgers terug en verbood hun Serunting Sakti in de paleistuinen te vermoorden. Naar aanleiding van deze gebeurtenis kreeg Serunting Sakti de naam van Telingo Lambing. Als Telingo Lambing werd hij met een haan uit het paleis weggestuurd. De krijgers kregen opdracht Serunting Sakti te volgen en ergens onderweg te vermoorden. In een groot bos ontbrandde een hevig gevecht. Geen enkel wapen was echter effectief. Als de krijgers Telingo Lambing voor zich zagen, was hij achter hen; zagen zij hem achter zich dan bevond hij zich voor hen. Telingo Lambing vroeg toen aan zijn achtervolgers: 'Zijn jullie bereid met mij mee te gaan of willen jullie hier allemaal vermoord worden?' De krijgers besloten zich bij Telingo Lambing aan te sluiten. Zij gingen samen op weg en kwamen na verloop van tijd bij Nuak Kepahyiang, waar de haan kraaide. Vervolgens vestigde Serunting Sakti alias Telingo Lambing zich te Nuak Kepahyiang, gelegen aan de oever van de Air Kotok in de marga Bintunan, het hedendaagse subdistrict Lais. Zijn gevolg van krijgers vestigde zich te Gelgeuak in de buurt van Kota Baru aan de bovenloop van de Air Bintunan."

Tekst 2. De mythe van de adat tiang empat lima dengan raja

"In de godenwereld was de man van alle ambachten op een dag bezig een feestzaal, de Balai Awan Besikan Angin, op te richten. Wat kort was werd afgekapt, wat lang was aan elkaar gebonden. Het kleine werd glad gemaakt, het grote vergroot. Alles was even lang op een ding na. Hoewel op dezelfde manier gemeten was het verkeerd bewerkt. Daardoor viel een balk van de feestzaal naar beneden en kwam vlak voor de voeten van de vier Rejang broers terecht. De gevallen balk was de Tiang Laras, ook wel Bilok Panjang Selawe genoemd.

Tussen de vier oudsten ontstond een meningsverschil en ze riepen een voor een: 'Die balk helt naar mijn kant over!' De onderlinge ruzie werd steeds heviger. Tijdens deze twist flitste plotseling een bliksemschicht door de lucht en rolde de donder over de aarde. Door een enorme knal ontstond Semitul, alsof er een ontploffing plaatsvond. Op de roodhouten paal verscheen plotsklaps een figuur, Rio Bakas genaamd. De vier clan-oudsten richtten zich tot hem met het verzoek over de betrokken paal een rechtvaardige uitspraak te doen. Rio Bakas antwoordde: 'Deze paal is eigenlijk even recht als hij krom is'. Vervolgens werden de vier oudsten gesommeerd hun geschil bij te leggen en zich met elkaar te verzoenen. Op die manier ontstond de configuratie van de vier clans vijf met de vorst. Deze draagt de titel van Semitul en woont in Balai Buntar aan de rivier Sungai Limau. De vorst Tuan Rio Bakas was afkomstig uit Sungai Padang Kerap, Padang Darek (West-Sumatra)."

Tekst 3. De mythe van Rio Apai

"De vorst van Tapos, Rio Terang, werd door de vorst van Banten gevangen gehouden. Hij had op een verkeerde manier gegroet. In plaats van de vorst had hij een beeld gegroet. Daarop was hij gevangen genomen en in boeien geslagen. Hij stuurde een verzoek naar zijn familie en verwanten om hem te komen bevrijden, maar niemand wilde gaan. Ze zeiden allemaal, dat ze te bang waren. Uiteindelijk ging Rio Apai dan maar naar Banten. Daar aangekomen vertelde hij, dat het zijn bedoeling was om Rio Terang uit zijn gevangenschap te bevrijden. Bovendien zwoer hij bij ede, dat hij niet alleen, maar uitsluitend met z'n tweeën zou terugkeren, dat wil zeggen hij was bereid hiervoor te vechten. De vorst van Banten daagde Rio Apai vervolgens uit om met een tijger te vechten. Om zeven uur 's morgens liet de vorst van Banten de tijger op Rio Apai los. Rio Apai was ongewapend. Hij rende naar een rijstschuurtje en rukte het stuk hout los, dat als slot diende. Nadat hij erover had gewreven veranderde het stuk hout in een zwaard. Het zwaard kreeg de naam Pedang Jenawi. Door de felle lichtschitteringen van het zwaard vielen de bladeren van de klapperbomen rondom naar beneden. Om niet onder de takken bedolven te raken trachtte de tijger ze te ontwijken. Rio Apai was hierdoor in staat de tijger de oren af te snijden. De vorst van Banten riep vervolgens de zeegeest op om Rio Apai te belagen. Midden op zee bond de zeegeest Rio Apai de strijd aan. Het lukte Rio Apai echter met zijn zwaard de zeegeest de tong uit zijn bek te snijden. De tong veranderde terstond in een keris. Nadat het volk van Banten overtuigd was van de magische kracht van Rio Apai, voelde het zich verslagen en liet Rio Terang, de vorst van Tapos, vrij. Rio Terang werd uit zijn gevangenschap bevrijd. De tijger werd ook meegenomen. Op de terugweg ontmoette Rio Apai een zekere Tuan Raja Jonggor, die bezig was een prauw te maken. Rio Apai nam deze prauw ook mee. Zij veranderde in een krokodil en diende als vaartuig. Bij hun terugkeer stond de tijger op de krokodil en boven op de tijger, als beschermer, zaten Rio Apai en Rio Terang. Tijdens de tocht troffen zij bij een rif vissen aan. De tijger trachtte ze met een poot uit het water te halen. Deze werd hierdoor wit.

Rio Apai keerde met de tijger en de krokodil terug. De tijger geldt als de beschermer van de dorpsgemeenschap Talang Rasau. De krokodil bewaakt de monding van de rivier Air Lais. Als andere krokodillen deze monding binnendringen geeft deze krokodil een teken. Mensen die bezig zijn zich te baden jaagt hij weg. De krokodil wordt buaya kotong genoemd, heeft een witte bek en een korte staart. Zolang de leden van de Jurukalang-clan geen overtredingen van de adat begaan worden zij door deze krokodil bewaakt en beschermd. De leden van de Jurukalang-clan eten geen vlees van krokodillen, noch van tijgers."

Tekst 4. De mythe van Muning Kimas

"Midden in het bos lag een open plek begroeid met gras. Daar woonden de Rejang Sawah. In de tijd dat Rio Apai, hoofd van de Jurukalang in Talang Rasau woonde, kreeg hij van de vorst van Lebong, lid van de Tubeui-clan, de kuststreek van Noord-Bengkulu als zijn grondgebied toegewezen. Naar aanleiding hiervan ging hij naar de woonplaats van de Rejang Sawah en vroeg: 'Waar komen jullie vandaan?' Het hoofd van de Rejang Sawah antwoordde: 'Dit gebied is mijn bezit, hoewel niet volgens een bepaalde verdeling'. Als gevolg hiervan ontstond tussen het hoofd van de Jurukalang van Talang Rasau en het hoofd van de Rejang Sawah een conflict. Het hoofd van de Jurukalang verzamelde zijn krijgers en trok ten strijde. De Rejang Sawah werden verslagen. Hun grafheuvel ligt er nog steeds als bewijs.

Na afloop van de strijd keerde het hoofd van de Jurukalang naar Talang Rasau terug. Een tijd later trokken nazaten van de vorst van Lebong (Tubeui) naar de kuststreek en bezochten het hoofd van de Jurukalang met het verzoek zich daar te mogen vestigen. Zij vroegen: 'Waar kunnen wij een nieuw dorp stichten?' Het hoofd van de Jurukalang gaf toestemming hiervoor en wees hun bij Padangkala, dat wil zeggen de plaats waar de Rejang Sawah vroeger waren verslagen, een plek toe om een nederzetting te stichten.

In het betrokken gebied lag in die tijd ook reeds een aantal andere dorpen, maar zij hadden tot dusver nog geen eigen hoofd. Er werd een boodschap naar het hoofd van Muara Aman in Lebong gestuurd met de vraag: 'Wat is de stand van zaken met betrekking tot ons gebied, er is hier nog geen vorst? Wordt er iemand als vorst gestuurd of wordt de vorst uit de plaatselijke bevolking gekozen?' De vorst van Muara Aman zond vervolgens Muning Kimas tezamen met zijn twee broers, Muning Sutan Galing en Muning Pagun. Muning Kimas kreeg de titel van panglima ulubalang (hoofdkrijgsman). Muning Sutan Galing werd raja pasirah (ondervorst) en Muning Pagun werd raja depati (onderhoofd)."

Tekst 5. De mythe van Putri Rindung Bulan

"Vroeger had de rivier Air Ketahun nog niet zijn huidige naam. Ze werd Sungai Serut genoemd. In die tijd leefden in Lebong zeven kinderen, afstammelingen van vroegere vorsten. Het waren zes broers en één zusje. Zij heette Putri Rindung Bulan. De zes broers wilden huwen op basis van een bruidsprijs en bevalen hun zusje Putri Rindung Bulan te huwen. Putri Rindung Bulan werd echter ziek en de onderhandelingen voor haar huwelijk werden afgebroken. Bij een volgende huwelijkskandidaat raakte Putri Rindung Bulan gewond en mislukten de onderhandelingen opnieuw. Na verloop van tijd verloren de zes oudere broers hun geduld. Ze besloten Putri Rindung Bulan te doden. Het jongste broertje werd opgedragen zijn zusje te vermoorden. Samen gingen zij naar de oever van de rivier. Tegenwoordig staat die plek bekend onder de naam keramat (heilige plaats) Ulau Da'eus. Er werd een bamboe-vlot gemaakt. Het zusje werd hierop gezet en in haar plaats werd een hond gedood. De jongste broer gaf Putri Rindung Bulan nog een teken achter het oor en zichzelf aan zijn wijsvinger. Vervolgens dreef het vlot met de stroom mee. Op iedere plaats waar Putri Rindung Bulan op de oever overnachtte ontstond een dorp. Dusun Raja (Ketahun) is ook zo ontstaan. Het duurde een heel jaar voordat zij de monding van de rivier in zee bereikte en de daar ontstane nederzetting kreeg de naam Setahun (een jaar), thans Ketahun geheten.

Bij de monding van de rivier Air Ketahun werd het vlot op de wal getrokken. De ter plaatse groeiende bamboestruiken leveren hiervan het bewijs. Putri Rindung Bulan beklom een nabij gelegen heuveltop, Tepat Mesat genaamd, en vestigde zich daar. Putri Rindung Bulan woonde er een lange tijd. Op een keer voer de vorst van Indrapura, Raja Tuanku Alam, op zee voorbij en zag vanaf zijn schip in de monding een schijnsel. Hij voer de monding van de rivier binnen en ontmoette er Putri Rindung Bulan. Zij ontving de vorst en ging met hem mee naar Indrapura. Na aankomst riep de vorst van Indrapura de vier adat-hoofden bij elkaar. Hij vroeg hun: 'Wat moet er met dit meisje gebeuren?' De hoofden vroegen drie dagen tijd. Vervolgens werd door de raad van hoofden besloten om het meisje door middel van een grote bruiloft te huwen. De vorst bezat al zes vrouwen. Toen het huwelijksfeest naderde stuurde Putri Rindung Bulan aan haar zes broers in Lebong bericht. Zij reisden naar Indrapura en vroegen aan de vorst een bruidsprijs. De vorst eiste echter, dat zij eerst hun zusje tussen de zeven vrouwen zouden aanwijzen. Waren zij hiertoe niet in staat, dan zouden zij allemaal worden gedood. Van de zes broers was alleen de jongste in staat de juiste persoon aan te wijzen. Deze liet vervolgens het teken aan zijn wijsvinger zien. De vorst van Indrapura gaf hierna als bruidsprijs zes bamboekokers gevuld met goud. Tijdens de thuisreis over zee leden zij schipbreuk. Het goud van vijf van de broers ging verloren. Alleen het goud van de jongste broer bleef behouden. Bij Serangai (marga Bintunan) stapten zij uiteindelijk aan wal. Vandaar trokken ze naar de monding van de rivier Air Urai. Daar eisten de oudere broers van hun jongste broertje een deel van het resterende goud op. Tussen de zes broers brak ruzie uit waarbij het goud over de grond viel. Tenslotte werd het toch verdeeld. De jongste van de broers keerde vervolgens naar Muara Aman terug.

Putri Rindung Bulan kreeg een zoon, Raja Bendar Panglima Koto genaamd. Hij vroeg vorst te worden. Daarvoor werd hij naar het gebied van Ketahun uitgezonden. Ongeveer tien kilometer van de monding van de rivier Air Ketahun landinwaarts stichtte hij een dorp, Muara Dua, gelegen recht tegenover de hedendaagse dorspgemeenschap Kualalalangi. Zijn nazaten zijn naar de huidige dorpsgemeenschap Dusun Raja getrokken."

Tekst 6. De mythe van Tuan Mbong Gicing

"Vroeger was er een man, die Bujang Getar Alam heette, zoon van de vorst van de Tubeui in Lebong. Een zus van Bujang Getar Alam was gehuwd in Dusun Sukarsinggah gelegen aan de rivier Sungai Limau in de marga Semitul. Bujang Getar Alam verlangde zeer naar een weerzien met zijn zus in Dusun Sukarsinggah. Toen hij op weg was om zijn zus in Dusun Sukarsinggah te bezoeken, werd hij door krijgslieden ter plaatse vermoord. Zij dachten, dat hij van plan was de vrouw van de vorst te roven. Nadat het doodsbericht in Lebong was ontvangen kwam men bijeen om zich te beraden en vroeg de toenmalige leider: 'Op welke manier zullen wij het bericht van de dood van Bujang beantwoorden?' De raad kwam tot het besluit Dusun Sukarsinggah aan te vallen. Tuan Mbong Pengaweut, het hoofd van de Tubeui, wiens borst wel drie hasta (0,9 m) breed was, trok vervolgens samen met een troep van honderden gewapende mannen naar de kuststreek. Onderweg wilden zij bij een dorp langsgaan, maar konden vanwege de grote aantallen niet worden ontvangen. Zij trokken toen verder naar Gunung Sailan. De hele troep werd daar ontvangen door Depatai Agung Genap, hoofd van de betrokken dorpsgemeenschap. Na een rustpauze trokken zij verder naar Dusun Sukarsinggah. Daar aangekomen bleek, dat het onmogelijk was deze dorpsgemeenschap binnen te dringen. De omheining was te hoog, bestond uit zeven rijen en de toegangspoort was gesloten. Er werd overlegd of zij al dan niet zouden gaan vechten. Uiteindelijk werd besloten naar Lebong terug te keren en Tuan Mbong Gicing, hoofd van de Selupu-clan, te ontmoeten. In Lebong vroeg het gezelschap van de Tubeui vanwege de toestand aan Tuan Mbong Gicing bijstand en nodigde hem uit deel te nemen aan de strijd, omdat zij nauwe verwanten waren.

Tuan Mbong Gicing ging mee naar Dusun Sukarsinggah. De toegangspoort was dicht en zij konden er niet in. De hoofden van de Tubeui en de Selupu overlegden met elkaar welke stappen zij zouden nemen. Er werd afgesproken Mbong Gicing met een bamboe-katapult Dusun Sukarsinggah binnen te schieten. Toen dat gebeurde kwam hij terecht op een bos van speren en zwaarden. Drie dagen en nachten vocht Mbong Gicing boven op de wapens voordat hij een voet op de grond kon zetten. Pas nadat hij het geluid van de bliksem imiteerde lieten de krijgers van Dusun Sukarsinggah hun wapens vallen en kon hij de toegangspoort openen. Er volgde een zeer hevige strijd tussen de betrokken partijen. Uiteindelijk verzocht de vorst van Dusun Sukarsinggah om de strijd te staken en verklaarde zich bereid de moord op Bujang Getar Alam goed te maken en een adat-regeling te treffen. De dood van Bujang Getar Alam werd rechtgezet met (weer-)geld, de bangun, en de toewijzing van een man aan Tuan Mbong Gicing ten teken, dat de band tussen beide clans was hersteld. Tijdens de adat-plechtigheden werd bovendien een geit geslacht. Deze regeling van de moord op Bujang Getar Alam was bedoeld voor onbepaalde duur. Wanneer leden van de Selupu-clan naar de kuststreek trekken, kunnen zij in het gebied ter rechterzijde van de rivier Pelimbing ilir en langs de kust zover het oog reikt het door hun benodigde zonder meer vragen. Met andere woorden, de bevolking van het genoemde gebied is verplicht de leden van de Selupu-clan, die daar op doorreis zijn, te onderhouden. Ook mogen zij dit gebied binnentrekken en zich er zonder betaling vestigen."

Bijlage 2
HET ONDERZOEK

Het onderzoek waaruit deze studie is voortgekomen was niet specifiek gericht op de bestudering van de sociale veranderingen, die zich ten aanzien van de Rejang en de Pekal hebben voorgedaan. Het onderzoek had plaats als voorbereiding op ontwikkelingsplannen voor het Air Lais-Seblat-gebied in het district Noord-Bengkulu. Het was bedoeld om een inzicht te krijgen in de hedendaagse sociaal-economische verhoudingen van dit gebied. In verband hiermee omvatte het onderzoek behalve de autochtone bevolkingsgroepen ook de in dit gebied gevestigde Javaanse en Balinese transmigranten.

De opzet en uitvoering van het onderzoek hebben een aantal fasen doorlopen: 1. een oriëntatie in het veld; 2. de formulering van een dorpsonderzoek; 3. de steekproef van dorpsgemeenschappen; 4. de voorbereiding van de materiaalverzameling; 5. de uitvoering van de materiaalverzameling; 6. de verwerking van de onderzoeksgegevens; en 7. aanvullend onderzoek. Elk van deze fasen wordt in het hierna volgende kort toegelicht.

1. De oriëntatie in het veld

De onderzoeksactiviteiten begonnen met de introductie van het onderzoek bij de overheidsinstanties op de verschillende niveaus en een globale verkenning van het onderzoeksgebied. In dit kader hadden gesprekken plaats over de bestaande levensomstandigheden van de bevolking, de economische en maatschappelijke problemen, de sociaal-politieke verhoudingen en de ontwikkelingsinspanningen van de zijde van de overheid en particuliere instellingen. De introductie en oriënterende gesprekken werden vervolgd met bezoeken aan specifieke projecten en dorpsgemeenschappen. In de dorpen werden contacten gelegd met dorpshoofden, oudsten en enkele dorpelingen.

De inventarisatie en verzameling van sociografische gegevens vormden een belangrijk onderdeel van deze fase. Zij dienden voor de verdere uitwerking van de probleemstelling en de opzet en organisatie van de verzameling en de verwerking van de onderzoeksgegevens. Vijf aspecten kregen in dit verband bijzondere aandacht: 1. de bepaling van de begrenzing en de bestuurlijk-administratieve indeling van het onderzoeksgebied; 2. de inventarisatie van de dorpsgemeenschappen; 3. de verzameling van bestaande bevolkingsgegevens; 4. de identificatie van de soorten werkgelegenheid, het voorzieningenpatroon en de sociaal-culturele kenmerken van de verschillende etnische groepen; en 5. de inventarisatie van de voorzieningen ten behoeve van de materiaalverzameling.

De oriëntatie in het veld heeft de inhoud en het verloop van de erop volgende onderzoeksfasen beïnvloed. In de eerste plaats is hierdoor de uitvoering van de materiaalverzameling afgestemd op de seizoensomstandigheden. In de tweede plaats konden ontbrekende gegevens met betrekking tot de demografie en economie in een later stadium alsnog worden verzameld. Tenslotte is hierdoor bij de opzet en organisatie van de materiaalverzameling zeer nadrukkelijk rekening gehouden met de bestaande verschillen in taal, omgangsvormen en woonpatroon van de onderscheiden etnische groepen in het onderzoeksgebied.

2. *De opzet van een dorpsonderzoek*

Bij de bepaling van de onderzoeksopzet speelden drie aspecten een grote rol:
1. het onderzoeksobject is zeer heterogeen. Het onderzoek omvat behalve zeer verschillende etnische groepen bovendien een groot aantal onderwerpen van uiteenlopende aard;
2. het onderzoek vond plaats in samenhang met een technisch assistentieproject. De uitvoering en voltooiing van het onderzoek waren hierdoor aan strakke tijdslimieten gebonden;
3. de uitgestrektheid en ontoegankelijkheid van het onderzoeksgebied legden beperkingen op aan de alternatieven met betrekking tot de onderzoeksopzet.

Met de uitwerking van een dorpsonderzoek is getracht aan deze problemen en aanspraken een methodisch-technisch verantwoord en organisatorisch-administratief uitvoerbaar antwoord te geven. Het dorpsonderzoek bestaat uit een aantal elkaar aanvullende en ondersteunende activiteiten van sociaal-wetenschappelijk onderzoek, die in elke dorpsgemeenschap van een beperkte steekproef van dorpsgemeenschappen zijn uitgevoerd. Het dorpsonderzoek bestaat uit de volgende componenten: 1. een huishoudcensus; 2. de inventarisatie van de voorzieningen in de dorpsgemeenschap; 3. gestructureerde interviews met afzonderlijke huishoudens; 4. een voorkeursbepaling met behulp van de methode van paarsgewijze vergelijking; 5. een groepsinterview; 6. halfgestructureerde interviews met sleutelinformanten; 7. enkele case-studies; 8. observatie; en 9. het in kaart brengen van de nederzetting met zijn omgeving.

2.1. *De huishoudcensus*
Zij heeft tot doel van elke huishouding in de dorpsgemeenschappen van de steekproef gegevens te verzamelen over een beperkt aantal sociaal-economische en demografische kenmerken. Hierdoor wordt een overzicht verkregen van de omvang en samenstelling van de bevolking, de soorten werkgelegenheid en inkomsten, de agrarische produktiewijzen en de interne sociale geleding. De huishoudcensus vormde de grondslag voor een aantal andere onderzoeksactiviteiten. Zij voorzag in een deel van de benodigde aanvullende demografische gegevens. Er waren ook tellingen in opgenomen, die van belang waren voor de inventarisatie van de voorzieningen in de dorpsgemeenschappen. Tenslotte leverde deze census uitgangspunten voor gesprekken over de sociaal-culturele karakteristieken, bijvoorbeeld de huwelijksvormen, het huwelijkspatroon, de genealogische verbanden en de suku-structuur.

2.2. *De inventarisatie van de dorpsvoorzieningen*
Het gaat hierbij in het bijzonder om gegevens omtrent de samenstelling van het dorpsareaal, de soorten grondgebruik, de bestuursstructuur, het nederzettingspatroon, de voorzieningen voor onderwijs, gezondheidszorg, afzet en distributie, landbouw en infrastructuur. Deze inventarisatie vormde een aanvulling op een in 1976 gehouden survey van dorpsvoorzieningen door het Nationale Bureau voor Statistiek (Survey FASDES, BPS, 1976). De toestand ten tijde van het onderzoek kon daardoor vergeleken worden met die in 1975-1976. Tezamen met de gegevens uit de huishoudcensus vormt zij het kader waarbinnen de betrokken dorpsgemeenschap kan worden vergeleken met de andere dorpsgemeenschappen in het onderzoeksgebied. De inventarisatie van het voorzieningenpatroon verschaft aanknopingspunten voor de bespreking

van de ontwikkelingsproblematiek van de afzonderlijke dorpsgemeenschappen.

2.3. De gestructureerde interviews met afzonderlijke huishoudens

De gestructureerde interviews met afzonderlijke huishoudens zijn het belangrijkste onderdeel van het gehele pakket van onderzoeksactiviteiten. De hoofdvariabelen hiervan zijn: 1. de structuur van de huishouding; 2. het huwelijkspatroon; 3. de kindersterfte; 4. het vestigingspatroon van de kinderen; 5. het beroep van het hoofd van de huishouding; 6. de soorten werkgelegenheid en inkomstenbronnen; 7. handel en afzet; 8. publieke functies; 9. de landbouw van eenjarige en meerjarige gewassen; 10. de agrarische produktie; 11. de bedrijfsvoering; 12. het inkomsten- en bestedingspatroon; en 13. de huisvesting en bezit.

Met behulp van de gestructureerde interviews zijn de belangrijkste gegevens verzameld omtrent de demografie, economie, landbouw en levensstandaard van de afzonderlijke dorpsgemeenschappen. In elke dorpsgemeenschap van de steekproef zijn 25 gestructureerde interviews met afzonderlijke huishoudens gehouden. Dit aantal werd het minimum beschouwd om een inzicht te krijgen in de aard en mate van sociaal-economische differentiatie binnen de categorieën van dorpsgemeenschappen, die voor dit onderzoek zijn onderscheiden. In slechts één dorpsgemeenschap kon vanwege het geringe aantal inwoners het aantal van 25 huishoudens niet worden gehaald.

2.4. Voorkeursbepaling met de methode van paarsgewijze vergelijking

Uit de gestructureerde interviews met afzonderlijke huishoudens zijn in elke dorpsgemeenschap van de steekproef drie tot vijf gevallen geselecteerd voor verdere bevraging van het hoofd van de huishouding over de voorkeur met betrekking tot een aantal soorten werkgelegenheid en inkomsten. De voorkeuren en waarderingen zijn vastgelegd met behulp van de methode van paarsgewijze vergelijking. De soorten werk betreffen die van landbouwer, landarbeider, handelaar, ambachtsman en ambtenaar of functionaris. De soorten inkomsten zijn dagloon, (deel-)pacht, voorschotten, opbrengsten in natura, (handels-)winst en (vast) salaris. De respondenten voor dit onderdeel zijn zodanig gekozen, dat zij de belangrijkste beroepscategorieën vertegenwoordigen.

2.5. Het groepsinterview

In elke dorpsgemeenschap van de steekproef zijn vijf tot zeven personen uitgenodigd voor een groepsinterview. De deelnemers vertegenwoordigen verschillende geledingen van de dorpsbevolking: het dorpsbestuur, de traditionele hoofden, vooraanstaanden en de belangrijkste beroepscategorieën. Doel van het groepsinterview was om een inzicht te krijgen in de wijze waarop de behoeften en noden worden onderkend en geformuleerd, waarmee de plaatselijke bevolking dagelijks is geconfronteerd in zake de landbouw, werkgelegenheid, onderwijs, de gezondheidszorg en de infrastructuur. Bij deze interviews werd veel aandacht besteed aan de inspanningen van de lokale bevolking zelf aan de problemen het hoofd te bieden, de tekortkomingen, successen en mislukkingen hierbij, de verdeling van gezag en bevoegdheden bij gezamenlijke ondernemingen, de traditionele vormen van onderlinge solidariteit en samenwerking en de verwachtingen ten aanzien van de rol van de overheid.

2.6. Halfgestructureerde interviews

Gegevens omtrent het sociaal-culturele patroon werden verzameld door middel van halfgestructureerde interviews met sleutelinformanten, bijvoorbeeld marga- en dorpshoofden, suku-hoofden, dukun, ouderen en degenen, die dergelijke functies in het verleden hebben vervuld. Hierbij stond de specificering en definiëring van de elementen van de sociale structuur centraal: de huwelijksvormen, de verwantschap, de positie van de genealogische verbanden, de traditionele gewoonterechtspraak (adat hukum) en instituties (adat lembaga), het recht in zake huwelijk, vererving en echtscheiding, de vormen van bezit en eigendom, de aanspraken op de grond en bomen, en de ceremoniële gebruiken.

2.7. Case-studies
Bepaalde economische activiteiten kunnen op grond van de voor een dorpsgemeenschap bijzondere omstandigheden als specifiek worden aangemerkt. Voorbeelden hiervan zijn gespecialiseerde vissers en ambachtslieden, houtzagers, rottanzoekers, karbauenvangers, aren-suikertappers, karbauenslededrijvers, honingzoekers, jagers, gouddelvers, medicijnmannen, muzikanten, dansers en vertellers van volksverhalen. Met representanten van deze specifieke activiteiten zijn vrije interviews gehouden en directe observatie verricht van hun werkzaamheden. Hierbij werd in het bijzonder nagegaan op welke wijze het voorkomen van deze activiteiten samenhangt met de positie van de betrokken dorpsgemeenschap in de marktstructuur, het voorzieningenpatroon en het netwerk van handelsrelaties.

2.8. Observatie
Dit onderdeel richtte zich vooral op de observatie van agrarische activiteiten en technieken. Door bezoeken aan de velden en tuinen stelde de onderzoeker zich uitvoerig op de hoogte van de toestand van de bebouwde arealen, de stand van de gewassen en de agrarische produktiewijzen. Uit informele gesprekken ter plekke vloeide vaak zeer belangrijke informatie voort over de sociaal-economische overwegingen achter de verschillende produktiewijzen, de experimenten van de landbouwers om hun produktie te vergroten, de veranderlijkheid van het produktiepatroon, het niveau van de opbrengsten en de toegepaste technologie.

2.9. Het in kaart brengen van de nederzetting
Van elke dorpsgemeenschap uit de steekproef zijn kaarten gemaakt van de woonkern en de wijdere omgeving. Dit gebeurde enerzijds om te kunnen nagaan of er binnen het nederzettingspatroon clusters voorkomen, die uit genealogische of andersoortige verhoudingen zijn ontstaan. Anderzijds om een classificatie te maken van de huizen als indicatie voor de algemene welstand van de betrokken dorpsgemeenschap. De kaarten van het omringende dorpsareaal geven een indruk van de structuur van het landbouwareaal, de verschillende vormen van grondgebruik, de natuurlijke bosreserves, de infrastructuur, de ligging van de gemeenschapsvoorzieningen, de heilige plaatsen (keramat) en voormalige nederzettingen. Met behulp van deze kaarten konden bovendien de landbouwgegevens worden geverifieerd betreffende de afstand, ligging en aantallen velden in de verschillende complexen, de grootte van de groepen landbouwers en het migratiepatroon als gevolg van de toepassing van wisselbouwpraktijken.

3. De steekproef

Het dorpsonderzoek is verricht op basis van een steekproef van dorpsgemeenschappen. Het totaal aantal dorpsgemeenschappen in het onderzoeksgebied bedraagt 80. Acht hiervan zijn transmigrantennederzettingen. In het subdistrict Ketahun liggen 25 dorpsgemeenschappen en in de subdistricten Lais en Arga Makmur 55. Sinds 1976 zijn twee nieuwe transmigratieprojecten in uitvoering. Eén in de marga Seblat van het subdistrict Ketahun en één in het achterland van de marga Lais, de marga Padang en de marga Bintunan van het subdistrict Lais. Het eerste bestaat uit een eenheid (Unit) van ongeveer 250 huishoudens. Het tweede voorziet in 13 eenheden van gemiddeld 500 huishoudens elk.

3.1. De steekproefmethode
De onderzochte dorpsgemeenschappen zijn gekozen met behulp van een gestratificeerde steekproefmethode. Hierbij zijn twee criteria gehanteerd: 1. het inwonertal van de dorpsgemeenschap; en 2. het voorzieningenniveau en de mate van bereikbaarheid van de dorpsgemeenschap. Bij de keuze van deze criteria is de vooronderstelling gemaakt, dat de kansen op economische ontwikkeling in een dorpsgemeenschap toenemen naarmate het inwonertal en het aantal voorzieningen groter is. Grote dorpsgemeenschappen bieden meer ruimte voor sociaal-economische differentiatie. Kleine dorpsgemeenschappen zijn verhoudingsgewijs homogeen zowel wat betreft de soorten werkgelegenheid als het niveau van de voorzieningen.

3.2. De werkwijze
De dorpsgemeenschappen en transmigrantennederzettingen zijn eerst op basis van het inwonertal geordend van klein naar groot en in een cumulatieve frequentietabel ondergebracht. Van deze cumulatieve frequentieverdeling is een kwartielverdeling berekend, dat wil zeggen de totale bevolking is verdeeld in vier gelijke categorieën. Aangezien het inwonertal van de dorpsgemeenschappen verschilt is het aantal dorpsgemeenschappen per categorie (kwartiel) ongelijk. De categorieën zijn die van: A. zeer kleine dorpen; B. kleine dorpen; C. middelgrote dorpen; en D. grote dorpen.

Na de indeling op basis van het inwonertal zijn de dorpsgemeenschappen geclassificeerd overeenkomstig het voorzieningenniveau en de mate van bereikbaarheid. Wat het eerste betreft is nagegaan welke voorzieningen in de dorpsgemeenschappen voorkomen op het gebied van onderwijs, economie en gezondheidszorg. De mate van bereikbaarheid is vastgesteld aan de hand van de aanwezigheid van een wegverbinding of een bevaarbare rivier en de beschikbaarheid van openbaar vervoer. De dorpsgemeenschappen kregen voor elk van deze twee criteria een afzonderlijke score. De score voor het voorzieningenniveau liep van één tot vier; die voor de mate van bereikbaarheid van één tot drie. Aangezien de toegang tot voorzieningen elders op basis van goede verbindingen de aanwezigheid van de betrokken voorziening in de dorpsgemeenschap zelf tot op zekere hoogte compenseert is besloten de scores van beide subcriteria bij elkaar op te tellen. De goede bereikbaarheid van een dorpsgemeenschap komt daardoor in een hogere score tot uiting. Omdat de voorzieningen zelf niet ter plaatse aanwezig zijn kan zij echter niet tot de hoogste scores doordringen. De uiteindelijke scores variëren van twee tot zeven, ofwel zes categorieën. De middelen en tijd waren echter ontoereikend om uit elke categorie een voldoende aantal dorpsgemeenschappen te onderzoeken. Daarom is besloten de indeling van de dorpsgemeenschappen wat betreft het criterium van het voorzieningenniveau en de mate van bereikbaarheid terug te brengen van zes tot drie categorieën en deze te kwalificeren als laag, midden en hoog. De verdeling van de dorpsgemeenschappen in het onderzoeksgebied naar relatieve grootte enerzijds en het voorzieningenniveau en de mate van bereikbaarheid anderzijds is als volgt:

Tabel 2

De verdeling van de grootte van de dorpsgemeenschappen in het onderzoeksgebied naar het voorzieningenniveau en de mate van bereikbaarheid

	Laag		Midden		Hoog		Totaal	
	abs.	%	abs.	%	abs.	%	abs.	%
A. Zeer kleine dorpen	19	24	17	21	4	5	40	50
B. Kleine dorpen	5	6	10	12	5	6	20	25
C. Middelgrote dorpen	-	-	7	9	6	8	13	16
D. Grote dorpen	-	-	2	3	5	6	7	9
Totaal	24	30	36	45	20	25	80	100

3.3. De steekproef

De steekproef bestaat uit 14 dorpsgemeenschappen; 11 dorpsgemeenschappen van de autochtone bevolking en 3 transmigrantennederzettingen. Van de dorpsgemeenschappen van de autochtone bevolking liggen er 5 in het subdistrict Ketahun en 6 in het subdistrict Lais. De transmigrantennederzettingen liggen alle drie in het subdistrict Arga Makmur.

De keuze van de dorpsgemeenschappen is gemaakt aan de hand van een "list of random numbers". Een aantal omstandigheden legde vergaande beperkingen op aan een strikt aselecte keuze. De steekproef moest aan drie criteria beantwoorden: 1. de te onderzoeken dorpsgemeenschappen moesten over het gehele onderzoeksgebied verspreid liggen; 2. zij zou alle categorieën van dorpen moeten omvatten; en 3. alle etnische groepen zouden erin dienen te zijn vertegenwoordigd. Wat de transmigrantennederzettingen betreft was vanwege hun geringe aantal een aselecte keuze vrijwel uitgesloten. Er werd één vooroorlogse Javaanse kolonisatienederzetting, één recente Javaanse en één Balinese transmigrantennederzetting in de steekproef opgenomen.

Twee categorieën van dorpsgemeenschappen, de zeer kleine en de grote dorpen, zijn in de steekproef niet in dezelfde mate vertegenwoordigd als de andere twee (zie Tabel 3). In het geval van de zeer kleine dorpen is dit een gevolg van de eisen, die aan de minimale grootte van de te onderzoeken dorpsgemeenschappen zijn gesteld. De grens werd getrokken bij 30 huishoudens. De allerkleinste dorpsgemeenschappen zijn hierdoor automatisch afgevallen. In het geval van de grote dorpen zijn niet alle dorpsgemeenschappen afgewerkt, die voor het onderzoek waren geselecteerd. Aan het einde van de materiaalverzameling zijn twee dorpsgemeenschappen van de autochtone bevolking uit de categorie van grote dorpen komen te vervallen. Hiervoor bestonden de volgende redenen.

Tabel 3

De verdeling van de grootte van de dorpsgemeenschappen uit de steekproef naar het voorzieningenniveau en de mate van bereikbaarheid.

	Laag		Midden		Hoog		Totaal	
	abs.	%	abs.	%	abs.	%	abs.	%
A. Zeer kleine dorpen	2	11 [1]	2	12	1	25	5	13
B. Kleine dorpen	1	20	3	30	1	20	5	25
C. Middelgrote dorpen	-	-	2*	29	1*	17	3	23
D. Grote dorpen	-	-	-	-	1*	20	1	14
Totaal	3	13	7	19	4	20	14	18

[1] De percentages zijn berekend over de absolute aantallen in Tabel 2.

* De geselecteerde transmigrantennederzettingen vallen in deze categorieën.

Ten eerste zou het onderzoek van deze dorpsgemeenschappen dat van de transmigrantennederzettingen onnodig hebben uitgesteld. Ten tweede, deze dorpsgemeenschappen lagen wel in het subdistrict Lais, maar buiten het Air Lais-Seblat-gebied als zodanig. Ten derde, de bestudering van deze dorpsgemeenschappen viel in een periode waarin de druk op de verwerking en rapportage van de gegevens snel toenam. Desondanks is geen van de categorieën van dorpsgemeenschappen in de steekproef ondervertegenwoordigd.

4. De voorbereiding van de materiaalverzameling

Aan de materiaalverzameling is een aantal voorbereidende werkzaamheden voorafgegaan. Eerst is een inventarisatie gemaakt van de benodigde gegevens. Daarbij zijn specifieke onderzoekspunten aangegeven. Een deel van de gegevens kan op uiteenlopende plaatsen en bij verschillende personen of categorieën van personen worden verzameld. Dit biedt de gelegenheid een keuze te maken uit alternatieven ten aanzien van te gebruiken onderzoeksmethoden en de mogelijkheden tot "cross-checks" te benutten. Voor de verzameling van de overige gegevens is een samenstel van elkaar min of meer aanvullende, soms gedeeltelijk overlappende onderzoeksmethoden gekozen.

4.1. Het opstellen van een gestructureerde vragenlijst

Voor de interviews met afzonderlijke huishoudens is een gestructureerde vragenlijst opgesteld. De vrije en halfgestructureerde interviews tijdens de oriëntatie in het veld met betrekking tot de verschillende aspecten van de afzonderlijke (bedrijfs-)huishoudingen vormden de leidraad voor de samenstelling van een concept-vragenlijst (Calon Daftar Pertanyaan). Deze is tot een gestandaardiseerd onderzoeksinstrument uitgewerkt.

De vragenlijst bevat in principe twee typen vragen. Ten eerste, "open ended"-vragen waarbij geen antwoordmogelijkheden in de vragenlijst zijn opgenomen. De antwoorden van de respondenten hierop moeten zo volledig en nauwkeurig mogelijk worden geregistreerd. Ten tweede, gestructureerde vragen waarbij wel antwoord-alternatieven zijn onderscheiden. Hierbij is een nader onderscheid gemaakt tussen de vragen waarbij de antwoord-alternatieven aan de respondent worden voorgelegd als keuzemogelijkheid voor zijn antwoord en die waarbij alleen de vraag wordt gesteld en de antwoord-alternatieven een tijdsbesparende functie vervullen bij het invullen van de vragenlijsten en de verwerking van de gegevens. In het laatste geval noteren de vragenstellers de aanvullende informatie van de respondenten kort en puntsgewijs. Het vraaggesprek is opgebouwd rond bepaalde onderwerpen. In gevallen waarbij over een element een reeks van vragen worden gesteld, bijvoorbeeld bij de huishoudsamenstelling, zijn de vragen in tabelvorm gebracht.

Van de gestructureerde vragenlijst werden een aantal voordelen verwacht. In de eerste plaats een grotere efficiency bij de materiaalverzameling. Door uniformering en standaardisering worden de onderzoekshandelingen belangrijk vereenvoudigd. Hierdoor is het mogelijk anderen daarin te oefenen en het werk voor een groot deel uit handen te geven. In de tweede plaats kunnen de uiteenlopende interviewsituaties daardoor op een meer uniforme wijze worden tegemoet getreden. De wijze van vragenstellen, het beoordelen van de antwoorden in het licht van het gevraagde, het vastleggen van de antwoorden en de aantekening van de additionele informatie door de verschillende interviewers kunnen voor een belangrijk deel op elkaar worden afgestemd. Dit komt de vergelijkbaarheid van de gegevens ten goede.

4.2. De recrutering en opleiding van onderzoeksassistenten

Bij de materiaalverzameling zijn vier onderzoeksassistenten ingezet. Het betrof mannelijke personen met tenminste een of twee jaar voortgezet hoger onderwijs en een grondige kennis en beheersing van de benodigde talen, het Rejang, het Pekal en het Javaans. Zij kregen informatie over het onderzoeksgebied, de doelstellingen, opzet en organisatie van het onderzoek en een cursus interviewtraining. De concept-vragenlijst is per onderdeel behandeld en toegelicht met voorbeelden en resultaten uit de oriëntatie in het veld. Met behulp van schriftelijke en mondelinge oefeningen en rollenspellen zijn de verschillende fasen van het interview geïnstrueerd. De wijze waarop de vragenlijst moet worden gehanteerd en ingevuld is tot in de details geoefend. Na de cursus is de interviewtraining in het veld voortgezet.

4.3. De toetsing in het veld

De concept-vragenlijst is in twee dorpsgemeenschappen in het onderzoeksgebied getoetst met het doel er ervaring mee op te doen en waar nodig aan te passen. Aan de hand van de concrete interviewsituaties konden alle onderdelen van de gestructureerde vragenlijst grondig worden besproken en geanalyseerd met betrekking tot de volgorde en de manier van vragen stellen, de wijze waarop de respondenten de vragen interpreteren en de uitleg, die aan de antwoorden kan worden gegeven. De proefinterviews boden de onderzoeksassistenten ruime gelegenheid zich vertrouwd te maken met de inhoud van de vragenlijst, de manier van invullen, het maken van aantekeningen en de betekenis van de gebruikte termen en begrippen. Slechts een grondige beheersing van elk onderdeel van de vragenlijst en de fasen van het interview stelde de onderzoeksassistenten in staat hun aandacht en energie te richten op andere, belangrijke elementen van de interviewsituatie, namelijk de waakzaamheid voor "pittfalls" en "biases" in de antwoorden, het voortdurend afwegen van de gegeven antwoorden in het licht van het gevraagde, het steeds opnieuw correct stellen van de vragen, het onderkennen van ontwijkende, formele of partiële antwoorden, het instaan voor de volledigheid van de beantwoording van de gestelde vragen en het bedacht zijn op inconsistenties tussen de antwoorden.

Met de opgedane ervaringen is de concept-vragenlijst grondig herzien en de gereviseerde versie nogmaals in het veld getoetst. In aansluiting hierop is een handleiding samengesteld voor het gebruik van de gestructureerde vragenlijst (Pedoman Pengisian Daftar Pertanyaan).

De overige elementen van het dorpsonderzoek zijn ook in de proefdorpen getoetst en aangepast: de census van huishoudens, de inventarisatie van de dorpsvoorzieningen, de case-studies van specifieke economische activiteiten, de voorkeursbepaling met betrekking tot de soorten werk en inkomen en de kaarten van de dorpsgemeenschappen en hun omgeving.

De toetsingsprocedure is van grote waarde gebleken voor het verdere verloop van het onderzoek. Zij was doorslaggevend voor de coördinatie en synchronisatie van de uiteenlopende onderzoeksactiviteiten en de uitwerking van een systematische werkwijze voor het gehele onderzoeksteam. Bovendien konden hierdoor de vereiste organisatorische en administratieve voorzieningen worden getroffen.

4.4. De specificatie van de begrippen

De precisering en afbakening van de te hanteren begrippen vormde een van de belangrijkste onderdelen van de voorbereiding van de materiaalverzameling. De keuze en beslissingen hieromtrent hebben ingrijpende gevolgen voor vrijwel alle onderzoeksactiviteiten. Het kernstuk van het begrippenkader bestaat uit de termen en begrippen, die zijn gebruikt voor de gestructureerde interviews met afzonderlijke huishoudens: 1. het begrip huishouding ter bepaling van de eenheid van analyse; 2. de term hoofd van de huishouding ter specificering van de respondent; 3. de categorieën leeftijd, scholing, alphabetisme en kinderen; 4. de huwelijksvorm en de beroepscategorie van het hoofd van de huishouding; 5. de sociaal-economische positie van de huishoudgroep in termen van type werkgelegenheid en daarmee samenhangende sociale relaties; 6. de specificatie van de economische activiteiten zoals loonarbeid, handel, ondernemerschap, dienstverlenende functies en landbouw; 7. de agrarische produktie; 8. de bedrijfsvoering; 9. de inkomsten; en 10. de levensstandaard.

Het begrippenapparaat is vanaf de oriëntatie in het veld systematisch ontwikkeld. De inventarisatie van de soorten werkgelegenheid heeft hierbij centraal gestaan: landbouw, veeteelt, landarbeid, het verzamelen van bosprodukten, visserij, jacht, ambachtelijke beroepen, handel, nijverheid en transport. Van elk zijn op verschillende plaatsen in het onderzoeksgebied selectief enkele gevallen gekozen en uitvoerig onderzocht.

Ten einde de vergelijkbaarheid van het dorpsonderzoek te vergroten is ook rekening gehouden met de begripsbepaling, die door het Centraal Bureau voor de Statistiek (BPS) te Jakarta is toegepast in een aantal grootschalige nationale onderzoekingen.

4.5. De opzet van de materiaalverwerking

Bij het opzetten van het dorpsonderzoek was erin voorzien, dat de verzameling en de verwerking van de onderzoeksgegevens zoveel mogelijk parallel zouden verlopen. Beide werkzaamheden zouden per dorpsgemeenschap worden uitgevoerd en afgerond alvorens een volgende dorpsgemeenschap te bezoeken. Deze bundeling van activiteiten werd nagestreefd om een betere controle op de onderzoeksgegevens te verkrijgen. Ontbrekende of tegenstrijdige resultaten zouden ter plaatse nog kunnen worden aangevuld of gecorrigeerd. Deze aanpak zou bovendien de organisatie en administratie van het dorpsonderzoek vergemakkelijken, doordat zowel de onderzoeksassistenten voor de verzameling als die voor de verwerking van de gegevens bij elkaar zouden zijn. Tenslotte zou hierdoor de rapportage van de basisgegevens en de voornaamste bevindingen worden bespoedigd.

De voorbereidingen voor de materiaalverwerking konden worden getroffen nog voordat de verzameling van de gegevens begon: het opstellen van de lijsten van variabelen (Daftar Peubah); het samenstellen van een codeboek (Buku Kode); het klaarmaken van de "transfer sheets" en een overzicht van de benodigde tellingen en tabellen. Voor de verwerking van de onderzoeksgegevens zijn drie vrouwelijke onderzoeksassistenten aangetrokken en ingevoerd in de verwerkingsprocedures. De onderzoeksresultaten uit de proefdorpen dienden hierbij als oefenmateriaal.

Het plan om de verwerking van de gegevens in de dorpsgemeenschappen zelf te verrichten is bij het begin van de uitvoering van het dorpsonderzoek opgegeven. De materiaalverzameling is in de hoofdplaats Bengkulu uitgevoerd. Dit impliceerde, dat de materiaalverzameling periodiek moest worden onderbroken om de voortgang van de verwerking van de gegevens te begeleiden.

5. De uitvoering van het dorpsonderzoek

De uitvoering van het dorpsonderzoek in de verschillende dorpsgemeenschappen van de steekproef begon met een introductie bij de plaatselijke autoriteiten. Daarna werd een lijst van huishoudens opgesteld en hieruit een steekproef getrokken voor de gestructureerde interviews met afzonderlijke huishoudens. Voor de uitvoering van de gestructureerde interviews werd dan in overleg met de representanten van de betrokken dorpsgemeenschappen een werkplan en tijdschema opgesteld. De sukuhoofden verleenden hierbij hun medewerking. Vervolgens is met behulp van de lijst van huishoudens een huishoudcensus gemaakt. De onderzoeksassistenten konden daarna met de gestructureerde interviews beginnen. De onderzoeker zelf verrichtte de inventarisatie van de dorpsvoorzieningen, belegde een groepsinterview met representanten van de verschillende maatschappelijke geledingen, maakte case-studies van specifieke economische activiteiten en deed de observatie van de agrarische produktiewijzen en technieken. Verder werden gegevens verzameld over het sociaal-culturele patroon van de betrokken dorpsgemeenschap en de etnische groep waartoe ze behoorde. Parallel hieraan vond de controle van de interviewformulieren plaats en is er aantekening gemaakt van de bijzonderheden van het betrokken gesprek en andere aanvullende informatie. Tekortkomingen en onduidelijkheden moesten door een tweede bezoek aan de respondent nog ter plaatse worden aangevuld. Daarna werden de formulieren nogmaals doorgenomen en voor de verwerking klaargemaakt. De onderzoeksassistenten werkten ook mee aan het in kaart brengen van de nederzettingen en hun omgeving, de voorkeursbepaling van de soorten werk en inkomen en de case-studies van specifieke economische activiteiten. Het dorpsonderzoek werd afgerond met de verwerking van een beperkt aantal kwantitatieve basisgegevens uit de gestructureerde interviews, een evaluatie van de resultaten en het opstellen van een kort verslag over de betrokken gemeenschap (zie diagram 8).

5.1. De introductie van het dorpsonderzoek

Het onderzoek is geïntroduceerd als een studie naar de toestand van de landbouw en de landbouwers met het doel de plaatselijke verhoudingen te leren kennen en van de bevolking zelf de problemen te vernemen. Deze introductie ging vergezeld van een uiteenzetting over de activiteiten, die gedurende het bezoek aan de dorpsgemeenschap zouden plaatsvinden. Het dorpsbestuur werd verzocht om het onderzoeksteam bij te staan bij de uitvoering van de werkzaamheden. Aan de introductie van het onderzoek werd geruime tijd besteed. Het was nog nooit voorgekomen, dat een groot aantal dorpsgemeenschappen met een dergelijk doel zijn bezocht. De dorpsgemeenschappen traden het onderzoeksteam met uiteenlopende veronderstellingen en verwachtingen tegemoet. In een aantal gevallen werd het bezoek in verband gebracht met de inning van belastingen. In andere met geruchten over plannen tot samenvoeging van kleine nederzettingen tot grote aaneengesloten dorpskernen. Slechts bij uitzondering werd het onderzoek in verband gebracht met de plannen van de overheid in het betrokken gebied grote aantallen transmigranten te vestigen.

In de meeste dorpen leefde de verwachting, dat het onderzoek zou uitmonden in de uitvoering van bepaalde projecten, bijvoorbeeld de aanleg of verbetering van een weg, brug of irrigatiedam. In verband hiermee werd de onderzoeker bij herhaling benaderd door vertegenwoordigers van andere dorpsgemeenschappen met het verzoek ook hun dorp in het onderzoek te betrekken. De meeste dorpen beschouwden het bezoek van het onderzoeksteam als een eer. Slechts in één geval was het onderzoek niet welkom vanwege bijzondere omstandigheden.

5.2. De lijst van huishoudens

Het opstellen van een lijst van huishoudens gebeurde in samenwerking met het dorpshoofd, zijn assistent en een of meer traditionele hoofden. Bij de inventarisatie werd van elke huishouding de gezinssamenstelling bepaald ten einde het hoofd van de huishouding precies te kunnen aanwijzen. Bovendien werd vastgesteld welke huishoudingen recentelijk uit de dorpsgemeenschap zijn vertrokken en welke zich er onlangs hebben gevestigd. Huishoudens die minder dan zes maanden in de betrokken gemeenschap zijn gevestigd kwamen voor de gestructureerde interviews met afzonderlijke huishoudens niet in aanmerking.

5.3. De steekproef van huishoudens

Uit de lijst van huishoudens is een steekproef van 30 huishoudens getrokken ten behoeve van de gestructureerde interviews met afzonderlijke huishoudingen. De trekking geschiedde met behulp van een "list of random numbers". Na de vaststelling van de verblijfplaats van de geselecteerde huishoudens zijn afspraken gemaakt voor het houden van de gestructureerde interviews. De bedoeling was de respondenten thuis alleen te spreken, eventueel in aanwezigheid van zijn gezin en andere leden van de huishouding. Van de 30 geselecteerde huishoudens per dorpsgemeenschap konden er gemiddeld drie of vier niet worden geïnter-

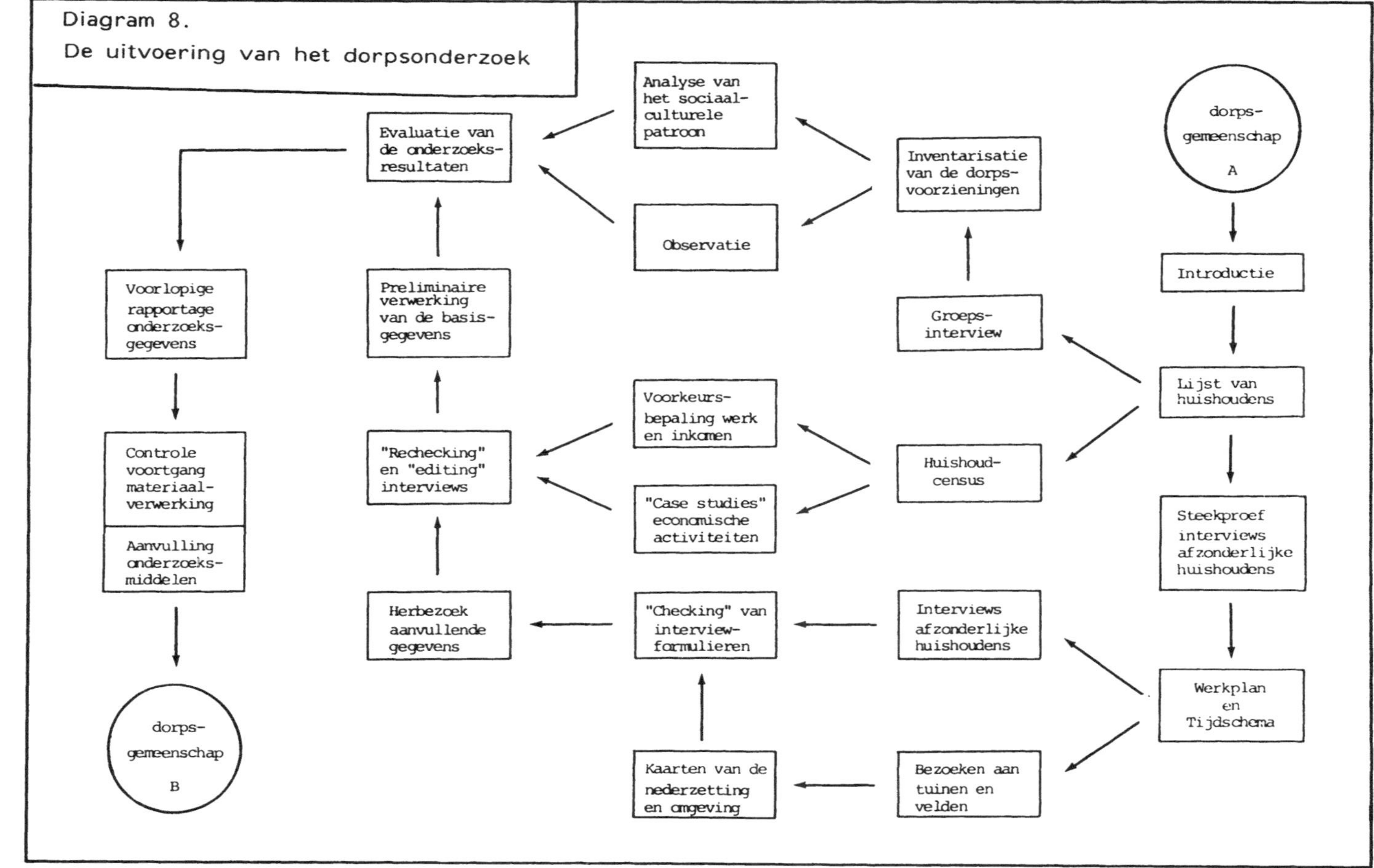
Diagram 8.
De uitvoering van het dorpsonderzoek
dorps-
gemeenschap
A
Introductie
Lijst van
huishoudens
Steekproef
interviews
afzonderlijke
huishoudens
Werkplan
en
Tijdschema
Inventarisatie
van de dorps-
voorzieningen
Groeps-
interview
Huishoud-
census
Interviews
afzonderlijke
huishoudens
Bezoeken aan
tuinen en
velden
Analyse van
het sociaal-
culturele
patroon
Observatie
Voorkeurs-
bepaling werk
en inkomen
"Case studies"
economische
activiteiten
"Checking" van
interview-
formulieren
Kaarten van de
nederzetting
en omgeving
Evaluatie van
de onderzoeks-
resultaten
Preliminaire
verwerking
van de basis-
gegevens
"Rechecking"
en "editing"
interviews
Herbezoek
aanvullende
gegevens
Voorlopige
rapportage
onderzoeks-
gegevens
Controle
voortgang
materiaal-
verwerking
Aanvulling
onderzoeks-
middelen
dorps-
gemeenschap
B

viewd vanwege buitengewone omstandigheden. In de eerste plaats degenen, die de dorpsgemeenschap voor langere tijd hebben verlaten in verband met werkgelegenheid elders. In de tweede plaats respondenten, die vanwege hun psychische gesteldheid redelijkerwijs niet in staat konden worden geacht aan een interview mee te werken.

5.4. Het werkplan en tijdschema

De introductie, het opstellen van een lijst van huishoudens, het trekken van de steekproef voor de interviews met de afzonderlijke huishoudens en de census van de huishoudens vormden de grondslag voor de overige onderzoeksactiviteiten in elke dorpsgemeenschap. Aan de hand hiervan konden de plaatselijke verhoudingen enigszins worden overzien en een werkplan en tijdschema worden opgesteld.

De uitvoering van de gestructureerde interviews met afzonderlijke huishoudens nam per dorpsgemeenschap gemiddeld vijf dagen in beslag. Voor de overige onderzoeksactiviteiten en afronding waren nog ongeveer drie of vier dagen nodig. Een dorpsonderzoek duurde gemiddeld tien tot twaalf dagen.

5.5. De interviews met de afzonderlijke huishoudens

De ervaringen met de uitvoering van de gestructureerde interviews hebben in belangrijke mate bijgedragen tot het inzicht in en begrip van de verhoudingen in de betrokken dorpsgemeenschappen. Zeer markant waren de verschillen tussen de bij het onderzoek betrokken etnische groepen met betrekking tot de wijze waarop zij tijdens de interviews en andere onderzoeksactiviteiten de onderzoeker en de onderzoeksassistenten tegemoet traden.

In de dorpsgemeenschappen van de autochtone bevolking, de Rejang en de Pekal, ging de komst van het onderzoeksteam in het algemeen met enig eerbewijs gepaard. De afwikkeling van de onderzoeksactiviteiten werd benaderd in termen van gezamenlijke verantwoordelijkheid (tanggung jawab bersama-sama). Deze opvatting past bij het in deze dorpsgemeenschappen voorkomende patroon van besluitvorming waarvan onderling overleg (musyawarah) en consensus (mufakat) belangrijke elementen zijn. Dit betekent overigens niet, dat de leiders of vertegenwoordigers van deze dorpsgemeenschappen in staat zijn de deelname aan de verschillende onderzoeksactiviteiten aan de dorpsbevolking op te leggen. Bij de gestructureerde interviews met afzonderlijke huishoudens wensten de respondenten zeer duidelijke verklaringen van de interviewers omtrent de doelstellingen van het onderzoek en de directe betekenis ervan voor hun dorp. Men ondervroeg de interviewers op dit punt soms zeer gedetailleerd. Vaak gingen zij pas over tot de beantwoording van de vragen na te hebben uitgemaakt of zij zich met de opgegeven redenen en uitleg konden verenigen. In gevallen van weigering, gemiddeld één keer per dorpsgemeenschap, werd meestal verklaard, dat de opgegeven redenen onvoldoende aanleiding gaven zich voor een gesprek beschikbaar te stellen of er tijd aan te besteden. Van de interviewers werd bovendien uitdrukkelijk verwacht, dat zij bij het voeren van de gesprekken bepaalde adat-gebruiken in acht zouden nemen. Het is bij een bezoek gebruik, dat de gast rookwaren aanbiedt. Gewoonlijk vindt dit plaats in de vorm van sigaretten. Van de familie die wordt bezocht wordt verwacht, dat zij de gast iets te drinken aanbiedt in de vorm van thee of koffie. Het is een bewijs van respect voor de gasten als deze drank in hun aanwezigheid wordt ingeschonken. Voorts zet men een schaaltje met tabak en strootjes (daun nipah) op tafel. Bij de interviews traden de respondenten, met name de ouderen onder hen, de interviewers vaak als jongelingen (adik-adik) tegemoet.

Bij de interviews met de transmigranten waren de verhoudingen anders. De respondenten kregen van het dorpshoofd of de secretaris de aanwijzing of zelfs de opdracht zich voor het interview beschikbaar te stellen. Daarbij werden zij uitdrukkelijk gemaand de interviewers van dienst te zijn (diladeni sae-sae /Javaans). De transmigranten traden de interviewers met een zekere onderdanigheid (sikap merendahkan diri) tegemoet. De introductie leidde bij de transmigranten maar zelden tot een spontane respons of verzoek om uitleg of nadere informatie. Pas nadat de interviewers met de respondenten vertrouwd raakten, durfden enkelen van hen over de doelstellingen vragen te stellen. Vele transmigranten gaven ook de indruk, dat zij het beantwoorden van de vragen als een formele aangelegenheid opvatten. Niet de weergave van de feitelijke omstandigheden is van belang, maar het feit dat men op een vraag een passend antwoord weet te geven. Dit facet trad het duidelijkst naar voren bij die onderdelen van de gestructureerde interviews waarbij nauwkeurige gegevens werden gevraagd. Ten dele hangt dit wellicht samen met de plaats van het "vraag-en-antwoord-spel" in de onderlinge verhoudingen. Vele respondenten onder de transmigranten lijken een interview op te vatten als een uitdaging of krachtmeting tussen twee partijen. Zij gaan haar om die reden uit de weg. Sommigen echter durven het aan en trachten de interviewsituatie meester te worden (menguasai). Ondanks alle moeite is het niet mogelijk gebleken deze "biases" geheel weg te nemen. Dit betekende, dat een deel van de gegevens als onvoldoende betrouwbaar moest worden beschouwd en later, bij de verwerking van de gegevens, niet is gebruikt.

De interviews met de Balinese transmigranten weken van dit patroon enigszins af omdat zij er veel meer belang in stelden, dat het onderzoek een betrouwbaar beeld van de feitelijke levensomstandigheden zou opleveren. Deze transmigranten hebben vanaf hun vestiging in het onderzoeksgebied voortdurend ernstige economische problemen gekend en vele jaren in uiterst behoeftige omstandigheden verkeerd. In het begin van de jaren zestig zijn velen van hen het slachtoffer geworden van een malaria-epidemie. In het midden van de jaren zeventig is een groot deel van hun moeizaam ontwikkelde natlandarealen zonder afdoende compensatie drooggelegd en voor stadsontwikkeling bestemd.

5.6. De huishoudcensus en de inventarisatie van de dorpsvoorzieningen

Deze twee onderzoeksactiviteiten zijn verricht in nauwe samenwerking met de representanten van de dorpsgemeenschappen: het dorpsbestuur, de traditionele hoofden en andere vooraanstaanden. De gesprekken die hierbij werden gevoerd verschaften behalve de benodigde gegevens ook een inzicht in de positie van het dorpsbestuur zowel in relatie tot de inwoners van de dorpsgemeenschap als tot de hogere bestuurniveaus zoals de marga, het subdistrict en het district.

5.7. De groepsinterviews

Het doel van deze gesprekken met de vertegenwoordigers van de verschillende maatschappelijke geledingen was hun voorstellingen te leren kennen omtrent de aard van de ontwikkelingsproblematiek en de verwachtingen met betrekking tot de rol van de overheid daarbij. Meestal spitste de bespreking hiervan zich toe op kwesties van werkgelegenheid en inkomen, de beschikbaarheid van kapitaalmiddelen, de afhankelijkheid van handelaren, geldschieters, bestuurders en machthebbers en de belemmeringen, die de traditionele sociale structuur met zich meebrengt. De groepsinterviews maakten duidelijk welke verschillen tussen de onderscheiden maatschappelijke geledingen in de praktijk bestaan met betrekking tot de toegang tot voorzieningen, de beschikbare produktiemiddelen en levensstandaard. Verder gaven zij een inzicht in de gezagsverhoudingen binnen de dorpsgemeenschappen.

5.8. Het sociaal-culturele patroon

Dit onderdeel was gericht op de inventarisatie van de elementen van het sociaal-culturele patroon en de specificering van hun betekenis en functies. Het was niet de bedoeling, dat het onderzoek ten aanzien hiervan in elke dorpsgemeenschap van de steekproef volledig en representatief zou zijn. Daarvoor zou een veel langer verblijf ter plaatse nodig zijn geweest. Bovendien zijn de meeste respondenten slechts op bepaalde onderdelen van het sociaal-culturele patroon goed ingevoerd. Dit impliceert, dat voor een goed overzicht niet alleen een groot aantal respondenten nodig zijn, maar bovendien veel plaatsen moeten worden bezocht. Het dorpsonderzoek bood hiervoor onvoldoende gelegenheid. De halfgestructureerde interviews met sleutelinformanten in de dorpsgemeenschappen van de steekproef hebben niettemin veel bijgedragen tot het inzicht in de betekenis van de sociaal-culturele factoren voor aspecten zoals de samenstelling van de huishoudingen, het patroon van economische activiteiten, de migratie van de gezinsleden, de mate waarin medische, educatieve en andere voorzieningen worden gebruikt, de toegepaste agrarische produktiewijze, de toegang tot en beheersing van de produktiemiddelen, het aandeel in de eigen opbrengsten en de besteding van het inkomen, het huwelijkspatroon, de verdeling van de grond en arbeid en het woon- en nederzettingspatroon. De kennis omtrent deze samenhangen heeft zich zeer geleidelijk ontwikkeld. Elke dorpsgemeenschap leverde ten aanzien van deze onderwerpen nieuwe feiten en inzichten.

5.9. De voorkeursbepaling met betrekking tot werk en inkomen

Dit onderdeel was evenals de gestructureerde interviews met afzonderlijke huishoudens volledig gestandaardiseerd en getoetst. Bij de toepassing van de methode van paarsgewijze vergelijking traden duidelijke verschillen op tussen de onderscheiden etnische groepen. De afweging van de soorten werk en inkomsten veronderstelt enig voorstellingsvermogen over de aard en implicaties daarvan. Bovendien moeten de respondenten in staat zijn deze in verband te brengen met meer algemene waarderingsprincipes en in het licht van de eigen situatie en omstandigheden prioriteiten te stellen. De autochtone bevolking van het onderzoeksgebied hanteert met betrekking tot de verschillende soorten werk en inkomsten een uitgesproken voorkeursschema en kunnen tot een duidelijke afweging van de alternatieven komen. De transmigranten, de Javaanse nog meer dan de Balinese, hadden daarentegen met de afweging van hun voorkeuren de grootste moeite. Ook bij dit onderdeel waren representativiteit en volledigheid niet het hoofddoel. Het ging erom een inzicht te krijgen in de maatstaven en criteria, die representanten van de verschillende categorieën van economische activiteiten hanteren.

5.10. De afronding van een dorpsonderzoek

De hierboven besproken onderzoeksactiviteiten vormen het hoofdbestanddeel van het onderzoeksprogramma in de afzonderlijke dorpsgemeenschappen van de steekproef. De gestructureerde interviews met afzonderlijke huishoudens zijn na afloop nagekeken op volledigheid en consistentie. Hierbij is gebruik gemaakt van de mogelijkheden tot "cross-checks", die in de gestructureerde interviews waren opgenomen, alsook de gegevens die met behulp van de andere onderzoeksactiviteiten waren verzameld. De tekortkomingen en tegenstrijdigheden in de gegevens konden hierdoor ter plaatse worden aangevuld en gecorrigeerd. De interviewformulieren zijn daarna voor verwerking klaargemaakt.

De onderzoeksactiviteiten zijn in elke dorpsgemeenschap van de steekproef afgerond met een evaluatie van de verkregen resultaten. De indrukken en ervaringen van de leden van het onderzoeksteam met de verschillende onderdelen van het dorpsonderzoek kwamen hierbij een voor een ter sprake. Tevens werd hierbij een vergelijking gemaakt met de reeds eerder onderzochte dorpsgemeenschappen. Hierbij is gebruik gemaakt van een aantal basisgegevens uit de gestructureerde interviews. De resultaten zijn vastgelegd in een voorlopig dorpsverslag samen met de notities omtrent observaties in de betrokken dorpsgemeenschap en de interpretatie van de gegevens.

6. *De organisatie van het dorpsonderzoek*

De organisatie van het dorpsonderzoek heeft betrekking op twee activiteiten: 1. de materiaalverzameling; en 2. de verwerking van de onderzoeksgegevens. Beide activiteiten verliepen grotendeels parallel.

6.1. *De materiaalverzameling*

De keuze van een onderzoeksopzet gebaseerd op een steekproef van dorpsgemeenschappen berust op een zestal factoren: 1. de omvang van de onderzoeksactiviteiten; 2. de beschikbare tijd voor het onderzoek; 3. de grootte van het budget; 4. de beschikbare transportmiddelen; 5. de seizoensomstandigheden; en 6. de mogelijkheden binnen het onderzoeksgebied onderdak, brandstof en levensmiddelen te krijgen. De uit te voeren onderzoeksactiviteiten waren dermate omvangrijk en gedifferentieerd, dat onderzoeksassistenten zijn ingezet. Met het oog op de kwaliteit van hun werk zijn enkele onderdelen van het dorpsonderzoek gestandaardiseerd en gestructureerd en is een uitvoerig trainingsprogramma opgezet. De beschikking over slechts één jeep beperkte de mobiliteit van het onderzoeksteam. In verband hiermee zijn de onderzoeksactiviteiten dorpsgewijs uitgevoerd. De toepassing van een gestratificeerde steekproefmethode leverde een verantwoorde keuze van de te onderzoeken dorpsgemeenschappen op. De dorpsgewijze aanpak bood verschillende voordelen. Ten eerste konden hierdoor verschillende sociaal-wetenschappelijke onderzoeksmethoden worden gebruikt en een veel grotere verscheidenheid aan gegevens worden verzameld. Ten tweede werden hierdoor huisvesting, transport en logistieke bevoorrading aanzienlijk vereenvoudigd. Ten derde bleef tijdverlies bij het opzoeken van de respondenten beperkt. Herbezoeken waren ook gemakkelijk uitvoerbaar.

Het onderzoeksteam te velde bestond uit zeven personen. Vier onderzoeksassistenten, een chauffeur, een huishoudelijke kracht en de onderzoeker zelf. De onderzoeker gaf directe leiding aan de onderzoeksassistenten en coördineerde alle activiteiten. Naarmate het dorpsonderzoek vorderde namen de onderzoeksassistenten aan steeds meer onderzoeksactiviteiten deel. De aanwezigheid van een chauffeur en een huishoudelijke kracht hebben de inzetbaarheid van de onderzoeksassistenten en de onderzoeker aanzienlijk vergroot.

Bij de tijdsplanning van het dorpsonderzoek is met de seizoensomstandigheden ernstig rekening gehouden. Voor een bezoek aan de meest geïsoleerde delen van het onderzoeksgebied zijn de maanden juni, juli en augustus het meest geschikt. Vanaf de voorbereidingen is hiermee rekening gehouden. Het oriënterende vooronderzoek is in september 1977 begonnen en liep door tot januari 1978. In de maanden februari en maart 1978 volgden de opzet van het dorpsonderzoek en de recrutering en de training van de onderzoeksassistenten. De maanden april, mei en een deel van de maand juni 1978 zijn besteed aan de toetsing van het pakket van onderzoeksmethoden en de administratieve en organisatorische voorbereidingen voor de verzameling en de verwerking van de gegevens. Eind juni 1978 is het onderzoek in de dorpsgemeenschappen van de steekproef begonnen. Het subdistrict Ketahun is het eerste bezocht. Het onderzoek duurde van eind juni tot eind augustus. Daarna is de materiaalverzameling drie weken onderbroken om de verwerking van de gegevens in de hoofdplaats Bengkulu te begeleiden. Eind september is een begin gemaakt met de materiaalverzameling in de subdistricten Lais en Arga Makmur. Deze liep tot eind december 1978. De uitwerking van de gegevens, de samenstelling van de tabellen en de voorlopige rapportage hebben de maanden januari en februari 1979 geheel in beslag genomen.

6.2. De materiaalverwerking

Voor de verwerking van de gegevens is ook een drietal assistenten aangetrokken. Hun voornaamste taak bestond uit de codering van de interviewformulieren. Daarnaast voerden zij nog een aantal administratieve en organisatorische werkzaamheden uit. Ook zij kregen voor de aanvang van de werkzaamheden een gedegen training.

De verwerking van de gegevens kon minder goed worden begeleid dan de materiaalverzameling. Daarom is er een aantal extra maatregelen genomen. Ten eerste, de leiding en verantwoording voor de verwerking van de gegevens is opgedragen aan de meest ervarene van de betrokken assistenten. Ten tweede, de materiaalverzameling werd periodiek onderbroken om de verwerking van de gegevens in de hoofdplaats Bengkulu te begeleiden. Dit gebeurde meestal nadat de materiaalverzameling in een bepaalde marga was afgerond. Van deze gelegenheden werd ook gebruik gemaakt om de benodigde uitrusting, levensmiddelen en brandstof aan te vullen. Ten derde, in september 1978, na afloop van de materiaalverzameling in het subdistrict Ketahun, is het veldwerk drie weken onderbroken. In die periode konden de tot dan toe verzamelde gegevens geheel worden verwerkt. Tijdens de materiaalverzameling in de subdistricten Lais en Arga Makmur zijn de assistenten voor de verwerking van de gegevens regelmatig naar het onderzoeksgebied ontboden voor begeleiding en controle van de materiaalverwerking. De codering van de gegevens verliep in grote lijnen parallel aan die van de verzameling van de gegevens. Het was echter niet mogelijk de compilatie van de gegevens en de samenstelling van de tabellen ook uit te voeren. Hiermee is gewacht tot de materiaalverzameling geheel was voltooid. In de maand januari 1979 is de codering van de onderzoeksgegevens afgerond en zorgvuldig gecontroleerd. De samenwerking tussen de onderzoeksassistenten voor de materiaalverzameling en -verwerking hierbij bleek uiterst nuttig en efficiënt. Het samenstellen van de tabellen en de totalisering van de resultaten voor de verschillende categorieën van dorpsgemeenschappen, marga en subdistricten is eveneens door het voltallige team uitgevoerd. Het is aan de bijzonder goede samenwerking tussen de twee groepen assistenten te danken, dat de verwerking van de onderzoeksgegevens in zo korte tijd tot stand is gekomen.

In de tweede helft van februari en het begin van maart 1979 vond een voorlopige rapportage plaats. De eindrapportage is uitgevoerd in september en oktober 1979 na de afronding van het aanvullend onderzoek.

7. Het aanvullend onderzoek

In aanvulling op het dorpsonderzoek in de steekproef van 14 dorpsgemeenschappen is een aanvullend onderzoek verricht naar het sociaal-culturele patroon van de autochtone bevolkingsgroepen, de Rejang en de Pekal. Verschillende omstandigheden hebben hiertoe aanleiding gegeven. Tijdens de voorbereiding van het onderzoek en de oriëntatie in het veld kregen de sociaal-culturele karakteristieken van de autochtone bevolkingsgroepen in het onderzoeksgebied onvoldoende aandacht. Het onderzoek is in eerste instantie opgezet ten behoeve van het "Air Lais-Seblat Transmigration Area Development Project". Zo is bijvoorbeeld bij de keuze van de proefdorpen voor de toetsing van het pakket van onderzoeksmethoden rekening gehouden met de plannen van dit project in de smalle kuststrook een aantal nieuwe transmigrantennederzettingen te entameren. De gegevens uit deze proefdorpen zouden een eerste indruk kunnen geven van de plaatselijke verhoudingen. Achteraf is duidelijk geworden, dat deze dorpsgemeenschappen nauwelijks representatief zijn voor het sociaal-culturele patroon in het onderzoeksgebied. Voorts lag in het begin van de uitvoering van het dorpsonderzoek de nadruk op de gestructureerde interviews aangezien de onderzoeksassistenten nog een intensieve begeleiding nodig hadden. Echter, de onmisbaarheid van een gedetailleerde kennis van het sociaal-culturele patroon van de autochtone bevolkingsgroepen voor de voorbereiding en implementatie van de voorgenomen ontwikkelingsplannen in het onderzoeksgebied werd gaandeweg steeds duidelijker. In de loop van het dorpsonderzoek zijn de voornaamste elementen hiervan geïnventariseerd en gespecificeerd. Na afloop van het dorpsonderzoek zijn zij aan een afzonderlijk en uitgebreid onderzoek onderworpen. De hoofdonderwerpen hiervan zijn: 1. de bestaande huwelijksvormen; 2. de aard en betekenis van de verwantschapsverhoudingen; 3. de positie van de genealogische verbanden in de afzonderlijke dorpsgemeenschappen en marga; 4. de inhoud en rol van het gecodificeerde en (nog) ongeschreven gewoonterecht; 5. de traditionele gebruiken rond de landbouw, de levenscyclus, het woon- en nederzettingspatroon; en 6. de rituele en ceremoniële gebruiken bij uiteenlopende gelegenheden.

Het aanvullend onderzoek omvatte alle dorpsgemeenschappen van het onderzoeksgebied. Hiervoor bestonden twee redenen. De eerste hangt samen met de positie van de dorpsgemeenschappen van de autochtone bevolking binnen de traditionele sociaal-politieke structuur. Een dorpsgemeenschap geldt in deze samenhang in zekere zin als een autonome, sociale eenheid. Dit komt onder meer hierin tot uitdrukking, dat de kennis over het dorpsverleden, de specifieke adat-gebruiken, de afstammingsgeschiedenissen en de structuur van de verwantschaps- en genealogische groepen gelden als het onvervreemdbare en tot op zekere hoogte sacrale bezit van elke dorpsgemeenschap afzonderlijk, in het bijzonder van de oorspronkelijke dorpsbewoners (orang asal, orang keturunan). In verband hiermee wensen de inwoners van de ene dorpsgemeenschap in veel gevallen niet te spreken over de aangelegenheden van andere dorpsgemeenschappen. De motieven hiervoor houden direct verband met de aard van de betrekkingen tussen de dorpsgemeenschappen onderling. Het is adat, dat nieuwkomers (orang pendatang) bij vestiging in een andere dorpsgemeenschap zich bij de ter plaatse geldende regels en gebruiken dienen neer te leggen (tunduk pada aturan dusun) op straffe van uitsluiting. Nieuwkomers in een dorpsgemeenschap spreken niet graag over hun dorp van vestiging of dat van oorsprong (dusun asal) als de kans bestaat, dat dit als beoordeling (penilaian) van één of beide dorpsgemeenschappen kan worden uitgelegd. Voor de oorspronkelijke bewoners van een dorpsgemeenschap gelden vergelijkbare omstandigheden. Het verstrekken van informatie over andere dorpsgemeenschappen kan worden opgevat als inmenging in andermans zaken (campur dalam urusan dusun orang lain) en als aanmatigend of brutaliteit worden aangemerkt. De oorspronkelijke bewoners van de ene dorpsgemeenschap gelden voor die van de andere als buitenstaanders (orang lain) en kunnen niet bepalen (tidak berkuasa) of de betrokken kennis al dan niet zal worden medegedeeld en op welke wijze. Het is wel mogelijk in het ene dorp informatie te verkrijgen over het andere, maar dat vereist meer tijd. De tweede reden houdt verband met de onderzoekstechnische voordelen van een onderzoek, dat de gehele populatie van dorpsgemeenschappen omvat. Een dergelijke benadering geeft een veel gedetailleerder inzicht in de positie van elke dorpsgemeenschap afzonderlijk. Verder zijn de mogelijkheden om de gegevens onderling te vergelijken en de tekortkomingen en tegenstrijdigheden te ontdekken veel groter. Bovendien is het hierdoor mogelijk de verscheidenheid en variaties ten aanzien van de afzonderlijke elementen van het sociaal-culturele patroon nauwkeuriger vast te leggen en de oorzaken van de verschillen te localiseren. Uit dit onderzoek is een overzicht ontstaan van zowel de aard en betekenis van de hedendaagse configuratie van dorpsgemeenschappen als van de wijze waarop deze in de loop van de tijd is uitgekristalliseerd. Het is mogelijk de veranderingen, die een groot aantal elementen van het sociaal-culturele patroon hebben ondergaan, hiermee in verband te brengen en een aantal specifieke sociaal-historische ontwikkelingsprocessen te onderscheiden. Tenslotte kan hierbij worden aangegeven welke invloed de technologische, economische en politieke factoren daarop hebben uitgeoefend.

Bij het aanvullend onderzoek is gebruik gemaakt van halfgestructureerde interviews. De gesprekken met de informanten waren in de meeste gevallen zeer uitvoerig. Per dorpsgemeenschap zijn gemiddeld twee tot drie interviews gehouden. Door de dorpsgemeenschappen marga-gewijs te onderzoeken konden in veel gevallen nog herbezoeken worden afgelegd om over tekortkomingen en tegenstrijdigheden in de gegevens aanvullende informatie te verzamelen. Tijdens het aanvullend onderzoek is ook uitvoerig aandacht besteed aan de afstammingsgeschiedenissen (tambo), volksverhalen, specifieke kunstvormen en de ceremoniële en feestelijke gebeurtenissen van de betrokken etnische groepen.

De onderzoeker verbleef gedurende het aanvullend onderzoek vrijwel permanent in het onderzoeksgebied en verrichtte de onderzoeksactiviteiten tezamen met twee assistenten. Bovendien heeft een sleutelinformant uit de marga Bintunan de onderzoeker gedurende deze zes maanden vergezeld. Deze kende het hele onderzoeksgebied zeer goed en beschikte op grond van zijn vroegere functie als marga-hoofd over een uitgebreide kennis van de te onderzoeken onderwerpen. De tijdens het aanvullend onderzoek verzamelde gegevens nemen in deze studie een belangrijke plaats in.

8. Herbezoek aan het onderzoeksgebied

Direct na de afronding van het onderzoek in het najaar van 1979 is begonnen met de uitwerking van de verzamelde gegevens en de samenstelling van een manuscript. Gedurende deze werkzaamheden is het onderzoeksgebied twee keer opnieuw bezocht. Het eerste bezoek vond plaats tussen oktober 1980 en maart 1981 nadat het eerste concept van het manuscript gereed was. Dit bezoek was noodzakelijk om op tal van punten aanvullende gegevens te verzamelen, tegenstrijdigheden in het reeds vergaarde materiaal op te lossen en de bij de uitwerking van het onderzoek geformuleerde veronderstellingen en hypothesen in het veld te toetsen. Naar aanleiding van dit eerste herbezoek is besloten de opzet van deze studie ingrijpend te wijzigen. De nadruk van deze studie kwam daardoor op de analyse van het proces van sociale en culturele verandering te liggen. De verandering van de huwelijksvormen werd centraal gesteld en geanalyseerd op basis van een vergelijking tussen de ontwikkelingen bij de Rejang-bevolking in het hoogland van Rejang-Lebong enerzijds en die bij de Rejang en de Pekal in de kuststreek van Noord-Bengkulu anderzijds. Hierbij stuitte de onderzoeker opnieuw op een reeks vraagstukken, die op grond van de beschikbare gegevens en de bestaande literatuur niet naar tevredenheid konden worden beantwoord. Vlak voor de afronding van de definitieve versie van het manuscript is het onderzoeksgebied in juli 1983 nog een tweede keer bezocht. De resultaten hiervan zijn in twee opzichten van belang. In de eerste plaats heeft de onderzoeker een veel scherper beeld van de bestaande sociaal-culturele differentiatie binnen het onderzoeksgebied als zodanig. In de tweede plaats heeft hij hierdoor een dieper inzicht gekregen in de specifieke betekenis van uiteenlopende aspecten van de bestaande huwelijksvormen en de maatschappelijke positie van de traditionele verwantschapscategorieën in het bijzonder. Dit herbezoek bood de onderzoeker bovendien de gelegenheid kennis te nemen van een aantal belangrijke recente ontwikkelingen in het onderzoeksgebied zoals de verandering van de bestuursstructuur in verband met de opheffing van de marga-organisatie, de ontwikkeling van een aantal zeer uitgestrekte plantages, de voortgang inzake de vestiging van transmigrantengezinnen uit Java, het opnieuw in exploitatie nemen van de goudmijn bij Lebong Tandai, de uitbreiding en verbetering van het wegennet en de ontwikkeling van uitgestrekte irrigatiestelsels.

LITERATUUR

Abegg, J.R.
1862 'Kort overzigt van de inrigting des binnenlandschen bestuur en van de wetten, gewoonten en instellingen in de afdeeling Ommelanden van Benkoelen', Bijdragen tot de Taal-, Land- en Volkenkunde van Nederlandsch-Indië 8:255-316.

Adam, L.
1924 De autonomie van het Indonesische dorp. Amersfoort: Melchior.

Adat-inkomsten
1916 'Adat-inkomsten der marga en zelfstandige pasar-hoofden in het gewest Benkoelen (1909)', Adatrechtbundel XII:61-83.

Adat lembaga
1915 'Adat lembaga (over huwelijks- en erfrecht in Benkoelen 1910-1911); VIII Onderafdeeling Lais, IX Onderafdeeling Moko-Moko', Adatrechtbundel XI:361-367, 368-376.

Adat tanggung menanggung
1912 'Adat tanggung menanggung', Adatrechtbundel V:124-127.

Adat-vonnissen
1928 'Adat-vonnissen (1925)', Adatrechtbundel XXVII:423-435.

d'Ancona, H.J.G.
1939 'Inheemsche landbouw en adat in Zuid-Benkoelen', Koloniaal Tijdschrift 28:561-570.

Balgooy, A. van
1908 'De Redjangsche bruiloft', Eigen Haard 34:701-703.

BAPPEDA (Badan Perencanaan dan Pembangunan Daerah)
1976 Propinsi Bengkulu (monografi). Bengkulu.
1982 Monografi Kabupaten Daerah Tingkat II Bengkulu Utara. Arga Makmur.

Bastin, J.
1957 The native policies of Sir Stamford Raffles in Java and Sumatra. Oxford: Claredon Press.
1965 The British in West Sumatra. Kuala Lumpur: University of Malaya Press.
1966 'Introduction', in: W. Marsden, History of Sumatra.

Berg, L.W.C. van den
1894 'Rechtsbronnen van Zuid-Sumatra. Benkoelen: Oendang-oendang adat Lembaga, Peratoeran van 1866, Peratoeran van 1868, Oendang-oendang Simboer Tjahaja', Bijdragen tot de Taal-, Land- en Volkenkunde van Nederlandsch-Indië 43:197-275, 277-300, 301-303, 304-321, 322-352.

Blink, H.
1907 Nederlandsch Oost- en West Indië: geografisch, ethnografisch en economisch beschreven. Leiden: Brill (2 delen).

Bogaardt, T.C.
1859 'Moeko-Moeko in 1840', Bijdragen tot de Taal-, Land- en Volkenkunde van Nederlandsch-Indië 6:26-42.

Bool en Feith
1868 'Adats in werking in de afdeeling Moko-Moko, assistent-residentie Benkoelen', Koninklijk Verslag, tweede zitting 1867-1868, Bijlage B, no. 4, pp. 27-40.

Bor, H. van den
1911 'Historische Nota, Bengkoelen (1856), (1911)', Adatrechtbundel VI: 281-312; XI (1915):361; XXII (1923):309-315; XXVII (1928):421-533; XXVIII (1931):286, 288, 290.

Bouman, M.A.
1924 'De Margaautonomie in Benkoelen', Koloniaal Tijdschrift 13:618-645.

(BPS) Biro Pusat Statistik
1976 Survey Fasilitas Desa (FASDES). Jakarta.

Brandes, J.L.A. en K.F. Holle
1887 'Taalkaart van Sumatra', Koloniaal Verslag, pp. 94-95 en Bijlage C.

B[rilma]n
1838 'Korte aanstippingen nopens de afdeling Benkoelen', Tijdschrift voor Neêrlands Indie I-2:343-366.
Bruijns Kops, G.F. de
1919 Overzicht van Zuid-Sumatra. Amsterdam: Het Zuid-Sumatra Instituut, De Bussy.
1920 'De Zuid-Soematraansche Maleiers', in: J.C. van Eerde (ed.), De volken van Nederlandsch Indië. Deel I, pp. 179-212. Amsterdam: Elzevier.
Clignett, A.L.M.
1912 'Enkele opmerkingen over adat- en gouvernementsrechtspraak', Koloniaal Tijdschrift I:545-579.
Coedès, G.
1964 Les Etats Hindouisés d'Indo-Chine et d'Indonésie. Paris: E. de Boccard.
Collet, O.J.A.
1925 Terres et Peuples de Sumatra. Amsterdam.
Commentative Digest of the Laws in the Natives
1913 'Engelsche opteekening van adat-recht ter Hoofdplaats Benkoelen (omstreeks 1807)', Adatrechtbundel VI:281-321.
Deelwinning
1928 'Deelwinning van vee in Bengkoeloe en Palembang (1920)', Adatrechtbundel XXVII:406-412.
Delais, H. en J. Hassan
1933 Tambo Bangkahoeloe. Batavia.
Departemen Dalam Negeri (PMD)
1975 Laporan pemetaan tata Desa. Kecamatan Lais, Kabupaten Bengkulu Utara, Propinsi Bengkulu. Bengkulu.
Dinas Pertanian Rakyat
1975 Monografi Daerah. Kabupaten Bengkulu Utara, Propinsi Bengkulu (1974-1975). Bengkulu.
Domis, H.J.
1835 'Aantekeningen betreffende Benkoelen gehouden op de reis van Soerabaja naar Nederland', De Oosterling I:424-440.
Engelsche opteekening
1913 'Engelsche opteekening van adatrecht ter Hoofdplaats Benkoelen (omstreeks 1807). (A Commentative Digest of the Laws of the Natives)', Adatrechtbundel VI:281-321.
Ess, H. van
1936a 'Huwelijks- en erfrecht in Redjang', Mededeelingen van de Vereeniging van Gezaghebbers Binnenlandsch Bestuur van Nederlandsch Indië 35:31-44.
1936b 'Ladangbouw in de onderafdeeling Redjang, Residentie Benkoelen', Mededeelingen van de Vereeniging van Gezaghebbers Binnenlandsch Bestuur van Nederlandsch Indië 36:30-41.
Europeesche oendang-oendang (1862-1869)
1913 'Europeesche oendang-oendang (1862-1869)', Adatrechtbundel VI:274-280.
Europeesche oendang-oendang (1862-1923)
1930 'Europeesche oendang-oendang en andere adat-codificaties in Bengkoeloe (1862-1923', Adatrechtbundel XXXII:36-38.
Europeesche oendang-oendang (1818, 1856 en 1859)
1931 'Europeesche oendang-oendang (1818, 1856 en 1859)', Adatrechtbundel XXXIII: 308-318.
Feith en Bool
1868 'Adats in werking in de afdeeling Moko-Moko, assistent-residentie Benkoelen', Koninklijk Verslag, tweede zitting 1867-1868, Bijlage B, no. 4, pp. 27-40.
Fischer, H.Th.
1935 'De aanverwantschap bij enige volken van de Nederlands-Indische Archipel', Mensch en Maatschappij II:285-297.
Francis, E.A.
1839 'Korte beschrijving van het Nederlandsch grondgebied ter Westkust van Sumatra', Tijdschrift voor Neêrlands Indië II-1:28-45, 90-111, 131-154, 203-220.

1842 'Benkoelen in 1833', Tijdschrift voor Neêrlands Indië IV-1:417-450.
1859 Herinneringen uit den levensloop van een Indisch Ambtenaar van 1815 tot 1851. Medegedeeld in brieven. Batavia.
Galis, K.W.
1957 "Si Pahit Lidah", Indonesië 10:1-32, 137-155, 377-404.
Gersen, G.J.
1873 'Undang-undang, of verzameling van voorschriften in de Lematang Oeloe en Ilir en in de Pasemah-landen van oudsher gevolgd en door langdurig gebruik adat of wet geworden', Tijdschrift voor Indische Taal-, Land- en Volkenkunde XX:108-150.
Groeneveld, W.
1941 'Djoedjoer (1935)', Adatrechtbundel XLI:507-508.
Groeneveldt, W.P.
1880 'Notes on the Malay Archipelago and Malacca compiled from Chinese sources', Verhandelingen van het Bataviaasch Genootschap XXXIX:1-144.
Günther, Th.O.B.
1929/1930 'De inlandsche dorpsgemeenschappen in Zuid-Sumatra', Koloniaal Tijdschrift 18:438-456; 19:75-102, 201-225, 277-299.
H, H. van
1930 'Hoe een Redjang-Sindanger zich de schepping voorstelt', Mededeelingen van de Vereeniging van Gezaghebbers Binnenlandsch Bestuur van Nederlandsch Indië 10:31-33.
Haar, B. ter
1915 Het adatproces der Inlanders. Amsterdam: A.H. Kruyt.
Haga, B.J.
1929 Inwerking van de Westerse bestuursvoering op de Inlandsche maatschappij in de Buitengewesten. Mededeelingen van de Afdeling Bestuurszaken der Buitengewesten van het Departement van het Binnenlandse Bestuur, Serie B, no. 1, Weltevreden, III.
Hasselt, A.L. van
1882 'Volksbeschrijving van Midden-Sumatra', in: P.J. Veth, Midden Sumatra. Reizen en onderzoekingen der Sumatra-Expeditie (1877-1879). Leiden: Brill. Deel III, pp. i-iii.
Hassan, J. en H. Delais
1933 Tambo Bangkahoeloe. Batavia.
Hazairin
1936 De Redjang. Bandung: A.C. Nix en Co.
Helfrich, O.L.
1923 'De adel van Benkoelen en Djambi', Adatrechtbundel XXII:309-340.
Hewetson en Regent
1855 Huwelijksvormen in Moko-Moko (handschrift).
Holle, K.F. en J.L.A. Brandes
1887 'Taalkaart van Sumatra', Koloniaal Verslag, pp. 94-95 en Bijlage C.
Huwelijks- en erfrecht
1930 'Huwelijks- en erfrecht in Bengkoeloe', Adatrechtbundel XXXII:39-46.
Inheemsche rechtspraak
1912 'Inheemsche rechtspraak', Adatrechtbundel V:102-124, 463.
Jaspan, M.A.
1964 From Patriliny to Matriliny. Structural change among the Redjang of Southwest Sumatra. Canberra: Australian National University. Unpublished Ph.D. thesis.
Jennissen, L.
1903 'Sumatra. Dienstreis in de Residentie Benkoeloe', Ber. St. Claverbond 1:35-42.
1913 'Mededeelingen uit Benkoelen (1904)', Adatrechtbundel VI:353-358.
Josseling de Jong, P.E. de
1951 Minangkabau en Negri Sembilan: Socio-political structure in Indonesia. Leiden: Ydo/The Hague: M. Nijhoff.
1980 'The Netherlands: Structuralism before Lévy-Strauss', in: S. Diamon (ed.), Anthropology: Ancestors and Heirs. The Hague: Mouton, pp. 243-257.

1980 'Gewohnheit, Recht und Gewohnheitsrecht', in: W. Fikentscher, H. Franke, O. Kohler (eds.), Entstehung und Wandel rechtlicher Traditionen. Über Aufgaben und Möglichkeiten einer historischen Rechtsanthropologie. Freiburg/München: K. Alber, pp. 121-141.
Joukes, J.M.
1843 'Kort Topographisch verslag van een reisje dwars door het eiland Sumatra', Tijdschrift voor Nederlands Indië V-2:124-146.
Joustra, M.
1923 Minangkabau. Overzicht van Land, Geschiedenis en Volk. 's-Gravenhage.
Juda, J.H.
1915 'Verzoening na moord in Benkoelen; Sedekah Boemi - Njiang Gawé', Adatrechtbundel X:211-213.
Kantor Statistik Kabupaten Bengkulu Utara
1982 Bengkulu Utara dalam angka (1981). Arga Makmur.
1982 Indikator Kesejahteraan Rakyat Propinsi Bengkulu. Bengkulu.
Kassen en inkomsten
1928 'Kassen en inkomsten van marga's en zelfstandige pasars in Bengkoeloe (1917-1921)', Adatrechtbundel XXVII:433-446.
Kemp, P.H. van der
1894 'Eene bijdrage tot E.B. Kielstra's opstellen over Sumatra's Westkust', Bijdragen tot de Taal-, Land- en Volkenkunde van Nederlandsch-Indië 44:257-320, 525-615.
1903 'Benkoelen krachtens het Londensch Tractaat van 17 maart 1824', Bijdragen tot de Taal-, Land- en Volkenkunde van Nederlandsch-Indië 55:283-320.
1904 'De geschiedenis van het Londensch Tractaat van 17 maart 1824', Bijdragen tot de Taal-, Land- en Volkenkunde van Nederlandsch-Indië 56:1-240.
1920 Sumatra in 1818. 's-Gravenhage: Nijhoff.
Kennedy, R.
1962 'Bibliography of Indonesian peoples and cultures', in: T.W. Maretzki en H.Th. Fischer (eds.), Southeast Asia Studies. Yale University, 2nd rev. ed.
Kielstra, E.B.
1888 'Dwangcultuur en vrije arbeid in Bengkoelen', Indische Gids 10-2:1209-1235.
Kleiweg de Zwaan, J.P.
1915 'De aap in het volksgeloof der Inlanders van den Indischen Archipel', Tijdschrift van het Koninklijk Nederlands Aardrijkskundig Genootschap 32:35-55.
Knoerle, J.H.
1835 'Aanteekeningen, gehouden op eene reis in de binnenlanden van Sumatra, in het bijzonder met betrekking tot Benkoelen en Palembang', De Oosterling I:49-98, 276-280.
Krom, N.J.
1931 Hindoe-Javaansche Geschiedenis. 's-Gravenhage: Nijhoff.
Lebar, F.M. (ed.)
1972 Ethnic Groups of Insular Southeast Asia. Vol. I: Indonesia, Andaman Islands, Madagaskar. New Haven: Human Relations Area Files Press.
Lekkerkerker, C.
1916 Land en Volk van Sumatra. Leiden: Brill.
Lewis, H.R.
1849 'Maleische Wetten, gewoonten en instellingen (adat lembaga), door de Radja en Panghulu in het landschap Bengkoelen opgevolgd wordende', vertaling van P.J.B. de Perez, Het regt in Nederlands Indië I:256-284.
Loeb, E.M.
1933 'Patrilineal and matrilineal organization in Sumatra', American Anthropologist 35:16-51.
1935 'Sumatra, its History and People', Wiener Beiträge zur Kulturgeschichte und Linguistik, Band III. Vienna: Verlag des Institutes für Völkerkunde der Universität Wien.
Marsden, W.
1783 History of Sumatra. London: Thomas Payne.

1838 A brief memoir of the life and writings of the late William Marsden, written by himself. London.
Moyer, D.S.
1975 The logic of Laws. A structural analysis of Malay language legal codes from Bengkulu. 's-Gravenhage: v.h. H.L. Smits.
1983 'Cultural constraints on marriage: Anti-exchange behaviour in nineteenth century South Sumatra', Bijdragen tot de Taal-, Land- en Volkenkunde 139:247-259.
Nahuys van Burgst, G.H.
1826 Brieven over Bencoolen, Padang, het Rijk van Menangkabau, Rhiouw, Sincapoera en Poelo Pinang. Breda: Hollingerus Pijpers.
Oendang-oendang Moko-Moko (1862)
1913 'Oendang-oendang Moko-Moko (1862)', Adatrechtbundel VI:322-352.
Ophuysen, J.A.W. van
1862 'Iets over het ontstaan van eenige regentschappen in de Assistent-Residentie Benkoelen', Tijdschrift voor Indische Taal-, Land- en Volkenkunde XI (vierde serie, deel 2):193-196.
Ossenbruggen, F.D.E. van
1930 'Verwantschaps- en huwelijksvormen in de Indischen Archipel', Tijdschrift van het Koninklijk Nederlands Aardrijkskundig Genootschap 47:212-229.
Parlevliet, L.
1933 'De aanbieding van sirih als adatgebruik onder de Redjangers', Mededeelingen van de Vereeniging van Gezaghebbers Binnenlandsch Bestuur 17:21-26.
Plate, L.M.F.
1905 'Bijdrage tot de kennis der gebruiken bij verloving en huwelijk in de onderafdeeling Ampat Lawang', Tijdschrift Bataviaasch Genootschap 68:161-184.
Proceedings of the Agricultural Society established in Sumatra
1821 Reports of the Agricultural Society of Sumatra. Bencoolen: Baptist Mission Press.
Pruys van der Hoeven, A.
1864 Een woord over Sumatra in brieven verzameld. (I) Benkoelen. Rotterdam.
1867 'Iets over de bruidschat bij eenige volken van den Indische Archipel', Tijdschrift voor Indische Taal-, Land- en Volkenkunde 16:277-289.
Raadshoven, M.C. van
1925 Memorie van Overdracht.
Rademacher, J.C.M.
1781 'Beschrijving van het eiland Sumatra', Verhandelingen van het Bataviaasch Genootschap III:1-89 (tweede druk).
Raedt van Oldenbarneveldt, H.J.A. de
1888 'Tochten in het stroomgebied der Beneden-Ketahoen', Tijdschrift voor het Nederlands Aardrijkskundig Genootschap, 2e serie, V-2:178-211, 417-440 (incl. kaart).
Raffles, Sir J. Stamford
Malayan miscellanies. Bencoolen: The Baptist Press.
Rapat-rechtspraak
1912 'Circulaire Resident Benkoelen 1874-1908', Adatrechtbundel V:102-123.
R.A.S.S. (Reports of the Agricultural Society of Sumatra)
1821 Proceedings of the Agricultural Society Established in Sumatra. Bencoolen: Baptist Mission Press.
Rees, C. van
1860 De annexatie van de Redjang. Rotterdam: Nijgh.
Regeeringsrapporten
1913 'Uit de regeeringsrapporten betreffende Benkoelen (1906-1909)', Adatrechtbundel VI:359.
Reglement
1928 'Reglement op huwelijk en echtscheiding in Lais (1909)', Adatrechtbundel XXVII:478-482.

Ritter, W.C.
1839 'Het Inlandsch bestuur ter Westkust van Sumatra', Tijdschrift voor Neêrlands Indië II-1:1-27, 112-129.
Roy, J.J.E.
1861 Quinze ans de séjour à Java et dans les principales îles de l'Archipel de la sonde et des possessions néerlandaises des Indes Orientales. Souvenirs d'un ancien officier de la garde royale. Tours.
Royen, J.W. van
1927 De Palembangsche marga en haar grond- en waterrechten. Leiden: Van den Berg.
1932 'Adatverband en bestuurshervorming in Zuid-Sumatra', Koloniaal Tijdschrift 21:321-372.
Rütte, J.M.C.E. le
1870 Moko-Moko. Eene bijdrage tot de Land- en Volkenkunde van Nêerlandsch Indië. 's-Gravenhage: Belinfante.
Schrieke, J.J.
1921 De lagere Inlandsche rechtsgemeenschappen in Nederlandsch Indië. Weltevreden: Uitgave Commissie voor de Volkslectuur.
Siddik, A.H.
1980 Hukum Adat Rejang. Jakarta: P.N. Balai Pustaka.
Steck, F.G.
1862 'Extract uit de beschrijving eener reis naar het tusschen Benkoelen en Palembang gelegen onafhankelijke landschap Lebong in 1857 ondernomen door den kapitein der Infanterie F.G. Steck', Bijdragen tot de Taal-, Land- en Volkenkunde van Nederlandsch-Indië 8:31-41.
Stuers, H.J.J.L. de
1849 De vestiging en uitbreiding der Nederlanders ter Westkust van Sumatra. Deel I. Amsterdam: Van Kampen.
Swaab, J.L.M.
1916a 'De onderafdeeling Redjang der Residentie Bengkoelen', Tijdschrift van het Aardrijkskundig Genootschap, 2e serie, XXXIII:57-69.
1916b 'Beschrijving der Onderafdeeling Redjang', Bijdragen tot de Taal-, Land- en Volkenkunde van Nederlandsch-Indië 72:460-555.
1917 'Rechtsgemeenschappen in Zuid-Sumatra', Koloniaal Tijdschrift 6-II:1009-1032, 1186-1208.
1930 Uitkomsten Volkstelling 1930. Deel IV - Sumatra.
1932 'Zuid-Sumatra en de bestuurshervorming', Koloniaal Tijdschrift XXI:16-25.
Tjindoer Mato
1886 Minangkabausch-Maleische legende. Vertaald door J.L. van der Toorn, Verhandelingen Bataviaasch Genootschap XLV:1-67; idem Maleische tekst: pp. 68-174; idem Aantekeningen: pp. 175-204.
Undang-undang Simboer Tjahaja
1876 'Verzameling van adats uit de Residentie Palembang', Tijdschrift van Nederlands Indië, nieuwe serie, 5-1:1-13, 122-141.
Upton, S.
1920 'Groot-Benkoelen', Indische Gids 42-II:906-911.
Verbodstekenen
1928 'Verbodstekenen (o.a. bij ladang)', Adatrechtbundel XXVII:413-416.
Veth, P.J.
1849/1850 'Geschiedenis van Sumatra', De Gids 13-II:437-460, 529-600, 677-704; 14-I:18-58, 150-180.
Vinne, L.V.D.
1843 'Benkoelen zoo als het is, en de Benkoelezen zoo als zij zijn, in 1843', Tijdschrift voor Neêrlands Indië V-2:550-570.
Vollenhoven, C. van
1911 'Adatrecht in Lebong', Adatrechtbundel XI:342-360.
1918 Het adatrecht van Nederlands-Indië. Deel I en II. Leiden: Brill.

Voorhoeve, P.
1955 Critical survey of studies on the languages of Sumatra. Koninklijk Instituut voor Taal-, Land- en Volkenkunde, Bibliographical Series 1, Den Haag: Nijhoff.
Waal, E. de
1883 'Geschiedenis van Bengkoeloe', Onze Indische Financiën, Deel VI: Gewestelijk Bestuur (vervolg van deel V). Buitenbezittingen. Tweede Gedeelte, pp. 1-56.
Weijden, G. van der
1981 Indonesische Reisrituale. Basler Beiträge zur Ethnologie, Band 20.
Wellan, J.W.J.
1932 Zuid-Sumatra: Economisch overzicht van de gewesten Djambi, Palembang, de Lampongsche distrikten en Benkoelen. Wageningen: Veenman.
Wells, J.K.
1973 'A survey of the effects of British influence on indigenous authority in Southwest Sumatra (1685-1824)', Bijdragen tot de Taal-, Land- en Volkenkunde 129:239-268.
1977 The British West Sumatran Presidency (1760-1785). Kuala Lumpur.
Westenenk, L.C.
1912 'Iets over Land en Volk van Minangkabau', Koloniaal Tijdschrift 1-II:641-654.
1915 'De Minangkabausche Nagari', Mededeelingen Encyclopaedisch Bureau VIII:87-185.
1916a 'Aantekeningen voor opstellen over Bengkoeloe (I-II)', Notulen Vergaderingen Bataviaasch Genootschap LIV-2:58-70, 71-79.
1916b 'Opstellen over Minangkabau (I-II)', Tijdschrift Bataviaasch Genootschap LVII:234-240, 241-262.
1917 'Noord-Benkoelen (naar een reisverslag)', Tijdschrift voor het Binnenlandsch Bestuur 51:510-512.
1920 De Hindoe-Javanen in Midden- en Zuid-Sumatra. Weltevreden.
1921 'Memorie van Overdracht', Mededelingen van het Encyclopaedisch Bureau 28:1-222.
1927 Waar mens en tijger Buren zijn. The Hague: Leopold.
1932 Het rijk van Bittertong. The Hague: Leopold.
Wilken, G.A.
1891 'Over het huwelijks- en erfrecht bij de Volken van Zuid-Sumatra', Bijdragen tot de Taal-, Land- en Volkenkunde van Nederlandsch-Indië 40:149-235.
1912 Verspreide Geschriften, Deel I-IV. 's-Gravenhage: Van Dorp en Co.
1926 Opstellen over adatrecht. Bezorgd door F.D.E. van Ossenbruggen. 's-Gravenhage: Van Dorp en Co.
Wink, P.
1923 'Dorpsuiterlijk in Rejang (1922)', Adatrechtbundel XXII:348-349.
1924 'Eenige archiefstukken betreffende de vestiging van de Engelsche factorij te Benkoelen in 1685', Tijdschrift Bataviaasch Genootschap LXIV:464-467.
1924 'De bronnen van Marsden's Adatbeschrijvingen van Sumatra', Bijdragen tot de Taal-, Land- en Volkenkunde van Nederlandsch-Indië 80:1-10.
1926a 'De onderafdeeling Lais in de Residentie Benkoelen', Verhandelingen van het Koninklijk Bataviaasch Genootschap van Kunsten en Wetenschappen LXVI (2e serie):1-131.
1926b 'De Engelsche adatpolitiek in Bengkoeloe (1768-1823)', Adatrechtbundel XXV: 217-225.
1928a 'Gegevens over Bengkoeloe (1922)', Adatrechtbundel XXVII:484-486.
1928b 'Inheemsche rechtspraak in Bengkoeloe (1926)', Adatrechtbundel XXVII:417-422.
1929 'De ontwikkeling der Inheemsche Rechtspraak in het gewest Benkoelen', Tijdschrift voor Indische Taal-, Land- en Volkenkunde 69:1-50.
1930a 'Marga, Pasar en Doesoenbestuur in Bengkoelen (1926)', Adatrechtbundel XXXII:26-35.
1930b 'Rechten op grond en water in Bengkoeloe', Adatrechtbundel XXXII:47-51.
Wolters, O.W.
1970 The Fall of Sriwijaya in Malay history. London.

Zelfstandige pasars
1928 'Zelfstandige pasars in Bengkoeloe (1921)', Adatrechtbundel XXVII:519-540.
1930 'Zelfstandige pasars in Bengkoeloe (1921-1922): Moko-Moko, Ipoeh, Bantal, Manna, Kroei', Adatrechtbundel XXXII:16-23.
Zuid-Sumatra
1930 'Oude gegevens over Zuid-Sumatra (1764-1862)', Adatrechtbundel XXXII:302-309.
Zwaal, J. van der
1936 Inlands Gemeentewezen in Zuid-Sumatra en Javanen-transmigratie. Wageningen.

AUTEURSREGISTER

ZAKENREGISTER

www.ingramcontent.com/pod-product-compliance
Ingram Content Group UK Ltd.
Pitfield, Milton Keynes, MK11 3LW, UK
UKHW041949190726
13854UKWH00004B/1878

9 789067 650649